O AVIADOR

Charles Higham

O AVIADOR

A VIDA SECRETA DE HOWARD HUGHES

Tradução de
ALVES CALADO

EDITORA RECORD
RIO DE JANEIRO • SÃO PAULO

2005

CIP-Brasil. Catalogação-na-fonte
Sindicato Nacional dos Editores de Livros, RJ.

Higham, Charles, 1931-
H541a O aviador: a vida secreta de Howard Hughes / Charles Higham; tradução de Alves Calado. – Rio de Janeiro: Record, 2005.
420p.

Tradução de: Howard Hughes: the secret life
ISBN 85-01-07142-0

1. Hughes, Howard, 1905-1976. 2. Aviadores - Estados Unidos - Biografia. 3. Empresários - Estados Unidos - Biografia. 4. Milionários - Estados Unidos - Biografia. I. Título.

CDD – 920.9338767
04-2982 CDU – 929HUGHES, H.

Título original norte-americano
HOWARD HUGHES

Foto de quarta capa: Leonardo DiCaprio como Howard Hughes e Gwen Stefani como Jean Harlow, chegando à estréia de *Anjos do inferno* no Grauman's Chinese Theatre. Cena de *O aviador* da Initial Entertainment Group, dirigido por Martin Scorsese, distribuído na América do Norte pela Warner Bros. Pictures/Miramax Films e internacionalmente pela Initial. Foto de Andrew Cooper, cortesia da Initial Ent. Grp./Warner Bros./Miramax.

Direitos exclusivos de publicação em língua portuguesa para o Brasil adquiridos pela
DISTRIBUIDORA RECORD DE SERVIÇOS DE IMPRENSA S.A.
Rua Argentina 171 – Rio de Janeiro, RJ – 20921-380 – Tel.: 2585-2000
que se reserva a propriedade literária desta tradução

Impresso no Brasil

ISBN 85-01-07142-0

PEDIDOS PELO REEMBOLSO POSTAL
Caixa Postal 23.052
Rio de Janeiro, RJ – 20922-970

Este livro é
dedicado a
Richard V. Palafox

"Posso comprar qualquer homem no mundo."

Howard Hughes

"Não existe incoerência em tentar ganhar dinheiro de Hughes e ao mesmo tempo servir aos interesses da Agência (Central de Inteligência) e da nação; afinal de contas os interesses da organização Hughes são tão entrelaçados a ponto de ser quase simbólicos."

Raymond Price
Ex-secretário especial do
presidente Richard M. Nixon
1976

Sumário

Prólogo para a edição de 2004

Esta biografia de 1993, assim como Howard Hughes em qualquer de suas aventuras aéreas inesperadas e improvisadas, surgiu totalmente por instinto.

A partir de 1990 embarquei numa sombria jornada de dois anos na vida de Howard Hughes, encontrando cooperação extraordinária e irrestrita de seus colegas e amigos em todos os níveis. Até os guarda-costas mórmons tiveram alguma coisa a dizer, extra-oficialmente. Depois de vinte e quatro meses de pesquisa escrevi o livro num ritmo febril, terminando-o em oito meses.

A obra foi muito bem recebida pelos críticos norte-americanos; até mesmo a *Kirkus Reviews*, famosa por ser difícil de agradar, chamou-a de "retrato hipnótico". Tornou-se um best seller.

De modo pouco surpreendente, à medida que as resenhas e vendas se empilhavam, houve ofertas de direitos para o cinema. John Malkovich estava decidido a estrelar como Hughes e também a dirigir o filme. Seu parceiro em Hollywood, Russ Smith, ligou para meu agente na época fazendo uma oferta pelos direitos.

Era interessante: Malkovich certamente seria capaz de fazer o papel do magro, torturado e assombrado Hughes mais velho, mas outra questão era saber se conseguiria ser o jovem e ousado aviador que deu a volta ao mundo em três dias e meio em 1938 e levou para a cama metade das estrelas de Hollywood. Achei que a história aprovada por ele iria enfatizar a excentricidade e a hipocondria de Hughes, e o monstro que às vezes ele era capaz de ser.

Em vários almoços agradáveis Russ Smith e eu discutimos possíveis roteiristas: eu não me propus. Disse que achava que, em última análise, apenas um escritor americano poderia entender completamente Howard Hughes.

Russ sorriu e disse: "Você é inglês e o entendeu, não foi?"

Ele acabou contratando um escritor inglês — o jovem dramaturgo em ascensão Terry Johnson, que mais tarde teria enorme sucesso em adaptar *A primeira noite de um homem* para a Broadway e para Londres.

Terry veio a Los Angeles pesquisar o ambiente. Gostei dele na mesma hora. Em geral os ingleses parecem desconfortáveis com seu próprio sucesso ou com o dos outros, mas Terry era membro de uma nova cepa londrina: os que ascendem sem se abalar. Sua idéia de emoldurar o filme em reminiscências do idoso espantalho Hughes me pareceu sensata.

Mas logo a lua-de-mel com Malkovich e Smith acabou. Por baixo de seu charme eu senti em Terry uma vontade de aço, e tanto Malkovich quanto Smith eram feitos de um material ainda mais resistente. Esboço após esboço de um roteiro que eles nunca me permitiam ver deixavam de satisfazê-los, e depois de uma discussão explosiva os dois se separaram de Terry. A opção foi abandonada.

Falou-se em outras versões, nenhuma das quais envolvendo meu livro. Durante anos Warren Beatty quis interpretar Hughes e dirigir a biografia cinematográfica; tinha contratado Bo Goldman para escrever um roteiro. Apesar de o nome de Steven Spielberg ter sido citado para diretor, o projeto esfriou de novo. Brian de Palma, uma opção interessante com sua ênfase no maníaco, também foi aliciado — ele possivelmente faria uma versão para a Keystone com roteiro de David Koepp.

Na Universal, os irmãos Hughes estavam desenvolvendo alguma coisa: Terry Hayes escreveria o roteiro, tendo Johnny Depp como astro. Charlie Evans Junior, sobrinho de Robert Evans, da Acapella Productions, estava interessado em desenvolver a história. Ele era viciado em Hughes há muito tempo e possuía objetos de coleção. Eu pensei: lá se vai meu livro.

Então, vindo do nada, recebi um recado de meu ex-agente. Será que eu poderia ligar para ele o quanto antes? Era estranho; aquele agente e eu tínhamos nos separado há algum tempo. Quando liguei ele disse que gostaria de "voltar a bordo", só uma vez, para um único contrato. Na época eu estava sem agente; estava envolvido no mundo do teatro, onde havia poucas percentagens. Falei que o ouviria.

Ele disse que tinha recebido telefonemas da Civil Aeronautics Administration, a CAA. Com a concorrência peso-pesado — aparentemente metade de Hollywood estava fazendo acordos sobre Hughes — minha preocupação principal era assinar um contrato imediatamente. Ele queria discutir quem faria o papel de Hughes.

Dias se passaram sem uma palavra. Nenhum acordo fora feito. Demiti meu agente de novo.

Liguei para Bob Bookman, da CAA — que eu conhecia superficialmente do tempo que passei como correspondente do *New York Times* em Hollywood — para saber o que estava acontecendo. Ele me disse que Michael Mann queria meus direitos. Era uma boa notícia. Fiz o acordo com a Forward Pass Productions, de Mann, com a ajuda de meu advogado, Mike Harris, e sem agente.

Pensei que Mann, com seu estilo poderoso, intenso e obsessivo e sua queda pelo melodrama, seria perfeito para o trabalho. Desde *Miami Vice*, sua série televisiva de alto desempenho, ele tinha um jeito de retratar personalidades impetuosas, sombrias e devoradoras. Um dos poucos *autores* de Hollywood, tinha um estilo inconfundivelmente pessoal.

O fato de Mann ter comprado meu livro me trouxe uma publicidade imensa em Nova York. Evander Holyfield, campeão de boxe, tinha uma coluna como convidado no *Daily News*, de Nova York, onde mencionou o filme. Richard Johnson, da "Page Six" do *New York Post*, publicou uma chamada que também ajudou muito, ocupando a maior parte de sua coluna.

Então Leonardo DiCaprio foi anunciado como Hughes. Achei que era a escolha ideal; seu desempenho em *Titanic* como jovem imigrante irlandês, transbordando de empolgação diante da idéia de encontrar um Novo Mundo, mostrava um incrível sentimento de época — ele *era* um rapaz de 1912. E subjacente a todos os seus desempenhos havia aquele sentimento de perigo, de tensão, que todos os grandes astros possuem, e isso seria ideal para seu retrato de Hughes.

Fiquei satisfeito ao saber que John Logan escreveria o roteiro; em *Gladiador* ele mostraria sua capacidade para retratar a obsessão no empenho de um guerreiro romano para vingar a morte dos entes queridos. Com Michael Mann a bordo, eu não poderia pedir uma equipe melhor.

Então, de repente, Michael Mann caiu fora — na mesma época em que os outros projetos sobre Hughes evaporaram. O dinâmico *Ali*, de Mann, a vida de Mohammed Ali, tinha-o deixado sem vontade de fazer outra biografia; outra vez vi o chão se abrindo sob meus pés. Mas então tirei a sorte grande: Mann iria co-produzir; Martin Scorsese dirigiria.

Eu havia encontrado Martin Scorsese apenas uma vez, em 1973, por meio de nosso amigo comum Michael Powell, o grande diretor inglês de *Os sapatinhos vermelhos* e *Narciso negro*. Scorsese me disse na época que tinha admirado muito a biografia de Cecil B. DeMille, de 1972, e que há muito tempo queria fazer um filme sobre os primeiros sonhos de DeMille. Eu lhe disse que tinha passado um ano no porão úmido de DeMille com armaduras, lanças, túnicas, miniaturas de cabeças (de *Mulheres e homens*), e fotos de uma lula gigante (de *Vendaval de paixões*). Até mesmo havia experimentado um uniforme da Polícia Montada do Canadá — servia perfeitamente. Scorsese me disse o quanto invejava DeMille, jovem, com o mundo a seus pés, numa indústria que apenas começava, usando chapéu de caubói, jaqueta do exército, culote e botas de couro justas, estalando um chicote. A partir desse momento eu me tornei fã de Scorsese, e isso foi anos antes de ele fazer *Kundun*, sua obra-prima poética.

Scorsese é fanático por cinema. Seus documentários sobre a história do cinema americano e italiano foram feitos com a paixão de um verdadeiro viciado. E, acima de tudo, como cineasta ele apreciaria a paixão devoradora de Hughes pelos filmes; as horas — estendendo-se em dias, semanas e meses — que Hughes passava nas salas de montagem.

Um ator que fez teste para o filme me deu uma cópia do roteiro de John Logan. Havia coisas novas para mim: a mãe de Hughes mostrando um interesse quase incestuoso por ele bem cedo (a ênfase na doença era — inclusive com o uso dos cartazes da quarentena — acentuada numa cena inicial passada no Texas); a iniciação sexual de Hughes com uma prostituta. Em outras cenas Logan seguia meu livro bem de perto, mais notavelmente nas baseadas em histórias que me foram contadas pelo diretor de

Hughes, Lewis Milestone, sobre a busca fanática, cômica, de Hughes pelas "nuvens fodíveis". Aqueles cúmulos eram necessários para mostrar o Zeppelin penetrando-as em *Anjos do inferno*. Acontecia que a forma predileta de relação sexual de Hughes era entre as mamas das mulheres.

Seguindo esboços do roteiro, o elenco era no mínimo intrigante. Cate Blanchett foi escolhida como Kate Hepburn, que tinha me autorizado a fazer sua biografia, e a quem eu seria agradecido para sempre. Fotos de Blanchett num campo de golfe com o Hughes de DiCaprio pareceram muito convincentes. Logan escreveu uma bela fala, pelo menos no esboço de roteiro que eu vi: Hepburn diz a Hughes: "Eu suo demais e você é surdo. Não somos dois desajustados?" E realmente eram ofuscantemente desajustados.

Scorsese certamente era bom em escolher; Jude Law foi chamado para fazer Errol Flynn — escolha interessante; Kate Beckinsale seria Ava Gardner; e Gwen Stefani seria Jean Harlow. Ele começou a filmar em 7 de julho de 2003 em Montreal, longe de sua amada Nova York. Estava com um grande fotógrafo, Robert Richardson, e o inigualável Dante Ferretti como diretor de arte. Uma notícia ainda melhor é que a montadora seria Thelma Schoonmaker, viúva de Michael Powell.

A produção de *O aviador* continuou na Califórnia, durante os terríveis incêndios do outono de 2003. Enquanto filmava no rancho Big Sky, no Vale de San Fernando, o grupo foi ameaçado por um enorme holocausto, mas Dante Ferretti resolveu o que poderia ter sido um grande contratempo. Foi durante uma cena em que Hughes cai com seu avião num campo de beterrabas, e Ferretti havia insistido em ter beterrabas verdadeiras plantadas ali, do lado de fora do hangar do aeroplano. Elas atuaram como barreira contra o fogo, salvando o aeroplano e parte do hangar.

Então Scorsese mudou a locação para Long Beach. A queda em Beverly Hills foi filmada parcialmente na locação; outras locações foram a casa de Hughes na estrada Muirfield, em Los Angeles, agora de propriedade de Bob Bookman, da CAA, e no velho prédio de escritórios na rua Romaine. A programação, tanto no Canadá quanto na Califórnia, era extenuante; os atores trabalhavam 18 horas por dia e o filme ficou dentro do orçamento (pouco menos de 110 milhões de dólares) e do prazo (cinco meses).

Durante as filmagens encontrei um novo e valioso amigo em George DiCaprio, pai do astro. Fui apresentado a ele por minha nova agente, Dorris

Halsey. Como qualquer pai sensato ele não comparecia às filmagens do filho, a não ser por uma breve visita ao set que, segundo ele me contou, mostrou-se extremamente reveladora. A única cena que ele viu, passada num bar *art déco* no *Queen Mary*, mostra Hughes sofrendo a agonia da surdez progressiva causada por um antigo acidente aéreo. Isso lhe deu um sentimento de vulnerabilidade. Vaidoso demais para usar aparelho de surdez, Hughes surgia na cena — segundo o texto, a direção e a interpretação — como um ser humano ferido e perturbado de modo tocante, uma pessoa de verdade por trás do dinheiro, dos filmes e da loucura. Quando George DiCaprio me contou isso, eu soube que o Hughes que eu tinha narrado seria finalmente trazido à vida — e no meio que ele, como Martin Scorsese, mais amava.

Charles Higham
2004

Prefácio

Num certo dia de março de 1974, em sua cobertura no hotel Xanadu Princess em Freeport, Bahamas, doente e sentindo dores, Howard Hughes ditou uma instrução para seu poderoso advogado de Nova York, Chester Davis. Estava nervoso, rabugento; seu ex-braço direito, Robert Maheu, exigia documentos relativos a um processo multimilionário contra ele; a Comissão Watergate estava para iniciar os trabalhos e poderia expor seu envolvimento ou de alguns de seus executivos no mais famoso roubo da década; a Comissão de Valores Mobiliários queria mandá-lo para a prisão porque ele havia assumido criminosamente o controle da Air West, tirando 60 milhões de dólares dos acionistas.

Nesse memorando, Hughes deixou claro para os auxiliares que os documentos sobre suas ligações com a CIA deviam ser destruídos. Ele estava ganhando secretamente dezenas de milhões de dólares por ano relativos a contratos com a Agência, fornecendo equipamentos de espionagem, satélites, lasers, raios X, grampos telefônicos e uma embarcação que em breve conseguiria pegar os códigos de um submarino nuclear afundado. Esses documentos revelavam seu relacionamento oculto com o presidente Richard Nixon, mostrando o dinheiro dado por Hughes ao irmão de Nixon, Donald, e, ilegalmente, à campanha de 1972 com o objetivo de conseguir favores em Washington; também deveriam ser destruídas fitas de conversas com pessoas do nível mais elevado, com quem ele estava em contato.

Logo depois foi encenada uma série de roubos falsos nos escritórios de Hughes, sob ordens de Chester Davis, culminando num ataque simulado contra a Summa, a gigantesca corporação que controlava o império. Do prédio do quartel-general na rua Romaine, em Hollywood, foram retirados fitas e documentos incriminadores.

Hughes estava se protegendo e à sua lenda: a lenda que persiste até hoje, do ex-herói e inventor do Spruce Goose que, nos últimos anos, tornara-se um zumbi desmemoriado, sem controle, dominado como uma marionete por um grupo de mórmons, incapaz de pensar e agir por conta própria. Nada poderia estar mais longe da verdade; ele vivia drogado e tinha períodos de desatenção e apatia total, mas seus memorandos, descobertos em arquivos no Texas, mostram que até a sua morte, em 1976, ele estava constantemente atuando e fazendo negócios, brigão, manipulador e sedento de poder como sempre.

Seus médicos prediletos, dentre eles Howard House e Wilbur Thain, seu amigo Jack Real, figurão do ramo de aeronaves, e os auxiliares Gordon Margulis e Mell Stewart confirmam que Hughes estava completamente alerta nos últimos anos. Esse fato torna ainda mais claro seu papel em alguns dos maiores acontecimentos da época, como o caso Watergate, do qual supostamente ele não tinha conhecimento. É para corrigir esta visão, para mostrar que Hughes representou um papel crucial não somente na aviação e na produção cinematográfica mas também em importantes questões políticas, que escrevi este livro.

CAPÍTULO UM

Raízes escuras e emaranhadas

Até os detalhes de seu nascimento foram falsificados. Ele não nasceu em Houston, Texas, na véspera de Natal, 24 de dezembro de 1905, e sim na cidade petrolífera de Humble, no mesmo estado, em 24 de setembro. A data ainda consta no livro de registros de batismo da paróquia de St. John, Keokuk, Iowa.

Não foi lavrada uma certidão de nascimento; no dia em que ele nasceu houve uma tempestade, e o médico e a parteira não puderam fazer a viagem até Houston pelas estradas inundadas para registrá-lo. Assim, deixaram a coisa de lado. Com o risco de sua alma imortal, já que os episcopais acreditavam que os bebês não batizados iam para o inferno, ele só foi levado à casa do avô em Keokuk para o batizado meses depois, aparentemente porque sua mãe, nervosa, temia que ele morresse no trem.

Mentiras e mais mentiras rodeavam sua infância. Dizia-se que Hughes era um de irmãos trigêmeos, e os outros dois trocavam de lugar com ele, por motivos sinistros, durante toda a vida; que era filho ilegítimo da própria mãe, mas ela estava com apenas onze anos na época; que era um bebê substituto, trazido à meia-noite a Houston, de trem, para ficar no lugar do que tinha morrido ou sido assassinado. Hughes adorava essas histórias, que persistem até hoje.

Seu pai era o perfurador ilegal de petróleo Howard Robard Hughes; sua mãe, a neurótica herdeira de Dallas Allene Gano. Ele sempre seria meio fora-da-lei, desafiando a justiça; meio frágil, autocentrado, neurastênico. Dois homens também ajudaram a moldá-lo: o avô, o monomaníaco juiz de Iowa, Felix Hughes, e seu brilhante tio "médico e monstro", o célebre escritor de best sellers e dramaturgo da Broadway, Rupert Hughes.

O juiz Hughes teve vários filhos, os dois mais novos morreram na infância. Sua única filha, Greta, e o filho mais novo, Felix, tinham talento musical; Greta se tornou cantora de ópera, Felix fundou a Orquestra de Cleveland e foi o principal professor de canto nos primeiros tempos do cinema falado. Dizem que Rupert era sádico, assassino e incestuoso. Foi acusado de torturar fisicamente a mulher, de quem se divorciou espetacularmente em 1903, no caso mais famoso da década; os jornais de Nova York colocaram a história nas primeiras páginas durante semanas, enquanto Rupert acusava a esposa de dez adultérios e ela o acusava de dormir com um número igual de mulheres.

Mais tarde, à medida que Howard Jr. crescia, diziam que Rupert tinha um cemitério em New England, cheio dos corpos de pessoas que ele havia assassinado; ele teria afogado a filha e a substituído por uma sósia, e teria feito amor com sua irmã Greta.

O pai de Howard, "Bo" Hughes, era quase tão exótico quanto Rupert. Diferente de Howard na aparência, o que deu origem às suspeitas de sempre, tinha rosto oval e olhos sonhadores, era alto e robusto, comparado ao filho mais delicado. Como Rupert, era brutal; quando garoto batia nas meninas, cortava meninos com canivetes e montava brigas de galo, ilegais na época, em que os animais com esporas metálicas se estraçalhavam mutuamente. Expulso de um colégio após outro, por mau comportamento, aceitou ser coletor de bilhetes na ferrovia de seu avô Hughes. Vagabundeou pela Europa e esteve no Meio-Oeste e no Sul como operador de telégrafo, repórter e minerador de zinco.

Bo Hughes foi parar sem um tostão em Joplin, Missouri, em 1899, suando dezoito horas por dia, sem camisa, numa mina de chumbo. Fugido da cidade, de trem, perseguido pelo pai de uma garota que ele havia seduzido, ele sonhava em achar petróleo. Pegou a febre que assolou dezenas de milhares de americanos naqueles dias; e então aconteceu uma coisa espantosa.

Em 10 de janeiro de 1901, em Spindletop, Texas, perto de Beaumont, o óleo saltou do chão num jorro de trinta metros de altura. A corrida começou. Bo estava entre os primeiros a arrendar terras.

No único "hotel" de Beaumont, um barracão melhorado, com o nome de Crosby House, ele farreava com os outros perfuradores ilegais Walter Sharp, que logo seria seu amigo mais íntimo e sócio, e Jim, o meio-irmão de Walter. Walter era alto, com mais de um metro e noventa, ossudo, de cabelos ruivos, olhos ferozes e uma grande boca de sapo. Mais baixo, mais bonito, moreno e trigueiro, Jim era em parte mexicano e um Billy the Kid de terceira.

Os três fora-da-lei conseguiam terras a poucos dólares por hectare, vendendo-as mais tarde por centenas. Freqüentemente davam calote e eram perseguidos por credores furiosos, de quem se livravam com os punhos.

Esbanjando o dinheiro com prostitutas e jogo, Bo percorria a cidade com um fuzil Winchester e uma bengala de nogueira presos à cela, usando ambos com tanta freqüência contra os perfuradores rivais que foi expulso da cidade.

Mudou-se com os Sharp para Houston. Usando o dinheiro de Walter, fundou a Texas Fuel Oil Company em 1903, que mais tarde se tornou a Texaco.

Faliu em seis meses. Quando construiu uma nova torre de perfuração em Spindletop teve de dar seu alfinete de gravata, de diamante, e o relógio para garantir um pagamento.

Numa visita a Dallas em 1903 apaixonou-se pela bela morena Allene Gano; tensa e hipocondríaca, ela sentia pavor de pequenos animais, especialmente gatos. Era obcecada pelos perigos representados por mosquitos, moscas, baratas e besouros.

O casal se apaixonou. Os dois não combinavam. Os Gano eram monarcas da sociedade de Dallas, ricos com fazendas de cavalos no Kentucky, plantações de trigo e imóveis na cidade. Bo Hughes tinha pouca coisa. Mas seu parentesco com o pai ilustre, o juiz, e com o irmão Rupert, que publicava um best seller depois do outro, acabou influenciando. Os Gano cederam, e os dois se casaram depois de cinco meses de namoro, durante os quais Bo se ausentava freqüentemente de Houston. O casamento aconteceu na casa dos pais da noiva, em Dallas, na esquina das ruas Masten e San Jacinto, às 8:30 da noite de 24 de maio de 1904.

Os Gano não pouparam gastos na cerimônia, que foi descrita nas colunas sociais. A sala de estar foi decorada com arcos de rosas e ervilhas-de-cheiro; o casal entrou por um corredor de rosas enfeitadas com fitas vermelhas e cor-de-rosa. As grandes e arejadas salas de recepção estavam cheias de flores cor-de-rosa e brancas; havia cestos de flores nos candelabros. Allene parecia uma pintura, com renda de Bruges e *mousseline de soie*, véu de renda e tule, carregando um buquê de lírios-do-vale. A irmã do noivo, Greta, cantou "Memories". Tamanha era a influência do juiz Hughes que seu amigo, o reverendo R. C. McIlwain, foi trazido de Keokuk, com três baldeações de trem, para realizar a cerimônia; o general Gano os casou de novo numa cerimônia batista.

Os Hughes viajaram a St. Louis para visitar amigos, e de lá para a Europa para uma longa lua-de-mel que durou seis meses. Mais tarde Bo alardeou ter gastado 10 mil dólares (era dinheiro da mulher) numa viagem que se estendeu por 10 mil milhas. O casal voltou a Houston onde ocupou aposentos no caro e elegante hotel Rice. Mas tinham ficado sem dinheiro; nem bem se estabeleceram e o gerente pediu que saíssem, por falta de pagamento. Charlie Lane, secretário e contador de Walter Sharp, foi despachado ao hotel para pagar a dívida de 150 dólares, enquanto os infelizes recém-casados aguardavam sentados em sua bagagem no saguão. De novo atrasaram o pagamento e de novo foram obrigados a sair. Mudaram-se para uma arejada casa branca, de madeira, na rua Crawford 1404, uma rua elegante mas ainda sem calçamento, onde viviam muitas famílias de proeminência social.

Allene tinha medo dos micróbios que se espalhavam do temido pântano Buffalo, um imenso e horrendo poço de imundície, ligação aquática entre Houston e o Golfo do México. Marrom e salobro, o pântano vivia cheio de gado apodrecendo, descartado por falta de qualidade pelos matadouros próximos. Ninguém se incomodava em tirar os pássaros e peixes mortos que ficavam fedendo na água e na lama. Freqüentemente os moradores encontravam seus canos bloqueados por cobras ou enguias desgarradas.

Na época não existiam filtros, e freqüentemente, quando uma torneira era aberta, espirrava uma água marrom, fedorenta; qualquer um que se arriscasse bebendo-a podia ser envenenado. Até o leite costumava ser contaminado, e as epidemias de varíola e tifo eram freqüentes. Não só Houston era relaxada ao ponto de ninguém cuidar do problema da água e viver coberta por constantes nuvens de fumaça que pareciam transpirar a chuva, mas era uma fossa também em termos morais. Prostitutas percorriam as ruas dos bairros miseráveis, o alcoolismo era epidêmico e havia brigas constantes. Para escapar, Bo e Allene se mudaram para Humble em 1905, onde nasceu Howard Jr., conhecido como Sonny.

Depois do nascimento do filho Bo ficou sabendo que haviam encontrado petróleo em Shreveport, Louisiana. Partiu para aquela cidade com a mulher e o bebê, estabelecendo-se no hotel Caddo. As lembranças mais antigas de Howard Jr. eram (segundo ele) o som dos apitos e sirenes dos barcos a vapor no rio Vermelho, com seus ecos da grande época de King Cotton. Durante décadas os perfuradores haviam percorrido as enseadas e pântanos, desperdiçando fortunas em torres que desmoronavam no solo macio, xingando enquanto os jorros se transformavam em água salgada, olhando as manchas do líquido verde-dourado escorrer para os baixios. Quando Bo Hughes e sua família chegaram a Shreveport no início de 1907 o cheiro de enxofre dos pântanos de maré se fundia ao odor de lama, lodo e óleo: o cheiro alcatroado e inconfundível das novas descobertas de petróleo. Nem mesmo flores e árvores podiam sobreviver muito tempo naquela região: as doenças, as lagartas e insetos daninhos estavam por toda parte.

Era um pesadelo para Allene, com sua sensibilidade, delicadeza e medo de contágio. Casos de febre amarela eram anunciados o tempo todo; quando saiu com Sonny de carruagem, as primeiras palavras que viu foi QUARENTENA — NÃO SE APROXIME, pintadas nas portas das casas. Era difícil para Allene e seu bebê dormirem à noite: do crepúsculo ao amanhecer o céu era iluminado por um laranja-carmim espalhafatoso e claro como o meio-dia, vindo dos lagos de gases que queimavam por quilômetros e quilômetros, já que ninguém via valor no gás numa época em que a luz elétrica estava assumindo a dianteira. Nem mesmo as cortinas mais grossas do hotel Caddo podiam deixar a luz do lado de fora. E o barulho das máquinas — enquanto os homens trabalhavam a noite toda para abrir novas ruas ou construir novos prédios e enquanto a lama era remexida para fazer asfalto — fazia aumentar seu sofrimento.

Bo se tornou chefe dos correios e subxerife de Oil City, ali perto, em 1º de julho de 1907. Como não havia cadeia, ele acorrentava os prisioneiros às árvores antes de mandá-los para Shreveport. Colocou desordeiros encarregados do correio e das prisões; o resultado foram roubos desenfreados. Quando Sonny tinha dois anos Bo partiu para Pierce Junction, Texas, seguindo uma descoberta de petróleo; continuou até Goose Creek. Suas brocas de perfuração rabo-de-peixe se quebraram e ele foi tomado por uma obsessão: devia fazer uma broca que cortasse rocha e areia movediça.

Em 1908, em uma de suas visitas a Houston, ficou sabendo de duas brocas recém-patenteadas: uma desenhada por Erich Hoffner, um alemão de Providence, Rhode Island, e a outra do perfurador de petróleo John S. Wynn em Beaumont. Pegou emprestados 12 mil dólares com Walter Sharp, partiu para Rhode Island e comprou a primeira broca por 2.500 dólares; Wynn lhe vendeu a segunda por 9.000 dólares. Ele passou semanas montando uma oficina num barracão com piso de terra batida em Houston, testando as brocas. Ele e Walter Sharp trabalhavam dezoito horas por dia, tentando fundir as duas patentes. Sharp esticava suas pernas compridas no sofá de couro do escritório, sonhando com idéias, enquanto Bo andava de um lado para o outro, depois corria para a prancheta com um novo conceito.

Num bar de Shreveport em outubro de 1908 Hughes conheceu um construtor de moinhos, Granville (Granny) Humasson, que lhe mostrou o desenho de uma broca formada como duas pinhas, uma parte se movendo em sentido horário e a outra no anti-horário, e baseada no conceito de uma máquina de moer café. Hughes comprou a patente por meros 1.200 dólares e vendeu ao seu sócio por 1.500. Depois partiu para Keokuk, onde, ao jantar uma noite, notou as bolinhas de manteiga num prato de prata. As ondulações nas bolinhas lhe deram uma idéia. E se ele pudesse criar uma broca que não somente tivesse duas partes em forma de pinha girando em direções opostas, mas que pudessem ser onduladas como bolinhas de manteiga? Quando o jantar terminou ele limpou a mesa, desenhou furiosamente e depois gritou:

— Eureca!

Toda a família veio correndo ver o que ele havia feito. Tinha dado às pinhas 166 bordas cortantes. A cozinheira entrou segurando um batedor de ovos. Ele gritou de alegria ao vê-lo. Em 20 de novembro de 1908 tinha inventado a broca Hughes, que, melhorada anualmente por quase uma década, vendida em todo o mundo, formou a base dos incontáveis milhões da fortuna de Hughes.

Ele trouxe a família de volta a Houston, instalando-a na rua Crawford, 916. Nem bem havia estabelecido um escritório, o xerife chegou com um mandado de prisão. A conta do correio de Oil City estava com uma diferença de 450 dólares. Walter Sharp pagou com dinheiro tirado do cofre do escritório, além de um suborno, e o xerife foi embora.

Em 1909, quando Sonny Hughes tinha quatro anos, Bo formou a Companhia de Ferramentas Sharp-Hughes. O problema era vender a nova broca. A resistência era forte. Jim Sharp veio a calhar; arrancava o chão sob os pés dos compradores relutantes até eles cederem. Assim que um perfurador comprava uma broca, Hughes lhe mandava uma cigarreira de ouro gravada. Mas embora a broca começasse a fazer sucesso, Hughes perdia o dinheiro de novo no jogo, com prostitutas e encomendando equipamentos caros na conta da empresa. Quando comprou um caro automóvel Pierce Arrow, perdeu-o numa aposta com Jim Sharp. Em 1910 estava no vermelho em 10 mil dólares.

Aos quatro anos, Bo e Allene Hughes sabiam que o delicado e nervoso Sonny tinha problemas. Havia herdado a surdez de gerações da família Hughes, como seu tio Rupert. A otosclerose hereditária era uma doença auditiva que piorava progressivamente durante toda a vida. Quando uma criança descobria que tinha essa doença tornava-se introspectiva, isolada e com um enorme sentimento de inferioridade. É notável que Hughes tenha superado a deficiência de modo tão determinado, no mundo duro de sua infância. Ele controlava seu universo minúsculo, e permaneceu controlando.

Aos cinco anos Sonny foi mandado por sua mãe para o jardim-de-infância. A Universidade de Jenny M. Eichler, um nome cômico para a escola minúscula, localizava-se na casa paroquial da Igreja Episcopal de Cristo. A alemã Sra. Eichler, com sua disciplina rígida, fascinava as crianças. Dentre os colegas numa classe de treze alunos estavam Dudley Sharp, seu melhor amigo e segundo filho de Walter; e a linda Ella Rice, filha de Peter Rice, do ramo mais pobre da rica família de Houston que tinha fundado o Rice

Institute. Havia um esqueleto no armário da família Rice. As crianças diziam que o tio-avô de Ella, William Rice, fora assassinado em 1900 por seu valete e seu advogado. Um dia Ella iria se casar com Sonny.

O jovem Howard sempre se atrasava para a escola; isso irritava a Sra. Eichler, que tentava em vão fazê-lo usar um relógio. Ele era tímido, bonito, educado; um "perfeito cavalheirozinho" como lembrou mais tarde outra colega, a radiodramaturga Elizabeth Dillingham.

Tanto Allene quanto Estelle Sharp eram rígidas, lembra Mary Cullinan, filha do sócio de Hughes, Joe Cullinan. Boa parte do tempo do jovem Howard era passado com Mary e Dudley Sharp na casa de Walter Sharp na esquina da Main com Elgin, uma casa romântica, coberta de trepadeiras, carregada com o cheiro delicioso do sândalo. Ali Howard, Mary e Dudley construíram uma cabana; ele vivia inventando coisas nela.

— Howard tinha de estar na frente em tudo — diz Mary. — Ele se desafiava constantemente. Nós ficávamos nos fundos da propriedade; ele nos fazia pular de um balanço alto e ver quem chegava mais longe, e em geral era ele! Nós disputávamos corridas; ele sempre chegava primeiro. Mas eu era uma moleca, e fazia com que ele se esforçasse muito para ganhar.

Aos oito anos Sonny freqüentava a escola seleta do Dr. James Richardson, a Academia Prosser's. Richardson não se impressionou com ele; anos depois, quando outro professor importante pediu uma avaliação, Richardson declarou que Sonny era presunçoso, esnobe, recusava-se a participar de muitas tarefas e preferia passar a maior parte do tempo com as meninas. Como resultado os meninos o chamavam de "maricas". Demonstrava um interesse pouco saudável pelos diamantes da mãe, e os pegava emprestados para mostrar às colegas de escola. Pode-se apostar que os outros garotos lhe deram muitos chutes no traseiro por causa desse comportamento.

Naquele ano a família sofreu um choque: Walter Sharp, que estava doente há algum tempo, morreu em Chicago de uma doença dos rins, provocada pelo alcoolismo. O enterro solene deu a Sonny a primeira visão do significado da morte. Ele sentiu medo dela pelo resto da vida.

Os sócios de Walter Sharp brigaram pela empresa. Dois se demitiram em protesto contra os métodos controladores de Bo Hughes. Mas seu gênio inventivo, à medida que ele produzia obsessivamente brocas para petróleo mais modernas e melhores, levou-os à riqueza. Quando o sócio Joseph

Cullinan saiu em 8 de fevereiro de 1913, depois de várias disputas com Bo, este se tornou a figura dominante na empresa. Em 30 de outubro de 1914 mudou-se com a mulher e o filho para o apartamento 3 dos caros e luxuosos Burlington Apartments, cujos donos desenrolaram um tapete vermelho na chegada dos novos moradores. Allene, abrigada em sua residência mais confortável até então, finalmente pôde encarar sua família em Dallas, viu-se inscrita no Livro Azul de Houston e entrou para o Country Club.

Bo continuava incorrigível. De novo gastou todo o dinheiro, de modo que em 8 de dezembro de 1915 o gerente do Burlington, E. C. Lambagh, foi obrigado a ameaçá-lo de expulsão. Hughes conseguiu um empréstimo dando como garantia sua parte na empresa, pagou o aluguel e partiu com a família para Nova York, tirando o filho da academia Prosser antes da formatura. Ficaram no luxuoso hotel Biltmore. Ali assistiram às peças da Broadway, o que deu a Sonny, com dez anos, um amor eterno pelas coristas, pelo glamour e pela música.

Em janeiro de 1916, quando estavam de volta a Houston, um amigo sugeriu a Hughes que estava na hora de transformar Sonny num homem. Ele era refinado demais, nervoso e efeminado. O movimento dos escoteiros tinha varrido recentemente os Estados Unidos. Crianças-problema eram mandadas aos acampamentos para um treinamento rude; o mais popular desses acampamentos era o Camp Dan Beard Outdoor School no lago Teedyuskung, na floresta de pinheiros das montanhas Pohokopa em Pike County, Pennsylvania.

O acampamento era comandado pelo diligente "general" Dan Beard, um dínamo grisalho e irascível que há anos fora amigo de Mark Twain. Assim que ficou sabendo do interesse dos Hughes, Beard bombardeou-os com brochuras e propostas. Numa das cartas, citando os princípios do treinamento de hombridade exemplificado pelo ex-presidente Teddy Roosevelt, alardeou que tinha 140 meninos "peritos em viver nas florestas", duros como pregos, espertos e fortes mental e fisicamente devido à saudável vida ao ar livre.

Allene ficou nervosa com a idéia de mandar Sonny para tão longe. Tinha ouvido dizer que um dos escoteiros tivera paralisia infantil e agora estava num hospital no Brooklyn. Não haveria perigo de Sonny pegar a doença? Beard tranqüilizou-a, e Sonny implorou a chance de ir para o acampamento. Em 30 de maio de 1916 ela se despediu em lágrimas; o garoto precisou fazer três baldeações de trens antes de chegar à região selvagem da Pennsylvania. Foi recebido por seu amigo e colega escoteiro, Russel ("Rush") Hughes, filho adotivo do tio Rupert Hughes, que continuava escrevendo romances de sucesso em Nova York.

Quando chegou ao retiro na floresta, composto de cabanas de troncos e barracas, Sonny ficou chocado ao ver um letreiro pintado com aquela palavra pavorosa de sua infância: QUARENTENA. Em vez de poder correr livres pelo campo, como outro garoto contraíra poliomielite os meninos ficaram confinados ao acampamento durante todo o período, que se estendeu até agosto. Chovia quase constantemente, de modo que os escoteiros tinham de chapinhar em meio ao aguaceiro e à lama pesada e escorregadia quando saíam para caminhar na floresta.

Mas, apesar da proteção em casa, o jovem Sonny era bastante atlético e estava em boa forma. Foi designado para uma "paliçada", uma equipe de oito garotos liderados pelo tenente de treze anos Victor Aures, de Baltimore, todos vestidos em uniformes verdes, estilo Robin Hood, com gorros e equipados individualmente com cajados, arcos e flechas. Rapidamente ele tornou-se hábil em entalhe, carpintaria e construção de cabanas; aprendeu o nome de pássaros, flores e plantas, sinais dos índios, códigos secretos e histórias de animais. A cada manhã um toque de trombeta o acordava em seu catre estreito numa tenda indígena; mergulhava num chuveiro gelado e em seguida marchava em estilo militar até o refeitório, onde Dan Beard dava as graças. Junto com os outros garotos Sonny sentava-se com os braços cruzados e costas eretas até a hora de comer. As manhãs eram ocupadas com lições, as tardes escavando cerâmica indígena, participando de corridas rústicas e atirando em coelhos e cervos.

A vida ao ar livre, mesmo na chuva, produziu um Sonny magro, musculoso, no fim do primeiro período. Ele abandonou o jeito efeminado que mostrara na Prosser. Mas nem bem se juntou aos pais no hotel Vanderbilt em Nova York foi atacado pelo que parecia paralisia infantil. Na verdade a "doença" não passou do ardil de um menino mimado para obter simpatia quando estava perdendo uma discussão. Allene ficou histérica, com médicos e enfermeiras vinte e quatro horas por dia. Sonny "se recuperou" e foi mandado para a escola de inverno em Stanford, Redding Ridge,

Connecticut, com o jovem Dudley Sharp, filho de Walter. Em fevereiro de 1917, os planos do menino de onze anos eram incertos: poderia ficar em casa, sob as asas da mãe, ir para uma academia militar, ou (seu maior desejo) voltar ao acampamento de Dan Beard. Uma carta característica, endereçada ao tenente Victor Aures e escrita no dia dos namorados, mostra uma feroz veia poética: uma nostalgia febril pelo gemido do curiango e as ricas florestas verdejantes do lago Teedyuskung.

Quando Dudley Sharp prometeu se juntar a ele no acampamento, Sonny tomou a decisão: depois de uma breve viagem a bordo da chalupa de seu pai pelo canal de Houston, voltou à sua paliçada. Quando saiu de Houston seus pais estavam construindo uma mansão à altura do seu atual status financeiro, que era considerável. Projetada por William Ward Watkin, chefe do departamento de arquitetura da universidade Rice, era uma bela residência georgiana de quinze cômodos. O piso era de mármore, a mobília de mogno haitiano. Nos fundos havia um jardim cheio de fontes e esculturas de deuses gregos nus.

CAPÍTULO DOIS

Crescendo

Em maio Sonny estava de volta ao paraíso de lago e floresta do acampamento Dan Beard. Mostrava um desempenho teatral nas cartas para a mãe, sabendo como ela era sensível, e reclamava neuroticamente de pesadelos, insônia e exaustão. Numa série de cartas escritas com letra enorme e inclinada Allene atormentava Dan Beard e Victor Aures, insistindo para que Sonny tivesse atendimento médico, exigindo que fosse examinado em busca de problemas digestivos, constipação e batimentos cardíacos irregulares. Cansado, Beard, que sabia que Sonny era saudável, escrevia de volta garantindo não haver nada de errado com o garoto.

Allene escreveu de novo, dizendo que Sonny estava sendo atormentado por Dudley Sharp; que era vítima dos outros meninos. Beard refutou essas acusações e, arriscando-se à perda de um aluno caro, ousou repreender Allene numa carta datada de 28 de julho: "Fico feliz em dizer que notei muito poucos dos problemas que a senhora trouxe à minha atenção. Entretanto devo fazer todos os esforços para livrar o escoteiro Hughes de sua sensibilidade o mais cedo possível." Se Sonny ficava cansado às vezes, isso era compreensível em vista da extenuante atividade física. Beard informou a Allene que o garoto era hábil como batedor e no estudo dos pássaros, carecia de capacidade de raciocínio em aritmética e desenhava apenas razoavelmente. Acrescentou, ousado, que Sonny ficava muito melhor longe dos pais superprotetores.

Ao término do período, em fins de agosto, Sonny, Dudley e Rush Hughes partiram para Cleveland para ficar com seu tio Felix em sua casa cheia de música em Euclid Heights. O tio Felix ensinou Sonny a tocar saxofone. A partir desse momento, por vários anos, os sons que o garoto tirava do instrumento enlouqueciam todo mundo.

Em março de 1918, com os Estados Unidos em guerra, Dan Beard perdeu vários alunos, que foram colocados em colégios militares para se tornar cadetes. Teve de implorar a Allene para que Sonny voltasse para um terceiro período. Prometeu ao garoto que agora ele seria oficial, com três estrelas no ombro. Nem bem Allene cedeu aos rogos, Sonny foi "atacado" de novo, falando outra vez em paralisia infantil. Os pais frenéticos tentaram conseguir que o famoso Dr. Simon Flexner viesse do Instituto Rockefeller em Houston, mas Flexner mandou o Dr. Henry Chickering, que ao chegar informou aos Hughes, para animá-los, que o caso do menino "era vão, com boas chances de recuperação". Levou Sonny para sua casa de verão e clínica na ilha Mackinack, Nova York, onde Sonny deixou de lado a "doença" e aprendeu a velejar em seu próprio barco.

Na volta a Houston, Sonny fez passeios de avião com o pai. Apaixonou-se por voar, uma obsessão de toda a vida. Não teve permissão de voltar ao acampamento de Dan Beard, em vez disso foi mandado à cara escola Fessenden, perto de Boston, Massachusetts, para o período que se iniciava em setembro de 1920. Chegou pouco depois do aniversário de quinze anos, com sua própria invenção: uma motocicleta elétrica, com a qual foi fotografado nas páginas do *The Houston Post*.

Sonny amadureceu na escola Fessenden. Editava o jornal escolar, *The Albermarle*, e convenceu o pai a comprar uma página inteira para anunciar a broca de petróleo; era excelente aluno em geologia e física; jogava golfe muito bem, era *tight end* reserva no time de futebol americano e soprava seu saxofone na banda da escola. Compelido pelos pais, começou a nona série, conhecida como Sétimo Período, e teve de ser recolocado rapidamente no Sexto; tirou nota máxima em álgebra no fim do período, mas a grafia ruim o colocou no nono lugar da turma. Fez amizade com atletas: Charlie Borah, que alcançaria fama como corredor com barreiras olímpico, e o astro do futebol Chauncey Hubbard, que mais tarde jogou no time de Yale. Sua principal fraqueza, como escreveu o coordenador da Fessenden a Bo Hughes em 27 de outubro, era a falta de capacidade de se concentrar numa coisa de cada vez: "Não é fácil para um garoto que nunca freqüentou um internato e foi mimado em casa se ajustar a tantas condições. Ele tem capacidade, mas acha um tanto difícil realizar as tarefas do dia-a-dia."

No fim do período do outono os garotos deviam ler um poema diante dos outros alunos. Sonny escolheu um poema de Oliver Wendell Holmes, intitulado "Old Ironsides". Ensaiou com um dos professores, John Fife, no ginásio vazio. Tinha dificuldade com as palavras "*I tear that tattered ensign down* (Rasgo este estandarte esfarrapado)". Até que Fife gritou com ele:

— Não estou ouvindo!

E Sonny puxou para cima as calças largas e frouxas, respirou fundo e quase ensurdeceu Fife com seus gritos. Fife explodiu em gargalhadas. A história é uma lenda na escola Fessenden até hoje.

Em Houston para as férias de inverno, por fim Sonny adoeceu realmente, com caxumba. Era uma coisa séria; ele tinha acabado de passar pela puberdade e em muitos casos a doença causa esterilidade parcial ou total (mas não a impotência) em pessoas do sexo masculino. Somente duas das incontáveis mulheres que dormiram com Hughes afirmaram ter engravidado dele. Essas exceções foram Rita Hayworth e Terry Moore.

Seguindo um padrão que começou no jardim-de-infância, Bo e Allene tiraram Howard da Fessenden antes que ele pudesse se formar. Os dois pareciam incapazes de deixar que ele tivesse uma formação constante em qualquer local. Mandaram-no para a distante Ojai, uma sonolenta cidade campestre no sul da Califórnia, onde foi matriculado na escola Thacher.

O motivo para a mudança era que os Hughes estavam passando muito tempo em Los Angeles. No mês de dezembro anterior Bo havia mandado seu iate de quinze metros, novo em folha, o *Ranger*, para velejar em Newport e San Pedro. O barco fora construído em Milwaukee e transportado num trem de carga, em duas metades. O casal tinha encontrado uma casa na ilha Coronado, em San Diego, onde se misturou à sociedade da marinha, tanto na base naval quanto no famoso hotel Coronado. Quando estavam na cidade propriamente dita hospedavam-se numa suíte do seleto hotel

Ambassador no bulevar Wilshire, um elegante centro de acontecimentos sociais com enormes jardins tropicais cheios de palmeiras.

Lá, durante uma festa, Bo conheceu uma jovem atriz, bela e morena, Eleanor Boardman, que tivera um breve envolvimento com seu irmão Rupert. Os dois começaram um caso amoroso feroz e envolvente que provocou ciúmes e sofrimento em Allene. Em nome das aparências, e de Sonny, o casal não se separou; mas essa situação, junto com a contínua e excessiva superproteção dos pais, perturbava o adolescente.

Foi nessa época que Rupert cobrou um preço alto pela ajuda a Sonny, que estava com quinze anos. O falecido editor da revista *Photoplay*, James Quirk, que tinha um conhecimento único dos casos internos de Hollywood e era amigo íntimo de Rupert Hughes, contou ao seu sobrinho, o autor Lawrence Quirk, que Rupert pressionou Sonny tremendamente a ir para a cama com ele. Já se inclinando para a homossexualidade e dolorosamente frustrado na presença dos belos escoteiros, Sonny não pode ter se sentido atraído por Rupert, que era rotundo, atarracado e feio. Mas talvez a curiosidade e a tensão sexual da puberdade o tenham levado ao limite, e ele sucumbiu. Um fogo que jamais se aplacaria foi despertado. E junto com ele o nojo de si mesmo, a culpa, o sofrimento, um sentimento de ser menos do que um homem; sentimento que ele devia compensar sendo dominador, absolutamente masculino em seu comportamento pessoal.

Se Adelaide Hughes descobriu essa sedução incestuosa, e há indicações de que tenha descoberto, sem dúvida foi levada ainda mais ao alcoolismo e ao desespero. Felizmente os pais de Sonny não ficaram sabendo. Bo poderia matar o irmão se descobrisse.

Sonny foi admitido na escola Thacher em março de 1921. Ela se localizava, como o acampamento Dan Beard, em território assombrado por lembranças dos povoados indígenas. Nos arredores do vale de Ojai havia histórias de fantasmas emergindo de colunas de fumaça que lembravam as antigas fogueiras tribais, para assombrar os ocupantes das casas construídas sobre cemitérios antigos. Ainda naturalmente solitário, Sonny era de novo uma figura exigente, arrogante e mimada na escola. Um de seus poucos amigos ali, Anson Thacher, agora com oitenta e seis anos, filho do diretor Sherman Thacher, lembra-se bem de Sonny. Diz que Sonny era o melhor aluno de física que a escola tivera em anos, e que gostava de fazer caminhadas em trilhas, verificando ninhos e ovos. Seu ídolo era o professor de física, Owen McBride, que o guiava por muitos mistérios científicos e os solucionava.

Anson Thacher lembra que Sonny era inventivo e construiu seu próprio transmissor de rádio, cópia do que ele usava em sua casa de Houston, que captava sinais de radioamador de toda a América do Norte e do Sul.

A cada tarde os garotos tinham permissão de escolher sua forma predileta de exercício. Essa liberdade era muito rara na época. Tipicamente, Sonny escolhia a solitária atividade atlética de cavalgar. O pai havia lhe comprado um cavalo preto (é doloroso informar que o nome do animal era Coon [*Crioulo*]), e ele trotava com o garanhão até as altas trilhas das montanhas; como nas escolas anteriores, o garoto era excelente no golfe mas medíocre no tênis e no futebol. Sua principal realização, afora obter notas máximas em matemática (álgebra e geometria), foi construir uma bela cabana com as próprias mãos, cobrindo-a com um telhado de caibros de 2,5x30 centímetros e fazendo o encanamento sem ajuda de um profissional.

Nas férias da escola no final daquele verão Sonny passou boa parte do tempo na mansão em estilo espanhol de seu tio Rupert, na então elegante avenida South Western. Independentemente do que Sonny pensasse de seu parente bissexual, Rupert tinha uma grande vantagem: oferecia acesso ao mundo mágico do cinema. Levava o garoto em seu automóvel Cord superluxuoso dia após dia até o estúdio Goldwyn, onde tinham sido feitos vários filmes de sua autoria, e onde atualmente ele estava preparando *Almas à venda*, que tinha estranhos elementos autobiográficos e que ele dirigiria: a história de um marido déspota que maltrata a mulher, forçando-a a deixá-lo. Ao pular de um trem ela conhece um xeque de cinema, montado a cavalo, que a seqüestra romanticamente e a leva para Hollywood, onde ela se torna figurante e ascende até o posto de atriz, vendo as estrelas trabalhando.

Rupert era igualmente cruel com sua esposa. A Lei Seca a irritava; Rupert confiscava as bebidas falsificadas que ela comprava escondida. Sonny testemunhou cenas terríveis em que, desesperada, a infeliz Adelaide bebia um frasco de perfume ou roubava o tônico capilar do marido, o que resultava em ataques de dor de estômago e dias na cama.

Sonny aceitaria qualquer coisa para ficar perto de uma produção cinematográfica, deleitando os olhos com os belos artistas, invadindo a sala de projeção para fazer anotações copiosas que entregava ao tio perplexo ou incomodando membros da equipe com perguntas incontáveis sobre iluminação, construção de cenários e filmagens em locação.

Pelo resto da vida, mesmo na velhice, Howard era um *voyeur* apaixonado pelo cinema. Com Rush, o filho adotivo de Rupert, e Dudley Sharp, que vinham de Houston ou da Costa Leste, passava horas incontáveis em cinemas.

Uma influência sobre ele foi a do jovem arrojado e belo John Monk Saunders, noivo de Avis, a irmã de Rush. Vestido nos trinques, bronzeado, atlético, Saunders era o ídolo heterossexual da vida de Hughes. Mas Saunders tinha um defeito: sentia enorme culpa porque, mesmo tendo treinado para ser piloto na Primeira Guerra Mundial, o conflito havia terminado antes que ele pudesse se juntar aos seus jovens companheiros e servir no corpo de aviadores americanos na França. Passou a beber para aplacar o sofrimento por não ter se provado como homem em combate aéreo; compensava isso descrevendo a Sonny cenas imaginárias de seu heroísmo de guerra. Estava começando a aparecer como autor, escrevendo histórias sobre o tipo de herói que gostaria de ter sido.

Em 8 de janeiro de 1922 houve um grande acontecimento em família: Saunders e Avis tiveram um casamento de alta sociedade na propriedade do político George Creel em Ossining, Nova York. Rupert entregou a noiva. Estranhamente, nem Howard pai nem Allene ou Sonny foram a Nova York para a cerimônia.

Então Sonny, que estava de volta à escola Thacher, recebeu uma notícia devastadora. Sua mãe havia sofrido uma hemorragia uterina, que, dada sua natureza hipocondríaca, poderia tê-la feito imaginar que estava com câncer. (Um problema anterior, depois do nascimento de Sonny, tinha resultado no diagnóstico de que ela jamais teria outro filho.) Em 29 de março Bo Hughes passou um cabograma para o filho dizendo que Allene estava muito doente e que ele deveria se encontrar com o tio Rupert em Los Angeles e depois ir imediatamente para Houston.

Naquela manhã Allene foi internada no Hospital Batista de Houston para fazer curetagem no útero. Era arriscado, porque seu coração era frágil, se bem que antes de ser anestesiada descobriu-se que não havia qualquer evidência das doenças pulmonares ou dos rins, das quais ela suspeitava. Enquanto o gás da anestesia era administrado sua pulsação parou. Aos trinta e oito anos Allene estava morta.

Sonny só ficou sabendo quando chegou a Los Angeles. Ocupado filmando *Almas à venda*, Rupert não pôde acompanhar o arrasado Howard a Houston, e em vez disso mandou sua esposa com o garoto. O alcoolismo da tia Adelaide não pode ter sido um consolo para o sofrimento de Sonny, mas ele a amava, e ela foi doce e maternal com ele durante a triste viagem de trem.

Todos os parentes que puderam ser convocados de última hora compareceram ao enterro. Bo recebeu do advogado de Allene um bilhete que ela havia deixado para o caso de não sobreviver à cirurgia: "Se eu morrer, por favor lembre-se de que eu o amei. Perdôo-o pelo caso com Eleanor Boardman." Naquele momento Eleanor Boardman estava estrelando *Almas à venda*, de Rupert Hughes.

Bo ficou fora de si, de tanto sofrimento e culpa. Estava arrasado com a idéia de Sonny ficar sem mãe. Desde 1919 a irmã mais nova de Allene, Annette, morava com o casal quando eles ficavam em Houston, e cuidava da casa para eles nas freqüentes estadas em Los Angeles. Na presença de Sonny, Bo perguntou se Annette lhe faria uma grande gentileza. Será que ela adiaria o casamento com seu noivo, o jovem e promissor médico Frederick Lummis, e ajudaria a criar o garoto? Isso significaria separar-se durante um ano do homem que ela amava, e mudar-se para a Califórnia. Com um altruísmo quase santo, Annette concordou.

Sonny a adorava e ficou feliz em aceitá-la como mãe substituta. Mas Bo agiu mal. De volta ao hotel Ambassador decidiu tirar Sonny da escola Thacher. O afastamento de mais uma escola foi tremendamente prejudicial para a educação do garoto. Mas em seu sofrimento Bo se esqueceu de pensar nisso. Escreveu cartas a Sherman Thacher, implorando que ele entendesse, dizendo que sua solidão era insuportável e que ele precisava da companhia de Sonny, com a tia Annette como mãe substituta.

Thacher ficou chateado, apesar da simpatia: achava, corretamente, que essa retirada era um erro sério. Bo tentou suborná-lo com um aparelho de rádio e outros presentes, que foram recusados com seriedade. Por fim Bo pagou um ano inteiro de escola, como uma compensação aceitável.

Em vez de se entocar no Ambassador, em luto, Bo decidiu levar o filho numa elaborada viagem com Annette, para aplacar o sofrimento. Acompanhados pelo juiz Felix Hughes, sua esposa Jean e, brevemente, Frederick Lummis, pegaram o trem para San Antonio, para visitar amigos, e dali foram a Del Monte, Califórnia, onde pararam no luxuoso Del Monte Lodge para o torneio de golfe. De volta a Los Angeles, Annette se mudou para o hotel Vista Del Arroyo, em Pasadena, para ficar perto de Sonny, que foi admitido no Instituto de Tecnologia da Califórnia. Como não havia se formado em nenhuma escola, nem tinha idade suficiente, sua matrícula teve de ser conseguida através de suborno. Bo fez uma bela doação por baixo dos panos; os registros oficiais do instituto só mostram que Howard fez cursos externos com um professor de geometria sólida.

No fim do verão de 1923 Rupert e Adelaide Hughes estavam tendo brigas terríveis, o que perturbava Sonny tremendamente. Será que ela havia descoberto seu relacionamento incestuoso com o tio? Adelaide foi operada de câncer em agosto. Acompanhada por uma enfermeira, partiu num cargueiro para um cruzeiro de recuperação no Oriente. Um tufão alcançou o navio a caminho de Yokohama, e ela ficou histérica. Quando estava no Japão um terremoto destruiu seu hotel, e ela escapou por pouco. À meia-noite de 13 de dezembro, depois de escrever uma carta longa e afetuosa para o marido, reclamando de uma séria dor de ouvido devido a um problema da apófise mastóide, ela se enforcou com uma tira de pendurar bagagem, em sua cabine. O verdadeiro motivo para o suicídio era que Rupert estava tendo um caso com uma mulher muito mais jovem, a atriz Elizabeth Patterson Dial, a quem tinha dado um pequeno papel em *Almas à venda*.

Sonny ficou devastado; esse novo golpe veio muito pouco tempo depois da morte de sua mãe. Então veio um choque ainda pior. Em 14 de janeiro de 1924, durante uma reunião com seu gerente de vendas S. T. Brown no escritório em Houston, Bo se levantou junto à mesa, segurando o braço com dor intensa. Caiu no chão. Um médico foi chamado, mas era tarde demais. Tinha morrido de embolia numa artéria. Estava com cinqüenta e três anos.

De novo Sonny teve de fazer uma viagem medonha e depressiva para um enterro em Houston. Mas, por mais entristecido que estivesse depois dessa terceira morte seguida, agiu com rapidez típica assim que o pai foi enterrado. Dominador como sempre, decidiu que mesmo com apenas dezoito anos assumiria o controle da Hughes Tool Company (como a empresa agora se chamava) e da produção da broca Hughes, que agora estava rendendo lucros substanciais; não toleraria interferência com suas ambições. Bo não tinha alterado o testamento desde 1913. Deixava um quarto dos bens para a esposa, que agora, automaticamente, iria para Sonny, um quarto para o próprio Sonny e um doze-avos para o Juiz Hughes, para Jean e sua irmã Greta Witherspoon, que morrera há quase cinco anos. (Um pequeno codicilo, feito em 1919, repassava o doze-avos dela para Felix, irmão de Bo.) Não deixou nada, de modo claro, para o detestado irmão Rupert.

Para efeitos de homologação, a quantia total do espólio era, surpreendentemente, de menos de um milhão de dólares: $871.518. Sonny fez uma petição ao tribunal para ser emancipado apesar de ser menor de idade. Segundo declarou, isso era desejável para incrementar o capital fixo, aumentando o capital de ações e declarando um dividendo. Contratou o advogado R. C. Kuldell para cuidar do assunto. Redigida imediatamente, mas entregue apenas em 26 de dezembro de 1924, a petição declarava: "Howard Hughes Jr. representa a si mesmo como um homem sério, estudioso, que não bebe nem fuma, e moral. Seu principal desejo é incrementar os negócios do pai, contribuir para empreendimentos dignos e auxiliar na educação de jovens merecedores, de ambos os sexos."

Enquanto esperava a autorização para atuar como administrador, Sonny teve de pagar muitas dívidas do pai. As contas mostravam quantias colossais gastas em jóias, roupas e outras futilidades, provavelmente para Eleanor Boardman. Sonny também teve de brigar com Rupert, que, como irmão mais velho, exigiu o direito de administrar o espólio. Isso desiludiu Sonny, ainda que o pedido de Rupert fosse razoável, e o rapaz lutou com o tio até a última instância, vencendo finalmente em 26 de dezembro. Decidiu comprar as partes dos avós e do tio Felix, que lhe cobraram até o último centavo.

Para ele era importante solidificar sua posição como homem responsável. Tomou a decisão ousada de se casar. Depois de examinar as beldades disponíveis em Houston decidiu-se pela colega de escola, Ella Rice. Era uma pretendente ideal, pois tinha dinheiro, era bonita, destacava-se nos salões de dança e não bebia. Era flexível, submissa, doce. Com grande astúcia Sonny deixou o Instituto de Tecnologia, em Pasadena, e se matriculou no Instituto Rice, de Houston, fundado pelo infeliz tio-avô de Ella, e instalou Annette e o marido, o Dr. Frederick Lummis, na mansão de seu pai em Yoakum, para que pudessem agir como seus pais adotivos quando estivesse freqüentando o Rice. Essa série de movimentos de xadrez mostra que antes dos vinte anos Sonny, agora conhecido por todos como Howard, tinha aprendido a arte executiva de manipular pessoas em proveito próprio. Já sabia usá-las.

Os Rice não ficaram menos ansiosos pelo casamento do que os Hughes. A ligação das duas dinastias seria tremendamente vantajosa. Além disso, Libby, a irmã de Ella, era casada com William S. Farish, amigo de Bo nos primeiros tempos do *boom* do petróleo, e rico fundador da Standard Oil de Nova Jersey. Assim, nada menos do que três grandes dinastias de dinheiro e poder estariam ligadas de uma vez.

Howard teve de apresentar a noiva a um lar espantoso que se estabelecera numa ampla casa em estilo espanhol, em forma de T, na avenida North Rossmore, 204, em Los Angeles. Seu rígido avô, o aposentado juiz Felix, e sua avó Jean, a aterrorizante "Mimi", eram os donos, ocupando quartos separados e se dirigindo um ao outro com séria formalidade como "juiz Hughes" e "sra. Hughes". Mimi, que tinha mais de oitenta anos, passava a maior parte do tempo cuidando de sua coleção de papagaios empalhados ou aprendendo português em voz alta. O casal discutia constantemente. Mimi disse a Sonny que seus dois assuntos prediletos, cinema e aviões, jamais deveriam ser discutidos na casa dela.

Para fúria de Rush e Avis Hughes, Rupert levava adiante o caso com Elizabeth Patterson Dial abertamente sob o teto dos pais. As paredes ressoavam com os discursos dele sobre todos os assuntos possíveis. O tio Felix também morava lá; estava tendo um divórcio atribulado de sua esposa Adella, tinha se mudado definitivamente de Cleveland e dormia com a estrela de cinema Ruth Stonehouse. Felix enchia o ambiente com música enquanto treinava rapazes e moças para o palco dos concertos; para aumentar o barulho de brigas, ataques de fúria, cantorias, escalas perpétuas sendo tocadas e portas batidas, Avis vivia discutindo com o marido John Monk Saunders por causa da bebedeira dele, e Rush, envolvido com a cantora Marion Harris, envenenava automóveis ruidosamente na garagem. Marion estava proibida de entrar na casa. Era divorciada e — horror dos horrores — se apresentava em boates. Será de espantar que, preso nesse dispendioso manicômio de brigas familiares, Howard Hughes Jr. sonhasse com o isolamento e a reclusão que mais tarde marcariam sua vida?

Annette e Frederick Lummis se opunham ao casamento de Sonny. Pareciam ser os únicos contrários na família, cedendo finalmente por medo (segundo Annette contou mais tarde) de que Howard se ligasse a atrizes de cinema "vampiras".

O casamento foi marcado para 4 de junho de 1925. O sempre inquieto e maníaco Howard saiu do Instituto Rice sem se formar. Assinou um testamento em 31 de maio deixando para a noiva meio milhão de dólares e para a tia Annette cem mil dólares e a casa em Yoakum. Os outros membros da família ficaram com legados menores, com a notável exceção do tio Rupert e de sua nova noiva (desde dezembro), Patterson Dial. Sempre pensando na preocupação da mãe com doenças contagiosas, deixou escrito que um Laboratório de Pesquisas Howard Hughes deveria ser construído em memória dela, dedicado a desenvolver antitoxinas e outras curas, com o Dr. Frederick Lummis chefiando o conselho diretor.

Em caramanchões de rosas, Howard Hughes Jr. se casou com Ella Rice na recém-construída mansão de William e Libby Farish na Remington Lane, 10, Houston. Dudley Sharp foi o padrinho; Libby foi a dama de honra. Com excentricidade típica, nenhum habitante do zoológico Hughes na avenida North Rossmore se incomodou em comparecer. O Dr. Peter Gray Sears, da Igreja de Cristo, oficiou a cerimônia.

O casamento arranjado se dissolveu num relacionamento péssimo. Howard era negligente, irritadiço, grosseiro, crítico e encontrava defeito em tudo. A lua-de-mel em Nova York foi horrível. Não é claro o motivo exato de Howard tratar tão mal a esposa, tendo alcançado o objetivo de convencer a todo mundo que era um adulto, em virtude de ter casado tão jovem. É possível que tivesse feito com ela um acordo de que o casamento seria platônico, e então ela tivesse feito certas exigências. De modo significativo, quando Howard comprou um Rolls-Royce em Manhattan, não deixou que ela o compartilhasse, e lhe comprou um separado; com grande extravagância, já que facilmente poderia ter obtido os veículos em Los

Angeles, despachou-os para a Costa Oeste. Ao chegar decidiu vender seu Rolls porque tinha consciência da poluição do ar e não queria colaborar com isso. Reconstruiu um Stanley Steamer de 1907, movido a vapor, e andava nele com orgulho, gritando para os motoristas de automóveis que eles deveriam abandonar a gasolina e erguer uma bandeira pirata com um crânio e ossos cruzados.

Ele desenvolveu uma voz aguda e forte, aparentemente por causa da surdez progressiva herdada do pai e do avô. Seus gritos se somavam à cacofonia do zoológico da North Rossmore, onde, compreensivelmente, Ella era infeliz. No final do outono de 1925 até ele já estava farto. Mudou-se com Ella para o hotel Ambassador, pedindo uma suíte com duas camas.

Seus hábitos estavam claramente formados. Talvez por causa do sofrimento de ver a amada tia Adelaide bêbada o tempo todo, recusava-se a tocar sequer numa gota de bebida alcoólica, até mesmo cerveja ou vinho. Se fosse obrigado a comparecer a uma festa, levava a taça de vinho até o banheiro e a esvaziava no vaso sanitário. Recusava-se a fumar; naquela época, em sociedade, as damas e os cavalheiros se separavam depois do jantar, os homens iam desfrutar de charutos e as damas de conversa amena. Ele se sentava entre os homens, tossindo por causa da fumaça, e então arranjava uma desculpa para sair cedo da sala. Em conseqüência era objeto de risos, e havia os que ousavam considerá-lo menos do que um homem.

Tornou-se extremamente meticuloso com a comida. Atinha-se religiosamente a uma determinada dieta. De manhã tomava três ovos mexidos no leite; mordiscava um sanduíche na hora do almoço, antes de partir para o campo de golfe do Wilshire Country Club; na hora do chá devorava biscoitos de chocolate; e no jantar um bife ao ponto, doze ervilhas, nem mais nem menos, que ele enfiava nos dentes de um garfo; se uma ervilha fosse grande demais para isso, ele chamava o garçom e mandava substituí-la. A sobremesa era sempre uma única colherada de sorvete de baunilha. Não tomava café; sua recusa em ingerir cafeína, junto com a rejeição a todas as verduras, lhe causou uma constipação por toda a vida. Passava uma quantidade alarmante de horas no banheiro, lendo *The Wall Street Journal* ou relatórios da empresa, jornais e revistas atuais, mas nunca livros. Para irritação de seus vários auxiliares, insistia em reuniões profissionais no banheiro, onde o olfato deles era agredido.

Seus hábitos sexuais eram variados. Preferia o intercurso intermamário — fazer amor entre os seios da mulher — ou a felação à penetração vaginal. Com os homens também preferia sexo oral. Era um amante insensível, desapaixonado, procurando apenas o controle. Seus parceiros sexuais eram não tanto amantes mas reféns, prisioneiros ou vítimas de sua vontade; precisava dominar em tudo. Seu charme juvenil, a aparência bonita, mal-alimentada, magra, e a atmosfera de poder e dinheiro cativavam todos os seus parceiros sexuais, mas ele não deixava ecos.

CAPÍTULO TRÊS

Decolando

No Dia de Ação de Graças de 1925 Hughes contratou um pau para toda obra. O jovem, inteligente e musculoso Noah Dietrich era filho de um pastor luterano itinerante. Tendo abandonado a escola aos quatorze anos, o enérgico rapaz tinha viajado pelo interior como caixeiro, auditor e corretor de imóveis, obtendo o diploma de contador em 1923. Noah respondeu ao anúncio de Hughes que pedia um guarda-livros e faz-tudo. Hughes gostou dele imediatamente, percebendo um empregado disposto, e o contratou na hora como secretário executivo, sem referências, levando-o com a mulher e a filha para uma suíte adjacente no Ambassador.

Imediatamente designou uma tarefa para Dietrich. Tinha se irritado com as limitações dos serviços de corretagem de valores oferecidos pelo hotel e decidiu que precisava de uma teleimpressora própria, que podia lhe trazer as cotações de Wall Street. Naquela época as pessoas físicas eram proibidas de possuir teleimpressoras. Dietrich se comunicou com a Western Union e ficou sabendo que o desejo de Hughes estava fora de cogitação. A Bell Telephone Company foi igualmente inflexível. Hughes mandou Dietrich desconsiderar essas restrições e fazer o que ele pedia. Sentindo-se extremamente estressado, o contador teve uma idéia súbita: olhando os postes dos bondes no bulevar Wilshire notou que tinham isoladores sobrando. Visto pela polícia com uma equipe de eletricistas em escadas no meio da noite, recebeu ordem de desistir. Em desespero, foi até os administradores dos bondes, pedir permissão. A princípio eles recusaram. Mas depois de molhar algumas mãos Dietrich pôde entrar para a associação de linhas telegráficas dos cidadãos, e começou a esticar os fios. Mais uma vez, ele foi impedido pela burocracia. Já em desespero, tentou montar uma ligação telefônica direta com um escritório alugado especialmente do outro lado da rua, mas esse plano também foi por água abaixo. Finalmente foi obrigado a admitir o fracasso. Irritado, Hughes procurou um executivo da Western Union, prometeu-lhe uma parcela das ações da Hughes Tool Company, e uma teleimpressora especial foi colocada, contra a lei, em sua suíte.

Hughes tinha dúvidas constantes sobre se deveria declarar imposto de renda na Califórnia ou no Texas. Por fim decidiu-se pelo Texas e se mudou com Ella para Houston. Ficaram até a primavera com o Dr. Frederick e Annette Lummis na casa da família Hughes em Yoakum.

Dias depois de voltar a Los Angeles, agora com vinte anos, Hughes contraiu meningite espinhal. Ella tinha ido para Nova York, ficar com sua irmã Libby e o cunhado Bill Farish no apartamento deles na Park Avenue. Noah Dietrich telefonou para ela, implorando que voltasse. Com relutância, já que Hughes a havia deixado cheia de manchas roxas numa briga recente, ela cedeu. Agora Dietrich havia mudado o doente para uma grande e bela casa em estilo espanhol na rua Muirfield, 211, a pouca distância da North Rossmore e vizinha do Wilshire Country Club. Nem bem chegou, perguntando nervosa a Dietrich: "Eu estou em segurança?", Ella viu uma atriz sair correndo pela porta dos fundos. Mesmo se recuperando da meningite, Hughes estivera com uma jovem na cama.

Quem era ela? Noah Dietrich foi discreto com relação a isso em suas memórias, mas em 1971 contou a este autor que ela era uma adolescente, futura estrela, a loura e esguia Carole Lombard. Vinha fazendo nome como comediante e logo estaria ocupada jogando tortas para o cineasta Mack Sennett. Lombard era ambiciosa, bem-humorada, inteligente e desafiadora; falava palavrões como um estivador, era conhecida como colega fraterna e brincalhona dos homens, além de amante sensual; Hughes, como sempre, gostava de sexo oral, e ela era conhecida por sua habilidade na felação.

Na época Hughes aprofundou sua amizade com John Monk Saunders e sua esposa Avis. Encorajado pelo editor George Putnam, da G. P. Putnam's Sons, que mais tarde se casou com a aviadora Amelia Earhart, Saunders estava escrevendo histórias sobre aviação, pelas quais Howard se interessava bastante. Atiçado por Putnam, Saunders embarcou num roteiro de cinema que influenciaria Hughes mais do que qualquer outro: *Asas*. As experiências de Putnam na Primeira Guerra Mundial como aviador foram incluídas na história, que lidava com a rivalidade amigável entre dois homens em meio a feitos heróicos e à disputa por uma jovem bonita. O chefe de produção da Paramount, Jesse L. Lasky, comprou os direitos de Saunders (sem saber que este estava tendo um caso com a sra. Lasky) e embarcou no tema fazendo o filme mais elaborado e caro da história do estúdio.

Hughes ficou furioso por Saunders não lhe ter levado o material, já que ele também estava possuído pela idéia de fazer um filme sobre aviação. Decidiu se vingar criando um filme que fosse além dos limites de *Asas*.

Naquele verão Hughes conheceu outro fanático por golfe no Wilshire Country Club, o belo e atlético jovem ator Ralph Graves. Gostavam de praticar tiro ao prato juntos, além de jogar golfe. Graves tinha acabado de se divorciar litigiosamente da atriz Marjorie Seaman, e junto com o incorrigível Rush e Howard, apesar do envolvimento romântico com Carole Lombard, caçavam garotas juntos.

Graves queria dirigir seus próprios filmes. Um dia no clube fez Hughes cair de tanto rir enquanto representava todos os papéis de uma história que tinha escrito, *Swell Hogan*, sobre uma mendiga que ajuda crianças órfãs no Bowery. Quando Graves, que tinha representado habilmente um cachorro, um gato e vários meninos e meninas, imitou um bebê chorando, Hughes ficou deliciado e perguntou quanto o filme custaria. Graves respondeu:

— Cinqüenta mil.

Hughes lhe disse para ir em frente. A idéia de ser produtor o empolgava. Podia ir se acostumando enquanto planejava seu épico aéreo. Assumiu o controle de um estúdio arruinado e, quando Graves achava difícil dirigir a si mesmo, pegava a câmera pessoalmente.

— Parecia um garoto com um brinquedo novo — disse Noah Dietrich mais tarde.

Segundo Dietrich, Hughes apareceu numa cena como mendigo, barbado, vestido com trapos. Sua fantasia de jovem rico era ser mendigo, viajar em vagões de carga, parar de se preocupar com a bolsa de valores, ser um homem entre homens livres. Era um sonho que um dia iria realizar.

O orçamento de *Swell Hogan* cresceu rapidamente e, por fim, dobrou; Graves estava completamente perdido, e ao ver o copião Hughes percebeu que tinha cometido um erro. Acabou com o filme. Mas tinha aprendido muito: era capaz de desmontar uma câmera e montar de novo; sabia sobre iluminação; descobriu que tinha uma habilidade inesperada na sala de montagem.

Asas continuou a obcecá-lo. Conheceu um charmoso irlandês-americano louco por sexo, o diretor Marshall Neilan, que tinha ascendido de colhedor de laranjas itinerante até o bem-sucedido diretor de Mary Pickford e outros grandes astros. Neilan disse a Hughes que em 1916, em Havana, Cuba, ouvira uma história sobre dois irmãos que lutaram por uma mulher na força aérea durante a Primeira Guerra Mundial. Hughes pediu que ele esboçasse a história. Enquanto isso os dois bolaram um filme absurdo sobre cinco atores de Nova York que adotam um bebê, chamado *Everybody's Acting*, e o concluíram em velocidade recorde. Surpreendentemente o filme teve muito bom resultado.

Nos últimos meses de 1926 o relacionamento de Hughes com a esposa se deteriorou ainda mais. Ella passava cada vez mais tempo com a irmã Libby em Nova York; viajava a Houston para encontrar a família; em Los Angeles entrou para a Junior League e o Pasadena Country Club, não tendo nada em comum com o mundo do cinema e se ofendendo profundamente (apesar do relacionamento platônico com Hughes) pela presença de Carole Lombard. Hughes agia com possessividade absurda com relação à esposa; apesar de não ter estabelecido direitos genuínos sobre ela, tinha insistido, desde os dias do hotel Ambassador, que ela fosse acompanhada em toda parte por uma dama de companhia. Quando Ella finalmente recusou esse arranjo, ele se irritou e criou confusão.

No início de 1927, numa festa de Charleston no hotel Ambassador, Hughes conheceu o jovem, gorducho e rosado diretor russo-americano Lewis Milestone, e ficou fascinado por ele. Milestone havia servido na divisão de fotografia aérea do corpo de aviadores do exército americano, e pôde dar muitas dicas a Hughes e Neilan sobre sua história de aviação. Ele convenceu Hughes a deixá-lo fazer *Dois cavaleiros árabes*, uma história sobre dois valentões que escapam, disfarçados de árabes, de um campo de prisioneiros alemão na Primeira Guerra Mundial e são embarcados para a Arábia; no navio conhecem uma lindíssima tunisiana.

Hughes gostou da comédia pastelão e fez um contrato com Jesse L. Lasky para lançar o filme. Colocou quinhentos mil dólares de sua empresa na produção e contratou Louis Wolheim, William Boyd e Mary Astor. Segundo Milestone, Hughes inseriu algumas piadas sexuais de mau gosto no filme. Num determinado ponto Wolheim é visto ordenhando uma cabra; quando o líquido branco jorra, ele anuncia com um gesto floreado:

— É um *bode*!

Boyd beija uma figura com véu no harém de um sultão; em seguida tira o véu e por baixo está um eunuco. Num determinado intertítulo Wolheim diz a Boyd:

— Esse sultão é estranho. Nem todas as garotas do harém são garotas!

Hughes insistiu no realismo das filmagens. Há uma cena em que Mary Astor quase se afoga. Em vez de filmar numa piscina de estúdio, mandou Milestone fazer a cena nas águas gélidas e oleosas do porto de San Pedro, para poder usar seu iate, o *Ranger*, como estúdio flutuante. O vestido com contas douradas ficou pesado, e Mary Astor mal conseguia nadar. Com crueldade Hughes insistia em que ela fosse jogada do barco repetidamente, até que a atriz quase se afogou. A equipe a puxava de volta pingando; dava-lhe goles de conhaque e Hughes a massageava — com entusiasmo compreensível, já que ela era lindíssima — e depois a jogava na água de novo.

Muitos anos depois, Milestone me contou que Hughes demonstrou um grau anormal de interesse pela seqüência, passando-a em sua sala de projeção particular entre duas e quatro da madrugada, demorando-se voyeuristicamente no corpo de Mary Astor com o vestido encharcado colando-se à pele. Foi o início da sua abordagem à produção cinematográfica, que se estenderia por toda a vida. Era a maneira de realizar fantasias sexuais; produzindo ele mesmo os filmes, poderia realmente criar seus próprios sonhos sexuais.

Quando *Dois cavaleiros árabes* ficou pronto, Neilan estava terminando o roteiro do filme sobre aviação, que chamou de *Anjos do inferno*. Harry

Behn, que tinha escrito a obra-prima de King Vidor *O grande desfile*, foi chamado para reescrever algumas cenas e acrescentar outras. Hughes introduziu um elemento inesperado à história: enquanto *Asas*, que estava nos últimos estágios de produção, lidava com heróis americanos nítidos e descomplicados, *Anjos do inferno* mostraria personagens mais complexos. Um dos irmãos, Monte Rutledge, é mostrado como fraco, covarde e egoísta; o outro, Roy, é um tremendo pedante e esnobe. A amada dos dois, numa ilustração da atitude de Hughes com relação às mulheres, era uma provocadora indigna e cruel, uma preguiçosa que joga um irmão contra o outro e trai ambos com outro homem. Além disso, para evitar uma comparação muito próxima com *Asas*, Hughes mudou a locação para a Inglaterra, tornando os personagens ingleses e usando como tema os ataques do Corpo Real de Aviadores contra a Alemanha.

Hughes percebeu que, se quisesse ganhar o respeito dos aviadores, teria de ser aviador também. Assim começou a ter aulas no Campo Clover. Colocado diante de Chuck La Jotte, de vinte e um anos, deu uma olhada para aquele rapaz de rosto juvenil e resmungou:

— Ele não pode me treinar. É novo demais!

Então o mais experiente Moye Stephens o treinou. Ele passou vários meses tendo aulas todas as manhãs, gritando acima do barulho do motor e das hélices, insistindo constantemente em respostas para perguntas técnicas e irritando Stephens com sua surdez.

Através de J. B. Alexander, gerente de vendas da American Aircraft Company, dona do Campo Clover, Hughes conheceu o lendário Frank Tomick, o grande e intrépido piloto e acrobata aéreo que coordenou *Asas*. Hughes encarregou Tomick de obter, com orçamento em aberto, cada aeronave inglesa e alemã que encontrasse. É claro que a equipe de produção de *Asas* tinha reivindicado a maioria dos aviões americanos.

Naquela época não era fácil encontrar aviões estrangeiros nos Estados Unidos. Em muitos casos os aviões tinham de ser repintados ou remodelados para servir como versões simuladas. Os Curtiss Jennies foram alterados para se parecer com os Avros ingleses; um Sikorsky teve de ser mexido para parecer com um bombardeiro alemão Gotha.

Em agosto Hughes era dono de uns quarenta e cinco aviões. Comprou um pasto perto de Van Nuys e o chamou de Campo Caddo, por causa da empresa do pai em Shreveport e do hotel Caddo, onde passou boa parte da primeira infância. Contratou uma equipe de terra com cerca de trinta e cinco homens; construiu hangares e prédios de administração, cujo projeto supervisionou pessoalmente. Era de novo um menino, cheio de entusiasmo como quando construía as cabanas na floresta do campo Dan Beard e na escola Thacher em Ojai.

Ocupou terras no campo Inglewood, atualmente local do aeroporto de Los Angeles, e construiu uma imitação de quartel-general do Corpo Real de Aviadores da Inglaterra. Uma vasta propriedade em Chatsworth, no extremo norte do Vale de San Fernando, tornou-se a base aérea alemã. Comprou propriedades em San Diego, Oakland, Santa Cruz e outros locais.

Iniciou negociações com especialistas da Zeppelin alemã, para virem a Hollywood construir cenários que fossem réplicas exatas do interior daquelas aeronaves. Eles trariam as plantas dos dirigíveis, que poderiam ser usadas para construir modelos em escala dos exteriores.

Hughes trabalhava ininterruptamente, dia e noite, desenhando *storyboards* em enormes folhas de papel vegetal para as cenas de combate aéreo. Lutava com companhias de seguro para obter cobertura, sabendo bem demais dos riscos que muitos pilotos correriam. Começou a montar o elenco; precisava de homens intrépidos para os papéis principais, que pudessem fazer alguns dos vôos pessoalmente, com dublês substituindo-os nas acrobacias mais difíceis. Pegou emprestado Ben Lyon, então sob contrato com a First National, um sujeito bonito, espirituoso, secretamente bissexual (segundo Quirk) e tresloucado que estava nas manchetes porque tinha se separado espetacularmente da estrela de musicais da Broadway Marilyn Miller. Lyon ganhou o papel do irmão mais velho, covarde e inseguro; James Hall, um sujeito impassível e pouco empolgante, ficou sendo o irmão presunçoso. A linda atriz norueguesa Greta Nissen faria a aristocrata inglesa apaixonada pelos dois.

Foi uma infelicidade Hughes não ter Lewis Milestone, com todas as suas ricas experiências da Primeira Guerra Mundial, dirigindo o filme. Em vez disso cometera o erro de ficar com Marshal Neilan, e depois o inepto Luther Reed, pelo motivo absurdo de que Reed fora editor de aviação de um jornal. Reed se mostrou incompetente, e Hughes o demitiu, mas praticamente não melhorou sua técnica desajeitada. As filmagens de *Anjos do inferno* começaram em 31 de outubro de 1927, nos estúdios Metropolitan em Hollywood. Naquela noite houve uma tempestade; Hughes alterou o roteiro para que a cena acontecesse na chuva, e os atores ficaram encharcados. Sadicamente ele os fez repetir a cena vezes sem fim. Ben Lyon morreu de rir de tudo, mas James Hall ficou furioso e quase deu um soco na cara de Hughes.

Hughes se tornou amigo íntimo de Ben Lyon, um homem que seguia o coração: livre, imoral, irresponsável, sempre pregando peças. Levava Hughes a festas, deixando sua namorada Bebe Daniels tão abandonada quanto a de Hughes, Carole Lombard. Pegavam mulheres, levavam-nas à casa de Lyon e faziam amor a quatro. Lyon levava Hughes a San Simeon, o fabuloso rancho de William Randolph Hearst, onde, de novo, podiam escolher garotas lindas ansiosas por oportunidades no cinema. À noite as orgias sexuais eram interrompidas por rugidos... dos leões abrigados no zoológico do rancho.

Hughes e Ben Lyon freqüentemente iam a Agua Caliente, do outro lado da fronteira com o México, ou aos navios-cassinos jogar roleta e vinte-e-um, dividindo quartos. Adoravam fazer palhaçadas. Numa festa Hughes foi fotografado sentando-se timidamente no colo de Lyon. Um fotografava o outro jogando tênis ou golfe, e disputavam corrida com seus Packards em estradas de terra no vale.

Ao fazer o filme, Hughes certificou-se de que houvesse um número extraordinário de tomadas do corpo e do rosto de um reluzente adônis, John Darrow, o ator gay que fazia um jovem tripulante de Zeppelin. Segundo Noah Dietrich, os dois estavam sempre juntos quando Hughes não saía com Ben Lyon; não existe prova de um caso, mas, dado o fato de que Darrow era um espécime físico magnífico, de pele clara, ombros largos, musculoso, um sonho de masculinidade americana, Hughes, como bissexual, teria de ser super-homem para resistir àquele jovem dourado. Uma fonte contou ao autor ter certeza de que Darrow era amante de Hughes.

Hughes gostava da companhia dos pilotos de *Anjos do inferno*. Passava noites no refeitório do Campo Caddo, trocando histórias sujas com os homens, jogando ferraduras e pôquer. Enquanto os outros tomavam bebida contrabandeada ou café, ele bebericava limonada, para amigável desprezo geral. Construiu uma latrina externa com as próprias mãos. Com o intestino preso, como sempre, sentava-se nela durante horas, desenhando seus planos para as cenas de combate. Uma vez os pilotos ligaram o motor de um caça e sopraram a cabana para longe, deixando Howard furioso e sem calças. Como vingança ele montou um equipamento hidráulico que, através de um tanque, jogava água na fossa séptica e lançava a sujeira para cima, na direção dos traseiros dos homens agachados. Ainda como vingança, os pilotos abriram de brincadeira três buracos para pênis na parede de madeira, um grande para o aviador Frank Clarke, um médio para Frank Tomick e um minúsculo para Hughes. Quando viu seu nome no menor, Hughes ficou lívido.

Como todos os pilotos eram heterossexuais, Hughes jamais ousaria abordá-los. Mas, segundo o biógrafo Lawrence Quirk, ele induzia os mecânicos muito jovens ou seus auxiliares, homens cujos desejos sexuais eram inibidos, a lhe dar satisfação sexual; tinha uma queda pelo típico mecânico de avião, musculoso, bem-apessoado, atlético e comprável. Ele devia pagar — em dinheiro ou vales — porque, provavelmente, aceitar um pagamento (paradoxalmente) diminuiria a culpa deles.

Apesar de ser novato Hughes insistia em mostrar suas habilidades como piloto. Os homens tentavam não rir enquanto ele mostrava como fazer vôos específicos. Numa ocasião Hughes ficou irritado quando um piloto não conseguiu decolar (o terreno era irregular demais).

— Que droga, saia! Eu mostro como se faz! — gritou com o sujeito.

Em seguida subiu na carlinga, segurou o manche e o avião subiu — apenas trinta metros. Em seguida despencou; Hugues saiu segurando o nariz quebrado. O piloto decolou com o avião e deliberadamente mergulhou sobre Hughes, deixando de acertá-lo por centímetros.

— Ele está tentando me matar! — gritou Hughes.

— Ele está provando que é um grande piloto — disse Frank Tomick. — Poderia ter matado você e não matou!

Hughes teve de rir.

Hughes usava os pilotos para levá-lo a Palm Springs, onde Carole Lombard estava morando. Usava-os para fazer mandados em Santa Barbara e mais ao norte. Uma vez quis ver duas coisas na mesma tarde: um torneio de golfe no Country Clube de San Gabriel e uma acrobacia aérea em que um piloto passaria muito perto de fios de alta tensão. Seu instrutor, Moye Stephens, levou-o na louca expedição, e o tempo todo Hughes ficou gritando irritado com a lentidão de Stephens.

As filmagens se prolongaram por 1928. Em maio o piloto Al Wilson escapou por pouco. Seu avião, um Fokker D.VII, entrou em névoa densa. Sem qualquer visibilidade, Wilson teve de saltar. Caiu no telhado de uma casa em Hollywood, machucando as costas. O avião caiu num terreno baldio ao lado da casa do magnata do cinema Joseph Schenck, no Hollywood Boulevard, 7280.

Hughes insistia em ter enormes formações de cúmulos. Lewis Milestone contou:

— Ele queria mostrar os aviões fodendo as nuvens. As nuvens cheias de chuva faziam-no se lembrar de seios cheios de leite.

Como o céu no Vale de San Fernando estava limpo, em junho ele mandou quinze aviões para Oakland. Novembro chegou antes que as formações corretas aparecessem, mas Hughes se recusou a retirar a unidade de filmagem, decisão que aumentou tremendamente o custo do filme.

Houve vários acidentes graves na filmagem. Um piloto morreu ao se chocar contra fios de alta tensão; outro ficou sem gasolina e caiu dando cambalhotas num campo. Um terceiro tentou se exibir num mergulho, e seu manche agarrou. Foi despedaçado. O pior acidente ocorreu quando Hughes encenou a queda do bombardeiro *Sikorsky*. Era uma tomada muito difícil. O avião enorme tinha de fazer um parafuso quase até o chão; a saída podia ser tremendamente difícil. O principal aviador acrobata, Dick Grace, recusou-se a arriscar a vida para Hughes por menos de dez mil dólares; Frank Clarke também recusou. Al Wilson aceitou a tarefa. O problema era que tinha de sair fumaça da cauda. Wilson não conseguia operar os controles e soltar a fumaça ao mesmo tempo. O jovem e ansioso Phil Jones, que precisava de dinheiro para um tratamento de sífilis, disse que realizaria a tarefa. Os dois subiram e levaram o avião até sete mil pés. Hughes assistia atento.

Wilson mergulhou com o *Sikorsky*. Mas a pressão do vento era forte demais e rasgou o tecido da asa direita e da cobertura de um motor. Wilson conseguiu pular de pára-quedas, mas Jones não pôde se soltar e morreu. Wilson foi culpado pelo acidente. Hughes não demonstrou emoção: guerra, mesmo no cinema, era guerra.

Enquanto isso ele estava fazendo outros filmes. Apesar da programação exaustiva, indo de carro todas as manhãs até o Campo Caddo e outras locações, filmando do amanhecer até o crepúsculo, supervisionando as seqüências do Zeppelin no estúdio, indo às festas com Ben Lyon, fazendo amor com Carole Lombard nos fins de semana, Hughes encontrou energia — tinha apenas vinte e três anos — para fazer *A estrada dos homens sem lei*, dirigido por Lewis Milestone, uma denúncia do gangsterismo em Chicago, cujo vilão, Scarsi, era baseado em Al Capone. Era um filme forte e violento que foi destroçado pela censura. Hughes lutou com Will Hays, guardião da moral cinematográfica, e acusou a Paramount e Jesse Lasky de cederem às restrições absurdas de Hays: num telegrama após outro para os escritórios da Paramount em Nova York denunciou a mutilação e a emasculação do filme. Chegou a levar a luta aos tribunais, acusando Hays de estar na folha de pagamento de políticos corruptos denunciados pelo filme, e que os cortes criavam um perigoso precedente político. A Paramount se recusou a apoiá-lo e ele foi obrigado a ceder. O filme teve bom resultado, mas não o suficiente para recuperar o investimento, e ele teve resultados igualmente frustrantes com outro filme, *The Mating Call*, baseado numa história de Rex Beach.

Outra irritação ocorreu naquele mês de junho. Hughes tirou uma foto de Ben Lyon sentado num tronco de onde emergia um galho serrado, quase verticalmente, entre as suas pernas, na forma de um pênis ereto. De brincadeira Hughes mandou Lyon enviar a foto para suas fãs. Uma delas, por acaso, era uma menina de quatorze anos, Caroline Black, de San Bernardino. O pai da garota ficou furioso e acusou Hughes e Lyon de tentar corromper uma criança inocente; ligou para todos os clubes femininos do sul da Califórnia exigindo que embargassem as produções de Hughes e levou a questão diretamente ao chefe da promotoria do condado de San Bernardino, que, por sua vez, mandou uma carta furiosa aos réus. Black processou Hughes, que fez um acordo de cem mil dólares. As fotos obscenas pararam de ser enviadas.

Um furor explodiu quando Albert Marco, vice-rei de Los Angeles, copiou uma parte do enredo do filme. Nela o criminoso representado por Louis Wolheim força seu chofer a assumir a culpa em uma acusação de assassinato. Quando Marco matou o empresário de Santa Mônica Dominic Conterno e o artista de boate Henry Judson, também culpou o chofer. O sistema judiciário acusou Hughes de ter posto idéias na mente de gângsteres. Ele requisitou o apoio do chefe de polícia de São Francisco, Daniel J. O'Brien e das autoridades de Los Angeles, que lhe garantiram proteção quando foi ameaçado de assassinato por ter apresentado a Máfia sob uma luz favorável no filme.

Hughes começou a planejar uma versão cinematográfica do naufrágio do *Titanic* em 1912, mas fixou exaurido com os esforços para estruturar o roteiro, e desistiu do projeto. Ficou possuído pela idéia de que *Anjos do inferno* fracassaria. Os filmes sonoros tinham chegado, depois do grande sucesso de Al Jolson em *O cantor de jazz*, e ele percebeu que teria de refazer boa parte do filme com som. *Asas* fora um grande sucesso com apenas um pouco de música e efeitos sonoros, mas *Anjos do inferno* teria de ter personagens falando. Deixou de lado todas as tomadas de dramaturgia muda e contratou o então bem-sucedido diretor de teatro inglês, o homossexual James Whale, para vir a Hollywood garantir autenticidade nas cenas passadas em Londres e Oxford. Demitiu Greta Nissen porque seu sotaque norueguês tornaria ridículo o papel como aristocrata inglesa. Substituiu-a por alguém quase igualmente inadequada: a muito jovem, boquirrota e absolutamente americana Jean Harlow, que Ben Lyon tinha notado como figurante num novo filme. Hughes não ficou impressionado com ela ao conhecê-la: sua atração sexual, que logo seria lendária, não lhe causou nada. Mas ela passou no teste de filmagem com considerável impacto sexual. Possuía um apelo direto que ele instintivamente soube que excitaria homens de todo o mundo.

Na vida pessoal Hughes era tão promíscuo quanto o herói de seu filme, e consideravelmente mais aventureiro. O esguio e bonito Randolph Scott chegou da Virgínia trazendo para os Hughes uma carta de apresentação de seu pai, que tinha ligações com a família Gano através da posse de vários haras. Jogador de futebol e engenheiro, Scott estava interessado em se tornar membro da equipe aeronáutica de Hughes. Hughes deu uma olhada naquele forte atleta de 1,83m, e 88 quilos, rosto comprido e personalidade preguiçosa, cônscio da própria beleza, e decidiu que precisava tê-lo. Levou-o, cruelmente, para a casa onde morava com Ella. Arriscou sua imagem masculina com os pilotos de *Anjos do inferno*, cuja opinião era de que qualquer "maricas" deveria receber uma arma e uma sala vazia onde acabar com a própria vida, e se arriscou a um escândalo colossal caso Ella mencionasse isso nos procedimentos do divórcio, que era iminente.

Mas foi adiante; visitava Scott com freqüência quando este se mudou para um apartamento em West Hollywood. Scott mostrava uma indiferença fria para com a maioria das pessoas, usando homens e mulheres para subir na vida, mas parece ter sentido pelo menos algum afeto por Hughes, que o levou a uma carreira no cinema. Hughes — que na época estava tendo algumas diferenças com Jesse Lasky — perguntou se Lasky cuidaria do rapaz na Paramount. Lasky viu do que Hughes estava falando e o contratou, deduzindo que o apelo sexual e o físico compensariam o fato de ele ter tanta capacidade para representar quanto uma estátua.

Hughes mandou o escritor Howard Estabrook criar novas cenas para Harlow, inclusive uma em que ela seduziria Ben Lyon com uma camisola transparente. Contratou o poeta Joseph Moncure March para escrever boa parte do diálogo. Havia se fascinado com o atual best-seller de March, composto de dois poemas narrativos, "The Wild Party", sensação em Nova York, onde havia, de modo ousado para a época, uma orgia com sexo homossexual e hetero, e "The Set-Up", uma imagem anti-semita do mundo do boxe. "The Wild Party" refletia totalmente o interesse de Hughes por formas exóticas de sexo, e as ilustrações com mulheres de seios à mostra o estimulavam profundamente. Uma passagem como a seguinte era espantosamente ousada para a época:

> Now Jackie stood back of Phil
> And his hands just wouldn' be still!
> One clutched Phil's shoulder:
> The other was bolder:
> It ran white fingers through his long, black hair
> Then fondled his throat
> And rested there...
> He bent down and kissed Phil on the lips.*
>
> © Random House, Inc. 1993

*Agora Jackie se levantou de cima de Phil
E suas mãos não ficavam paradas!
Uma segurava o ombro de Phil:
A outra era mais ousada:
Passou os dedos brancos por seu cabelo preto e comprido
Depois acariciou sua garganta
E ficou ali...
Ele se curvou e beijou Phil nos lábios. (*N do T.*)

Em outubro, com a versão falada progredindo lentamente por causa da inaptidão de Jean Harlow e das tentativas meticulosas porém malfadadas de James Whale para dar às cenas na Inglaterra algum nível de realismo (o sotaque americano de Harlow não pôde ser corrigido a tempo), Ella Hughes saiu da vida de Howard de uma vez por todas. Voltou de uma longa viagem a Houston e encontrou roupas de outra mulher (Carole Lombard?) em seu armário. Enojada, furiosa, voltou a Houston e pediu o divórcio.

Hughes não pôde suportar o fato de que ela se fora. Mesmo sem jamais ter amado a esposa, traindo-a constantemente com outras mulheres e tratando-a com desprezo e indiferença o golpe contra seu ego foi considerável. Fez um gesto teatral. Lacrou a suíte dela, que ficava do lado oposto da casa em relação à sua, e a deixou nesse estado durante décadas. Ocasionalmente mandava um empregado verificar o encanamento, mas em seguida a suíte era lacrada de novo. Era como se ele se recusasse a admitir que Ella havia deixado a casa; até mesmo as poucas peças de roupa, a louça que ela usava, os pedaços de sabonete e o frasco de perfume que havia deixado permaneceram na posição exata em que estavam no dia em que ela se foi.

No meio das filmagens de *Anjos do inferno* John Monk Saunders cometeu o que Hughes considerou um ato de traição por parte de um amigo e primo adotivo. Vendeu uma história sobre pilotos da Primeira Guerra Mundial, *Dawn Patrol*, à Warner Bros. Hughes o censurou por isso; os dois trocaram socos, e Hughes, que tinha apenas 65 quilos diante dos 84 de Saunders, terminou com o rosto inchado. Por dias seguidos Hughes ligou para Hal Wallis, produtor da Warner, às três ou quatro horas da madrugada, gritando que Wallis não tinha o direito de alugar aviões que ele não havia terminado de usar, oferecendo o dobro de dinheiro aos donos. Estava decidido a pôr as mãos no roteiro.

Subornou uma das secretárias de Wallis para roubar uma cópia. Outra secretária informou a Wallis que uma colega iria entregar o roteiro no apartamento de Randolph Scott — uma opção de lugar ousada e imprudente. Wallis contratou dois detetives particulares para entrar no apartamento, com o conluio do administrador do prédio, e se esconder num armário. Noah Dietrich chegou e a garota entrou. Os detetives agarraram Dietrich e a garota. Wallis processou Hughes por roubo; Hughes contra-atacou com um processo por plágio. Os dois casos foram resolvidos fora dos tribunais.

CAPÍTULO QUATRO

Novas aventuras

Em 1929 Hughes havia se estabelecido como produtor de cinema de grande empreendimento e ousadia — mesmo antes de *Anjos do inferno* estar concluído — mas somente com o público; os chefões da indústria cinematográfica, dominada pelos grandes estúdios MGM, Warner e Paramount, o detestavam igualmente, e não apenas por seu anti-semitismo grosseiro, sua recusa em sucumbir aos interesses controladores e sua mania de independência. Ainda que seus divulgadores lutassem para dar a impressão de que ele era um mestre no controle do dinheiro e um capitão de indústria, Hughes era incapaz de administrar as fábricas de ferramentas e deixou Noah Dietrich construindo seu império a partir da recém-remodelada broca de perfuração de petróleo. Dietrich, e não ele, vendia a broca e suas variações em todo o mundo, com habilidade e implacabilidade espantosas, persuadindo os países árabes a adotá-la sem exceção, atravessando o caminho dos concorrentes e até fazendo acordo com os russos, cujo sistema comunista Hughes abominava.

Hughes gastava o dinheiro como água, recusando-se a ouvir os ansiosos pedidos de Dietrich para encontrar um meio-termo. Aviões, sexo e festas, naqueles anos pré-reclusão, absorviam suas energias enquanto Dietrich aumentava os menos de quinhentos mil dólares que ele havia herdado até cerca de 50, depois 75 milhões entre 1925 e 1930. Quando os balancetes e as cobranças de impostos chegavam, ele os jogava de lado. Se fosse o industrial que diziam, teria perdido tudo; caso se recusasse a pagar os impostos, como desejava, seria preso. Nem mesmo o *crash* de Wall Street, que lhe custou cerca de cinco milhões de dólares, pôde interromper o trabalho temerário em *Anjos do inferno*. Este continuou até dezembro de 1929; no último minuto decidiu esbanjar várias centenas de milhares de dólares numa seqüência que não fora planejada, mostrando o avanço bem-sucedido da Sexta Brigada americana, perto do fim da Primeira Guerra Mundial. Contratou 1.700 figurantes para a cena, que ocupou menos de meio minuto do filme.

Hughes mergulhou na montagem. James Whale já estava fora de cena: começara a trabalhar numa versão cinematográfica de *Journey's End*. Assim Hughes trabalhava com a equipe de montadores, aprendendo à medida que prosseguia. Eles ficaram pasmos com sua percepção da construção cinematográfica. Quase de um dia para o outro ele dominou as técnicas de gravação de sons simultâneos, de modo que o rugido do Zeppelin sobre Londres, o estrondo das bombas, o rugir dos motores de uma decolagem em massa de aviões alemães, tudo foi montado de modo brilhante sob orientação sua e dos técnicos. O custo total do filme, inclusive a campanha promocional, chegou a quatro milhões de dólares, tornando *Anjos do inferno* um dos dois filmes mais caros da história até aquela época (o outro foi *Ben-Hur*, da MGM).

O filme durava várias horas; no final, apenas uma fração foi usada. Mas o resultado era esplêndido: Hughes projetava a montagem final repetidamente, maravilhando-se narcisisticamente com sua própria criação. Parecia não perceber a representação improvável da sociedade britânica, as cenas desajeitadas em uma cervejaria alemã, com uma garçonete falando com sotaque francês, a inépcia da ainda amadorística Jean Harlow. As seqüências aéreas, ele sabia, elevavam o filme à grandiosidade. O Zeppelin abrindo caminho através de nuvens simuladas artificialmente, a tripulação saltando para a morte por uma escotilha, para incendiar o lastro quando os caças britânicos o perseguiam, as enormes batalhas aéreas na segunda metade, a queda do bombardeiro *Sikorsky/Gotha* — tudo isso ultrapassava as expectativas. Ele esbanjava agradecimentos aos seus amigos pilotos e à equipe técnica.

Nesse período empolgante Hughes rompeu com Carole Lombard, que nunca o havia perdoado por não lhe ter dado o papel de Harlow no filme. Os dois tiveram uma série de brigas violentas, espantando os empregados da casa na estrada Muirfield com o som de vidros quebrando. Numa de suas viagens a San Simeon com Ben Lyon, a amante de William Randolph Hearst, Marion Davies, o apresentou à estonteante estrela Billie Dove. Ela estava com vinte e oito anos, era ex-modelo para pinturas e dançarina do Ziegfeld Follies, e considerada a mulher mais linda do cinema. Tinha cabelos escuros, olhos enormes e brilhantes e lábios em forma de arco de cupido. Tinha feito sucesso especial no filme colorido de Douglas Fairbanks pai, *O pirata negro*. Recentemente aparecera numa série de filmes para Alexander Korda.

Quando conheceu Hughes e se apaixonou por ele, Billie estava inconvenientemente casada com o diretor valentão Irvin Willat. Bruto, musculoso, especialista em boxe e luta livre, Willat não tinha qualquer *finesse*, encanto ou charme social. Dominava-a constantemente; como Hughes, era louco por controle e acreditava que nenhuma mulher era capaz de tomar decisões sozinha. Quando começou a namorar Hughes, Billie Dove se separou de Willat; ao mesmo tempo Ella anunciou sua separação oficial de Hughes em Houston.

Quando descobriu que Billie Dove estava decidida a se casar com Hughes (que fez o pedido naquele inverno no Del Monte Lodge, local de suas visitas na infância), Willat decidiu não dar o divórcio. Disse que lutaria até a última instância nos tribunais; Hughes ficou consternado, temendo a publicidade e percebendo que, se Ella tivesse sucesso em acusá-lo de adultério, poderia ficar com metade de sua fortuna. Optou por uma solução característica. Decidiu que compraria Billie Dove. Ligou para Willat perguntando quanto ele queria para permitir um divórcio baseado em crueldade mental e física. Willat pediu meio milhão de dólares. Depois de uma negociação feia e prolongada Hughes lhe deu 325 mil dólares. Willat disse que não aceitava cheque; o dinheiro deveria ser entregue em notas de mil dólares.

Hughes mandou Noah Dietrich pegar o dinheiro. Este obteve um cheque administrativo e o levou ao Federal Reserve Bank, pôs as cédulas numa grande mala e foi de carro até o escritório do advogado de Hughes, Neil

McCarthy. McCarthy contou o dinheiro e em seguida ligou para Willat, que chegou para pegá-lo.

Apesar de ter conseguido o que queria, Hughes desprezou Willat até o fim da vida, considerando-o menos do que um homem. Quando este autor perguntou a Willat em 1971 se ele tinha algum remorso pela questão, Willat falou:

— Eu deveria ter arrancado meio milhão de Hughes.

Não contente em comprar Billie Dove de seu marido, Hughes comprou o contrato dela com Jack Warner nos estúdios First National. Preocupado com a voz muito aguda de Billie Dove, que poderia arruiná-la nos filmes falados, Warner ficou feliz em deixar que ela fosse embora, mas cobrou 250 mil dólares. Enganou Hughes, fazendo-o crer que Dove tinha grande valor e que estava para renovar seu contrato. Hughes pagou esse valor a Warner e 85 mil dólares ao agente dela, pelos serviços em cinco filmes. Foi uma decisão que ele teria motivos para lamentar.

Billie Dove anunciou que gostava de velejar. Hughes tinha vendido recentemente o *Ranger*, e instruiu Dietrich a arranjar imediatamente outro barco. O *Hilda*, de 171 pés e motor a diesel, era ideal. Propriedade de Charles Boldt, um multimilionário de Nova York que originalmente dera ao barco o nome do marido de Eleanor Boardman, King Vidor, o iate ficara com a mulher de Boldt num acordo de divórcio. O preço pedido era pouco menos de meio milhão de dólares. Hughes regateou com a sra. Boldt através de Dietrich; quando Billie Dove disse que desejava especialmente fazer uma viagem de fim de semana, Hughes cedeu e pagou 350 mil dólares através da Companhia Caddo, e mais tarde ficou sabendo que poderia ter conseguido o barco por menos de 75 mil dólares, se esperasse até a segunda-feira.

Praticando tiro ao prato, nadando junto ao barco, tomando sol, Hughes relaxou com Billie depois da enorme tensão de completar *Anjos do inferno*. Na segunda-feira seguinte estava de volta ao escritório, planejando a estréia. Decidiu montar o lançamento mais luxuoso de todos os tempos; fez um acordo com o showman Sid Grauman, dono do Grauman's Chinese Theater, não somente para estrear o filme, mas para cuidar de sua exibição em nível nacional. Confirmou um contrato anterior com Joe Schenck, da United Artists, para distribuir o filme.

Hughes estava tão profundamente envolvido na publicidade e na promoção do filme quanto estivera na produção. Recusava folhas inteiras de provas de contato de fotografias e rasgava cartazes ao meio se não o agradassem. Nenhuma foto podia ser usada por jornais ou revistas sem sua aprovação pessoal. Proibiu qualquer projeção antecipada, qualquer entrevista com os astros antes do lançamento do filme, e cada detalhe do enredo era escondido dos repórteres. Quando o zeloso editor do *Examiner* de Los Angeles insistiu em invadir os estúdios Metropolitan pessoalmente para conseguir informações, Hughes ligou para o dono do jornal, William Randolph Hearst, e mandou expulsar o sujeito.

A grandiosa estréia aconteceu em 27 de maio de 1930. Hughes e Sid Grauman vinham se reunindo há semanas para cuidar dos detalhes desse evento espetacular. Hughes e Billie Dove (ele de *black-tie*, ela num vestido branco colante) entraram no teatro, flanqueado por aviões, na frente de uma galáxia de astros. Faróis cortavam o céu noturno. Cinqüenta aviões voaram em formação, afetando drasticamente as transmissões de rádio ao vivo enquanto os locutores entusiasmados entrevistavam Ben Lyon, James Hall, Jean Harlow, Douglas Fairbanks, Sr., Mary Pickford, Charlie Chaplin e outras celebridades.

A cortina do teatro fora pintada com a réplica de um caça. Um elaborado show no palco precedia a atração principal. Os Abbott Dancers, a Albertina Rasch Dance Company e vários cômicos e músicos deixaram a platéia aplaudindo uma série de cenas intensas.

Por fim o filme começou. A platéia de Hollywood, com seu melhor comportamento por causa da presença da imprensa nacional, mal conseguia conter os risinhos durante as cenas elaboradas e ridículas passadas na Alemanha e em Oxford. Repórteres faziam anotações desfavoráveis. Mas assim que começou o bombardeio a Londres e o Zeppelin surgiu, a multidão ficou boquiaberta e houve alguns aplausos.

Quando os tripulantes alemães saltaram rigidamente, um a um, para a noite, a platéia ficou fascinada. Para aumentar o efeito, Hughes conseguira que a tela se abrisse para toda a seqüência. No intervalo houve um burburinho de comentários empolgados. Pessoas gritavam dando os parabéns a Hughes por cima das poltronas.

Começou a segunda parte. De novo havia muito material idiota em que a aristocrata inglesa representada por Jean Harlow jogava os dois irmãos aviadores um contra o outro. Mas a partir do momento em que James Hall e Ben Lyon partiram no *Sikorsky/Gotha* para bombardear o depósito de munições alemão, o filme decolou de novo. A platéia gritou de empolgação quando o Circo Aéreo Alemão assumiu formação em V e quando o bombardeiro se chocou no solo em chamas. O fim, em que um irmão atira no outro para impedir que certos segredos vazassem para os alemães, foi uma apoteose. Assim que as cortinas se fecharam a platéia se levantou e aplaudiu durante vinte minutos.

Foi a melhor noite da vida de Howard Hughes. Mas, em vez de festejar, ele trabalhou a noite inteira, tomando notas, ligando para seus montadores para fazer cortes e ajustar algumas cenas que haviam provocado risos. Uma semana depois projetou o filme, sozinho, no Grauman's. Tinha comprado todos os lugares do teatro. Agora estava satisfeito. Eufórico, decidiu associar-se com a United Artists. Ofereceu 3 milhões de dólares a Joe Schenck para comprar uma parte, mas encontrou muita burocracia nas negociações e finalmente desistiu. Partiu para Seattle, para outra estréia espetacular. Estabeleceu as regras para a estréia de *Anjos do inferno* em Nova York, que também foi colossal. Em 15 de junho ele e Billie Dove compareceram ao segundo maior evento do ano em Hollywood: o casamento de Ben Lyon com Bebe Daniels. Mais de mil pessoas compareceram às núpcias ofuscantes no Beverly Wilshire Hotel; praticamente nenhum nome de Hollywood estava ausente. Hughes emprestou um avião para o casal, para que Lyon pudesse levar a noiva para a lua-de-mel em Del Monte.

Em todos os lugares onde *Anjos do inferno* estreava havia bandas de música e estandartes, faróis e aplausos. Quase do dia para a noite Hughes era o cineasta mais famoso da América. Seu maior triunfo foi exibir os aviões, diagramas e fotografias de *Anjos do inferno* na Exposição Internacional de Aeronáutica em Manhattan. Hughes mandava o divulgador Lincoln Quarberg a todas as cidades — grandes e pequenas — do país, trabalhando o filme implacavelmente.

Em outubro Hughes se mudou para novas instalações no estúdio da United Artists; estava ocupado demais com a transferência dos móveis e arquivos para comparecer à estréia em Londres. Acontecida em 28 de outubro de 1930 no London Pavilion em Piccadilly Circus, foi a mais sensacional da década. A multidão que lutava para entrar era tão gigantesca que o tráfego ficou engarrafado por quilômetros. O duque e a duquesa de York — mais tarde rei George VI e a rainha Elizabeth —, o príncipe de Gales, membros da nobreza e ases da aviação inglesa apinharam o cinema até o último centímetro. As áreas destinadas a espectadores de pé tinham filas de seis pessoas. Embora os sotaques americanos absurdos e a falsa imagem de Oxford provocassem ataques de riso, as cenas aéreas fizeram com que a platéia britânica, normalmente contida, explodisse em gritos.

Mas, apesar do sucesso internacional, a falhada obra-prima de Hughes nunca recuperou o investimento. Quatro milhões de dólares era demais para recuperar quando os ingressos, longe das grandes cidades, custavam apenas vinte e cinco centavos. Hughes sabia que logo correria a notícia de que ele era um perdedor de dinheiro. Esse seria um pecado imperdoável na indústria cinematográfica. Portanto decidiu tentar imediatamente fazer filmes de sucesso com orçamento médio. Desconsiderando a voz fina de Billie Dove, comprometeu-se a torná-la uma grande estrela do cinema falado. Contratou escritores para produzir roteiros para ela.

O primeiro desses, *The Age of Love*, era um negócio mal escrito abordando o tema super-repetido de uma mulher dividida entre a carreira e o amor. O segundo, *Cock of the Air*, não era muito melhor. Hughes sempre ria do título, maliciosamente cônscio de que ao usá-lo estava provocando um exército de puritanos. A história original era tão estranha quanto o título. Billie Dove faria uma atriz representando *Joana D'Arc* no palco. Quando um rapaz, que lembrava Hughes em seu jeito arrogante e mulherengo, sugeria que os dois fossem para o quarto, ela saía e voltava vestindo a armadura que usava no palco. Ele pegava um abridor de lata e ela desaparecia timidamente. Mais tarde, ao voltar para a cama no fim de uma noite, o rapaz ficava deliciado ao ver a armadura em cima. Quando conseguia abri-la, via que estava vazia. Tendo ensinado uma lição ao Don Juan, a estrela cede aos seus abraços. Os censores reduziram essas cenas intensamente pessoais.

Logo depois Hughes fez um filme, *Sky Devils*, que, de muitas maneiras, era tão bizarro quanto os outros. Estrelado por Spencer Tracy e William Boyd, era a história de dois salva-vidas que se envolvem com o Corpo de

Aviadores, cheia de grosseiras referências bissexuais. O apelido de Tracy em toda a história é Hortense, há cenas de travestismo, e durante uma luta de boxe Tracy grita para os atletas:

— Por que vocês não se beijam?

Num determinado ponto Tracy diz a Boyd:

— Tenha cuidado quando usar esse perfume perto de marinheiros.

O filme foi o último feito por Hughes durante vários anos, e fracassou nas bilheterias.

Em contraste com essas aventuras infantis, naquele ano Hughes embarcou em dois projetos ambiciosos. O primeiro foi *A primeira página*, baseado na célebre peça de teatro de Ben Hecht e Charles MacArthur. Evocava a vida maldosa, sem princípios e dinâmica de um jornal importante; Hughes contratou Lewis Milestone para ficar à altura da direção sensacional de Jed Harris na Broadway. O filme foi feito em tempo recorde, praticamente um mês, em cenários atulhados, cuidadosamente autênticos. Hughes esteve presente durante toda a filmagem, trabalhou com Milestone na edição e insistiu num ritmo intenso, exaustivo. Estrelado por Pat O'Brien e Adolphe Menjou, recebeu críticas elogiosas. Hughes ficou furioso quando o censor Will Hays insistiu em alguns cortes quando o diálogo ficava muito picante e quando o filme foi totalmente proibido em Chicago (por causa de declarações críticas no roteiro sobre políticos de Chicago).

Hughes discutiu violentamente com Joe Schenck por não dar promoção suficiente ao filme. Acusou-o de favorecer as produções de mais prestígio de Sam Goldwyn. Ele e Lincoln Quarberg pensavam o mesmo quando gritavam em telegramas e bilhetes sobre "políticos corruptos e promotores mafiosos" e "pessoas de baixo calibre mental e moral" que estavam nos escritórios da United Artists em Nova York. Jamais satisfeito, Hughes colocou várias centenas de milhares de dólares em anúncios adicionais e cartazes iluminados para a estréia em Nova York. Alterava sem parar os arranjos para o lançamento na Inglaterra.

Embarcou num projeto ainda mais ambicioso: *Scarface, a vergonha de uma nação*. Contratou Ben Hecht para escrever o roteiro. De muitos modos era um subproduto de *A estrada dos homens sem lei*, ainda que ostensivamente fosse adaptado de um romance barato, de um autor com o pseudônimo de Armitage Traill. Originalmente o livro, como *Anjos do inferno*, era sobre o conflito entre dois irmãos, neste caso um policial e um bandido. Hughes e Hecht decidiram ter apenas um protagonista: Tony Camonte, baseado em Al Capone, que ascende de guarda-costas de um criminoso até czar do submundo de Chicago. Camonte seria mostrado matando todo mundo que ficasse no seu caminho enquanto comandava os antros de cerveja no sul de Chicago. Hughes contratou o jovem Howard Hawks para dirigir o filme. Duro, frio, tão distanciado e inteligente quanto o próprio Hughes, Hawks tinha muito em comum com o jovem magnata. E possuía a vantagem adicional de conhecer vários gângsteres de Chicago.

Hawks era uma figura típica do mundo do cinema, levando uma vida de fantasia, o maior mentiroso da cidade, um barão de Munchausen numa cidade de mentirosos compulsivos. Durante anos afirmava que era um grande comedor, quando na verdade era inepto, insensível e inadequado na cama, e finalmente ficou impotente. Dizia que trocava de aeroplanos com Hughes e que Hughes o deixava pilotar seus aviões: totalmente falso. Mas uma coisa genuína era seu talento. Ele fazia filmes enxutos, fortes, cujos heróis, ou anti-heróis, eram animais com defeitos, afirmando-se contra chances precárias com mulheres ou em atos de violência; na tela conseguiam o que ele jamais obteve na cama.

Hughes contratou Paul Muni, o grande astro judeu do teatro, para fazer Camonte. Deu a Ann Dvorak o papel da irmã de Camonte, e a Karen Morley o papel da namorada de Camonte.

Ben Hecht escreveu o roteiro em onze dias, por 11 mil dólares; Hughes tinha-lhe prometido mil dólares por dia, e Hecht, em vez de se arrastar estourando o prazo, bobamente escreveu às pressas, perdendo uma pequena fortuna. Mas ganhou muitos outros milhões de Hughes em jogos de gamão no trem para Nova York.

Com aprovação de Hughes, Hecht baseou a história no suposto relacionamento incestuoso entre César e Lucrécia Bórgia: a irmã mais nova de Camonte fica aterrorizada com as crises de ciúme dele quando alguém a toca, e com o interesse sensual demais por seu corpo. Esse era um tema ousado para qualquer período, e em 1931 representava uma afronta absoluta. Era típico de Hughes que, de novo, achasse que poderia se sair bem em qualquer situação; ele próprio, claro, era vítima de incesto, e muitos de sua família acreditavam que seu tio bissexual Rupert tivesse tido um caso com a própria irmã, Greta. Quando Greta morreu, Rupert ficou em coma durante três dias e três noites, devido ao choque. Dificilmente uma reação normal para um irmão.

Hughes e Hecht retrataram Camonte como um assassino serial vaidoso e malignamente arrogante. Como sua contrapartida numa sinfonia de sangue e balas, Hughes e Howard Hawks escalaram o ex-dançarino profissional, trambiqueiro e gigolô George Raft (que recentemente fizera o sensacional *Quick Millions*) como seu ajudante de cabelos oleosos. Sempre jogando uma moeda para o alto, rindo na cara do desastre, Raft iria se mostrar tão inesquecível quanto o próprio Muni.

Liberando um desejo sádico de violência, Hughes convencia Hawks a colocar muitas cenas de assassinatos sangrentos; insistia em usar balas de verdade nas metralhadoras, uma das quais ricocheteou e feriu um visitante; Hughes teve de pagar uma fortuna ao sujeito, além das despesas hospitalares. Hawks, que tinha o mesmo gosto por violência, ficava feliz em realizar esses desejos. *Voyeur* como sempre, Hughes trouxe mais três escritores para acrescentar cenas mais sugestivas de sexo entre Muni e sua irmã, representada por Ann Dvorak. Meditou com intenso interesse erótico nas horas escuras da madrugada sobre uma seqüência em que os dois dançavam, muito juntos, com os seios de Ann Dvorak quase nus. Mais tarde foi obrigado a cortá-la e substituir por uma cena em que Raft dançava com Ann Dvorak.

A escolha do momento de produção do filme foi feliz: Al Capone estava no noticiário todo dia. Fora preso pouco depois do início das filmagens, acusado de evasão fiscal, e ficou na cadeia durante semanas. Foi julgado, condenado e mandado para a prisão Leavenworth; é pouco provável que tenha assistido a *Scarface*. Durante anos Howard Hawks alardeou que Capone gostou tanto do filme que o convidou a um jantar em Chicago, para exprimir sua apreciação. Como na época Capone estava atrás das grades, é fácil avaliar a veracidade da história.

Ao mesmo tempo que atacava no filme o contrabando ilegal de bebidas, ironicamente Hughes estava contrabandeando a sua própria. Segundo Noah Dietrich ele usava seu iate para transportar bebidas subindo e descendo o litoral. Na verdade ele foi um passo além disso. Descobriu que o hotel Rice em Houston nunca tinha se livrado da adega de vinhos finos, que fora lacrada no início da Lei Seca. Embora transportar bebida alcoólica de um estado para o outro fosse crime, Hughes, não tão violento mas tão corrupto quanto Capone, contrabandeou para Los Angeles centenas de garrafas, pelas quais pagou vários milhares de dólares, num vagão de carga blindado onde estava escrito FILME VIRGEM. Noah Dietrich foi de carro até o depósito de Los Angeles para pegá-las. Mas não teve sorte: o vagão continha fardos de algodão, e uma equipe de fumigação estava presente para inspecionar a presença de gorgulhos. O chefe da equipe disse que eles precisavam inspecionar as latas de filme, para o caso de esconderem mais algodão.

Dietrich ficou fora de si. Implorou que os homens não abrissem as latas, já que o filme valiosíssimo seria arruinado. Quando ficou óbvio que não desistiriam, ele chamou o chefe da equipe de lado. Setecentos dólares resolveram o problema. A bebida contrabandeada chegou à casa de Hughes; quando este recebia pessoas que gostavam de beber, elas se pegavam jantando com champanha francês de cem anos.

Perto do fim das filmagens de *Scarface* George Raft se envolveu com Billie Dove, a amante de seu chefe. Hughes ficou sabendo e entrou numa fúria histérica. A idéia de Billie ir para a cama com um mero ator, que estava em sua folha de pagamento, o enfureceu ainda mais do que o que ele considerava como traição da parte dela. Sua fúria era alimentada pelo fato de Raft ser um famoso garanhão, um amante hábil e passional. Hughes chegou ao saguão do hotel Ambassador enquanto Raft se despia e ia para a cama com Billie. Ele notou que o gângster Owney Madden, amigo de Raft, estava parado perto da mesa da recepção. Perguntou a Madden se a história era verdadeira. Madden deu uma resposta um tanto trêmula. Hughes foi para o elevador. Madden ligou para a suíte e alertou Raft, que naquele momento estava fazendo amor com Billie. Nu, Raft correu para pegar as roupas, enfiou-se nelas e correu pela porta dos fundos. Hughes entrou e brigou com Billie, mas perdoou-a mais tarde e continuou se encontrando com ela.

Não contente em ter violado todos os códigos de Hollywood ao mostrar incesto na tela, Hughes comprou um romance abertamente anti-semita, *Queer People*, para produção imediata. A história de um repórter que invade a Hollywood de 1931 e descobre que a comunidade é comandada por sórdidos executivos judeus o atraía tremendamente, e ele parece ter sido estupidamente cego ao efeito que essa compra teria sobre os magnatas do cinema aos quais ele era ligado, mais notavelmente Joe Schenck. Hughes foi em frente, mas nenhum ator queria aparecer no filme; sabiam que, se fizessem isso, nunca mais trabalhariam de novo. Telefonemas anônimos ameaçavam a vida de Hughes; chefes dos estúdios lhe ofereciam fortunas para desistir. Ele implorou a Ben Lyon e Paul Muni (apesar de Muni ser judeu) para fazerem o filme; ambos recusaram. Chegou a ir a Nova York quando Muni estava atuando numa peça, para tentar fazer com que ele mudasse de idéia. Muni ordenou que Hughes saísse de seu camarim e disse que jamais trabalharia com ele de novo. Em 22 de agosto de 1931, depois de ter contratado o homossexual William Haines para o papel principal, pegando-o emprestado com Louis B. Mayer, que era grosseiramente caricaturado no roteiro, Hughes foi obrigado a anunciar que *Queer People* estava suspenso indefinidamente. De modo petulante, seu release para a imprensa acrescentava: "*Queer People* teria levado o público para trás dos bastidores de Hollywood... lamento que não possamos fazê-lo imediatamente."

Nem um único jornal americano comentou o cancelamento; mas o *Daily Mail* de Londres publicou uma série espantosa de matérias contando a história. Em resultado, Will Hays, chefe da Associação de Produtores Cinematográficos, principal árbitro da moralidade nos filmes e amigo íntimo de Louis B. Mayer, voltou-se furiosamente contra Hughes, de uma vez por todas. Apesar de a Warner Bros. ter feito o sanguinolento *Alma no lodo*, que Hays tratou com luvas de pelica, o censor partiu implacavelmente para destruir *Scarface*. No mesmo instante em que começou a planejar a destruição do filme, surgiam novas informações a seu favor: foi vazado pela rede de boatos do mundo do cinema que Jean Harlow, contratada de Hughes, tinha se tornado amante de um gângster. Com a prisão de Capone, Abe (Longy) Zwillman, chefão do crime organizado na Costa Leste, vinha freqüentando Los Angeles para organizar a máfia da Costa Oeste. Ele havia se apaixonado por Harlow quando ela viajou para promover *Anjos do inferno*, e os dois estavam tendo um caso intenso e passional. Zwillman se tornou o principal assunto nos círculos sociais de Hollywood quando, num elaborado jantar para os vários chefes mafiosos no hotel Ambassador, pegou o relógio no bolso e tirou da parte de trás uma madeixa de cabelos escuros. Anunciou que eram pêlos púbicos de Jean Harlow, que ela não havia se incomodado em tingir de louro platinado.

Zwillman obrigou Hughes a emprestar Harlow a Harry Cohn, da Columbia, que estava na folha de pagamentos da Máfia. Então Hughes desafiou Zwillman: vendeu Harlow a Louis B. Mayer por 60 mil dólares. Mayer, que influenciava o escritório de Hays e praticamente controlava a imprensa, não tinha medo de que o caso entre Harlow e Zwillman se tornasse público. Liberando-a, Hughes garantiu a Harlow um futuro brilhante na MGM.

Em 1º de outubro de 1931 Will Hays assistiu a *Scarface*. Informou a Hughes que o filme era inaceitável e garantiu que seria proibido em Ohio, na Pennsylvania e no estado de Nova York. Insistiu num novo fim: Hughes e Hawks tinham mostrado Camonte morto a tiros na rua, debaixo do irônico anúncio de uma agência de viagens: O MUNDO É SEU. Hays queria que Camonte fosse mostrado se acovardando, implorando pela vida, e depois sendo morto a tiros, gemendo de medo. Mais tarde mudou de idéia e decidiu que o fim teria de ter Camonte algemado, julgado e mandado para a forca.

Hughes precisava enfrentar não somente as exigências de Hays. Contrariamente às declarações de Howard Hawks como divulgação pessoal, os contatos de Hughes no mundo dos gângsteres ficaram furiosos porque Camonte foi retratado como um covarde. Eles avisaram a Hughes — que levou as ameaças suficientemente a sério — que ordenasse ao divulgador Lincoln Quarberg para tirar do rosto de Paul Muni as cicatrizes que lembravam Capone em todos os anúncios e cartazes. Em muitos casos a cicatriz teve de ser pintada por cima; para os cartazes maiores a cores, Muni foi fotografado com maquiagem normal. Essa tentativa absurda de aplacar os sentimentos da Máfia (afinal de contas, qualquer um podia entrar num cinema assim que o filme fosse lançado e ver a cicatriz no rosto de Muni) não conseguiu alcançar o objetivo.

Em vez de lutar disparando todas as armas, imitando o personagem do filme, Hughes ficou imóvel e em pânico nas semanas seguintes. Ele e Quarberg começaram a acusar Hays de estar na folha de pagamento da Máfia e que a indústria tinha medo de expor a corrupção do governo.

Quando isso fracassou, foi obrigado por Hays a montar um prólogo desajeitado em que o magnata da imprensa William Randolph Hearst chamava a atenção para os males do crime. Hays achou que aquilo era simplesmente Hearst tentando vender seus jornais, proibiu o prólogo e mandou inserir outro em que o chefe de polícia de Nova York pedia uma legislação proibindo a venda e o transporte de armas.

Hughes filmou um novo fim em 25 e 26 de outubro, usando o diretor de segunda unidade Richard Rowland. Muni se recusou a aparecer indo para a forca; um dublê teve de ser usado. Então, em meados de novembro, Hays decidiu que o título *Scarface* era inaceitável, e que o filme deveria ter um título que atraísse atenção para a desgraça e a prisão de Capone. Hughes lutou contra isso. Mas com 800 mil dólares investidos no projeto, não ousava se arriscar a que o filme fosse proibido em todo o país. Em 3 de janeiro de 1932 decidiu-se pelo título *A vergonha de uma nação*. Em 12 de janeiro, por ordem de Hays, Hughes mandou Rowland dirigir uma cena pavorosa, inserida no meio do filme, em que um dono de jornal ao estilo de Hearst se dirigia a um grupo de cidadãos em sua sala, discutindo a necessidade de acabar com o crime. Em resultado a Máfia ameaçou a vida de Hughes. Imediatamente depois de filmar essa seqüência absurda Hughes partiu com Billie Dove para Nova York. O filme ainda não tinha o selo oficial de produção, e todas as redes de cinemas o recusaram até que o selo fosse dado.

Hughes nada podia fazer. Foi obrigado a manter seus funcionários com metade do salário. A Depressão estava afetando seriamente a Hughes Tool Company. Irracionalmente ele temia ficar sem dinheiro. Os desastres de *The Age for Love* e *Cock of the Air* e o medo de que a Máfia o matasse o abalaram ainda mais. Num último esforço para salvar *Cock of the Air*, mandou fazer um cartaz onde Billie Dove e Chester Morris seriam vistos sugestivamente montando a cauda ereta de um avião. Quando o escritório de Hays descartou a idéia, Hughes desistiu de qualquer tentativa de promover Billie. Foi obrigado a tirar seu nome dos anúncios de *Cock of the Air* porque ela era veneno de bilheteria, e o caso dos dois começou a desmoronar.

Semanas se passaram enquanto Billie ficava no hotel Warwick e Hughes (em nome das aparências) no Ambassador. No fim de janeiro, com mais mudanças de títulos, os dois partiram para West Palm Beach a bordo do *Hilda*. Hughes enviou incontáveis telegramas pedindo mais cortes de salários em Hollywood. Quarberg implorou que Hughes se demitisse da Associação de Produtores e Distribuidores Cinematográficos da América, fizesse *Queer People* e, ainda que não nessas palavras, mandasse todo mundo em Hollywood se foder.

Provocado por Quarberg, Hughes teve uma idéia interessante. Certos estados não tinham comissões de censura locais. Se estreasse *Scarface* desafiadoramente num daqueles estados e convidasse a imprensa para ver um filme brilhante, talvez o escritório de Hays sentisse vergonha em não dar um selo de produção ao filme. Durante todo o mês de fevereiro Hughes navegou por águas caribenhas; chegou a Havana, onde estabeleceu conexões com o jovem demagogo em ascensão Fulgêncio Batista, que logo iria se tornar o ditador fascista de Cuba. Então, num telegrama de Havana, confirmou um arranjo anterior com Joe Schenck para estrear *Scarface* em Nova Orleans em 26 de março, com o título original. Quarberg conseguiu alguns apoios poderosos: o roteirista Robert Sherwood, que ficou fascinado pelo filme ao vê-lo numa projeção particular em Nova York e usou suas colunas de jornal para denunciar Hays e o senador La Follette, que levou o tema ao Congresso.

Hughes adorou. Voltou para Palm Beach, mudando de um hotel para outro para evitar a imprensa. Depois, deixando Billie Dove para trás, partiu no *Hilda* até Galveston, de lá foi de carro a Houston para ver velhos amigos e a família e para conversar com donos de cinemas sobre o lançamento de *Scarface* naquela cidade, e foi em frente atravessando o Canal do Panamá. Em 7 de março telegrafou do México para Hays, dizendo que agora nada atrapalharia *Scarface*.

Outros defensores se juntaram à causa de Hughes. O colunista Walter Winchell fez transmissões de rádio apoiando-o. Morris L. Ernst, do Conselho Nacional de Liberdade contra a Censura, condenou as ações de Hays. Quando Joe Schenck se mostrou temeroso de colocar dinheiro numa campanha promocional, Hughes separou 10 mil dólares para pagar os anúncios. Teve de assinar promissórias quando foi necessário dinheiro para cobrir os custos de distribuição do filme. Lewis Milestone estava em Nova York remontando seqüências; sentia dificuldade porque Hughes não podia ser contatado a bordo do *Hilda*. A estrutura de *Scarface* mudava de um dia para o outro.

No final de abril Hughes estava em Mazatlan. Lincoln Quarberg foi para lá de avião, implorando que ele não deixasse que o filme fosse mostrado em nenhum lugar senão em sua forma original. Disse a Hughes que o órgão da indústria *Film Daily* tinha se recusado a apoiá-lo; em resultado Hughes cancelou todos os anúncios naquela publicação. De repente ele conseguiu sua primeira grande vitória. Em 21 de abril de 1932, Wilton A. Barrett, secretário executivo do National Board of Review, um comitê especial de cidadãos estabelecido para representar os pontos de vista morais adequados, mandou um cabograma para ele: NÓS ENDOSSAMOS *SCARFACE*. Isso foi um soco no olho de Will Hays, e finalmente garantiu a Hughes que ele não seria transformado num vilão público se fosse em frente e mostrasse o filme. De volta a Hollywood em 23 de abril passou um cabograma para Al Lichtman, da United Artists em Manhattan, dizendo que queria muito que seu filme fosse lançado em Manhattan numa versão não adulterada e que não aceitaria qualquer interferência na montagem que ele havia aprovado. Também divulgou uma declaração à imprensa onde desafiava abertamente as interferências no filme.

Hughes estreou *Scarface* recebendo ovações de pé em Nova Orleans. Mostrou o filme à imprensa de Hollywood no Grauman's Chinese Theater; de novo houve ovação de pé. Viajou de avião com Ann Dvorak e Howard Hawks, que estava tendo um caso com ela, para a estréia em Houston. A opinião pública foi tão avassaladora que Hays foi obrigado a dar o selo de aprovação ao filme; a única grande concessão foi que no estado de Nova York o filme terminava com o enforcamento de Camonte, e todas as cenas incestuosas foram retiradas em todos os lugares.

As críticas foram excelentes. Mordaunt Hall, no *New York Times*, comparou o filme a uma tragédia de Shakespeare, e o chamou de "filme empolgante, dirigido com eficiência e interpretado de modo capaz (...) uma diversão excelente para os que gostam de tirar uma tarde ou uma noite para estudar a atividade de bandidos covardes." Hall elogiou Paul Muni por seu "retrato envolvente" de Camonte. A *Variety* descreveu o filme como "poderoso e absorvente", e disse: "Muni parece suficientemente durão para fazer de Capone seu moleque de recados". O *Motion Picture Herald*, que até então não dera apoio, e o *Los Angeles Times* também fizeram resenhas empolgadas. Em junho *Scarface* era um sucesso.

Mas houve um resultado amargo. Billie Dove deixou Hughes definitivamente, depois de apenas três anos. Logo depois casou-se com o belo e rico Robert Kenaston e deixou o cinema.

Hughes foi consolado por Marian Marsh, uma grande descoberta de Jack Warner que causou sensação como uma garota hipnotizada em *Svengali*, um filme estrelado por John Barrymore. Loura, com enormes olhos azuis, Marian Marsh fascinou Hughes, mas ele não a contratou.

Hughes estava com Marian uma noite no Coconut Grove quando sentiu um golpe de leve na cabeça. Levantou os olhos. Uma garota linda, a atriz June Vlasek (mais tarde Lang), tinha jogado um cubo de açúcar nele para atrair sua atenção. Fascinado, deixou Marian, subiu e levou June para a pista de dança.

Ele passou a vê-la regularmente, e Marian não parecia se importar.

— Achei que ele era assexuado — diz June Lang hoje. — Ele nem tentou me beijar. — Uma noite, com bastante ousadia, ela o convidou para tomar uma bebida. Ele pediu um coquetel (raro exemplo de Hughes desejando álcool) com uma rodela de lima. — Nós não temos lima na cozinha — disse ela.

No dia seguinte chegou um mensageiro com um pacote enorme. Era uma limeira. A partir daí Hughes tinha rodelas de lima nos coquetéis na casa dela.

Hughes havia se exaurido na longa disputa com Will Hays, e tinha começado a achar que deveria seguir a sugestão de Quarberg, sair da Associação dos Produtores e Distribuidores Cinematográficos da América. A notícia foi recebida com alívio, e, em alguns casos, fascínio, pelos membros da associação. Sua aversão em pagar os empregados e a imprudente desconsideração pela segurança humana eram hipocritamente desaprovados por muitos chefões dos estúdios que faziam exatamente a mesma coisa todo dia em seus negócios nefandos. Mas o fato de ele não pertencer ao meio, de ser um independente cabeça-dura, o rotulou para sempre; e suas observações ferinas sobre magnatas como os irmãos Warner e Louis B. Mayer ("o rei judeu") o prejudicaram. Hughes saiu da associação no verão de 1932 e deu um passo além: abandonou totalmente o cinema, debandou sua equipe, deixou Quarberg ir embora e perseguiu um amor maior do que o cinema: voar.

CAPÍTULO CINCO

Aviador

Hughes fechou seus escritórios e dispensou os funcionários, com a exceção de Noah Dietrich. No início de 1933 comprou um avião anfíbio *Sikorsky* S-43, tão capaz em terra quanto na água, e para remodelá-lo contratou um engenheiro brilhante, o belo e carismático Glenn (Odie) Odekirk, que se tornou um dos seus amigos mais íntimos. Vivia pegando no pé de Odekirk durante a reforma, e num determinado ponto levou obsessivamente oito horas para aprovar o encaixe de três parafusos de madeira. Quando Odekirk terminou o serviço, Hughes decidiu levar seu avião numa série de vôos de teste pelos Estados Unidos. Odie deixou a esposa durante meses para viajar com Hughes. (Perguntado por um repórter como pôde fazer uma coisa dessas, deu uma imagem realista de seu casamento respondendo: "Ela não se importou; nós não temos filhos.")

No início de março os dois saíram de Glendale no S-43 para Houston, onde Hughes levou Odie até sua casa para ver a tia Annette e o tio Frederick Lummis, e levou-o a um passeio pela Hughes Tool Company. Depois os dois voaram até uma das cidades preferidas de Hughes, Nova Orleans, para o carnaval.

Decidido a não se atrasar para o início das festividades, Hughes ignorou os avisos de tempestade. O avião enfrentou turbulências, foi sacudido por trovões e ameaçado pelo ziguezague dos raios. O motor esquerdo, que era defeituoso, falhou, deixando apenas um. Quando esse também começou a tossir, Hughes, navegando com grande habilidade, baixou o S-43 através de nuvens negras e fez um pouso forçado no rio Mississippi. Ele e Odie se sacudiram durante horas no aparelho danificado, sob a chuva forte, com galhos e troncos se chocando violentamente contra o avião. Depois de muito tempo Hughes conseguiu entrar em contato com a Guarda Costeira, e um cúter chegou e rebocou os dois até Nova Orleans.

Desligado como sempre, Hughes dormiu na parte de trás do avião durante a viagem. Quando chegou ao cais, pulou e saiu correndo, com os óculos de aviador, espalhando os repórteres e fotógrafos. Recusou todas as entrevistas. Mais tarde desapareceu durante uma semana, aparentemente perseguindo as possibilidades sexuais do carnaval.

Ele e Odekirk voaram até Long Island no avião danificado, chegando a tempo para a temporada social do verão. Apareciam em festas elegantes no último minuto, freqüentemente sem convite (mas quem recusaria a entrada a Howard Hughes?). Poucos esqueceriam a visão dos dois, roçando as águas do Atlântico no S-43, atracando num píer, caminhando decididos pelos gramados inclinados e se trocando nos quartos de hóspedes, vestindo *black-tie* para a noite. Afora Joe e Rose Kennedy, que detestavam Hughes (este tentara lutar contra Kennedy pelo controle da RKO Radio Pictures em 1929), todo mundo na sociedade se empolgava em tê-lo como convidado. Poucas mulheres, ou homens gays, podiam resistir a ele; a maioria sabia que seus ganhos com a broca de petróleo eram de mais de um milhão de dólares *por mês*, mesmo na época da Depressão. Ele ficava parado, com um sorriso torto, no canto de salas caras, segurando uma taça e esperando as cantadas inevitáveis das solteiras ricas. Calmamente desfrutava de um mundo de coquetéis e risos enquanto a maior parte do país passava fome.

Era seu costume, assim que recebia uma sugestão de um convidado, simplesmente levantar a sobrancelha. Então, de madrugada, chegava à porta da pessoa, batia duas vezes como sinal, entrava, fazia amor e voltava ao seu quarto sem dizer uma palavra.

Enquanto estava em Newport ficou sabendo que o iate a motor mais glamouroso do mundo, o *Rover*, tinha acabado de ser construído pela Stephens and Company em Glasgow, Escócia. Com noventa e sete metros de comprimento, trinta tripulantes, estação de rádio, o iate branco de duas hélices e movido a óleo era a sétima maior embarcação oceânica em mãos particulares, e uma obra-prima de engenharia náutica. Ele precisava tê-lo: seria o brinquedo definitivo. O preço pedido era 850 mil dólares, ou cerca de 15 milhões em moeda de 1990. Os espertos escoceses não barganhavam, e Hughes foi obrigado a pagar a quantia inteira. Pegou um navio para Southampton e um trem para a Escócia, comprou a embarcação e contratou o capitão irlandês Carl ("Jock") Flynn para levá-lo pelo Atlântico até Newport.

Um de seus problemas era o registro; ele se sujeitaria a impostos pesados se o navio tivesse um dono americano, e, como planejava transportar bebida e poderia acomodar gângsteres e prostitutas, registrou o navio no Panamá, o refúgio para todos os pecados. Muitos criminosos usavam esse artifício para suas embarcações, já que os barcos panamenhos não podiam ser apresados nem abordados pela Guarda Costeira dos EUA ou pelos policiais encarregados de drogas. Mudou o nome do barco para *Southern Cross* (Cruzeiro do Sul); esperava navegar com ele até o Pacífico Sul. No hemisfério meridional a constelação da Ursa Maior é vista de cabeça para baixo e é chamada de Cruzeiro do Sul.

Vendeu o *Hilda*, com todas as lembranças românticas de Billie Dove, e navegava no *Southern Cross* para cima e para baixo pelo estreito de Long Island, mostrando-o a amigos ricos como Sherman Fairchild, dono da fortuna dos aviões Fairchild. Depois mandou Flynn levar o barco até o porto em San Pedro, Califórnia, para esperar sua vontade.

Elaboradamente remodelado com suntuosa mobília em branco e dourado, torneiras de ouro maciço nos banheiros, o *Southern Cross* possuía um quarto principal com uma imensa cama de casal coberta por peles de lobo, onde o dono podia desfrutar de seus vários acompanhantes.

Hughes decidiu que quebraria o recorde de velocidade aérea continental. Deu instruções a Glenn Odekirk para bolar um estilo de aeronave totalmente novo e revolucionário, o *Hughes Racer*, também conhecido como H-1.

Rompendo com Marian Marsh, abandonou-a de modo insensível e começou um romance com a atriz Ida Lupino. Inglesa, intensa, durona, ambiciosa e ao mesmo tempo insegura (costumava fugir das estréias quando via seu rosto na tela), vinha de uma importante família teatral de Londres.

Estava começando a aparecer em Hollywood como atriz talentosa que logo emergiria como o máximo do máximo dentre as estrelas da Warner Bros. Hughes era visto freqüentemente com ela em Palm Springs, mas, como acontecia com todas as suas mulheres, era incapaz de envolvimento emocional. Nem é provável que os dois tenham sido amantes no sentido físico.

Enquanto prosseguia o trabalho no *Hughes Racer*, o sempre inquieto dono se cansou de verificar cada detalhe dia e noite e partiu, de veneta, numa direção completamente diferente. Tendo experimentado os prazeres de fazer cinema, voar, velejar, farrear, descobriria como era ser pobre. Anos depois, um de seus poucos amigos, o diretor Preston Sturges, baseou o filme *Sullivan's Travels* em suas aventuras. Hughes ordenou que Noah Dietrich lhe desse apenas um minúsculo maço de cem dólares, fechou a casa e saiu com as roupas mais baratas, uma camisa de algodão branca e puída, calça de brim e tênis, para a estação de trens de carga de Los Angeles.

Conseguiu entrar num vagão de carga para uma viagem de graça até Houston, onde foi apanhado como mendigo na rua e mal conseguiu escapar da cadeia. Jamais revelou sua identidade. Viajando pelo país conheceu muitos sem-teto, vagabundos que conseguiam existir viajando nas ferrovias e roubando comida das cozinhas dos trens. Ficou empolgado com a experiência e se sentiu liberado da pressão.

Cansado da aventura romântica, subitamente se inscreveu como carregador de bagagens da American Airways usando o nome de Charles Howard. Chegou a se tornar piloto em meio-expediente na mesma companhia aérea, mas foi descoberto em Nova York e demitido.

Aparecendo em Huntsville, Texas, hospedou-se num hotel barato, de novo sob disfarce. O bem-apessoado e jovem recepcionista da noite, Harry G. Reed, ficou seu amigo. Hughes fingiu que tinha pouca experiência com mulheres e que sentia medo de não conseguir namorar. Reed lhe contou que, por meros cinqüenta centavos para a noite, um rapaz apresentável poderia levar uma garota para sair, comprar-lhe um hambúrguer e uma Coca, levá-la para assistir a um filme (por vinte e cinco centavos) e, depois de excitá-la no escuro do cinema, levá-la para a cama. Hughes ficou empolgado com a idéia.

O problema era conseguir ganhar dinheiro suficiente para ter ao menos cinqüenta centavos. Na infância ele havia se mostrado um fotógrafo excelente. Conseguiu que Reed lhe emprestasse dinheiro para comprar uma máquina fotográfica e alguns equipamentos, e se estabeleceu sob o nome de R. Wayne Rector, uma versão cômica de "erector", e começou a colocar cartões em vitrines. Foi contratado para tirar fotos de casamento. Ainda como um *voyeur*, tirava fotos de casais jovens e atraentes, sem dúvida imaginando os prazeres sexuais que viriam com a lua-de-mel.

Decidiu tentar um jogo maior. Pegou Reed como parceiro e começou a viajar pelo país, chegando até Miami. Reed esperava no carro do lado de fora de escolas caras e anotava os números das placas dos pais ricos com seus Rolls Royces ou Duesenbergs e em seguida descobria quem eram os donos. Então uma namorada de Reed telefonava para os pais e dizia que um tal de sr. Wayne Rector gostaria de fotografar seus filhos, que ele era sócio de uma famosa empresa inglesa e que somente as famílias mais distintas seriam honradas com sua arte. O enredo funcionou: em questão de meses Hughes estava estabelecido como fotógrafo da sociedade e de crianças. Manteve essa existência esporadicamente durante anos.

Além de ter casos com mecânicos bonitos ou outros empregados, era um mulherengo implacável. Usava suas habilidades como fotógrafo para garantir sexo com as modelos. Tinha um acordo com Reed: sempre pegaria uma mulher primeiro. Como antes, dedicava-se à idéia de fazer sexo a quatro. Gostava de olhar.

Perto do fim de 1933 Hughes se cansou dessa existência durante um tempo e começou a ansiar por outros sucessos aéreos. Em 14 de janeiro de 1934, num Boeing remodelado que comprara em Nova York, entrou para o grupo acrobático All-American Air Races no aeroporto municipal de Miami. Empolgava a multidão com seus *loops*, seus mergulhos ousados até poucos metros das arquibancadas e suas manobras no céu. Ele e outros pilotos faziam um falso ataque aéreo, soltando imitações de bombas incendiárias numa versão miniatura de Miami. Depois voava sob uma onda de aplausos e prêmios para Palm Beach, para festejar no Breakers Hotel, noite após noite, até o amanhecer.

Voou com o Boeing para a Califórnia, para verificar o progresso secreto e altamente guardado de Odekirk em seu amado *H-1 Racer*. Ficou consternado ao saber que o avião só estaria pronto em agosto. Mas durante toda a primavera foi continuamente animado pelo trabalho brilhante de

Odie e de outro mecânico, Dick Palmer. Um incrível avião novo estava surgindo.

O monoplano de quatro cabines impulsionado por motores Pratt and Whitney de 550 HP era equipado com asas incomumente pequenas, desenhadas e estruturadas para permitir decolagens muito rápidas. Sua construção era do metal mais leve possível, duralumínio, e da madeira mais leve, compensado. O tanque de combustível muito grande ocupava um espaço incomum e podia conter 950 litros. Em vôos-teste em Glendale o *Racer* conseguiu fazer espantosos 523 km/h, mais de metade da média alcançada por um jato de 1993.

Abandonando Ida Lupino, Hughes encontrou outra mulher naquele verão, a belíssima estrela do cinema mudo Corinne Griffith; desfrutava de ocasionais encontros na cama da atriz inglesa Lilian Bond. Corinne Griffith, pelo que ela própria afirmava, não era Corinne Griffith: na verdade era a quase gêmea de Corinne, Mary Griffith. Corinne tinha morrido de um súbito ataque cardíaco durante uma filmagem no México. Para salvar a fortuna do estúdio, Mary assumiu o posto na última hora, sem qualquer experiência como atriz, e ninguém soube da diferença. Quando alguém perguntava a Corinne onde a verdadeira atriz estava enterrada, ela dizia: "Numa sepultura sem identificação no México." Ela lutava contra o imposto de renda (como Hughes) e, seguindo a orientação do livro da milionária do setor automobilístico, sra. Horace Dodge, mantinha todo o dinheiro em bônus isentos de impostos, dentro de cofres de aço em sua casa. Quando as autoridades do Imposto de Renda chegavam, ela mostrava os cofres. Eles eram obrigados a se esgueirar para longe humildemente.

O único homem que tinha permissão de entrar na oficina secreta de Hughes em Glendale, além de Palmer e Odekirk e de sua equipe de confiança, era Cary Grant. Três anos antes Grant havia sucedido Hughes como amante de Randolph Scott. Os dois estavam morando juntos num prédio de apartamentos em West Hollywood, La Ronda. Em todos os fins de semana Hughes levava Cary para velejar no *Southern Cross* até Ensenada, e dali para o norte até São Francisco. Acredita-se que nessas viagens os dois se envolveram num caso sexual. Eles combinavam; nenhum dos dois era romântico (apesar da imagem de Grant na tela), apaixonado ou comprometido. Eram frios, distanciados, impessoais em suas ligações. Parece não ter ocorrido a nenhum dos dois que eles tinham compromissos, Hughes com Corinne Griffith e Cary Grant com Randolph Scott. Tampouco reclamaram quando a importante colunista Edyth Gwyne, do *Hollywood Reporter*, relatou uma de suas viagens supostamente secretas. Quando Hughes visitava o apartamento de Grant e Scott, fazia-o apenas como amigo. Logo depois Scott partiu para sua cidade natal, Orange, na Virgínia, e se casou com uma jovem rica e faminta por homens, herdeira da multimilionária fortuna têxtil Du Pont, Marian Du Pont.

Isso deixou Cary livre para a ligação com Hughes. O relacionamento dos dois continuaria intermitentemente até os anos 50. Em agosto de 1935 Grant estava fazendo o filme *Vivendo em dúvida*, uma comédia romântica abordando o travestismo e cheia de referências um tanto grosseiras. Nela Grant atuava de um modo espantosamente efeminado, e sua estrela, Katharine Hepburn, se vestia como rapaz. Hughes ficou fascinado ao saber que, num determinado ponto, uma empregada beijava Hepburn nos lábios, dizendo-lhe: "Você é muito bonito", e em outro ponto o ator Brian Aherne sentia-se atraído por Kate como um "rapaz". Aherne diz, numa cena muito sugestiva: "Alguma coisa muito esquisita (*queer*) está acontecendo."

Hughes pilotou um dos seus aviões até Trancas Beach, ao norte de Los Angeles, onde o filme estava sendo rodado, e pousou num campo de golfe próximo. O barulho de seu motor arruinou uma tomada, e o afetado diretor gay George Cukor, que disse a este autor que odiava Hughes, ficou furioso. Katharine Hepburn exclamou: "Que desplante!" Hughes saltou da carlinga usando jaqueta de couro preto e óculos de piloto, e insistiu em se juntar ao elenco e à equipe para um piquenique. Hepburn tinha trazido cestos com sanduíches e garrafas térmicas com café e chá, além de louças caras, para receber na locação como um membro da realeza.

Irritada com a intromissão de Hughes, e sabendo que ele era surdo, Hepburn combinou com Cukor, Grant e Brian Aherne para irritá-lo. Sussurraram durante todo o almoço, fazendo observações pouco lisonjeiras, até que Hughes ficou vermelho de irritação. Quando pediu que falassem mais alto, eles escancararam a boca como se estivessem gritando, mas não saía nenhum som. Hughes caminhou para o seu avião sob risos e aplausos de zombaria.

Mas, por mais que a intromissão de Hughes fosse irritante, Hepburn percebeu que se sentia tão atraída por ele quanto Grant. Ela não era mais forte do que qualquer mulher quando se tratava de conhecer um rapaz imensamente poderoso e rico, de uma beleza estonteante e corpo magro e rígido, que parecia vulnerável e ansioso para ser tratado de modo maternal. Decidiu que iria vê-lo mais. E viu. Nunca pareceu ter-lhe ocorrido, em seu extraordinário jeito autocentrado, que estaria compartilhando Hughes com Cary Grant, Corinne Griffith e uma quantidade de beldades de ambos os sexos.

Voltando de Trancas, Hughes ficou contente em descobrir que o *H-1 Hughes Racer* estava finalmente terminado. O custo total foi de 120 mil dólares. Em 10 de agosto mandou Noah Dietrich dar uma entrevista coletiva anunciando que ele tentaria quebrar o recorde mundial de velocidade em 12 de setembro. Os executivos da Hughes Tool Company entraram em pânico, convencidos de que o vôo poderia lhe custar a vida, e insistiram em que ele fizesse um novo testamento. Pressionaram para garantir que ele lhes deixaria a empresa, mas Hughes deixou o testamento sem ser assinado. Aparentemente redigiu um testamento secreto deixando tudo para formar uma fundação médica. Esse testamento desapareceu.

Na manhã marcada Hughes foi até o Campo Martin, em Santa Ana, para o vôo que faria época. Os juízes aéreos eram Amelia Earhart (sra. George Putnam), o famoso piloto Paul Mantz e Lawrence Thorkelson, da National Aviation Association. Eles o observavam de uma outra aeronave.

Perto do pôr-do-sol Hughes taxiou o *Racer* pela pista e fez uma decolagem rápida. No primeiro círculo rápido só conseguiu frustrantes 486 km/h, devido à pressão do vento. Então, com sua costumeira excentricidade, em vez de aumentar gradualmente a velocidade para quebrar o recorde, entrou num mergulho a 556 km/h que, ele deveria ter sabido, não era requerido na programação. Essa proeza desnecessária lhe fez perder vários pontos.

Saiu do mergulho, e depois de uma subida íngreme fez um vôo normal em aceleração máxima na velocidade recorde de 566 km/h. A noite caiu, impedindo qualquer fotografia acurada ou verificação de seu desempenho.

Tentou de novo no dia seguinte, dia 13; era seu número de sorte. E a sorte chegou: dessa vez teve um vento de cauda e pôde repetir os 566 km/h em condições ideais de teste. Depois de um pouso perfeito recebeu o troféu dos juízes. Mas ficou empolgado demais e correu para o *Racer*. Pulou na carlinga, manipulou o leme e voou para o sul — contra o vento. Então aconteceu alguma coisa. Um dos tanques foi cortado. Ele tentou o auxiliar; este também falhou. Para seu horror, Hughes se descobriu planando.

Manteve-se calmo como sempre; percebendo que, se diminuísse a velocidade e baixasse o trem de pouso para um pouso imediato, cairia numa auto-estrada com muito trânsito e mataria várias pessoas, além de se matar. Sabia que teria de fazer um pouso forçado a 160km/h numa plantação de feijões. Fez o pouso de modo brilhante. O *Racer* bateu na terra dura e deslizou uma boa distância antes de se inclinar para a frente numa parada súbita. Centenas de pessoas se juntaram na plantação para ver se ele estava ferido. Uma ambulância veio uivando. Quando chegou, ele estava sentado calmamente no eixo da hélice, mascando chiclete.

Imediatamente ordenou uma investigação para ver o que tinha dado errado. Palmer e Odekirk desmontaram o *Racer* até a última porca e parafuso. Hughes ficou pasmo ao descobrir que de algum modo, quando o avião estava sendo verificado depois do teste de vôo bem-sucedido, um dos mecânicos de sua equipe tinha tentado sabotá-lo. Alguém havia enfiado palha de aço nos dois tubos de combustível. Um entupimento poderia ter sido acidental; dois, não. Quem poderia ter feito isso? Seria possível que um dos executivos que herdariam seus milhões houvesse subornado um membro da equipe para matá-lo? Ele jamais descobriu; o mistério continua sem solução até hoje.

CAPÍTULO SEIS

Volta ao mundo

A amizade de Hughes com Hepburn transformou-se rapidamente num romance extravagante. Os dois eram opostos: ela falava muito, opinava — soltava jorros de opiniões! — era autoritária, dominadora, divertida, charmosa, poderosa. Ele, como sempre, era taciturno, falava pouco, afastado pela surdez a ponto de se sentir desconfortável socialmente, e possuía um pavoroso humor infantil. No entanto os dois tinham muito em comum: objetividade, coragem, empreendimento, recusa em ser negado ou impedido, paixão por aeroplanos, por automóveis, por estar vivo.

Ambos eram angulosos e gostavam de usar couro; pareciam irmãos. É difícil acreditar que fosse um relacionamento louco, estilo Romeu e Julieta. Os dois eram colegas; ele se sentia mais à vontade coberto de graxa debaixo de um carro ou um avião do que numa cama, ela era praticamente igual. Para eles, no topo da lista das pessoas disponíveis do mundo, era divertido formar um par.

Ele fazia com que ela passasse momentos maravilhosos. Ensinou-a a pilotar; deixava que ela pilotasse seu avião, num momento arrepiante passando sob a ponte da rua 59, em Nova York. Uma vez Hughes pousou no campo de golfe do Country Club de Bel Air, espalhando os jogadores enquanto ela se aproximava do nono buraco, arruinando a tacada de alguém. Não era suficientemente idiota para disputar tênis com Hepburn.

Ela era a melhor, e ele sabia. Hughes também decidiu que teria a melhor aeronave do mundo. Seu *Racer* foi superado pelo *Northrop Gamma* da célebre piloto Jacqueline Cochran, um avião controvertido que havia explodido duas vezes na oficina durante a construção e que fora constantemente mexido e incrementado pela dona.

Ele precisava tê-lo a qualquer custo. Ao descobrir que Cochran, que era noiva do multimilionário Floyd Odlum, estava hospedada em Los Angeles, ligou para ela às 23:30. Cochran não podia acreditar que o famoso Howard Hughes estava ao telefone. Ele precisou falar sem parar para convencê-la de que não era um trote.

Quando se ofereceu para comprar o *Northrop*, ela recusou. Hughes convidou-a para ver o *Racer*; ela ficou empolgada, mas se decepcionou quando ele não a deixou voar no aparelho. Cochran não cedeu com relação à venda; desesperado, Hughes se ofereceu para alugar o avião. Como a quantia que ele sugeriu, 65 mil dólares, era mais do que o custo de construir o *Gamma*, ela concordou. Mais tarde ele conseguiu comprá-lo, de qualquer modo.

Também comprou um *DC-1* da Douglas Aircraft, usando o *Northrop* apenas para vôos-teste e o *DC-1* para ir de um lugar ao outro. Depois de semanas na sua oficina em Glendale estava pronto para tentar a quebra do recorde transcontinental de Los Angeles a Nova York no *Gamma*, que ele havia recondicionado com um motor Wright G-Cyclone de 925 HP, originalmente projetado para o exército. Hepburn, ocupada com *Mary Stuart,* onde fazia o papel da rainha Mary da Escócia, não pôde estar presente quando, às 11:30 de 13 de janeiro de 1936, usando um terno de tecido Palm Beach e tênis, Hughes subiu na carlinga, o mecânico girou a hélice e ele decolou para Santa Fé, Novo México.

A turbulência era tão violenta na decolagem que a antena de rádio se partiu, e pelo resto da viagem ele não pôde fazer contato com a terra. Sobre as Sierras entrou numa tempestade que o empurrou de 15 mil pés para baixo. Teve de voar às cegas sobre o rio Colorado entrando no Arizona, olhando nervoso para o nível de combustível, mas de algum modo conseguiu encontrar El Paso na escuridão. Teve problemas de novo ao norte de Wichita, Kansas, com uma tempestade tão violenta que ele quase desmaiou e a agulha da bússola foi arrancada. Usando a lua e as estrelas para orientação, voou de Indianápolis a Columbus, Ohio, e daí a Pittsburgh, e finalmente a Newark, chegando diante de uma multidão empolgada, sob chuva fraca, à meia-noite e quarenta e dois minutos.

— Não acho que haja nada de sensacional nisso — disse enquanto saía cambaleando, com um riso cansado. Ficou felicíssimo ao descobrir que, com nove horas e vinte e sete minutos, havia quebrado o recorde do coronel Roscoe Turner, de pouco mais de dez horas.

Em 21 de abril quebrou outro recorde voando com o *Northrop*, em difíceis ventos de través, de Miami a Nova York em quatro horas e vinte e um minutos. De novo seu rádio se quebrou depois de Raleigh, Carolina do Norte, e ele teve de voar seguindo marcos terrestres. Fez uma descida rápida sobre Coney Island, pousando com um tranco no campo Floyd Bennett. A história de seu triunfo chegou às primeiras páginas de todo o país, e ele foi inundado por correspondências de fãs e cercado por milhares de pessoas no hotel Drake.

Em 15 de maio de 1936 estava em Chicago; um homem que Hughes havia conhecido num bar de North Beach apostou 50 dólares que ele não poderia voar entre Windy City e Los Angeles entre a hora do almoço e a do jantar. O que o sujeito não sabia era que Hughes sempre jantava muito tarde.

Como reagiu rápido demais à aposta, saiu de Chicago sem os mapas necessários. Teve de vencer um vento de frente, de setenta e dois quilômetros por hora, que o forçou a subir até 20 mil pés. Seguiu a Great Circle Route até Kingman e passou por cima de altas cordilheiras. Quase morreu quando o indicador de ar caiu a zero. As conexões do tanque de oxigênio estavam ruins, e ele teve de respirar o ar rarefeito. Começou a desmaiar. Gritou alto para liberar a pressão dos pulmões. Então se formou gelo nas asas; durante cinco horas ele voou correndo um perigo sério. Nunca mais desfrutou de um jantar com carne.

Em junho estava ocupado preparando um vôo ao redor do mundo quando teve um grave acidente de automóvel. Estava dirigindo do leste para o oeste no bulevar Wilshire quando chegou a uma área onde passavam bondes. Em vez de observar o sinal para parar, rodeou impaciente um bonde e matou um pedestre que estava saindo do trabalho — era vendedor da May Company. Sua passageira era uma herdeira de Pasadena, com quem estava aparentemente tendo um romance tranqüilo apesar da presença contínua de Katharine Hepburn em sua vida. A herdeira fugiu do local. Preso e acusado de assassinato, Hughes foi interrogado durante horas mas se recusou a revelar o nome da herdeira. Apesar de os pedestres terem prioridade em Los Angeles, e de ele ter violado a lei com direção imprudente, Hughes se livrou. Naquela época a promotoria podia ser comprada e vendida, e qualquer um com dinheiro suficiente era capaz de se livrar de praticamente qualquer coisa.

No fim do verão Hughes estava no Drake Hotel de Nova York outra vez; ficou sabendo que a dançarina Ginger Rogers, uma mulher de temperamento forte e romântica, estava na cidade, e renovou um interesse antigo por ela. Não parecia lhe preocupar nem um pouco o fato de ela já ser casada com o ator Lew Ayres, ou que ele devesse estar emocionalmente comprometido com Hepburn. Ao saber disso em Los Angeles, e depois em sua casa em Connecticut, Hepburn ficou furiosa.

Hughes sabia que o caminho para chegar ao coração de Ginger era através de sua mãe, Lela. Dominou Lela com seu encanto juvenil e levou mãe e filha a bordo do *Southern Cross* até a propriedade de seu amigo Sherman Fairchild em Lloyd's Neck, Huntington, Long Island.

Jogaram tênis, visitaram a fábrica de helicópteros Sikorsky e dançaram em boates da moda, especialmente no St. Regis Roof. Enquanto a levava para casa em Los Angeles no *Racer* ele sugeriu a Ginger que os dois se casassem.

Tremendamente independente, ela ficou espantada com o pedido súbito. Os jornais estavam cheios de matérias sobre o namoro dele com Hepburn, e os únicos encontros sérios entre os dois tinham sido em público. Ela recusou.

Hepburn a detestava. Quando viu Ginger parada com um casaco de pele embaixo de seu camarim no estúdio da RKO Radio Pictures, jogou uma jarra d'água em cima dela. Quando Ginger mandou um broche de platina como presente de aniversário, Hepburn o deu a outra pessoa. Em suas memórias Ginger registra os atos de vingança de Katharine sem dar os motivos.

No outono de 1936 Hepburn aceitou um convite do Theater Guild para fazer uma turnê nacional da versão de Helen Jerome para *Jane Eyre*, de Charlotte Brontë. Hughes a apoiou na idéia, mas o papel não servia; ela não podia representar uma órfã retraída, tímida demais para admitir seus sentimentos pelo senhor de terras Edward Rochester. Era corajosa demais e não conseguia reprimir sua natureza para fazer a peça, que estreou em New Haven em 26 de dezembro de 1936.

Hughes a acompanhou de avião, romanticamente, a vários pontos da turnê, deixando braceletes de rubis ou diamantes sobre as bancadas dos camarins. Apesar do mau comportamento com Ginger Rogers e outras mulheres, ela não podia resistir a esses gestos românticos.

Em 3 de março de 1937 o presidente Roosevelt deu a Hughes o Troféu International Harmon como melhor aviador do ano, numa comemoração na Casa Branca. Hughes era apenas o terceiro indivíduo a receber o desejado prêmio; os outros foram Charles Lindbergh e Wiley Post. Pouco depois, num almoço em sua homenagem no Advertising Club em Nova York, Hughes deixou a platéia fascinada com um relato das dificuldades encontradas em seu último vôo transcontinental, em que quebrou seu próprio recorde.

— Será uma dura batalha com a natureza para ganhar mais velocidade — disse no encerramento.

Enquanto Ginger Rogers estrelava em Hollywood o filme *Que papai não saiba*, Hughes trabalhava mais duro do que nunca em sua proposta de vôo ao redor do mundo. O prefeito La Guardia pediu que ele desse ao avião que usaria para o vôo, um Lockheed L-14, o nome de *The 1939 New York World's Fair (Feira mundial de 1939 em Nova York)*.

O problema era que o L-14 era pequeno demais para carregar uma grande quantidade de combustível. Ao equipar o avião com tanques extras Hughes se arriscava a que ele ficasse muito pesado, e de fato a aeronave não obteve o certificado de navegabilidade, o que impedia seu vôo sobre a Grã-Bretanha. Ele foi à Inglaterra e argumentou em vão com o governo britânico, dizendo que o consumo de combustível no Atlântico reduziria o peso. Somente depois de discussões consideráveis o Departamento de Comércio lhe deu permissão para voar sobre o território americano na viagem de volta. Mas ele teve de adiar o vôo por um ano.

Enquanto estava em Londres Hughes teve um caso rápido com a delicada e insegura herdeira da Woolworth, Barbara Hutton, que mais tarde iria se casar com Cary Grant. Os dois ficaram hospedados no hotel Savoy. Em seu diário Barbara Hutton escreveu sobre a impaciência dele como amante; sua incapacidade de ajudá-la a superar as dificuldades para chegar ao clímax; e como ele finalmente se satisfez sozinho — uma reclamação que outras tinham feito, e fariam de novo.

Quando terminou a turnê com *Jane Eyre*, Hepburn começou a trabalhar em Hollywood no filme *No teatro da vida* em 1º de junho de 1937. Ficou muito irritada quando viu nos letreiros seu nome abaixo do de Ginger Rogers, especialmente porque Hughes continuava o romance com as duas. Furiosa, esnobou Rogers durante toda a produção.

Talvez para consolidar a posição na vida de Hughes, Hepburn se mudou em agosto para a casa dele, na estrada Muirfield, 211. Mais tarde, em dezembro, trouxe seus empregados, inclusive a empregada Johanna Madsen; Madsen, além do chofer e da cozinheira — Louis e Ranghild Preyssing — eram escandinavos eficientes, silenciosos e friamente confiáveis. Eles se juntaram com facilidade à dedicada governanta de Hughes, Beatrice Dowling, e seu mordomo, Richard Dreher.

Com curiosidade típica, Hepburn explorou a casa de cima a baixo, desde o quarto de Hughes — que mais parecia uma cela de monge com a cama de solteiro, de ferro e pequena demais para seu 1,90m, de modo que os pés ficavam do lado de fora — até o porão, um depósito de filmes convertido em adega, atulhado com o conteúdo da adega do hotel Rice, que mal fora tocada: 300 garrafas de vinho, 100 de champanha envelhecido, galões de uísque e enormes barris de cerveja; caixas de uísque escocês e gim: uma caverna das mil e uma noites com um tesouro em álcool.

Ficou fascinada com a garagem, com os carros a vapor Stanley e Dobie, nostalgicamente mantidos sobre blocos e ainda funcionando perfeitamente, o Buick de quatro portas, o Packard 120 — ela o retirou para abrir espaço para seu *roadster* Ford Modelo A — e o grandioso e velho Duesenberg.

Os dois estabeleceram suas rotinas. Durante os primeiros meses na casa, de 16 de agosto a 10 de janeiro de 1938, Hepburn estava envolvida nas filmagens lentas e adiadas de *Levada da breca*, uma comédia em que ela era co-estrela com o outro interesse romântico de Hughes, Cary Grant (parecia que todos os principais astros da RKO estavam envolvidos na vida de Hughes

— e a dona do estúdio, Jacqueline Cochran, mulher de Floyd Odlum, continuava sua amiga íntima, garantindo-lhe acesso ilimitado ao estúdio).

Apesar da intensa programação de trabalho no filme, dirigido por Howard Hawks (outra ligação de Hughes na incestuosa Hollywood), Hepburn acordava ao amanhecer e dava longas caminhadas ou ia para o campo de golfe nos fundos da casa, para praticar tacadas. Hughes odiava se levantar antes do meio da tarde. Hepburn engolia enormes desjejuns compostos de rins, ovos e bacon, café e torradas; quando ela voltava à noite Hughes tinha o seu costumeiro jantar de bife e ervilhas ou costeletas de carneiro bem passadas, sorvete e biscoitos de aveia; ela comia um jantar farto. No entanto permanecia tão magra quanto ele (a cozinheira a chamava de "Pernas finas").

Os dois sofreram um roubo; quando ela estava no estúdio e ele dormindo, um ladrão entrou por uma janela baixa, olhou diretamente para Louis Preyssing, que estava passando aspirador de pó na sala de jantar e, sem dizer palavra, foi ao quarto de Hepburn (ele sabia onde era) e levou braceletes de diamante e rubis e um casaco de pele, presentes de Hughes. Depois disso Hughes instalou um elaborado sistema de alarme de sua própria invenção, uma engenhoca que freqüentemente era disparada pelos três cães ou por gatos vadios da vizinhança; o barulho era tão alto (por causa de sua surdez) que freqüentemente fazia os vizinhos correrem de casa no meio da noite.

Na época Hughes montou um sistema de telefones que tocava como alarmes de incêndio; Hepburn achava aquilo irritante. Ela abominava o telefone, preferindo o costume vitoriano de escrever cartas; ele tinha telefones em toda parte da casa, inclusive dois no banheiro, e com botões de apertar — uma invenção recente. Hughes ainda gostava de fazer a maior parte de seus negócios no banheiro.

Os dois trouxeram mais empregados: um barbeiro em meio-expediente, para cortar o cabelo dos dois; uma lavadeira, a sra. Foster, que, em vez de pendurar a roupa para secar no porão, costume da época, pendurava num varal no pátio. Os xeretas podiam ver, por cima do muro, as cuecas de Hughes penduradas junto das calcinhas de Hepburn.

Hepburn ficava pasma com a preocupação de Hughes com micróbios — herdada de sua mãe e da avó paterna, Mimi. Ele mandava a sra. Preyssing servir jantar aos convidados nos pratos de louça mais baratos e o vinho em taças vagabundas, depois ordenava que tudo fosse despedaçado na sua presença, embrulhado e colocado nas latas de lixo.

Recusava-se a usar pasta de dentes porque temia os produtos químicos que havia nelas, lavava a boca com anti-séptico bucal dia e noite e mascava misteriosas sementes pretas que supostamente aliviariam a constipação, além de manter os insetos à distância. Quando Johanna Madsen, a empregada, descobriu sementes na escova de dentes dele, ele lhe mandou destruí-la.

Se uma mosca, mariposa ou barata voadora entrava na casa, os empregados tinham ordem para pegá-la e matar; eles não deveriam usar bomba de Flit nem papel mata-mosca, já que ambos poderiam envenenar o ar.

Na maioria das noites ele ficava acordado até quase o amanhecer no Terminal Aéreo Burbank's Union, trabalhando no L-14 que estava preparando para o vôo ao redor do mundo. Redesenhou a aeronave com Glenn Odekirk e sua equipe; o problema desde o início era que o L-14 não tinha tamanho suficiente, mas ele se recusava com teimosia a abandoná-lo. Para ter combustível bastante para a longa primeira parte sobre o Atlântico foi preciso colocar tanques verticais muito grandes na própria cabine, deixando muito pouco espaço para a tripulação. Para garantir a segurança sua e de seus homens, tiveram de colocar cinco pára-quedas equipados com água e comida; para obter flutuação caso o avião caísse na água, foi necessário espremer uma balsa inflável e enfiar bolas de pingue-pongue em cada centímetro disponível. Hughes até mandou lixar a tinta brilhante da fuselagem para que a luz do sol não o ofuscasse. Construiu uma privada com sucção de ar para tirar os excrementos.

Em fevereiro, enquanto Hepburn estava fazendo o filme *Boêmio encantador*, de novo com Cary Grant na RKO, Hughes, completamente sem consciência, começou a namorar Bette Davis. Ainda estava se encontrando com Ginger Rogers, além de Cary Grant, e morando com Hepburn. Davis, feroz e neurótica, compulsiva na fome por homens bonitos (mesmo posando de difícil), era fascinada por Hughes; para ele, ela era outro nome muito famoso no mundo da melhor lista de compras sexuais.

É difícil saber como Hughes arranjava tempo para esse novo romance, com outros três casos acontecendo ao mesmo tempo e trabalhando a noite inteira em Burbank, mas, como ele próprio alardeou, teve um relacionamento sexual muito intenso com Bette Davis. Durante anos ele tendera a ser um amante impaciente e desajeitado, que ignorava seus próprios ciclos de altos e baixos sexuais e insistia em fazer sexo sempre que a veneta, e não o desejo, o dominava. Mesmo tendo apenas 32 anos, jamais foi um homem muito sexuado, e com Davis, que era desafiadora, feroz e amante frenética, ele não conseguia acompanhar o ritmo. Repetidamente, e de modo embaraçoso, deixava de chegar ao clímax depois de tê-la penetrado.

Davis usou várias técnicas de carícias até ele ser capaz de consumar a relação, e durante anos ela alardeava isso aos amigos, dizendo ter alcançado algo que nenhuma outra mulher fizera. Provavelmente não era verdade, e funcionava como um tapa muito grosseiro em sua principal rival, Katharine Hepburn. Quando Ham Nelson, marido de Bette, descobriu que sua mulher estava envolvida com Hughes, mudou-se de casa e contratou um furgão com aparelho de escuta e um técnico de som para xeretar. Grampeou o quarto de Bette Davis, parando o furgão no Coldwater Canyon, esperando pegá-la em flagrante.

Naquela noite Bette realizou uma fantasia sexual; cobriu sua grande cama de casal com gardênias. Hughes penetrou-a e chegou ao clímax facilmente. Ham ouviu os gemidos e gritos e a sonolenta conversa posterior dos felizes amantes. Em seguida entrou na casa e invadiu o quarto.

Hughes colocou um dos grandes chinelos fofos de Bette na frente da genitália. Ficou ali parado como um colegial magro e crescido demais, apanhado com a mão na jarra de biscoitos, enquanto Bette, furiosa, gritava com o marido. Olhando para a adúltera absurdamente nua, Ham declarou que seu silêncio custaria 70 mil dólares. Naqueles dias puritanos bastaria uma palavra sobre adultério aos clubes femininos e os filmes de Bette seriam proibidos.

Hughes achou um talão de cheques e preencheu um com a quantia de 70 mil dólares. Mas Bette Davis insistiu em pagar de volta através de seus empresários, Vernon e Carlyn Wood. Isso levou a maior parte de suas economias; ela afirmou que Hughes lhe mandava uma rosa (alguns dizem que foi uma gardênia) a cada ano, no aniversário do pagamento.

Será que Hepburn soube desse episódio? É possível que tenha ouvido falar, porque depois de comprar seu contrato com a RKO ela partiu abruptamente para Nova York e Connecticut, onde ficava a casa de sua família — Fenwick, em Old Saybrook, na foz do rio Connecticut.

Hughes gostava de Hepburn, e isso é provado pelo fato de que, com o trabalho progredindo no L-14, ele conseguiu se afastar e ir de avião a Connecticut para visitá-la e à sua família enérgica. O irmão Richard, um dramaturgo sem sucesso e fracasso da família, escreveu insensatamente uma peça sobre o caso amoroso entre Hughes e Hepburn, e insistiu em lê-la em voz alta diante do clã de Katharine. A família ficou furiosa.

No fim de junho Hughes deixou Hepburn pilotar seu anfíbio *Sikorsky S-43* passando por baixo da ponte da rua 59 — a maior empolgação da vida dela. Depois voltou a Los Angeles para levar o L-14 para Nova York.

Uma multidão saudou-o ao pousar no aeroporto Grand Central em 4 de julho, onde o recepcionista oficial e assistente do prefeito, Grover Whalen, esperava com um grupo de autoridades e uma espalhafatosa banda de música. Com a ajuda de Hepburn (ela o havia perdoado pelos outros casos amorosos) ele passou os dias seguintes em Manhattan, abastecendo o avião com armas, rede de pesca, uma faca de caça, remédios para mordida de cobra, água e trinta dias de rações, para o caso de o avião pousar em terreno perigoso.

Ela o ajudou a escolher os sanduíches, provando quinze tipos de pão em busca do melhor valor nutritivo, cortes de peru e presunto, queijo e leite congelado. Impacientava-se quando Hughes se preocupava com o peso excessivo da carga na fuselagem superleve.

Depois de três dias e três noites com Hepburn no apartamento de sua amiga Lana Harding na rua 52 Leste, ele a acompanhou no Lincoln com chofer até Old Saybrook. Voltaram dois dias depois; Hughes, que não gostava de publicidade, escondendo-se de quatro no banco de trás enquanto ela ia na frente com o chofer. Num esforço para chegar ao campo Floyd Bennett, onde o exausto Glenn Odekirk e uma equipe de seis homens tinham trabalhado sem dormir durante setenta e duas horas no L-14, o chofer de Hepburn ultrapassou o limite de velocidade. Um policial com motocicleta apareceu. Hepburn disse ao motorista:

— Pegue a multa, não discuta.

Hughes não foi detectado.

O casal excêntrico teria sido mais sensato aceitando a oferta de Grover Whalen, de uma escolta policial desde Connecticut até o Floyd Bennett.

Como aconteceu, assim que eles chegaram ao campo de aviação tiveram de passar por um aperto; vários fãs de Hughes tentaram pegar seu chapéu da sorte, de feltro marrom. Quando tentaram agarrar Hepburn ela disse ao chofer para fazer a volta e ir embora.

Hughes ficou consternado ao encontrar Odekirk vários quilos mais magro, barbado e trêmulo. O homem que, mais do que qualquer outro, tornara o L-14 capaz de voar, teve de declarar em lágrimas que não participaria do vôo.

Hughes aceitou a situação, segurou o ombro de Odekirk e lhe disse para tirar férias com a mulher, à sua custa. Por sorte os outros membros da equipe estavam em condições de continuar.

A pior parte para Hughes não foi a longa luta para preparar o avião, e sim ter de fazer um discurso de despedida. Às 19h, com as bochechas fundas de exaustão, barba no queixo e as pálpebras quase se fechando, ele se levantou diante dos microfones. Empurrou o chapéu da sorte para o topo da cabeça e abriu as pernas magras; ficou mudando o peso de um pé para o outro. Falou algumas palavras hesitantes, pedindo desculpas por ter se esquivado dos repórteres de modo tão rude e anunciando a importância de unir, através do vôo, um mundo conturbado. Parecia um camponês antes de subir num arado mecânico, e não o aviador mais famoso depois de Charles Lindbergh partindo para uma aventura épica.

Foi às 19:19 de 10 de julho de 1938 que teve início a incrível jornada. Sob aplausos extraordinários e numerosos chapéus voando, o cansado Hughes assumiu os controles. Ele e sua tripulação, sozinhos no mundo, sabiam que estavam arriscando a vida. No último minuto Hughes tinha descoberto o fato chocante de que a pista do campo Floyd Bennett era curta demais. O L-14, com sua carga muito pesada de combustível e equipamentos, mal tinha tamanho para sustentar uma decolagem. Em vez de rolar suavemente para adiante, o avião se arrastava de modo assustador. Ele não se ergueu quando chegou ao fim do asfalto. Será que Hughes se chocaria e morreria diante de 3 mil pessoas e das câmeras dos noticiários do mundo?

Foi obrigado a fazer o impensável: ir em frente, bem além do final da pista, sobre a lama seca e a grama densa do verão. O avião se sacudiu tremendamente ao bater num calombo e houve um estalo na parte de trás.

Por causa da surdez, ele não ouviu, e os outros da tripulação, não querendo inquietá-lo, não falaram nada. Finalmente conseguiu levantar o L-14, sem saber que o ponto de fixação da importantíssima estrutura de metal que ligava a roda esquerda traseira ao anteparo traseiro tinha se partido.

Na hora seguinte Hughes perdeu um tempo precioso mantendo uma promessa romântica: voou sobre a casa de Hepburn em Connecticut e balançou as asas enquanto ela e a família corriam para fora, acenando freneticamente. Depois colocou o avião no piloto automático, e o L-14 foi para além das últimas luzes piscantes da costa e entrou na escuridão que cobria o Atlântico.

Em sua voz aguda de surdo texano, Hughes enviava uma série interminável de boletins para a estação especial de ondas curtas montada no prédio da Feira Mundial de Nova York. Seu estado mental parecia muito distante do personagem confiante e convencido que o mundo ouviu naquelas próximas horas; ele estava nervoso, com medo de que o combustível não durasse até Paris, e os ventos de frente reduziam a velocidade de modo alarmante. Com a maior relação entre peso e tamanho de asas carregada por qualquer piloto até aquela época, duzentos e trinta quilos por metro quadrado, ele tinha visões de despencar no oceano a qualquer momento.

Mantendo uma velocidade fixa de 281 quilômetros por hora, estava usando até cento e setenta litros por hora, por motor. Teve de diminuir para cento e vinte litros, depois baixar para 375 HP por motor. Mesmo que sobrevivesse, como poderia conseguir o recorde de velocidade?

Seus temores eram infundados. Chegou a Paris no tempo recorde de dezesseis horas e trinta e cinco minutos — menos de metade do tempo gasto por Charles Lindbergh. Depois de um pouso impecável às 9:55, o capitão insone e a tripulação saíram de seus assentos rindo grogues, enquanto o embaixador americano William Bullitt enfiava a cabeça pela porta aberta da cabine e dizia, como se os aviadores estivessem voltando de uma pescaria:

— Fizeram boa viagem?

Eles mal tinham energia para responder. Enquanto os outros homens caminhavam pela chuva torrencial até o prédio do aeroporto para festejar com bifes e café, Hughes não tinha tempo a perder. Assim que os mecânicos franceses lhe contaram sobre a estrutura quebrada, ele se arrastou na lama embaixo do avião, examinou a roda, notou que havia um estabilizador amassado e saiu para pedir imediatamente um outro mecânico americano em Paris. Milagrosamente foi encontrado um homem em menos de uma hora.

Hughes trabalhou incansavelmente durante horas com o ajudante a mais; finalmente a estrutura foi consertada e soldada. Hughes se certificou duplamente que fosse usado etil americano, e não combustível francês, enquanto os 2.782 litros eram bombeados no tanque. Examinou pessoalmente os suprimentos, inclusive a comida, colocados para a próxima parte da viagem: costeletas de carneiro congeladas para ele, galinha assada para os outros — e só então, com grande empolgação, correu pela tempestade para se comunicar pelo rádio com Hepburn, em Fenwick, dizendo que estava em segurança.

A decolagem de Paris foi difícil por causa de fortes ventos de través. O avião ainda muito pesado começou a mergulhar na pista, mas Hughes o controlou no último minuto e conseguiu uma decolagem trêmula. Durante quase doze horas foi atacado por tempestades elétricas sobre a Alemanha. Como Hitler estava nervoso com a possibilidade de seu trabalho de armamento para a guerra ser observado e fotografado, o marechal-de-campo Goering havia dado instruções para que Hughes voasse muito alto. Isso significava que não podia fazer grandes mudanças para escapar das turbulências, e o avião sofreu tensões enormes.

Mesmo assim fez um tempo excelente, e às 11:10 do dia seguinte conseguiu um pouso perfeito no Aeródromo da Frota Aérea Civil em Moscou. O embaixador russo nos Estados Unidos estava de licença e veio recebê-lo junto com os heróis de um recente vôo transpolar russo, trazendo um produto do capitalismo: uma caixa de flocos de milho Kellogg's.

Deixando de lado seu ódio renhido pelo comunismo, Hughes fez um discurso elogioso pelo rádio expressando a admiração pelos projetistas do aeroporto que haviam construído a estrutura convenientemente perto do coração da cidade. Então foi com a equipe até a sala de jantar para o almoço em sua homenagem.

No meio da refeição entrou um mensageiro com um telegrama do comediante Buster Keaton, que dizia NÃO DEIXE DE TRAZER UM POTE DE CAVIAR. Hughes explodiu numa gargalhada. Enquanto os tanques eram reabastecidos, estudou mapas que lhe foram dados em Nova York e obteve os relatórios climáticos sobre as condições que encontraria na Sibéria. Não eram encorajadoras. Partiu às 13:31.

Passou sobre o território imenso, gélido e mal cartografado da Sibéria. Teve de voar às cegas sobre gigantescas nuvens de chuva antes de descer com dificuldade em Omsk. O vento forte e a chuva tinham transformado a pista num mar de lama. O L-14 deslizou e parou bem no final. Mais alguns centímetros e teria afundado. Hughes saltou e começou a dar instruções à tripulação de terra, mas descobriu que eles não entendiam inglês. A cada vez que explicava que queria mais combustível e ajustes mecânicos, os homens simplesmente assentiam, seguravam a barriga e apontavam para o prédio, indicando que o jantar estava pronto. Desesperado, Hughes foi obrigado a desenhar um diagrama do avião e tambores de gasolina. Assim que os tambores foram trazidos ele ficou chocado ao ver que o etil que havia pedido não existia, e que teria de viajar com gasolina de baixa octanagem. Esse era um sério entrave.

Sobre a Sibéria precisou enfrentar outro problema. Voando sobre nuvens negras e ameaçadoras, viu um penhasco enorme surgindo logo em frente. Fez uma perigosa subida de 3.000 pés, livrando-se por pouco do topo serrilhado da montanha. Enquanto o avião sacolejava pelas correntes ascendentes até Yakutsk, Hughes olhou seu mapa. Ficou pasmo ao notar que ele mostrava a montanha como tendo apenas 1.000 metros, quando na verdade eram 2.900 metros.

Nos próximos 1.600 km as asas do avião ficaram cobertas de gelo. As condições foram perigosas até o estreito de Bering. Mas o avião robusto e sem danos chegou de modo magnífico a Fairbanks, Alasca, às 14:17. Uma multidão enorme e empolgada veio correndo com cachorros-quentes, rompendo o cordão de isolamento policial. A sra. Wiley Post, viúva do grande aviador, estava lá dando as boas-vindas mais calorosas. Ela examinou a cauda, onde tinha posto um pedaço de chiclete mascado, para dar sorte, logo antes de o avião sair do campo Floyd Bennett. O chiclete continuava no lugar.

Em Fairbanks, Hughes tirou absolutamente tudo que pudesse pesar no avião: a balsa salva-vidas, a maior parte da comida, sacos de dormir, bagagem pessoal. Jogou as bolas de pingue-pongue no asfalto e a multidão as disputou desesperadamente. A maioria foi apanhada por crianças. Então, sob aplausos, decolou de novo.

Circulou o campo Floyd Bennett às 14:35 do dia seguinte. As autoridades mediram o recorde: ele havia dado a volta ao mundo, uma distância de 23.683 km, em exatamente três dias, dezenove horas e oito minutos.

Ao ver os milhares de pessoas que esperavam para recebê-lo, Hughes, pela primeira vez, perdeu a calma, e deliberadamente — para não dizer com grosseria — pousou na pista errada.

Foi inútil tentar evitar a multidão. De fato isso tornou mais difícil para as duas dúzias de policiais motociclistas providenciados por Grover Whalen formar um círculo protetor ao redor dos aviadores. Eles saíram desajeitadamente, piscando por causa da luz áspera e temporariamente atordoados com as ondas de calor que vinham do chão. Hughes ainda estava usando seu velho chapéu de feltro. As esposas de seus companheiros vieram correndo; a noiva do mecânico Ed Lund desmaiou de empolgação. Os gritos dos três mil presentes eram de ensurdecer.

Hughes ficou desconfortavelmente sozinho. Ninguém de sua família e nenhum amigo estava lá para recebê-lo. Não poderia haver ilustração mais dolorosa do modo como ele havia se desligado das pessoas. Nem mesmo Katharine Hepburn estava na pista; ela o esperava em sua casa da cidade, em Turtle Bay. Com fundas olheiras de exaustão, Hughes disse com dificuldade aos microfones do país:

— O vôo foi maravilhoso e esta é a melhor tripulação do mundo. Só posso dizer que esta multidão me dá mais medo do que qualquer coisa que aconteceu nos últimos três dias!

Esticando os membros cheios de câibras, acrescentou cansado:

— Fico feliz porque acabou. Espero dormir o máximo possível nesta semana. Quero tomar banho, comer, receber uma massagem e fazer a barba.

Grover Whalen levou Hughes de carro até sua casa na cidade — dois estábulos anexos em Washington Mews. Whalen disse:

— Acho que a primeira coisa que você vai querer, Howard, é um banho quente.

Hughes suspirou, concordando. O banho o revigorou, mas ele não tinha camisa limpa. Whalen ofereceu uma dele, mas, mesmo tendo encolhido repetidamente na lavanderia, ainda era grande demais. Então o empregado filipino de Whalen saiu correndo e pegou uma na Wanamaker's.

Whalen e o prefeito La Guardia organizaram uma entrevista coletiva para a tarde seguinte. Mas Hughes não compareceu. Esgueirou-se pelo quintal dos fundos, passou por um portão pequeno e foi de táxi até a casa de Katharine Hepburn em Turtle Bay. La Guardia ficou furioso e se dirigiu à imprensa num jorro de palavrões descrevendo sua visão do herói americano. Hughes voltou muito tarde da noite, acordando todos na casa, sem ser perdoado.

Teve de encarar o pior sofrimento de todos no dia seguinte: o desfile sob chuva de papel picado. Whalen o levou até o Battery, onde começava o desfile. Era quase meio-dia quando, num calor recorde, quase todos os seres humanos que conseguiam se mexer, desde crianças até os muito velhos, atulharam as calçadas e janelas. Muitos lutavam contra os cordões de isolamento, compostos por um terço de toda a força policial de Manhattan. Hughes sentou-se sobre o encosto do banco de trás, ainda usando seu chapéu predileto, uma camisa branca e calças largas, rindo pela primeira vez e acenando. Havia pessoas penduradas nas janelas, atirando uma tempestade de papel picado e fitas de teleimpressoras, e até mesmo catálogos telefônicos inteiros pesando mais de um quilo, um dos quais quase o nocauteou. Sirenes foram acionadas por todo o rio, fazendo um ruído colossal. Lentamente a carreata se arrastou até a prefeitura. O prefeito La Guardia estava lá para presidir a recepção oficial. Hughes conseguiu fazer um discurso breve e desajeitado sobre a unificação do mundo, diante de uma platéia de dignitários.

O desfile continuou pela Broadway, onde a multidão ficou completamente histérica. De um dia para o outro Hughes tinha se tornado o ídolo dos Estados Unidos. Sua juventude, a boa aparência, o corpo magro, as roupas despretensiosas e o riso juvenil cativavam todo mundo. Ele era o símbolo da bravura e do empreendimento americano no meio da Depressão. E o fato de ser um dos jovens mais ricos do mundo fazia aumentar a lenda instantânea.

Encharcado de suor, Hughes tomou uma chuveirada no hotel Drake assim que o desfile terminou. Teimoso, tentou chegar à casa de Katharine Hepburn, e dessa vez a multidão parou seu táxi. Quando ele gritou para as pessoas o deixarem passar, ninguém ouviu. Estavam ocupadas demais aplaudindo e gritando para ouvir o que ele dizia.

Somente na madrugada seguinte as pessoas se dispersaram, e ele e Hepburn saíram pela porta da casa dela, onde o chofer estava esperando para levá-los a Fenwick. Ali o clã de Kate o recebeu em júbilo.

Hughes conseguiu escapar de quatro almoços e jantares em sua honra, e até mesmo de uma festa de fim de semana organizada por Sherman Fairchild em Lloyd's Neck. Mas em 17 de julho apareceu na propriedade do multimilionário F. Trubee Davison em Locust Valley para um almoço em homenagem aos seus companheiros de vôo. De lá foi de carro a North Hills, onde Grover Whalen tinha uma residência de verão, para um jantar com setenta e cinco pessoas. Continuou até Flushing Meadows para almoçar no Terrace Club, comemorando a construção dos primeiros prédios para a Feira Mundial que aconteceria em breve.

Tinha prometido passar o fim de semana seguinte com Hepburn em Fenwick. Mas em vez disso, e com muito pouca consideração, faltou ao encontro e passou três dias com os ricos e socialmente proeminentes Jock Whitneys. Dentre os convidados estava a morena e discreta atriz de cinema e teatro Fay Wray, cujo maior contato com a fama foi ser agarrada pela mão de King Kong. Na época ela estava fazendo uma turnê teatral.

Fay Wray era casada com John Monk Saunders, o ex-mentor, amigo e primo adotivo de Hughes através do casamento com Avis, sua primeira mulher, filha de Rupert Hughes. Somente esse fato já proporcionava uma base para conversa. Além disso os dois compartilhavam uma aversão pelas pessoas da sociedade e ficaram felizes em ir para o pátio, conversar.

Sentiram-se atraídos mutuamente. A insensibilidade de Hughes com relação a Katharine Hepburn, que estava tão profundamente apaixonada por ele, bem como em relação aos possíveis sentimentos de Fay Wray, era demonstrada pelo fato de que ele não fez qualquer menção a Hepburn para a srta. Wray, e ela, envolvida na própria carreira, aparentemente não sabia nada sobre o relacionamento dele. Quanto ao marido de Fay, o alcoolismo o havia afastado, e ela aparentemente não sentiu qualquer pontada na consciência ao encorajar os avanços de Hughes.

Naquela noite, depois de uma festa até tarde, ela subiu numa das antigas camas de dossel num dos quartos de hóspedes. A porta se abriu na extremidade do quarto. Howard Hughes estava parado ali. Ela o convidou a entrar.

Os dois começaram a se ver regularmente. Deve ter sido doloroso para Hepburn quando os comentários começaram a aparecer nas colunas de fofocas. Em 28 de julho repórteres acompanharam Hughes até Stamford, Connecticut, onde ele chegou de lancha. Foi de carro até a estação de trem. Fay Wray saiu do trem. Ele a beijou. Um colunista informou que tinha esperado vê-lo beijar Hepburn.

Um repórter do International News Service acompanhou o casal enquanto se dirigia ao píer para ir de lancha à casa dos Fairchild.

— Aquele beijo significou alguma coisa? — perguntou o enxerido. — A senhora e o sr. Hughes estão noivos?

— *Este* é o sr. Hughes? — perguntou a atriz timidamente enquanto os dois subiam a bordo.

Noite após noite, com o objetivo de evitar incidentes semelhantes, Hughes levava Fay Wray de carro até o hotel Pierre em Nova York. E comparecia constantemente às suas apresentações teatrais. O romancista Sinclair Lewis estava dando em cima dela na época; Hughes insistiu em que ela não se encontrasse com Lewis. Algumas vezes Hughes fazia românticas viagens aéreas com ela; pegava-a no píer do rio East na rua 34 e a levava em seu avião anfíbio à casa de vários amigos no estreito de Long Island. Insultava suas amantes anteriores por inferência: assim como tinha dormido numa cama cheia de gardênias com Bette Davis, deu a Fay Wray cem flores iguais. E imitou o caso com Hepburn voando com Wray por baixo da ponte da rua 59.

John Monk Saunders ficou arrasado com as matérias nos jornais. Hepburn finalmente aprendeu a não se abalar com elas. Mas Saunders começou a beber mais do que nunca. Por fim se enforcou em seu chalé em Miami.

Hughes foi a Houston para mais discursos, festas e desfiles. Cansou-se de Fay Wray e, com típica insensibilidade, abandonou-a.

De volta a Hollywood retomou o interesse anterior pela sofrida Ginger Rogers, ao mesmo tempo em que decidia ter um romance com a muito jovem e linda Olivia de Havilland. Ao descobrir que Havilland estava fazendo um filme intitulado *Asas da esquadra*, ligou para seu velho amigo dos tempos de *Anjos do inferno*, Paul Mantz, e pediu para Mantz conseguir uma apresentação. Por acaso, como milhões de outras garotas americanas, Olivia já estava apaixonada pelo grande aviador e herói da América, e teria dado qualquer coisa para conhecê-lo.

Ela estava terminando o filme quando conheceu Hughes através de Mantz. Ele a levou para passear em vários de seus aviões — com tanta freqüência que a colunista Louella Parsons anunciou que os dois estavam noivos. Isso representou um choque considerável para Ginger Rogers.

Hughes foi a Key West para trabalhar com Howard Hawks num roteiro para uma versão planejada de *To Have and Have Not*, de Ernest Hemingway. Juntou-se a um grupo vulgar de garotos de praia, prostitutos e prostitutas, figuras da Máfia e espiões amadores. A cada domingo velejava a partir das Keys com o barco cheio de vagabundos, e ligava do barco para Olivia em Hollywood. Ela mal conseguia entender sua voz aguda de surdo estalando em meio à estática. Quando reclamou de estar sendo abandonada, ele estranhamente lhe ofereceu de presente treze (o número da sorte dele) orquídeas por semana. Olivia era supersticiosa e só aceitou a oferta com relutância.

Então ele se ofereceu para casar com ela — quando estivesse com 50 anos. Disse que na adolescência tinha planejado a vida em quatro atos: o primeiro para voar, o segundo para construir aviões, o terceiro para planejar o futuro da aviação e o quarto para o casamento e a aposentadoria. Iria se casar com ela dali a dezessete anos; ela não queria esperar. Quando Hughes voltou, convidou-a à sua casa e disse que definitivamente só poderia se casar com ela no fim da meia-idade.

— Eu não vou casar com você. Nunca! — exclamou ela.

Quando o violento furacão de 1938 assolou Connecticut em setembro, Hughes não voou de volta a Connecticut nem ajudou a montar uma missão de resgate para a família Hepburn, que ficou isolada. Fenwick foi quase totalmente devastada pelo vento. Em suas memórias Hepburn escreveu que só então percebeu que o amor por ele tinha acabado. Foi discreta demais para mencionar o verdadeiro motivo. Mas os dois continuaram amigos. Quando quis fazer a peça de Philip Barry *The Philadelphia Story*, ele investiu parte do capital e comprou os direitos cinematográficos para ela.

De volta a Hollywood, Hughes continuou o romance com Olivia de Havilland sem se preocupar com Ginger Rogers. A jovem virginal, que tinha resistido com facilidade ao obviamente mais predador Errol Flynn, achou difícil resistir à representação juvenil, vulnerável e docemente tímida de Hughes. Ele ficava contando a ela sobre o vôo ao redor do mundo

— a decolagem perigosa do campo Floyd Bennett, o quase acidente na Sibéria, o gelo nas asas, e ela ficou fascinada. Na vida real Hughes era tudo que Errol Flynn fingia ser na tela.

Enquanto ainda namorava Olivia, Hughes conheceu a irmã dela, Joan Fontaine, que era mais esperta. Olivia estava recebendo amigos para o chá quando a irmã apareceu, e ficou furiosa, acreditando que Joan esperava roubar Hughes dela. Mais tarde Olivia anunciou que Joan seria homenageada com uma festa na boate Trocadero; ela deveria ir sozinha. Achando que Olivia estava dando a festa, ou talvez seu noivo Brian Aherne, Joan apareceu num elegante vestido de noite; ficou pasma ao descobrir que o anfitrião era Hughes.

Os dois dançaram; Hughes lhe disse que ela não deveria se casar com Aherne, e sim com ele. Hughes tinha acabado de fazer o pedido a Olivia, e estava esperando uma resposta de Ginger Rogers.

— Estou apaixonado por você desde a recepção de Olivia — disse ele.

Ela recusou; ele lhe deu seu número de telefone na estrada Muirfield. Joan combinou de se encontrar com ele no restaurante Don the Beachcomber's. Hughes repetiu a proposta. Ela voltou para casa e contou tudo a Olivia. Olivia ficou furiosa; rompeu imediatamente o romance com Hughes. Em 19 de agosto de 1939 Joan se casou com Aherne.

CAPÍTULO SETE

Anos de guerra

Depois da volta ao mundo Hughes, agora com uma fortuna de cerca de 60 milhões de dólares, começou a pensar no fato de que, em contraste com a Hughes Tool, que continuava prosperando sob o controle implacável de Noah Dietrich e uma sucessão de executivos atormentados, a Hughes Aircraft era suplantada por todas as outras empresas de aviação, inclusive a Lockheed e a Douglas. Sua negligência com a administração tinha deixado a Hughes Aircraft num buraco, e Noah Dietrich mostrava pouco interesse por ela. O Corpo de Aviadores do Exército se recusava a fazer negócios com ele; mesmo sendo o herói da América, os comandantes sabiam que Hughes era um péssimo empresário e um playboy gastador, e que os aviões que ele projetava eram inúteis para uso militar, inclusive o remodelado H-1. Hughes enviava plantas e especificações repetidamente, alegremente ignorando as exigências feitas em Washington e na base Wright em Ohio. Ele não melhorava a situação ao acusar as autoridades de uma campanha do tipo "Eu odeio Hughes", e começou a pensar em como comprar os figurões com mulheres e dinheiro.

Se não conseguia entrar no ramo da aviação militar, por que não poderia usar sua fama e o dinheiro para explorar uma linha aérea civil?

No fim de 1938 começou a se interessar pela TWA. Tinha voado nos DC-1 e DC-2 da companhia aérea e gostava deles. O popular presidente da companhia, Jack Frye, o ousado novo-rico da época, viajou a Los Angeles para discutir com Hughes a compra da Pacific Air Transport que voava entre sua cidade e Seattle. Depois de jantar na casa da estrada Muirfield, Frye e seu colega Paul Richter puxaram o assunto. Por fim Hughes disse:

— Por que, em vez disso, não compramos a TWA?

Os dois homens disseram que isso custaria muito dinheiro.

— Eu tenho o dinheiro — respondeu Hughes. Em seguida pediu uma lista dos acionistas. Frye mandou-a pelo correio. Em janeiro de 1939 Hughes comprou 12% das ações, depois mais 13%. Até chegar a 78%.

Em 3 de setembro de 1939 a guerra estourou na Europa. Imediatamente Hughes se encontrou numa posição estranha com relação ao *Southern Cross*. Em 1938 tinha formado uma parceria secreta com Axel Wenner-Gren, um de seus rivais como homem mais rico do mundo, fundador da Electrolux e inventor da geladeira moderna, que era amigo do marechal-de-campo Goering e arquinegociador, por baixo dos panos, com o duque e a duquesa de Windsor, para uma paz permanente com a Alemanha nazista e um *cordon sanitaire* contra a União Soviética.

Wenner-Gren tinha se tornado sócio de Hughes na Rover Steamship Company, usada para o registro original do iate; a empresa ainda tinha sede no Panamá, com escritório em Nassau, Bahamas. Os interesses de Hughes se espalhavam como teia de aranha pelo Caribe, e ele se mantinha em contato, através de seus pouco conhecidos interesses no ramo naval, com os ditadores fascistas Batista, de Cuba, e Trujillo, da República Dominicana.

Para Hughes (seu departamento de imprensa, através de Russell Birdwell, mentia dizendo que ele *vendera* o iate a Wenner-Gren), ser sócio de um colaborador dos nazistas era imprudente e indicava suas ligações internacionais questionáveis. Pouco depois do início da guerra Wenner-Gren foi ligado ao afundamento do *Athenia*, por um torpedo alemão, com muitos ingleses e americanos a bordo, e Hughes teve de abrir mão imediatamente de sua parte no *Southern Cross*, que supostamente estava guiando submarinos alemães com sua estação de rádio particular. A Rover Steamship Company, da qual ele ainda possuía ações, foi transferida para Estocolmo durante a guerra.

Hughes começou a fazer contatos com o governo, pedindo permissão para construir aviões de caça e de reconhecimento para um conflito em potencial. Enquanto isso, ironicamente, os japoneses estavam usando os projetos de seus H-1 e H-2 para fabricar os Zero, e os alemães empregavam o giroscópio Sperry, que ele usara para o vôo ao redor do mundo — nos dois casos, segredos tinham vazado dos vários departamentos do governo, que ofereciam tanta segurança quanto um galinheiro.

Ao mesmo tempo, no início dos anos 40, Hughes decidiu capturar as duas beldades reinantes em Hollywood: a estupenda Gene Tierney e o igualmente belo Tyrone Power. Ambos morenos, ardentes, com feições esculpidas e estruturas ósseas impecáveis, corpos de proporções ideais, eram doces, flexíveis, mimados, altamente sensuais e adoravam a si mesmos. Hughes ignorou convenientemente o fato de que Tierney estava envolvida com o conde Oleg Cassini, o estilista russo da alta-costura, intenso e passional, que logo iria se casar com ela e que criou as roupas de uma simplicidade clássica que a ajudaram a se tornar uma lenda. Ignorou também o fato de que Tyrone Power era casado com a atriz francesa Annabella, ao mesmo tempo que dormia com um famoso amante latino de Hollywood.

Ambos os astros provocavam loucas fantasias; nos dois, tipicamente, Hughes encontrou uma realização dessas fantasias.

Gene Tierney — famosa pelos incisivos superiores que se projetavam de modo sensual — era filha de um rico corretor de seguros, tinha estudado no caro St. Margaret's, em Connecticut, além da escola de etiqueta da srta. Porter e na Brillamant, na Suíça. Fez sua estréia teatral na Broadway em 8 de fevereiro de 1939 com *Mrs. O'Brien Entertains*; mais tarde naquele ano participou de outra peça, *Ring Two*; quando Hughes a conheceu ela havia completado uma temporada de *The Male Animal*, pela qual recebeu uma boa crítica de Brooks Atkinson. Por isso Darryl F. Zanuck, chefe da 20th Century-Fox, tinha lhe dado um contrato e ela estava ensaiando para o faroeste *A volta de Frank James*.

Hughes ficou fascinado: Gene Tierney possuía a raça de Hepburn, além de uma pureza doce e inocente combinada com uma certa força e determinação férreas; gostava de ler, era inteligente, culta. O afrodisíaco do dinheiro funcionou de novo. Ela achou Hughes fascinante, escreveu poemas para ele e o acompanhou em viagens ao México — ele levava a mãe dela como acompanhante. O machão, ousado e belo Cassini desprezava Hughes e ansiava por lhe dar uma surra, "só para ver se ele tinha algum sangue vermelho".

Para Tierney, Hughes montou um pequeno drama que fazia para todas as mulheres, famosas ou desconhecidas. Levou-a a um lugar nas Colinas de Hollywood, onde havia comprado uma casa inacabada que deixou deliberadamente semiconstruída. Disse que ela deveria se ajoelhar com ele e concordar em se casar com ele sob o céu, submetendo-se à cópula no lugar, com a compreensão de que a casa seria dela. No caso de Tierney esse foi um erro fatal: ela estava preparada para ceder a um caso indolente, casual, mas não a se casar com um mestre do ritual de domínio. Cassini seria um marido mais confiável e fiel. Percebendo que Hughes estava tentando comprá-la (e ele tinha se esquecido de que ela não era pobre), Tierney desceu correndo a colina e rompeu o namoro imediatamente. Três anos depois voltou à cama dele.

Naquela época Tyrone Power era um nome muito maior. O grande astro da 20th Century-Fox já havia marcado presença em clássicos como *Lloyds de Londres* e *E as chuvas chegaram*. Era inocentemente sensual, vaidoso e tranqüilo, uma espécie de WASP (White, Anglo-Saxon Protestant) polinésio que acreditava que se alguém bonito, feio, magro ou gordo o quisesse suficientemente ele deveria conceder o prazer de seu corpo. Era um amante envolvido e terno que se jogava nos casos com a inocência de uma criança. Narcisista, insistia em que escrevessem em seus roteiros cenas em que ele estivesse sem camisa; seus ombros retos e os peitorais bem definidos empolgaram incontáveis mulheres e gays de todo o mundo livre em *Sangue e areia*, que estava sendo filmado quando Hughes desfrutou de seu corpo. Ele era muito mais aberto e livre de tormentos do que, por exemplo, Cary Grant, que sofria devido ao caso intermitente com Hughes.

Como se não bastasse ter casos com Tierney e Power (que um dia, de modo inesquecível, atuariam juntos em *O fio da navalha*), Hughes também teve um relacionamento concomitante com Lana Turner. A linda atriz loura, briguenta, voluntariosa, loucamente ambiciosa, estava muito longe dos astros plácidos e flexíveis com quem ele vinha compartilhando sua cama movimentada. De fato ela deixou claro que não tinha interesse num caso físico com ele, que não gostava de sexo oral, que se sentia ofendida por ele não usar desodorante, navalha para raspar a barba sempre crescida ou uma lavanderia para as camisas. Ela achou divertido, e não sensual, quando ele admitiu sem graça que suas calças estavam rasgadas e pediu que ela costurasse; Hughes tinha trazido agulha e linha. Resumindo, Lana era esperta demais para ao menos pensar em dormir com ele, e muito dona de si para se arriscar ao envolvimento emocional ou à gravidez em nome do dinheiro e do poder — ela já estava marcando presença na MGM, em *A vida é um teatro*.

Desapontado, Hughes se consolou namorando uma atriz que era muito bonita e famosa na época; essa jovem sensata, entrevistada por este autor, também deixou claro que o achava pouco atraente. Era a terceira recusa, depois de Joan Fontaine e Lana. Achando que poderia excitar a mulher, sugeriu amarrá-la para fazer sexo; ela recusou. Mas estava preparada para ser amiga dele. Tinha um caráter forte, bom, e não queria se comprometer. Hughes ficou furioso; fingindo calma, convidou-a para uma última bebida num apartamento que tinha alugado. Pediu que ela fosse ao quarto; a jovem recusou. Para seu espanto, ele entrou lá, deixando a porta aberta, e ela viu, na cama, uma cópia dela, de borracha, em tamanho real, com seios e vagina. Ficou olhando enquanto ele montava na figura, acariciava-a, penetrava fundo e, depois de alguns minutos, chegava ao clímax. Bocejando diante do absurdo e do tédio daquilo, ela saiu sem dizer uma palavra.

Fosse por frustração ou por um simples desejo de ser de novo um magnata do cinema, Hughes decidiu voltar ao negócio. Tendo conquistado as maiores beldades de Hollywood, faria o filme mais sensual de todos os tempos: a realização de seus sonhos eróticos. Decidiu que ousaria sugerir a relação sexual na tela, o que na época era o tabu definitivo. Ainda um *voyeur* completo, contrataria desconhecidos que seriam o epítome da beleza masculina e feminina. Faria um contrato de longo prazo com eles e garantiria que nenhum outro produtor poderia usá-los. Como estariam loucos por uma chance, aceitariam qualquer coisa. Ele imporia sua vontade de senhor.

Seu homem ideal sempre fora o Jim Sharp dos velhos tempos, um moreno tristonho e de aparência latina, magro, alto e bonito. Pôs na cabeça a idéia de fazer um filme sobre a vida de Billy the Kid, baseado mais nos feitos de Sharp do que no banditismo assassino original de Billy. Infelizmente para ele, Louis B. Mayer já havia embarcado no mesmo tema na MGM, de modo que Hughes foi obrigado, de novo, a se ver suplantado por uma das estabelecidas figuras judias que ele odiava.

Mas mesmo assim foi em frente e contratou o escritor Jules Furthman — especializado em contar histórias obscenas, grosseiras — e Howard Hawks, ainda um superfrio *voyeur* como ele, para fazer *O proscrito*, que seria lançado pela United Artists. Como quase todos os filmes anteriores, o roteiro continha elementos grosseiros: a jovem mestiça Rio, que se apaixona por Billy the Kid, é estuprada num celeiro e encontrada amarrada e amordaçada, lutando voluptuosamente, numa parte remota do deserto. Isso era puro sadomasoquismo, coisa espantosa num filme americano da época. Em outra cena Billy está doente, e Rio o despe e coloca pedras quentes em suas coxas e no peito para salvá-lo; tem sucesso, e quando sugere que ele não está suficientemente forte para fazer amor, os olhos ferozes de Billy negam isso, e há um *fade out*.

Também há um estranho tom bissexual na história, um padrão de amarração/ciúme masculino estabelecido entre dois homens mais velhos e Billy e Rio. Uma cena num banheiro masculino, cortada pelos censores, era especialmente grosseira e sugestiva.

O roteiro febril foi terminado em março de 1940. Hughes e Howard Hawks o discutiram com Geoffrey Shurlock, censor de cinema. Hughes não disse a Shurlock nada do que havia no roteiro, apenas que queria um fim deixando Billy the Kid sem punição. Shurlock negou isso completamente.

Hughes ficou furioso: mesmo quando observou que no fim ficaria óbvio que Billy iria morrer, Shurlock insistiu em que Billy deveria ser morto. Em sete meses de batalhas constantes os censores decidiram que todo o projeto era impossível, mas Hughes, desafiador como sempre, foi adiante.

Montou um elenco de belos desconhecidos. Encontrou, em circunstâncias questionáveis, um belo vendedor de seguros, Jack Beutel, num sujo sobrado na rua Gower em Hollywood, espalhado em uma das duas camas com três outros jovens desempregados com quem estava dividindo o apartamento. O que o grande Howard Hughes estava fazendo num lugar assim? Como Beutel era quase certamente heterossexual, a explicação mais provável é que Hughes estivesse atrás de um dos outros rapazes.

Assinou o contrato com ele, e segundo o autor Lawrence Quirk e o assistente de câmera de *O proscrito*, Lucien Ballard, pressionou Beutel para um relacionamento sexual.

O tratamento dado por Hughes a Buetel (ele mudou a grafia do nome) só pode ser descrito como brutal, insensível, o de um sultão para com um escravo; Buetel, faminto e louco pelo cinema, fazia parte do exército de jovens bonitos e fisicamente perfeitos que estavam praticamente na rua e fariam qualquer coisa para ter uma chance em Hollywood. Buetel ficou feliz em ter um emprego, mesmo que precisasse fazer o que para ele eram coisas nojentas, com o objetivo de preservá-lo. Duvida-se que Hughes tenha sentido uma culpa semelhante ao explorar Buetel enquanto desfrutava do corpo do rapaz. Ele sempre foi insensível, indiferente, comprando o que queria e depois jogando fora.

De modo bizarro, o agente de Buetel era um dos Irmãos Marx: Gummo, irmão de Groucho, Harpo e Chico. Gummo Marx, presumivelmente não sabendo do caso de Buetel com Hughes, não pôde conseguir para o cliente mais do que um contrato miserável de 150 dólares por semana. E Hughes, apesar de todos os seus milhões, jamais aumentou o valor. Era outro modo de garantir a escravidão de Buetel.

Hughes mandou Ballard fazer os testes de fotografia; neles Buetel estava vestido com jaqueta de caubói, jeans apertados e reveladores e sobrecalças de couro, roupa que enfatizava seus ombros bons, a cintura fina e os braços e pernas musculosos mas magros. Jane Russell, a escolha de Hughes para fazer Rio, era maternal e calorosa, mas com um ar de autoconfiança poderosa, quase masculina, que negava o corpo quase excessivamente feminino. Lutando para sobreviver como modelo, era decente, muito religiosa, forte, não se enganava facilmente, possuía beleza ardente e peitos enormes; era bem-humorada e muito ambiciosa por trás de uma fachada de despreocupação.

Como Ballard lembrou anos mais tarde, Hughes repetiu os testes vezes sem conta, indo até a madrugada, deleitando os olhos com o casal estupendo. Não abordou Russell para um caso físico; pode ter sentido que ela iria recusá-lo. Obtinha satisfação vendo-a nas cenas de amor com Buetel.

Howard Hawks começou a filmar em Tuba City, Arizona, em novembro de 1940. Enquanto cuidava das cenas de ação com Walter Houston, Thomas Mitchell e Jack Buetel, o divulgador de Hughes, Russell Birdwell, mandava o cinegrafista fazer fotos sensuais de Jane Russell diante de pedras ou cactos ou num celeiro, com os lábios sensualmente entreabertos, a blusa decotada revelando a fenda entre os seios, as coxas fortes levantadas dando as boas-vindas. Pouco depois Birdwell bolou um slogan excitante para ela: “Má, mal-humorada e magnífica”, e (sob uma foto de seus seios empinados) “Dois bons motivos para ver *O proscrito*.” As fotos apareceram em revistas de todo o mundo. Jane Russell ficou famosa de um dia para o outro, estimulando milhões de ereções do Alasca à Austrália.

Uma foto de Jane Russell curvada e pegando um balde de leite foi pregada em incontáveis dormitórios de soldados ou em cantinas de navios, em cabines de aviões e coladas dentro de cadernos estudantis. Ela recusou uma foto que Birdwell tinha planejado, mostrando-a numa camisola cavada e semitransparente. Sua psicologia parece estranha: Jane estava preparada para ser o principal objeto sexual do mundo, com dois terços dos homens do planeta fazendo sexo de fantasia com ela, mas em particular era decente, pudica e puritana.

Hawks acabou se mostrando a escolha errada como diretor. Não apenas era terrivelmente lento, mas se recusava a deixar que Hughes fosse grosseiro com ele ao telefone, interferindo e perturbando quando as cenas filmadas a cada dia eram mandadas de avião para Hollywood. Hughes esperou até um dia, 20 de dezembro, em que Hawks tinha dado folga ao grupo; juntou o elenco e a equipe num trem e os trouxe de volta, deixando Hawks e Ballard sozinhos. Hughes assumiu a direção pessoalmente, coisa que queria fazer o tempo todo; negligenciou as cenas de ação, que de qualquer modo eram mal escritas, e se concentrou, com uma intensidade de *voyeur*, em seqüências como aquela em que Rio coloca as pedras quentes nas coxas de Billy, e de Billy amarrando Rio, toda esticada, nas pedras quentes do deserto.

Com seu interesse febril de sempre pelas vidas privadas, perguntou se Russell se incomodaria em filmar à noite — será que isso iria interferir em sua vida amorosa com o jogador de futebol, de quem ela ia ficar noiva? Ela disse, com o ar adequado de uma dama vitoriana, que a programação noturna não teria problema.

Hughes contratou um grande fotógrafo, Gregg Toland, que logo ficaria famoso com *Cidadão Kane*, e em seguida obrigou aquele gênio a se rebaixar fazendo incontáveis tomadas de Buetel de ceroula e Russell com blusa cavada. Ele pisava em Buetel com tanta firmeza ao dirigi-lo quanto, presumivelmente, na cama: obrigou-o a reduzir a insolência, a autoconfiança atrevida e a masculinidade dominadora a uma obediência passiva e sonolenta e a uma gentileza totalmente inadequada para Billy the Kid, mas totalmente adequada a um escravo de sadomasoquismo. Chegou a fazer com que Buetel o chamasse de "senhor (Sir)".

Fez incontáveis tomadas das mãos de Buetel, demorando-se na magreza peluda das mesmas enquanto o forçava até a exaustão, fazendo-o alterar até mesmo o movimento de um dos dedos; quanto a Russell, tornou-a dominante, filmando-a sempre em posição superior, especialmente na grande cena do quarto, colocando seus ombros em ângulo para parecerem maiores do que os de Buetel. Ela era uma deusa da terra, seus seios, como os cúmulos que os aviões penetravam em *Anjos do inferno*, explodiam de saúde enquanto Buetel olhava para eles, não com a luxúria poderosa de um animal masculino e adulto, e sim com o desejo chorão de um bebê sensual.

O frenesi masturbatório de fazer o filme continuou. Nenhum outro indivíduo na Hollywood comercial tinha liberado de modo tão completo seus desejos sexuais na tela, e ninguém faria isso durante décadas. O filme era um sonho longo, lento, arrastado e carregado de sensualidade: a visão de um homem magro, dócil, suave, ainda hábil com as armas, e de uma mulher que poderia lhe oferecer saúde, alívio e sexo.

Hughes era tão obsessivo que controlou até o desenho do sutiã de Russell. Quando viu as costuras aparecendo através da blusa numa certa tomada, vários dias depois do início das filmagens, aparentemente achou que elas reduziam o grau de excitação, e ficou sentado noite após noite desenhando um sutiã muito apertado que levantava ainda mais os seios e não mostrava as costuras. Enviou-o com ordens de que ela o usasse. Ela experimentou, e era tremendamente doloroso. Recusando-se a fazer parte de um ritual sadomasoquista, Russell o deixou de lado e refez seu sutiã de modo a parecer o que ele havia desenhado. Hughes não notou a diferença. Aprovou — e ficou excitado.

Logo antes do Natal, com um mês de filmagem, Hughes estava indo para casa, depois de trabalhar até muito tarde numa sessão indubitavelmente masturbatória em sua sala de projeção à prova de som e forrada de cortiça no estúdio Goldwyn, quando bateu num carro que fazia a curva entrando da avenida North Rossmore para o bulevar Beverly. Ficou no hospital durante dias, pagou milhares de dólares aos outros motoristas para deixar o acidente fora dos jornais e dirigiu o filme por telefone, com o escritor Jules Furthman recebendo as ordens obedientemente do outro lado da linha. Mandava o filme ser projetado numa parede do quarto do hospital, dizendo a Furthman quando um seio não era suficientemente enfatizado (não ousaria sugerir um tratamento igualmente atencioso para Buetel). Agora ele estava dirigindo o filme efetivamente — além de metaforicamente — na cama.

Na véspera de Natal ficou, relutante, em casa: até Buetel ameaçou abandonar o filme, com ou sem processo judicial, se não pudesse passar a ocasião com sua namorada, e Jane Russell foi igualmente inflexível. A campainha tocou. Ele ficou espantado ao ver Papai Noel entrando, com barba de algodão, roupa de veludo vermelho enfeitada com mais algodão e botas enormes. Uma voz estrondeou. Papai Noel colocou um saco cheio de presentes sobre uma mesa.

Enquanto ele ficava ali parado, olhando, a figura tirou o gorro e a barba: segundo um empregado da casa, era Ginger Rogers. Infelizmente — a vida de Hughes parecia uma farsa francesa — outra atriz (Gene Tierney?) estava na casa naquele momento, e fez uma fuga um tanto desajeitada. Papai Noel pegou o gorro e a barba e saiu indignado para a noite. O romance com Ginger estava acabado. Ele pegou de volta o carro que tinha lhe dado.

O proscrito foi concluído em 8 de fevereiro de 1941. Hughes o submeteu ao censor Joe Breen em 28 de março. Breen ficou horrorizado. Os incontáveis planos do rosto e do corpo de Jack Buetel jamais lhe passaram pela cabeça como questionáveis, mas quanto aos de Russell... ele ficou pasmo com a exposição constante das mamas.

Proibiu o filme totalmente. Hughes ficou furioso. Depois de uma série de reuniões entre Hughes e Breen, este concordou que poderia dar um selo de aprovação se Hughes cortasse os planos com seios — as anotações para Hughes lembravam instruções num matadouro. Hughes se recusou a negar ao mundo seu maior sonho erótico. Guardou as latas num depósito. A intervalos de alguns meses mexia na trilha sonora ou acrescentava tomadas. Mas se recusava a deixar que qualquer pessoa visse o filme. Em vez disso deixou Russell Birdwell construir uma base constante de excitação na platéia potencial, declarando que *O proscrito* era vítima da censura, que ele estava lutando pela liberdade de expressão e que um dia o público poderia ver a saudável feminilidade americana de Jane Russell em toda a sua glória. As fotos dela continuavam aparecendo em toda parte, particularmente aquelas em que aparecia deitada num monte de feno mastigando uma palha e enrolando os lábios que lembravam uma vulva enquanto esperava o amante que estava fora de quadro.

Seus astros continuaram como prisioneiros, com salários minúsculos, impossibilitados de trabalhar para mais ninguém. Quando Darryl F. Zanuck, califa da 20th Century-Fox, pediu que Russell fizesse o papel de Doña Sol, a beldade espanhola e fã de touradas devoradora de homens de *Sangue e areia*, Hughes recusou, arrancando a chance da vida de Russell. O papel foi feito por Rita Hayworth, com quem ele eventualmente iria para a cama, como faria com seus colegas do filme, Tyrone Power e Linda Darnell.

Não existem provas de que Hughes se importasse com qualquer um desses atraentes parceiros sexuais como pessoas; era tão casual ao fazer amor com eles e deixá-los como a maioria das pessoas de Hollywood. No mercado de carne do sul da Califórnia, seios e músculos eram trocados numa busca frívola pelo companheiro perfeito; poucos não estavam disponíveis. Hughes mantinha o apelo sexual; era bonito, magro, com músculos rijos; tinha um jeito vulnerável de garotinho perdido e um charme imenso; mas mesmo que não fosse bonito e desejável, sua riqueza e seu poder teriam agido como afrodisíaco sobre os homens e mulheres que ele desejava.

Inquieto e atormentado como sempre, voltou sua atenção para a construção de aeronaves. Continuava ousado; chocou-se diretamente com os figurões de Washington. Já em 1939 tinha se recusado a deixar que o general H. H. (Hap) Arnold, chefe do Corpo de Aviadores do Exército, entrasse em seus hangares para ver os aviões que estava construindo; tentou ser esperto demais com o Departamento de Guerra e perdeu um contrato valioso para a Lockheed; recusou-se a deixar que qualquer departamento do governo ditasse os termos da fabricação.

E não seguiu os conselhos de Washington sobre a estrutura de uma fábrica multimilionária que construiu em Culver City, nos 485 hectares de terra obtidas por Noah Dietrich. Quando Dietrich foi a Washington procurar contratos que justificassem o enorme custo dessa fábrica luxuosa com mais de trezentos empregados, o general Oliver P. Echols, chefe do departamento de aquisições, gritou com ele:

— Aquele filho-da-puta nunca vai ganhar um centavo em contratos comigo enquanto eu estiver nesse cargo!

Só passando por cima de Echols Dietrich pôde garantir um contrato para peças de aviões e um compromisso hesitante com a última criação de Hughes: o caça D-2, totalmente de madeira (mais tarde de plástico).

Hughes estivera trabalhando no D-2 desde 1939. Hap Arnold não se impressionou com os projetos; ficou pasmo ao descobrir que o avião era inflamável e que o nariz transparente era composto de vidro quebrável. Os espiões de Arnold lhe disseram que a fábrica de Culver City era um desastre. Hughes raramente ia lá, os trabalhadores eram preguiçosos e não tinham controle, a ineficiência prevalecia, cada vice-presidente criticava os outros, vários procuravam Hughes pelas costas dos outros. No ramo, a fábrica era conhecida como Country Club, uma referência cheia de desprezo à sua atmosfera preguiçosa, frouxa e tolerante.

Distraído por suas questões particulares, que eram confusas como sempre, Hughes negligenciava a própria fábrica que pretendia controlar. Ficava furioso com a indiferença do governo e se recusava a perceber que a Lockheed (com a qual era obrigado a contar para determinadas especificações) e a Douglas estavam muito adiante; que sua fábrica era a última de qualquer lista.

Era orgulhoso demais para fazer o que deveria ter feito na época de Pearl Harbor: viajado a Washington, concordado em aceitar o controle total do governo, aceitado qualquer figura do Corpo de Aviadores ou de outra instituição militar nomeada para Culver City, e arranjado um encontro com Arnold para pedir desculpas pelo mau comportamento. Em vez disso, em 1942 despachou Russell Birdwell, seu poderosíssimo agente de publicidade, e Johnny Meyer, um cafetão que ele tinha acabado de contratar tirando-o da Warner, para fornecer mulheres a qualquer militar que pudesse estar precisando de alívio sexual.

Esse ataque espalhafatoso e inadequado, de dois gumes, impressionou poucas pessoas na capital do país. Mas, felizmente para Hughes, havia na cidade um aliado vindo de Houston: o secretário de comércio Jesse H. Jones, conhecido da época em que ele era criança. Birdwell falou a Jones sobre o bombardeiro bimotor D-2, de seis milhões de dólares, ignorando tolamente o fato de que Arnold o tinha declarado sem valor, e enfatizando o fato de que a aeronave era desenvolvida a partir do H-2, com o qual Hughes tinha quebrado o recorde de velocidade transcontinental.

O presidente ficou notavelmente insensível à idéia. De fato, quando Jones lhe sugeriu que deveria fazer uma declaração pública afirmando o valor do avião, este recusou irritado. Seus secretários Stephen Early e Marvin H. McIntyre se certificaram de que ele não fosse mais incomodado com o assunto. "Por acaso eu conheço Russell Birdwell", escreveu McIntyre, com desprezo por Hughes, num memorando interno da Casa Branca datado de 14 de julho de 1942. "Ele é um poderoso agente de publicidade de Hollywood."

Três dias depois, de algum modo, Birdwell tinha conseguido convencer Hap Arnold a assumir uma postura mais amigável.

Um dos motivos para Arnold estar se sentindo melhor com relação a Hughes foi que este conseguira garantir o apoio — na verdade, a sociedade — do multimilionário magnata da navegação Henry J. Kaiser, criador dos navios Liberty. Em São Francisco para alguma tarefa misteriosa, Hughes teve pneumonia e a princípio Kaiser não pôde encontrá-lo para uma reunião. Mas quando os dois se encontraram tiveram um entendimento recíproco. Kaiser estava preocupado em construir um enorme avião de transporte Constellation que poderia voar 6.500 quilômetros e levar 57 tripulantes; Hughes lhe prometeu 10 milhões de dólares para ajudar na construção e um acordo abrangente com a Lockheed para realizar os pedidos. No fim Hughes disse a Kaiser, pouco sensatamente, que forneceria nada menos do que 500 daquelas aeronaves enormes. Russell Birdwell anunciou em delírio à imprensa: "Este será o mais ambicioso programa de aviação que o mundo já viu."

Durante uma série de conversas tensas que prosseguiram por semanas, Hughes e Kaiser conceberam um projeto mais notável do que o avião original. Seria um gigantesco navio alado de transporte, projetado para levar tropas às zonas de guerra, com isso impedindo o afundamento de tantas embarcações como acontecia na época. Seria um anfíbio de oito motores, feito de madeira, e pesando duzentas toneladas; quando Kaiser se encontrou com Jesse Jones para falar dele em 16 de setembro, Jones disse a Kaiser:

— Pode ir em frente com Howard Hughes. Eu o conheço desde que ele era menino, e conheci seu pai, um sujeito idôneo, e não conheço homem mais capaz e confiável... Ele é meticuloso e um gênio, e não interfira com ele.

O acordo exigia que três aviões estivessem prontos em dois anos. Mas nem bem concordou com Kaiser para terminar o serviço nesse prazo, Hughes começou a entrar em pânico. Em 27 de setembro, à meia-noite, apareceu sem aviso na suíte de Merrill C. Meigs num hotel de Los Angeles. Meigs era diretor da divisão de aviação da Diretoria de Produção de Guerra, e durante duas horas revelou a ele suas dúvidas. Meigs fez o máximo possível para tranqüilizá-lo. Em 16 de novembro de 1942 Hughes assinou os contratos. Os três aviões seriam construídos na fábrica da Hughes Aircraft, em Culver City.

Ele estava certo em expressar suas dúvidas a Meigs, já que sua fábrica, com poucos funcionários e ineficiente, era incapaz de cumprir os pedidos. Hughes ficou mais neurótico e irritado do que o normal durante todo o inverno de 1942. Vendeu a casa na estrada Muirfield, depois de ocupá-la por quase vinte anos, e se mudou para a estrada Sarbonne, 619, em Bel Air. Ausentava-se de importantes reuniões com o governo para refazer a trilha sonora de *O proscrito* e realizar alguns cortes finais que acabariam permitindo a projeção do filme.

Fez a primeira estréia de *O proscrito* em São Francisco. Tinha montado um show de palco em que Jane Russell e Jack Buetel lutavam numa clareira de floresta. Na primeira noite a cortina se prendeu na metade, mostrando comicamente apenas as pernas dos astros; na segunda a polícia chegou e fechou o cinema. De novo Hughes, petulante, trancou o filme num depósito.

O pior estava por vir. Em maio ele ressuscitou seu velho *Sikorsky S-43* que estava guardado com naftalina há anos. Fora obrigado a vender o amado avião ao Corpo de Engenheiros do Exército para uso em Reykjavik, Islândia. Tinha medo de que ele sofresse alguma falha num vôo de transporte e causasse a perda de vidas, por isso decidiu testar os trens de pouso em Lake Mead, Nevada. Com outros três homens, inclusive o inspetor de aeronáutica Charles W. Von Rosenberg, partiu no grande teste de vôo em condições de tempo ideais no dia 16 de maio.

Fez um bom pouso, mas então perdeu o controle do avião e o S-43 decolou na água numa série de saltos súbitos e loucos, partindo para o céu e depois mergulhando nas profundezas. O avião se despedaçou numa velocidade aterrorizante; Hughes ficou imóvel, atordoado, enquanto Rosenberg conseguia arrastá-lo de volta à segurança. Eles lutaram para subir na balsa salva-vidas enquanto o avião afundava.

Foi levado de ambulância a Boulder City. Seu médico de confiança, o Dr. Lawrence Chaffin, viajou para lá, limpou o ferimento no couro cabeludo, cortou o cabelo em volta, lavou com água e sabão e fechou com grampos. Hughes saiu do hospital sem ficar muito tempo como paciente.

Von Rosenberg fraturou a coluna; sentiu dores pelo resto da vida. O inspetor do governo, Bill Cline, morreu preso ao assento; o corpo nunca foi encontrado. O mecânico de Hughes, Dick Felt, morreu no hospital devido aos ferimentos. Mais tarde descobriu-se que o antigo problema de Hughes com relação ao peso nos aviões o havia prejudicado; o número excessivo de câmeras, itens de carga e geringonças havia desequilibrado o aparelho. Se Hughes tivesse pousado no solo, e não na água, ele também estaria morto.

Sua falta de planejamento, que não fora fatal nos vôos transcontinental e ao redor do mundo, tinha custado duas vidas. Os problemas na fábrica não eram menos prementes.

Hughes ficou cada vez mais irracional depois da queda do *Sikorsky*. Embora seus ferimentos parecessem superficiais, a concussão e o choque podem ter provocado algum dano cerebral. Sem dúvida, em 1943 ele embarcou numa tentativa totalmente louca e desaconselhável de garantir a preferência por parte do presidente, que continuava frio e distante, seduzindo financeiramente o filho de Roosevelt.

Ao saber que o coronel do Corpo de Aviadores Elliott Roosevelt, um belo e arrojado homem que tinha acabado de voltar da África, recebera ordem de conseguir um avião de reconhecimento satisfatório, Hughes o convidou a Los Angeles e se certificou de que seu cafetão predileto, Johnny Meyer, se encontrasse com o rapaz assim que ele saísse do avião. Instruiu Meyer a garantir que o D-2, um projeto há muito atrasado e ainda praticamente inoperável e até mesmo perigoso, que ainda não conseguira um contrato com o governo, estaria na mesa para discussão com Roosevelt, junto com a disponibilidade de várias aspirantes a estrela ou figurantes.

Meyer conhecia uma atriz que seria a aliada ideal nas negociações: a fria e inteligente Faye Emerson, contratada da Warner Bros. Depois de ir para a cama várias vezes com ela para verificar seu desempenho sexual, descobriu que ela era hábil na felação e a apresentou a Roosevelt, que estava procurando uma esposa. Como ele e Hughes planejavam, a atriz se mostrou exatamente o que Roosevelt queria. Tinha a aparência, a postura, a presença e a elegância para entreter os amigos ricos e importantes do rapaz em Washington. Meyer ofereceu a Roosevelt uma casa onde ficar, uma das várias propriedades de Hughes em Beverly Hills. Mas Roosevelt achou que isso seria óbvio demais, e, de modo temerário, deixou que Hughes pagasse suas contas de hotel — uma atitude perigosamente corrupta. Além disso Hughes partiu para subornar autoridades militares de alto nível.

Meyer jamais pagava em dinheiro aos vários políticos. Em vez disso arranjava que suas contas no Town House de Los Angeles fossem pagas por uma organização fictícia chamada Howard Hughes Productions. Conseguia no mercado negro presentes como meias de náilon ou bolsas, difíceis de obter, para serem dados às esposas; Meyer conseguia as meias através de uma rede de mensageiros de hotéis que as trocavam por bebida alcoólica. Deu presentes ao general Bennett E. Meyers, uma figura crucial no departamento de compras do Corpo de Aviadores. Hughes recebia Meyers com luxo nos restaurantes de Hollywood, inclusive o popular Romanoff's, e o hospedava numa suíte de 40 dólares por dia no Town House.

Mais verbas foram gastas numa viagem a Catalina em que Hughes bancou o anfitrião para Faye Emerson e outros, inclusive alguns militares de alta patente na divisão de compras em Washington. Hughes basicamente controlava o Departamento de Guerra. A lista continuava. Hughes chegou a mandar Meyer deduzir de seus impostos o custo de certas garotas disponíveis que estava fornecendo a figuras do Corpo de Aviadores do Exército.

Em 11 de agosto de 1943 Hughes fez o impensável: levou Elliott Roosevelt pessoalmente num passeio por sua fábrica, depois foi de avião com ele até a área de testes do D-2 em Lake Harper. Roosevelt, como Hughes esperava, voltou a Washington cheio de elogios, e Meyer o acompanhou, com um presente de ações da TWA. Agora Roosevelt era propriedade de Hughes:

este disse a Meyer para não poupar despesas ao pagar as noitadas de Roosevelt e Faye Emerson em Washington e Nova York. O glamouroso casal foi visto em todos os lugares chiques: no Stork Club, no El Morocco, no Copacabana. Hughes fazia contato com Meyer todo dia, certificando-se de que eles estivessem confortáveis. Pagava até as suítes de hotel em Manhattan.

Os subornos deram resultado. Em 20 de agosto Roosevelt insistiu oficialmente com o sempre cético Hap Arnold para aceitar um contrato com Hughes para a produção em massa do D-2. Arnold concordou, desde que Hughes mudasse a estrutura de madeira para metal. O antigo inimigo de Hughes, o general Echols, opôs-se a Arnold, sabendo que o D-2 era perigoso para homens e materiais; resumindo: um desastre. Arnold passou por cima dele; o avião foi redesenhado e chamado de XF-11.

Um general após o outro se opôs à decisão. Muitos farejaram jogo sujo: que Hughes tinha obtido a compra por meios ilícitos, usando o filho do presidente para suplantar a implacável desconfiança de Roosevelt com relação a ele. Hughes chorou de barriga cheia: por ter juntado Elliott a Faye Emerson (e eles se casaram), agora tinha um contrato de 43 milhões para construir 100 XF-11.

Tendo comprado todos os figurões do Corpo de Aviadores numa só tacada, Hughes tinha a bola para correr até o gol. Mas tropeçou feio no caminho. Fez uma trapalhada com o pedido; distraído pelos casos sexuais, contratou o competente Chuck Perelle para administrar a fábrica de Culver City e depois transformou a vida dele num sofrimento através de interferências e exigências contraditórias. Ficava mudando o XF-11 de metal para madeira e de novo para metal; enlouquecia Perelle com alterações no gigantesco hidroplano, agora apelidado de *Hércules*.

Perelle alertou Hughes de que para lançar o hidroplano ele teria de construir um cais, provavelmente em Long Beach, já que San Pedro estava requisitado pela marinha. Hughes se recusou a submeter quaisquer desses planos ao governo, ainda que o governo fosse pagar. Perelle gritou com ele:

— Pelo amor de Deus, não vou a Washington negociar essas coisas, perder meu tempo e o de outras pessoas, para depois você vir aqui e estragar tudo que eu fiz...!

Quando Perelle demitiu Johnny Meyer porque estava ocupando espaço de escritórios em Culver City como mero cafetão, foi a gota d'água. Em 6 de dezembro de 1945 Hughes demitiu Perelle. Perelle se recusava a ser escravo; Hughes queria pessoas submissas e serviçais.

Continuou a escravizar o general Meyers. Chegou a pensar em dar o cargo de Perelle a Meyers, o que provavelmente seria motivo para submeter Meyers à corte marcial. Mas Meyers foi mais longe: pediu ao pão-duro Hughes um empréstimo de 50 mil dólares sob a forma de Bônus da Liberdade. Hughes recusou. Agora que a guerra estava acabada, não precisava mais de Meyers.

CAPÍTULO OITO

Sexo e corrupção

Em 1940, pelas aparências, Howard Hughes estava entre os homens mais felizardos. Apesar de sempre ter evitado exercícios mais vigorosos do que jogar golfe, desfrutava de saúde excelente, em parte por causa da dieta frugal e da recusa em beber ou fumar; era magro, forte e ainda bonito; com a Hughes Tool Company ganhava quase dois milhões de dólares *por mês*; desfrutava de todo o sexo de que precisava e provavelmente mais; tinha a maioria das ações da companhia aérea que mais tarde seria conhecida como TWA; recebia convites para as melhores festas; tinha montes de empregados, várias casas e uma suíte permanente no elegante Town House. Apenas a surdez e uma certa insegurança no desempenho sexual manchavam sua existência. Para ele, cada sonho era realizado instantaneamente; cada elemento de sua natureza do tipo "o médico e o monstro" — alternadamente gentil e atencioso, aterrorizador e controlador — podia ter rédeas soltas.

Mas era impaciente, inquieto, porque havia pessoas que nem ele podia comprar, e o presidente (embora não o filho do presidente) e os magnatas de Hollywood resistiam teimosos ao seu charme. Era torturado por uma paranóia nem um pouco infundada, fazendo reuniões de negócios em seu velho Chevrolet, em cabines de telefone (as pessoas tinham de ligar para ele de outros telefones), ou em motéis obscuros; sentia, sem saber, a verdade: que J. Edgar Hoover o havia posto na lista de vigilância por ter comprado Elliott Roosevelt, senadores, congressistas e figurões da força aérea e do exército. A verdade é que suas atividades políticas eram perigosas, criminosas e subversivas.

Nos primeiros anos da década Hughes passou de novo, com mais arrogância, para outra área: o mundo sombrio, estimulantemente perigoso e então criminalmente passível de punição da vida homossexual. Espalharam-se boatos de que ele se envolvia em cenas de tortura e masoquismo em masmorras nas quais era a figura dominadora. O falecido ator e decorador William Haines contou a este autor numerosos incidentes desse tipo.

Certamente combinava com a personalidade de Hughes ser o parceiro dominador, anonimamente macho e poderoso, submetendo outros homens a cordas, algemas, mordaças e correntes; naquele mundo sombrio, na semiescuridão, não era necessária grande proeza sexual; o alívio costumava ser obtido através da masturbação mútua ou individual. Ele pode ter procurado o submundo, com sua constante atmosfera de tensão e terror — havia batidas policiais, com homens nus arrebanhados com cassetetes, paradoxalmente uma fantasia gay realizada —, no entanto dizem que ele encontrou situações sexuais mais concretas. E sempre era mais seguro desfrutar de astros do cinema, que teriam muito a perder se o denunciassem, do que mensageiros de hotel, funcionários de piscinas ou salva-vidas que poderiam facilmente chantageá-lo.

As informações sobre os casos sexuais de Hughes, claro, eram escondidas de modo cuidadoso, e não poderiam ser mencionadas nem mesmo nas publicações mais escandalosas da época. Mas Hughes confessou a verdade ao seu tio Rupert, de quem havia se tornado muito mais próximo no correr dos anos, em reuniões secretas na magnífica mansão marroquina de Rupert no bulevar Los Feliz. Fez Rupert jurar segredo, mas este passou a informação a James Quirk, editor da revista *Photoplay*, que, por sua vez, as contou ao seu sobrinho, Lawrence, que as deu a este autor.

No início da década de 1940, segundo Quirk, Hughes teve relacionamentos com dois atores bonitos, um famoso e o outro pouco conhecido e lutando na carreira. Richard Cromwell tinha uns 30 anos, era um californiano louro, robusto. Começou como decorador de interiores, trabalhando para William Haines; fez máscaras de alguns dos atores mais bonitos.

Era tímido, de fala mansa e passivo: as exigências de Hughes. Ficou elegante no uniforme do regimento inglês do século XVIII em *Lanceiros da Índia*, arrasou vestido com o uniforme branco da marinha em *Annapolis Farewell* e *Our Fighting Navy*, e de algum modo sobreviveu a Bette Davis em *Jezebel*.

Hughes foi seu amante intermitentemente durante anos; mas Cromwell tinha muitos outros. Em 1945 sua beleza vulnerável e os modos gentis finalmente atraíram a jovem e distraída Angela Lansbury, que geralmente era um modelo de inteligência astuta; ela ficou casada com ele por oito meses, antes de se divorciar. O ator morreu de câncer aos 50 anos.

O outro amante de Hughes foi igualmente malfadado. Russel Gleason era o filho genioso do popular ator James Gleason. Segundo Quirk, Russel caiu sob o feitiço de Hughes. Diferentemente de Richard Cromwell, que era preguiçosamente narcisista e auto-indulgente, Russel Gleason era torturado e sofrido, apesar de toda a beleza e da grande inteligência; aparentemente Hughes não lhe deu mais apoio emocional ou segurança do que dava a qualquer outra pessoa, e Gleason — depois de trabalhar um tempo como fotógrafo nas forças armadas — jogou-se da janela de um hotel no dia de Natal de 1945. Como Cromwell, tinha tentado provar a masculinidade através do casamento, mas, segundo Lawrence Quirk, não pôde superar os conflitos, assim como Hughes não conseguia.

Mas alguns astros de Hollywood não reagiram ao charme de Hughes. Robert Taylor recusou Hughes, já que não o achava atraente, e Errol Flynn, atraído para um encontro noturno brincalhão com Hughes pelo inevitável Johnny Meyer, recusou chamando-o de "hadoque surdo". Nem mesmo Hughes podia ganhar todo mundo, o tempo todo.

Há sólidas provas, em conversas telefônicas grampeadas pelo FBI, de que Hughes se envolveu seriamente com a estrela em ascensão Linda Darnell. Nascida em Dallas, Texas — como outro de seus objetos sexuais, Jack Buetel —, era de um calor voluptuoso e carnuda como um nu de Rubens. Filha de um funcionário dos correios, com apenas 19 anos em 1940, fora estimulada pela mãe fanática pelo *showbiz* a aprender sapateado e participar de concursos de beleza, vencendo a maioria deles. Com pouco esforço marcou presença rapidamente: o cabelo escuro e brilhante, os olhos líquidos e pensativos, ombros e seios grandes e macios e o corpo luxuriante e cheio de contornos mais do que compensavam a pouca habilidade para representar e a voz bastante débil. Ela era doce, flexível, e tão pronta e sensualmente disponível quanto seu colega contratado da 20th Century Fox, Tyrone Power.

Hughes achou-a fascinante e a perseguiu durante seis anos com muito poucos intervalos, seguindo sua carreira e assistindo aos seus filmes na sala de projeção particular, com tanta avidez quanto assistia a Tyrone Power ou seus outros amantes estelares. Vê-la com Power em *Sangue e areia* deve ter sido um acepipe de *voyeur*: Power, seminu com calças justas de toureiro; Darnell em reveladores vestidos espanhóis. Mesmo como a Virgem Maria em *A canção de Bernadette*, empoleirada como uma figura de gesso num nicho de pedras, ela era de fazer perder o sono.

O casamento de Darnell com o cameraman Peverell Marley em 1943 não conseguiu diminuir o contínuo desejo de Hughes por ela, e, com uma coragem notável (já que Marley era beligerante e furioso, um rude artesão da velha escola que sabia usar os punhos), Hughes se arriscou a encontros secretos com ela até pelo menos 1946. Darnell morreu num incêndio aos 43 anos, depois de assistir a um dos seus velhos filmes pela televisão; durante anos sentira pavor de fogo, dizendo a todas as pessoas próximas que odiava as cenas em que era queimada nos filmes, inclusive *Ana e o rei do Sião* e *Entre o amor e o pecado*.

Em contraste com esses casos, Hughes embarcou, espantosamente, num relacionamento platônico com a ofuscante mas devassa e grosseira Ava Gardner, que tinha ascendido de uma favela no sul até se tornar a importante sra. Mickey Rooney e contratada da MGM. Foi treinada até conseguir uma imitação da arte de representar; poucos homens se importavam por ela não ser exatamente uma Sarah Bernhardt. Tudo nela — os movimentos, os cílios trêmulos, os lábios entreabertos — era calculado para provocar altas temperaturas, e funcionou.

Pode parecer incrível que aqueles dois seres humanos de alta potência — Ava comprometidamente libidinosa, Hughes inseguro e inadequado como amante — mas consistentemente aventureiros e dados às experiências, jamais tenham feito sexo. Por quê? Pode ter sido porque Gardner não era nem um pouco submissa; era tão dominadora quanto Hughes. E, diferentemente de Gene Tierney e Linda Darnell, era desafiadora, espirituosa, inteligente e não se enganava com ninguém. Não achava Hughes sexualmente atraente. Apesar de ter tido o cuidado de evitar o assunto em suas memórias, deu a entender que sabia que ele era bissexual.

Ambiciosa e sem freios, uma gata lânguida que esperava que os homens se oferecessem, conheceu Hughes pouco antes de ele cair com o *Sikorsky* em Lake Mead. Hughes gostava de estar com ela porque, como a muito diferente Katharine Hepburn, Gardner se interessava por política, aviões e carros: podia ser uma irmã, uma colega. Ela, por sua vez, gostava de estar na companhia do dinheiro e do poder: só precisava aparecer com Hughes numa boate ou num restaurante lotado, sem reserva, para que o *maître* aparecesse com uma mesa; quando Hughes ia com ela até uma pista de dança a banda tocava "Deep in the heart of Texas"; e quando viajava pela TWA os aviões se materializavam milagrosamente para levá-la aonde quisesse ir — como a única passageira.

Não gostava era do pão-durismo de Hughes com automóveis — ele se recusava a andar com ela num Rolls ou num Daimler, em vez disso levava-a nos encontros num velho Chevrolet. Uma viagem que fez com ele em 1943 a São Francisco, de trem, quando Hughes se encontrou com Henry Kaiser, revelou muito do que ela não sabia sobre ele.

Castamente abrigada num compartimento separado, ele a convidou para jantar no vagão-restaurante. Ava sentou-se a uma mesa e esperou. Todo mundo ficou olhando-a. De repente Hughes apareceu, não usando sua camisa amarrotada de sempre, calças largas e tênis, mas num feminino terno pregueado, com cinto às costas, cortado como o famoso figurino com que Marlene Dietrich se travestia em *Marrocos*. Ficava pequeno demais nele, sugerindo que era de uma mulher.

Hughes começou a fazer piruetas, como uma menina, mostrando a roupa absurda. Ava ficou vermelha, sem graça, e os passageiros, muitos dos quais deviam ter visto fotos de Hughes, ficaram pasmos diante da visão do herói da América agindo como uma bicha-louca. Ali estava o homem que tinha voado ao redor do mundo, comportando-se como uma colegial fresca!

Os dois se hospedaram em suítes separadas no hotel Fairmont. Depois do ataque de pneumonia Hughes levou Ava para sair à noite. Ela esperava ir a Chinatown ou a um dos vários restaurantes da moda na época. Em vez disso ele a levou a uma boate gay, onde homens se vestiam de mulher com lantejoulas e bijuterias, dançavam no palco e trocavam insultos frescos com a platéia homossexual. Aquele homem normalmente cauteloso e desligado não sentia essa necessidade de cautela numa cidade abertamente gay como São Francisco, o que pode explicar por que passava tanto tempo lá. Mais tarde Hughes teve um caso com um dos dançarinos da Finocchio's, outra boate de travestis.

De volta ao Fairmont, Hughes mostrou seu lado feio e controlador. Decidiu fazer amor com Ava, provavelmente estimulado pela visão dos garotos bonitos na boate. Ela só queria uma taça de champanha e ler os quadrinhos dos jornais. Ele arrancou a seção de quadrinhos das mãos dela e deixou claro que queria sua atenção total. Ela se levantou furiosa, correu para seu quarto e trancou a porta. Hughes perdeu as estribeiras. Telefonou para a irmã de Ava, Bappie, em Los Angeles, e lhe disse para vir imediatamente em um dos seus aviões particulares, para levar Ava para casa. Quando Bappie chegou, Hughes mostrou-lhe uma caixa de papelão barata cheia de diamantes, esmeraldas e rubis — tesouro de um sultão. Disse que Ava poderia ter tudo aquilo se casasse com ele. Bappie implorou que Ava aceitasse as jóias. Não conhecida por sua linguagem de dama, Ava respondeu:

— Manda ele enfiar no cu! — e saiu.

Numa ocasião Mickey Rooney chegou em casa com uniforme do exército e encontrou um velho Chevrolet diante da porta de Ava. Não percebendo que era de Hughes, agarrou o ocupante e o fez girar. Ligeiramente espantado ao ver que era o herói da América, hesitou, depois lhe deu um soco. Hughes, não tão amedrontado quanto ficou com Oleg Cassini ao ser confrontado por um pigmeu de um metro e cinqüenta e poucos, curvou-se e devolveu o soco. Os dois rolaram na calçada com os punhos voando loucamente.

Em outra ocasião, na casa de Ava (ele estava pagando o aluguel), Hughes a encontrou nua no quarto, embolada com um toureiro mexicano. Ela se enrolou num roupão; o toureiro fugiu pela escada dos fundos. Hughes perseguiu-a até a sala, onde ela engoliu uma bebida. Ele a golpeou no rosto, machucando-a. Ela pegou uma cadeira e acertou na cabeça dele. Ele apagou. Quando voltou a si, vários dentes estavam frouxos ou faltando, e teve de usar dentadura parcial pelo resto da vida.

Mesmo não sentindo muito desejo por Ava, não suportava a idéia de um mexicano musculoso abraçando-a, possuindo-a. Contratou guarda-costas mórmons, preferidos porque não bebiam, não fumavam e não revelavam segredos (se bem que Hughes devia ter ficado nervoso com a tradicional homofobia deles), para segui-la a toda parte. Quando Ava retomou o relacionamento sexual com Mickey Rooney ele ficou furioso e ameaçou matá-la. Mas até mesmo Hughes se calou quando ela disse que não tinha medo dele. Hughes teve de admitir: havia encontrado alguém do mesmo nível.

Também encontrou alguém de seu nível na atriz canadense Yvonne de Carlo, e ela o achava sexualmente interessante. Era inteligente, morena, rápida, de seios grandes; Hughes ficou obcecado. Nascida com o nome comum de Peggy Middleton em Vancouver, Canadá, tinha 23 anos quando os dois se conheceram em 1943 — um pouco velha para ele. Mas quando a viu repetidamente em sua sala de projeção particular, dançando voluptuosamente no filme de Walter Wanger *Irresistível Salomé*, soube que precisava tê-la.

Como exótica espiã vienense ela foi pessimamente escalada; seu papel se baseava na aventureira internacional Lola Montez. Mas Yvonne deu ao filme charme, humor e um sentido irônico que ele achou muito atraente.

A origem dela não era mais impressionante do que a de Darnell ou Ava Gardner. Segunda colocada no concurso de Miss Venice (Califórnia), gemia em boates, sem voz para cantar, mas com um apelo sexual que funcionava para homens de negócio cansados. Sua virgindade sobreviveu a dois famosos garanhões de Hollywood: o músico/*band leader* Artie Shaw e o magricelo figurão James Stewart. Teve um romance com o viril e durão escritor-diretor austríaco Billy Wilder.

Hughes esbarrou com ela em Vancouver no fim de semana do Dia do Trabalho de 1945; Johnny Meyer apresentou os dois e ele a levou para um vôo de lazer sobre a cidade em seu DC-3 Douglas da TWA, e de lá a Lake Tahoe e Reno, onde os dois foram andar de barco (ela nadou; Hughes não). Fizeram amor em Las Vegas e jogaram; ele ficou empolgado, como seu amigo Bugsy Siegel, com as possibilidades daquele lugar.

A mulher forte e independente tinha tanto desejo de uma parceria monogâmica quanto Hughes estava atrás de apenas outro caso. Ela não gostava do fato de que, em sua suíte permanente no Town House de Los Angeles, Hughes tivesse fotos de Jane Russell espalhadas no chão dos cômodos, ocupando o espaço como um tapete de seios, ou que ele lhe dissesse constantemente, mesmo na cama, que seu único amor verdadeiro era Ginger Rogers. Hughes falava demais depois da relação sexual, comparando orgasmos masculinos e femininos de um modo que parecia demasiadamente clínico e distanciado. Ela estava descobrindo, como todas as outras mulheres e homens, que para Hughes o sexo não passava de alívio (ou prova de potência), que ele não era criativo, terno nem atencioso, que estava usando orifícios humanos para sua satisfação, e que homens e mulheres eram meras entradas para seu prazer.

Claro que não foi fiel a ela; Yvonne não sabia dos casos dele com homens, mas só precisaria pegar um jornal para saber que ele estava dormindo com Gail Russell, uma beldade morena, de olhos escuros e aparência exótica, uma pessoa atormentada que morreria prematuramente — aos 36 anos, devido à bebida e às drogas. Ele a vira no filme de fantasmas *O solar das almas perdidas*, onde ela representava uma menina delicada e assombrada. Hughes se encontrou com ela freqüentemente durante dois anos. Também teve sob contrato outra garota sensual, Faith Domergue, que assinou com ele aos 15 anos e não foi usada em filmes durante seis anos.

Hughes reviveu seu antigo interesse sexual por Gene Tierney. Agora ela estava casada com o conde estilista Oleg Cassini, e em 1943 teve uma filha retardada. Hughes usou uma suposta simpatia pela menina para abrir caminho de volta aos favores de Tierney e deixar Cassini com a guarda baixa. Numa festa na casa de Jack Benny teve o desplante de pedir Gene em casamento diante de seu marido machão.

Cassini pagou para ver. Em vez de chamar Hughes para fora e trocar socos, puxou-o para um canto e disse que, se ele pretendia mesmo se casar com Gene, e que se ela quisesse casar com ele, não ficaria no caminho. Mas Hughes deveria *mesmo* se casar com ela, e anunciar que faria isso, pela imprensa e pelo rádio, caso contrário Cassini iria espancá-lo até virar uma pasta.

Hughes ignorou a ameaça, e quando Cassini saiu para assistir a uma luta de boxe levou Gene a Las Vegas, de avião, para fazer amor com ela. Cassini descobriu e esperou que eles voltassem, agachado na garagem escura. Pulou e, de modo estranho, em vez de dar um soco, acertou Hughes no traseiro com uma tábua. Hughes fugiu. Cassini o desprezou por ser um fracote e não lutar. Mais tarde Cassini perseguiu Hughes escada acima numa festa, e este, em vez de lhe dar um soco, escondeu-se num quarto e trancou a porta como uma virgem nervosa. Era aquele o herói da América?

Durante todos esses anos consumidos pelo sexo Hughes continuou comprando contatos que dariam preferência aos seus aviões com o Corpo de Aviadores, o exército e a presidência. Seus atos eram quase comicamente corruptos.

Em 1945, o venenoso colunista Westbrook Pegler, que adorava fazer inimigos tanto quanto Hughes adorava arranjar amantes, surgiu com uma prova estarrecedora, "roubada" dos arquivos do FBI (com a ajuda sub-reptícia de J. Edgar Hoover), dos esquemas de compra de influência que estavam garantindo a Hughes milhões em pedidos do governo para a fábrica de Culver City.

Pegler escreveu sobre festas para nove pessoas na boate Stork; 132 dólares em pares de meias de náilon para Faye Emerson; semanas em que Elliott Roosevelt ficou hospedado no hotel Beverly Hills à custa de Hughes, as contas marcadas como "Enviar à Hughes Aircraft" e assinadas por Elliott Roosevelt com a palavra "OK"; contas gigantescas no Waldorf-Astoria, com faturas assinadas por Meyer e mandadas à Hughes Aircraft; custos para a festa de casamento dos Roosevelt em dezembro de 1944; uma viagem de fim de semana de Roosevelt a Palm Springs, incluindo transporte, hospedagem e gorjetas para uma empregada; pagamento das apostas de Faye Emerson no hipódromo de Caliente e duas bolsas caras.

Hughes era atormentado por visitas do comitê de investigação do Senado que estava realizando audiências sobre sua capacidade de produzir aviões que justificassem os 40 milhões investidos na empresa. O comitê descobriu que Hughes tinha acabado de pagar o valor espantoso de 75 mil dólares a Elliott Roosevelt em troca de apoio. Hoover estava convencido de que a questão poderia resultar no indiciamento de Hughes e de Roosevelt. Hughes acusou o senador Owen Brewster, encarregado da investigação, de ser peão de seu rival magnata da aviação Juan Trippe, da Pan American, e de tentar chantageá-lo oferecendo-se para encerrar o inquérito se Hughes lhe desse uma parcela de ações da TWA e dinheiro. Contratou a Agência de Detetives Schindler e um ex-policial de Washington para grampear os telefones de Brewster.

Mais tarde Westbrook Pegler afirmou que Hughes tinha dado festas para Elliott Roosevelt em que “moças seminuas nadavam numa piscina espelhada” numa das casas de Hughes.

No início de 1945, J. Edgar Hoover abriu um arquivo importante sobre Hughes. Hughes e Meyer tinham dado uma festa para visitantes russos; esperava, através de Elliott Roosevelt, fazer um acordo abrangente com a Rússia para o seu hidroplano, sem a autorização de Henry Kaiser ou do general Hap Arnold. E estava usando Bugsy Siegel como contato em Las Vegas.

Durante os anos da guerra Hughes administrou a TWA como sua companhia aérea particular; quando Arthur Farnsworth, o segundo marido de sua ex-amante Bette Davis, ficou doente em Minneapolis, Hughes mandou-a sozinha num avião para ficar com ele; certificava-se de que Hedda Hopper e Louella Parsons, as colunistas rivais de Hollywood, nunca viajassem no mesmo avião, sempre viajassem de graça e recebessem limusines enormes — para garantir o apoio delas. Subornadas, elas obedeciam.

Cada vez que um dos seus Constellations decolava, vários assentos eram reservados para o caso de um dos seus amigos decidir viajar. Os funcionários da TWA se ressentiam disso, mas ele não se importava.

Se alguma celebridade reclamasse a Hughes do serviço ou do manuseio das bagagens nos aviões, cabeças rolavam, e o dinheiro do passageiro era reembolsado. Os empregados Walt Menke e Johnny Meyer eram instruídos a cuidar de qualquer pessoa que saísse no *Who's Who* ou no Livro Azul. Hughes arranjava encontros de pilotos bonitos com estrelas idosas, mas eles tinham de fazer amor com elas sem receber hora extra. A recompensa era uma noite grátis com uma bela aspirante a estrela ou garota de programa.

Suas excentricidades fascinavam ou irritavam os empregados da TWA; ele pegava emprestados carros, casacos, chapéus e dinheiro e raramente devolvia. Pegava dinheiro dos de nível mais baixo para pagar a um chofer de táxi. Era pão-duro como sempre com seu próprio dinheiro. Uma atriz com quem ele voava freqüentemente pela TWA como mascote se excitava sexualmente recebendo dinheiro por uma noite de prazer. Hughes lhe entregava duas notas de cinco dólares antes de subir na cama. Ela as deixava na bolsa. Quando a mulher estava dormindo ele entregava uma das notas a Johnny Meyer, que tinha subido por uma calha de chuva e entrado pela janela no escuro.

No verão de 1945, Hughes decidiu tirar *O proscrito* da prateleira e lançá-lo com toda a publicidade exagerada que Russell Birdwell conseguisse. No meio cinematográfico corria um boato de que ele tinha feito uma versão nua do filme para uso masturbatório. O boato persiste até hoje.

O FBI foi alertado para o fato de que Hughes enfurecera tanto o meio cinematográfico que o milhão e meio de metros de filme virgem de que precisava para fazer as cópias do filme lhe foram negados, e havia esgotado seu próprio suprimento, presumivelmente por causa da obsessão por imprimir centenas de tomadas de seus astros seminus. O Departamento de Produção de Guerra se mostrou relutante em ajudar.

Hughes buscou a ajuda de um punhado de executivos cinematográficos que lhe eram favoráveis, inclusive Sol Lesser, produtor dos filmes de Tarzan, e o diretor Leo McCarey, que ele tivera sob contrato em 1930. Conseguiu o popular Harry Gold, gerente de vendas da United Artists, para a administração geral da distribuição mundial de *O proscrito*.

Um dos restaurantes prediletos de Hughes era o The Players, em Sunset Strip, uma boate elegante de propriedade do escritor-diretor Preston Sturges, que era amigo íntimo de Rupert Hughes. O beberrão, autodestrutivo e brilhante Sturges era fascinado por Howard e compartilhava seu amor pelos aviões e pelas belas mulheres — Sturges era estritamente heterossexual. Eles se sentavam até muito tarde, em alguma banqueta num canto escuro, falando enquanto suas namoradas caíam no sono, Sturges elevando muito a voz para que o surdo Hughes o ouvisse.

Em março de 1944 Hughes formou uma parceria com Sturges para fazer um filme. Mudaram-se para os estúdios Califórnia, diante da Paramount, que tinha liberado Sturges. Quase imediatamente Hughes tentou controlar Sturges: um erro sério. Ousadamente ofereceu-lhe um salário; Sturges queria, e conseguiu, a sociedade. Dentre os sócios no negócio — a Hughes Tool era dona de 37% das ações — estavam Frank Orsatti, um conhecido cafetão/agente com ficha criminal e que ajudava Hughes a arranjar companheiros sexuais quando Meyer não conseguia, e Jules Furthman, roteirista de *O proscrito*.

Hughes ouviu as idéias de Sturges, que incluíam uma versão cinematográfica da história de Lizzie Borden, com Lillian Gish, a ser dirigida por D. W. Griffith, e finalmente concordou com uma continuação da comédia muda de Harold Lloyd, *The Freshman*. Chamou-se *The Sin of Hilda* (mais tarde *Harold*) *Diddlebock*. A United Artists iria lançar o filme como *Mad Wednesday*.

Hughes insistia em verificar cada detalhe do roteiro de Sturges e da produção, que começou em 12 de setembro de 1945. Como Hughes ainda tinha pouco conhecimento de produção e mantinha o orçamento baixo demais, e Sturges estava em declínio devido ao álcool, o filme acabou sendo um fracasso; atrasou cinqüenta e dois dias na programação e estourou o orçamento em 600 mil dólares. Nem bem ficou pronto, Hughes deixou Sturges fazer *Colomba*, que teve o título mudado para *Vendetta*. Nele Hughes finalmente deu uma chance a Faith Domergue, com quem tinha contrato, sem trabalhar, há seis anos. Então Sturges cedeu a direção para Max Ophüls, um famoso diretor que tinha se tornado figura *cult* em Hollywood.

Hughes aprovou o roteiro de Preston Sturges em junho de 1946. Planejado para mostrar a beleza estilo Jane Russell de Faith Domergue, seus olhos brilhantes, a boca sensual e os seios grandes, o melodrama era a história de uma jovem da Córsega que procura, com muitos arquejos e respiração ofegante, vingar o assassinato do pai. Hughes colocou Domergue para contracenar com o péssimo George Dolenz. Eles fizeram um casal notavelmente duro, parecendo dois postes, e não duas pessoas na cama.

No início de 1946, Hughes lançou uma nova campanha publicitária para *O proscrito*, com fotos de Jane Russell, de seios agressivos e com novos slogans como "A garota de lábios quentes de verão — e coração gelado de inverno" e "Quem não brigaria por uma mulher assim?". Hughes montou uma longa lista de pessoas importantes que reclamaram aos jornais... a falsidade da lista fica óbvia ao vermos que Jules Furthman estava entre os reclamantes.

Quando o filme estreou, em todo o país e no estrangeiro, a campanha sensual de Russell Birdwell teve um sucesso magnífico. Em Londres as filas viravam o quarteirão, tão longas quanto no mesmo cinema, o London Pavilion, tinham sido para *Anjos do inferno*. As críticas furiosas ou zombeteiras, as explosões de gargalhadas diante da cordilheira dos seios de Russell, as enchentes de reclamações contra os censores, tudo garantiu um sucesso colossal, como Hughes havia esperado. Os cartazes com Jane Russell, má, mal-humorada e magnífica como sempre, transformou seu nome em substantivo comum na Grã-Bretanha. Praticamente não havia nenhum homem heterossexual na Inglaterra que não sentisse desejo por ela, mesmo que pudesse ao mesmo tempo rir de sua imagem.

Quando o estado de Maryland proibiu completamente o filme, Hughes jogou seu chapéu marrom da sorte para o alto. Mas ao mesmo tempo tinha outras preocupações.

Durante aqueles anos havia negligenciado a família; mas ficou chocado quando, em 23 de março de 1945, a mulher de Rupert Hughes, a ex-atriz Elizabeth Patterson Dial, morreu de uma overdose de comprimidos, provavelmente suicídio. Ela havia sofrido de séria depressão durante meses. Será que havia descoberto os casos de Rupert com homens? Hughes tinha ficado mais próximo de Rupert depois das discordâncias iniciais sobre o espólio de seu pai; nunca o havia culpado por iniciá-lo no sexo homossexual; e agora podia abrir o coração com ele sobre seus casos homossexuais secretos e cheios de culpa. Rupert Hughes sem dúvida deve ter prometido segredo total; sabia que as atividades homossexuais eram crime na época, mas não guardou os segredos: como sabemos, contou todos ao seu amigo íntimo James Quirk, da *Photoplay*, cujo sobrinho Lawrence só agora os revelou.

Em 14 de fevereiro de 1946, dia dos namorados, Hughes pilotou pessoalmente levando uma multidão de astros escolhidos por Johnny Meyer — além de Lana Turner, por quem havia retomado o antigo interesse — a bordo de seu novíssimo "Connie", ou Constellation, da TWA, para um vôo inaugural a Nova York. Os chefões de Hollywood, odiando Hughes como sempre, enojados pelo fato de ele estar trabalhando num relançamento de *O proscrito*, recusaram-se a ir. Louis B. Mayer e Harry Cohn, em particular, continuavam sentindo repulsa pelo seu anti-semitismo. Ele convidou Bugsy Siegel — que continuou a interessá-lo em possíveis investimentos em Las Vegas —, seu amante intermitente Cary Grant, Alfred Hitchcock, Paulette Goddard, que o atraía tremendamente, e Edward G. Robinson. Cary Grant foi o único passageiro que teve permissão de se sentar com ele, junto dos controles.

Os convidados chegaram ao hotel Sherry-Netherland, onde ficaram à custa de Hughes. O FBI foi alertado da viagem e seguiu Hughes o tempo todo, com um agente no avião e o chefe local da agência, Richard Hood, no comando.

Hughes foi grampeado pelo FBI, inclusive em suas visitas à suíte de Lana Turner e nas noites em que foi com ela ao El Morocco. Enquanto tentava consumar o relacionamento com sexo, segundo mostram os registros do FBI, ele ficou traiçoeiramente ligando para Linda Darnell em Hollywood durante horas, insistindo em que se casasse com ele, declarando seu amor. Ela devia saber que Hughes não tinha intenção de se casar, assim como ela também não tinha. Ele era um ladrão de esposas, afinal de contas: um casanova com tanta substância quanto um valete num baralho.

Hughes voltou a Los Angeles com o conde sueco Bernadotte — que era ligado aos seus interesses marítimos na Suécia depois da colocação de Axel Wenner-Gren na lista negra como simpatizante do nazismo — e com o ex-governador Paul Laxalt, de Nevada. Em 30 de março foi a uma suspeita festa de solteiros com Cary Grant na popular boate Clover, um elegante antro de jogatina na Sunset Strip. Bugsy Siegel estava entre os convidados.

No início de abril Hughes marcou outro encontro com Lana Turner no Sherry-Netherland. Johnny Meyer fez a reserva para ela. Lana chegou em 17 de abril e Hughes saiu doze dias depois.

Hughes foi de avião para Louisville, assistir ao Derby do Kentucky. Em Nova York abriu um processo de cinco milhões de dólares contra a Associação de Produtores e Distribuidores Cinematográficos da América por interferência comercial ao se opor a *O proscrito*. No mesmo dia se retirou de novo da associação. Em São Francisco um julgamento contra Hughes, acusando-o de indecência no filme, desmoronou quando o juiz informou que não havia nada de nojento em seios.

Hughes estava começando a se sentir mais otimista quando cometeu um erro que poderia ter lhe custado a vida.

CAPÍTULO NOVE

Queda!

Hughes desapareceu de Culver City e de sua casa em Beverly Hills por mais de oito meses. Partiu numa jornada estranha, aparentemente sem sentido, abandonando o importantíssimo trabalho no avião de reconhecimento XF-11 e no hidroplano *Hércules*; estava exausto, desgastado pelas lutas com as autoridades e com os esforços para subordinar Washington à sua vontade. Era como se, tendo feito um esforço supremo para obter favores para seus amados aviões, deixasse por um tempo de se importar com eles.

Com um pequeno grupo de mecânicos de confiança, um navegador e co-pilotos levou seu favorito, e agora velho, *Sikorsky S-43* anfíbio numa viagem nostálgica a Shreveport, Louisiana, onde tinha passado boa parte da infância com os pais mortos há muito. Uma noite, sob chuva torrencial, afastou-se deixando a equipe no hotel local, e aparentemente foi procurar os vários lugares dos quais mal poderia se lembrar, inclusive o hotel Caddo. Em vez de pegar um táxi ou alugar um carro, ou mesmo um guarda-chuva, saiu sob o aguaceiro com seu chapéu velho, que milagrosamente havia sobrevivido aos anos, uma camisa branca imunda, calças velhas puxadas acima dos tornozelos e tênis gastos, parecendo um mendigo sem esperança.

Encharcado, parou alguns minutos ao abrigo de um posto de gasolina, comendo bolinhos encharcados tirados de um saco e tomando leite numa garrafa.

Um policial parou de carro e pediu seus documentos. Ele não tinha documentos para mostrar; e mais, não estava com dinheiro, nem mesmo um centavo. Jogado dentro do carro, protestou dizendo que era Howard Hughes. O policial o ignorou. Quando chegou à delegacia, ficou parado, com uma poça se formando aos pés, parecendo o espantalho de *O mágico de Oz*. O chefe dos detetives Jim Davis perguntou:

— Quem, diabos, é você?

— Howard Hughes — respondeu o desgraçado.

— Se você é Howard Hughes eu sou Shirley Temple — disse Davis, rindo.

Protestando em voz alta, Hughes foi posto numa cela junto com vários vagabundos. Ficou especialmente furioso ao ver que dois de seus colegas de cela eram negros, que ele detestava. Sacudiu as barras e gritou dizendo que era quem era. Os outros riram.

Mais tarde, naquela noite, sussurrou para o carcereiro dizendo que pagaria cinco mil dólares se ele o deixasse falar de novo com Davis. Alguma coisa no modo como disse isso foi convincente. Davis foi irritado à cela. Hughes começou a dar detalhes de sua carreira de um modo que nenhum mendigo poderia ter feito. Na manhã seguinte Davis ligou para a subsidiária local da Hughes Tool Company. A princípio o gerente achou que era um trote. Mas Hughes falou com ele pelo telefone e o sujeito se convenceu.

Hughes se juntou aos companheiros e voaram para Orlando. Lá saiu correndo do avião e pegou um ônibus do aeroporto. Não se ouviram notícias dele durante três meses. Apareceu em Miami depois de viajar de trem como clandestino. Apareceu no hotel dos amigos num velho Chevrolet com várias caixas brancas empilhadas no banco de trás. Uma delas, parecendo por fora uma caixa de flores, era misteriosa. Hughes não deixou que fosse tocada. Seus homens passaram semanas conjecturando o que poderia conter, até que a abriram cautelosamente. Escondidas sob pilhas de revistas em quadrinhos e jornais estavam... uma broca de dentista e dois sacos de lavagem intestinal.

Hughes desapareceu de novo e surgiu no hotel Plaza de Nova York vestindo smoking e tênis; passou a noite na boate Stork com aquela roupa. Quando sua equipe fez as malas para ele encontrou coisas incríveis no armário, que ele não havia se incomodado em esconder: roupas de homem e de mulher e mais meia dúzia de sacos de lavagem intestinal.

Quando Hughes voltou, seus engenheiros estavam trabalhando há cinco anos no remodelado XF-11. Mais ainda do que o hidroplano *Hércules*, cuja forma vasta, fantasmagórica e parecida com um pássaro estava sendo chocada no ninho secreto em Culver City e logo seria enviado para Long Beach, o XF-11 era o sonho de Hughes. Ted Carpentier, amigo de Hughes e engenheiro aeronáutico, me contou:

— Para todos nós na Hughes Aircraft ele era uma obra-prima esguia, uma beldade prateada.

Hughes estava tão empolgado com sua criação — que tinha entre os equipamentos as câmeras aéreas inventadas especialmente por seu amigo Sherman Fairchild e para uso das quais ele, claro, havia comprado o chefão do Corpo de Aviadores — que insistiu em testá-lo pessoalmente.

Foi uma decisão razoável, ainda que na época ele estivesse mal dos nervos e, de novo, à beira de um colapso nervoso. Carpentier achava que isso se devia ao conflito básico de Hughes com relação à sexualidade, e à ansiedade cada vez maior com medo de que os subornos e a corrupção fossem revelados e ele se arruinasse. Mas desde o momento em que planejou o primeiro teste de vôo agiu com uma imprudência, uma loucura quase suicida que não pode ser descrita.

Em seu desafio arrogante às autoridades que havia manipulado e corrompido de modo tão hábil, ignorou todas as instruções que lhe foram dadas e cada aviso de falhas mecânicas dado por Odekirk, Carpentier e todos os outros membros da equipe.

Quando um avião controvertido estava sendo experimentado era obrigatório que ele voasse sobre uma área não povoada como a base de testes de vôo do exército no deserto de Mojave, onde, se a aeronave caísse, somente alguns coelhos ou cobras seriam mortos. Algumas vezes o deserto de Nevada era usado pelo mesmo motivo.

Mas Hughes estava decidido a testar o avião sobre a altamente povoada Culver City e os estúdios da MGM, onde Katharine Hepburn e outros amigos poderiam vê-lo, e onde, sempre anti-semita, como disse a Carpentier, "aquele judeuzinho Louis B. Meyer talvez tenha de fechar o estúdio durante o dia, por causa do barulho".

De modo suicida, decidiu voar durante uma hora e meia, quando o máximo de combustível permitido, 2.300 litros, só permitiria quarenta e cinco minutos no ar. Por mais insano que fosse, sentiu que podia vencer a lei da gravidade. Colocou 4.600 litros que, como no passado, proporcionavam a ameaça mortal de peso demais por metro quadrado. Tinha esquecido as lições aprendidas quando colocou carga demasiada em seus aviões anteriores; tinha esquecido que quase sofrera um acidente diante do mundo ao decolar do campo Floyd Bennett, em Nova York, porque havia atulhado o L-14 com carga.

E não estava arriscando somente a sua vida, mas a de outras pessoas também. Além disso se recusou a usar o canal de rádio autorizado pelo Corpo de Aviadores do Exército para uma emergência, alertando as equipes de resgate em terra, e deixou de lado a exigência de verificar as hélices Hamilton, ainda experimentais; ignorou o fato de que, nos testes iniciais, elas não estavam mostrando captação suficiente de pressão de óleo.

Deixou de verificar os importantíssimos lacres atrás das hélices, que impediam o óleo de vazar. E aqui há um mistério perturbador: foi descoberto que um daqueles lacres estava frouxo. Por quê? Seria sabotagem? Se o lacre estivesse fixo não haveria vazamento de óleo. Será que alguém o havia afrouxado deliberadamente?

Sem dúvida, muitas pessoas queriam acabar com ele; muitas pessoas em altos cargos seriam expostas se Hughes testemunhasse contra elas num tribunal.

Considerando tudo, ele foi descuidado em praticamente todos os aspectos, e de modo incompreensível; afinal de contas o XF-11 era o seu bebê.

Na manhã do teste de vôo, domingo, 7 de julho de 1946, Hughes comeu um desjejum pouco característico com torta de banana e creme *à la mode*. Ficou mexendo no avião durante horas, depois mandou que o combustível excessivo fosse colocado. Arranjou para Johnny Meyer acompanhar Glenn Odekirk, que estava pilotando seu bombardeiro B-23, para observá-lo; com Johnny no avião estavam William, irmão de James Cagney, com quem ele estava trabalhando num acordo imobiliário em Culver City, o herói de guerra e ator Audie Murphy e, mais importante, a namorada de Murphy, Jean Peters, uma jovem atriz de Ohio que ele acabara de conhecer numa das festas de Bill Cagney e com quem queria que Johnny Meyer arranjasse um encontro.

Decolou sob tempo claro e ensolarado às 17:20. Quase imediatamente circulou sobre Culver City e a MGM. Depois, sobre o oceano, notou uma luz vermelha indicando alguma coisa errada com o trem de pouso. Retraiu o trem de pouso repetidamente. Mas então sentiu um poderoso arrasto na asa direita, segundo ele disse mais tarde, como se "uma mão gigantesca estivesse me puxando para baixo".

Mesmo não sabendo na hora, a lâmina da hélice direita estava revertendo terrivelmente; o lacre do tanque havia se soltado. Hughes soltou o cinto de segurança; tentou ver se as asas, a cauda ou a porta do trem de pouso estavam danificadas. Estavam intactas. De novo subiu e baixou o trem de pouso. De novo a luz vermelha se recusou a sumir.

O inadequado painel de instrumentos do XF-11, cujo projeto ele lamentavelmente negligenciara em sua ausência disfarçado de mendigo, não dizia exatamente o que ele precisava saber. Mas o mostrador de óleo certamente deve ter indicado que havia vazamento nos lacres das hélices. Hughes agiu com incompetência incrível para um piloto tão experiente. Perdeu a cabeça, e em vez de pousar imediatamente no aeroporto de Culver City, começou a entrar cada vez mais em terra, chegando até Beverly Hills, procurando um campo de golfe onde pousar. Mas não era 1936 e ele não estava voando no H-1 ou no H-2. Fez uma curva; a asa direita puxou para baixo de novo. Fora de controle, sofrendo, com vergonha e até mesmo um pouco com medo, começou a mergulhar.

Viu as ruas de Beverly Hills subindo em sua direção. Era tarde demais para desligar os motores, procedimento aconselhável numa emergência assim; era tarde demais para saltar de pára-quedas. Só podia se agarrar ao manche e tentar não cair de nariz. Bateu num telhado na North Linden Drive, cortando-o como se fosse a parte de cima de um bolo.

Rasgou a rua a trezentos quilômetros por hora, com a asa esquerda cortando o quarto principal de uma segunda casa, de propriedade da atriz Rosemary De Camp, cobrindo-o de entulho e vidro despedaçado. A asa direita se partiu e o pedaço matou o cachorro de um vizinho. Com uma série de sons violentos acabou parando com o XF-11 num agrupamento de eucaliptos perto da Whittier Drive.

Enquanto os tanques de gasolina ameaçavam explodir, ele se levantou como um espantalho incendiado, o cabelo e as roupas pegando fogo, segurando o chapéu. Abriu à força a cobertura de plexiglas da carlinga, cortando as duas mãos até o osso. Cambaleou sobre o cotoco da asa direita e caiu nos braços de um fuzileiro naval, o sargento Bill Durkin. Segundos depois, enquanto Durkin o arrastava para longe, o avião explodiu.

— Havia mais alguém lá? — perguntou Durkin.

— Não — respondeu Hughes com os lábios enegrecidos. — Eu estava sozinho.

Sentou-se na grama, segurando a cabeça e gemendo. A dor era intensa demais para suportar; parecia que seu corpo tinha se transformado em carvão. As pessoas ficaram paradas em volta, olhando. Ninguém sequer trouxe um copo d'água. Um bombeiro apareceu e não fez nada; nem mesmo apontou uma mangueira para o sujeito abalado.

Durkin empurrou os espectadores para longe, entrou na casa do ator Dennis O'Keefe e ligou para os paramédicos. Eles conseguiram colocar Hughes numa maca, mas a cada vez que o tocavam ele não conseguia conter os gritos. A ida até o Hospital de Emergência de Beverly Hills foi um sofrimento horrível. Cada sinal de trânsito ou calombo na rua o fazia gritar e gadanhar o vidro. Envelheceu vinte anos naquela viagem.

Quando foi carregado para o hospital gritando seu nome, um funcionário vestido de branco apareceu e disse que ele não podia ficar lá. Todos os médicos estavam de licença no domingo. O homem mais rico dos Estados Unidos teve de ser levado para o Cedars of Lebanon, no lado leste da cidade, uma viagem que consumiu tempo, mesmo num domingo.

Ao dar entrada no Cedars alguém pediu que preenchesse um formulário isentando o hospital de culpa caso ele morresse. Glenn Odekirk tinha conseguido encontrá-lo e quase matou o funcionário que apresentou o formulário. Durante horas nem o Dr. Lawrence Chaffin ou o Dr. Verne Mason, seus médicos particulares, puderam ser localizados. Por fim Chaffin apareceu.

Encontrou Hughes à beira da inconsciência e num sério estado de choque. De modo quase incoerente, Hughes murmurava esperar que ninguém o culpasse pelo acidente; que alguma coisa infernal tinha acontecido ao avião. Chaffin agiu de imediato. Ordenou uma transfusão de sangue. Mas primeiro o sangue de Hughes precisava ser testado. Só pôde ser encontrada uma amostra de seu tipo sangüíneo para a transfusão.

Chaffin disse às enfermeiras para fazer curativos no braço esquerdo, no lado direito do peito e na perna esquerda. Nove costelas esquerdas estavam fraturadas, e três direitas, a área em que as costelas se ligavam ao esterno estava lascada do tamanho de palitos de fósforos, bem como a clavícula esquerda e a sexta e a sétima vértebras cervicais. O lado direito do peito estava cheio de sangue. Havia um sangramento tão forte no esôfago que ele não conseguiu engolir durante dias. O coração passou para o lado direito, e a parede direita do coração estava ferida. Ele estava machucado e lacerado da cabeça aos pés, e parecia que o sangramento não ia parar nunca.

Recebeu alimentação intravenosa e morfina, e lhe disseram que talvez sobrevivesse. As mãos queimadas nem podiam ser guiadas para o espaço destinado à assinatura num testamento. De fato, ele não estava em condições de fazer testamento.

Assim que a notícia chegou ao rádio, um número extraordinário de amantes ou amigos do passado e do presente cercou o hospital, que se tornou um lugar com o qual muito poucas festas elegantes poderiam se comparar. O elenco estelar de visitantes incluía Cary Grant, Tyrone Power, Linda Darnell, Gene Tierney e Richard Cromwell; desses, Hughes só admitiu ao quarto Cary Grant. Noah Dietrich estava fora da cidade. Glenn Odekirk passou para um quarto adjacente e ficou numa atenção dedicada durante dias. Johnny Meyer não teve permissão de entrar. Quando sua tia Annette e o marido, o Dr. Frederick Lummis, vieram de Houston, Hughes os magoou dizendo que não queria vê-los. Não pretendia magoá-los, só não queria que o vissem naquele estado, e pode ter sentido, injustamente, que os dois estavam ali para ficar com o dinheiro, caso ele morresse. Ficou feliz em saber que Jean Peters, Audie Murphy e Bill Cagney eram visitantes freqüentes.

Mandou uma equipe de engenheiros trabalhar dia e noite desenhando uma cama mais confortável, com partes móveis e uma abertura e tubulação para conduzir a urina e as fezes. Tomava litros de suco de laranja, que segundo ele o sustentava, mas que na verdade causava hiperacidez.

Sua constipação crônica e as hemorróidas faziam aumentar o sofrimento. Lembrando-se do que tinha acontecido com a mãe, morria de medo da cirurgia necessária. Lutou dia e noite pela vida, esforçava-se, desanimava e se esforçava de novo. Era sustentado por planos de um processo contra a fábrica de hélices Hamilton Propellers e vendo fotos da muito jovem Marilyn Monroe numa revista; tentou contratá-la mas perdeu-a para Darryl F. Zanuck, um tremendo golpe.

Mesmo com tanta dor, lutando contra sérios desconfortos para andar de novo, Hughes agia de modo controlado. Decidiu que separaria Jean Peters de seu amante, Audie Murphy, o mais condecorado veterano de guerra, que milhões cultuavam tanto quanto cultuavam o próprio Hughes. Insensivelmente, cruelmente, insistiu que Jean Peters largasse Murphy, e aquela garota prática, decente, enfraqueceu diante da promessa de riqueza e poder ilimitados. Quando ela disse a Murphy que ele não tinha mais chance — e isso deve ter exigido toda a sua coragem — o ator ficou histérico, quase insano de fúria. Toda a raiva contida que o havia levado a matar como soldado o impeliu a assassinar Hughes, nem que fosse a última coisa que fizesse.

Pegou uma arma e procurou Hughes no Town House; mais tarde contou que teve sucesso em subornar todos os mórmons que protegiam Hughes, menos um, de modo que quando Hughes saísse do hotel ele iria derrubá-lo no estacionamento. Mas esse último capanga se recusou a cooperar.

Depois de seis semanas no Cedars, Hughes foi para casa em Beverly Hills. Jean Peters ia jantar lá quase toda noite.

Em outubro Jean foi para o México filmar *O capitão de castela*, com o ex-amante dele, Tyrone Power. Hughes foi duas vezes à Cidade do México para vê-la — e ver Power. No hotel Reforma, na Cidade do México, contou alguma coisa que a atraiu fortemente: depois de morrer, sua fortuna iria para o Instituto Médico que ele havia imaginado quando fez seu primeiro testamento, aos 18 anos. Estava preocupado em protegê-la. Ela, com característico humor e bom senso, disse:

— Não se preocupe comigo. Eu posso trabalhar.

Depois da segunda viagem ao México, em fevereiro de 1947, Hughes levou Gary Grant a Washington, D.C., para comparecer à audiência da Comissão Especial do Senado comandada pelo senador Owen Brewster, do Maine, criada antes das audiências do Senado sobre suas condutas ilegais nos contratos do tempo de guerra. No almoço com Hughes no hotel

Mayflower, Brewster, amigo íntimo de Juan Trippe, da Pan American, ofereceu-se para retirar a acusação se Hughes permitisse à TWA se fundir com a Pan Am. Hughes recusou. Sabia que Trippe havia comprado Brewster.

A comissão do Senado, que incluía o nefando Joseph McCarthy, do Wisconsin, reuniu-se para tomar seu depoimento secreto em 11 de fevereiro. Hughes fez um relato claro e preciso de si próprio.

Mostrou uma inteligência incisiva, além de um distanciamento insolente e frio; o que era uma comissão do Senado quando se tinha 300 milhões de dólares? Voltou para Los Angeles com Cary Grant no S-43 mas, no último minuto, os antigos amantes resolveram fazer um desvio até o México para ver Jean Peters. Atravessaram uma tempestade acima de Nogales; deliberadamente não informaram o paradeiro por rádio, e adoraram ouvir que tinham sido dados como desaparecidos. Quando entraram no saguão do hotel Reforma, na Cidade do México, as manchetes os receberam na banca de jornais: CARY GRANT E HOWARD HUGHES MORTOS EM ACIDENTE AÉREO. Os dois telefonaram para os amigos, dizendo alegres e em uníssono, citando Mark Twain:

— "As notícias de nossa morte foram tremendamente exageradas."

Março em Hollywood foi um mês doloroso. Ameaças de ser processado por desacato obrigaram Hughes a abrir seus complexos livros-caixa; ele era tão confiante que não havia se incomodado em fazer, como muitos indivíduos dúbios, outros livros com contabilidade falsa. O investigador Francis D. Flanagan, da comissão Brewster, encontrou uma mina de ouro nos livros: provas de compra de influência numa escala de arrepiar os cabelos. Os pagamentos para as festas, para as cenas nas piscinas, os jantares luxuosos e as garotas bonitas estavam claramente especificados. Meyer tinha gastado mais de 170 mil dólares, ou dez vezes mais do que isso, em dinheiro de hoje, nessas formas de suborno e corrupção. Chegou a pagar com verba da Hughes Tool Company uma das limusines que levou a família do presidente Roosevelt para o funeral de chefe de Estado.

As audiências começaram em 29 de julho de 1947, no prédio do Senado, sala 318. O senador republicano de Michigan, Homer Ferguson, era o tenso e irritadiço presidente do conselho. Joe McCarthy ainda fazia parte da comissão; o resto era uma mistura de liberais e conservadores. Hughes, usando Russell Birdwell como redator, tinha publicado artigos assinados com seu nome nos jornais de Hearst, de costa a costa, lembrando ao público suas realizações, acusando a comissão de caça às bruxas, exigindo que Brewster admitisse que o julgamento se baseava em maquinaçoes da Pan Am. Hughes ainda era um herói nacional, e os ataques contra seus inimigos na imprensa e no rádio faziam crer que ele estava sendo martirizado por uma administração corrupta. Na audiência, Elliott Roosevelt e Johnny Meyer formaram uma equipe estranha num desempenho duplo no banco de testemunhas; fizeram a platéia explodir em gargalhadas como se fossem Abbot e Costello. Uma multidão de 1.500 pessoas aplaudiu Hughes enquanto ele lutava para passar pela polícia, pelos repórteres e fotógrafos até a abafada sala de mármore.

Hughes foi a última testemunha. Surpreendentemente (e elegantemente) vestido para a ocasião com o primeiro terno em anos que caía bem nele, camisa branca e gravata escura, Hughes falou em voz contida, mas seus olhos estavam muito brilhantes ao fazer o juramento. Ficou no banco de testemunhas durante dois dias, virando brilhantemente a mesa dos senadores. Não somente possuía a confiança de sua riqueza, mas sabia que tinha o público ao seu lado: sua engenharia inepta, sua administração precária da fábrica Hughes, seu esbanjamento desastroso dos milhões dos contribuintes, seus fiascos aéreos, seu trabalho interminável no *Hércules*, nada disso era importante para o público, que jamais esqueceria o vôo ao redor do mundo. Ele não era mais culpado pela opinião pública do que Charles Lindbergh fora culpado por simpatias pelos nazistas em 1939 e 1940. Se muitos suspeitavam que ele podia ter ficado com 50 milhões de dólares do governo, por que não? Aqueles senadores eram idiotas e cafonas mesmo, chatos como velhas solteironas num mutirão de costura, montando um tribunal de farsa.

Hughes colocou Brewster contra a parede repetidamente na questão da Pan Am; com grosseria disse ao mundo que Brewster fora beneficiário de passagens aéreas gratuitas em aviões da TWA. Golpeou Ferguson, que ficou murmurando desamparado; em vez de apresentar as provas de que Hughes tinha esbanjado 28 milhões de dólares e comprado Washington, Ferguson o atacou pelo ângulo errado: disse que Hughes tinha lucrado com os contratos. Ele não tinha, claro, assim como a nação. Depois de largar a bola, Ferguson nunca mais a pegou de novo. Hughes ficou livre e o público, empolgado. Poucos pareciam se importar que o dinheiro perdido tinha vindo de seus bolsos, como contribuintes.

Em 11 de agosto as audiências, um desastre e mais desperdício de verbas públicas, foram suspensas. Quando foi embora Hughes acenou para a grande multidão que invadiu o prédio do Senado, o hotel Mayflower e o aeroporto numa despedida triunfal.

CAPÍTULO DEZ

Do *Hércules* a Hollywood

Hughes voltou a Los Angeles com ótimo humor. Alardeou vigorosamente, num de seus numerosos encontros com a imprensa, que garantiria que o *Hércules* ia fazer o que deveria: voar. Dedicou boa parte de sua energia nas semanas seguintes a garantir isso.

E no entanto, apesar dos alardes, houve um truque digno de um mágico. Em 1947 o hidroplano, que seria apelidado de Spruce Goose (Ganso Janota), não tinha mais utilidade do que um pássaro de plástico numa banheira. Era o brinquedo definitivo, a indulgência definitiva de um homem rico — de novo à custa dos contribuintes. Claro, era um belo artefato, mas já tão obsoleto quanto uma pirâmide egípcia. Seu objetivo, transportar tropas acima do oceano para que os submarinos alemães não pudessem interceptá-lo, jamais fizera sentido, para começar: era pesadão, não podia ser camuflado, era altamente inflamável e funcionaria como um alvo perfeito para qualquer piloto de caça alemão ou japonês que se respeitasse. Somente sua baixa velocidade teria acabado com ele, se os Zeros — aquelas cópias dos Hughes H-2 — ou os Messerschmitts o interceptassem.

E pode ser que, numa espécie de desespero jubiloso, Hughes percebesse a verdade. Ele não pode ter acreditado que o *Hércules* seria de utilidade contra os russos. Apesar de compartilhar a visão de seu tio Rupert e de milhões de outros conservadores de que a União Soviética estava planejando invadir o hemisfério ocidental — ainda que esse plano jamais tenha sido realmente imaginado — ele dificilmente poderia esperar que uma frota de gigantescas aeronaves *Hércules* tivesse utilidade no Báltico para contra-ataques. Não; agora só era necessário provar que aquela porcaria podia, de algum modo, sair do chão. Ele sabia que, se seu plano de fazê-lo voar funcionasse, efetivamente desativaria as novas audiências da comissão do Senado em novembro.

Em 1º de novembro ele e Johnny Meyer convidaram repórteres e fotógrafos para uma festa de arromba em Long Beach para ver o elefante branco alado. Até mesmo os veteranos mais empedernidos ficaram boquiabertos quando entraram no hangar e viram o pássaro monstruoso mas esteticamente agradável emoldurado contra a escuridão. Correram aos telefones com as estatísticas: um tanque de guerra e 700 militares podiam caber no interior enorme e clássico; da ponta de uma asa à outra era do tamanho de um campo de rúgbi; a cauda tinha a altura de um prédio de oito andares.

Mais tarde naquele dia uma multidão, alertada por um tornado de publicidade prévia, reuniu-se à beira da enseada com cestos de piquenique, tapetes e máquinas fotográficas. Hughes pilotou cautelosamente o Pássaro para as ondas batidas pelo vento, mas diante de gemidos e esporádicas palmas desapontadas, teve de recuar desconfortável por causa da brisa forte. Prometeu à imprensa que no dia seguinte seria melhor. Mas em 2 de novembro o vento havia aumentado.

O que faria? Arriscar-se de novo ao desastre num vôo de estréia? Sabendo no íntimo que o *Hércules* era um gigante de papel, com muito pouca potência apesar de todos os oito motores Pratt and Whitney de três mil cavalos de força, ficou petrificado. Mesmo num vento fraco a aeronave talvez não saísse da água; o mundo iria transformá-lo em objeto de risos. Ou ele poderia ser morto junto com a tripulação.

Mais uma vez teve de juntar toda a coragem e fazer a tentativa. Levou repórteres empolgados em duas corridas experimentais, a 72 quilômetros por hora na primeira, a 145 na segunda. Então, dizendo à tripulação para fazer o esforço total, tendo o repórter radiofônico Jim McNamara como único representante da mídia a bordo, Hughes, com seu chapéu da sorte, segurou o manche e taxiou para as ondas.

Talvez até ele, mesmo sendo ateu, tenha rezado naquele momento. O vasto corpo do avião tremeu. Ele baixou os flaps das asas e tentou decolar. Enquanto uma empolgação o atravessava (e provavelmente o pensamento de "Danem-se os senadores!") o *Hércules* finalmente demonstrou alguma força e voou por cerca de um quilômetro e meio.

Com Hughes comentando para um exército de ouvintes em sua voz aguda e inimitável de surdo texano, o grande pássaro se ergueu. Devido ao rugido dos motores que teria ensurdecido temporariamente qualquer pessoa que já não fosse surda, ele pode não ter ouvido os gritos de alegria vindos da costa, ou os assobios, as sirenes e as buzinas de uma flotilha de barcos na baía. Pousou suavemente. Estava de volta às primeiras páginas do mundo com promessas de que o Grande Pássaro voaria muitos quilômetros a mais na próxima primavera, em 1948.

Não voou. O *Hércules* era impotente. Ficou no hangar durante anos, mantido por mais de um milhão de dólares por ano tirados de seu próprio bolso.

Aonde Hughes iria, agora? Seu espírito inquieto não conseguia se satisfazer aposentando-se aos 42 anos. Não tinha desejo de levar a vida de playboy rico no Mediterrâneo ou em Palm Beach com a alta sociedade internacional. Ficaria deslocado em Londres ou Paris, e não tinha mais juventude para que suas excentricidades fossem consideradas charmosas em Manhattan ou no estreito de Long Island. Mas sempre havia o cinema. E se comprasse um estúdio para realizar suas fantasias frustradas de poder e voyeurismo? Qual estaria à venda?

Enquanto pesquisava, começou a reorganizar seu quartel-general na rua Romaine, 7000, e contratou, a conselho de sua secretária Nadine Henley, um mórmon de 27 anos, Bill Gay, para administrá-lo. Gay tinha planejado ser professor universitário, mas Hughes, que ficou impressionado com os modos discretos e acadêmicos e a beleza magra do rapaz, contratou-o como assistente administrativo de equipamento e lhe disse para contratar apenas mórmons para o quartel-general. Eles não bebiam nem fumavam; andavam em pares como freiras e sabiam guardar segredo. Como ele, muitos também não gostavam de negros e judeus.

Gay não tinha experiência de trabalho administrativo e não precisava. Ainda que capaz, não era mais executivo do que um boneco de ventríloquo. Hughes o instruía em tudo: na limpeza e arrumação meticulosas dos arquivos; na operação da mesa telefônica que funcionava vinte e quatro horas por dia; no manual de instruções para os empregados ("Sempre diga a verdade, permaneça no serviço e coloque em dia seu substituto nos turnos; cheque todos os problemas com Hughes ou com a srta. Nadine Henley"). Equipes de motoristas mórmons, alguns deles bonitos e homossexuais, foram contratadas. Ironicamente o mormonismo era muito estrito contra os gays. Quase todos os mórmons de Hughes eram como empregados da Disneylândia, nos últimos anos: bonitos, magros, atléticos, arianos, de cabelos curtos, imaculadamente arrumados. Um motivo para eles levarem suas várias aspirantes a atriz para fazer compras era que os rapazes não iam para a cama com as garotas; outro motivo era que, em algumas situações, Hughes podia ter acesso sexual a eles.

Durante meses Hughes tentou comprar um estúdio. A MGM permanecia um bastião inabalável sob o comando de Louis B. Meyer e Nicholas Schenck. A Warner Bros., com Jack e Harry Warner, a Columbia, comandada pelo *pit bull* Harry Cohn, e a Universal, lar dos filmes românticos, mantinha-se igualmente inalcançável e entrincheirada. Mas a RKO Pictures estava à venda.

Era um estúdio pequeno mas ousado e vibrante sob o comando do velho amigo (e marido de Jacqueline Cochran) Floyd Odlum, presidente da multimilionária Atlas Corporation. Era o estúdio que tinha feito os filmes de Katharine Hepburn nos anos 30 e os musicais de Ginger Rogers e Fred Astaire, fato que o tornava atraente por si.

Cary Grant estava sob contrato lá; esse fato proporcionaria uma cobertura discreta para o relacionamento contínuo dos dois. E Hughes ficou deliciado ao saber que um amigo íntimo, estritamente heterossexual, John Wayne, também era da RKO. Wayne era seu americano ideal, tanto politicamente (estava à direita de Gengis Khan) quanto como um sólido herói de ação.

Havia apenas um problema: a RKO abrigava certos diretores e escritores que tinham sido — ou ainda eram — simpatizantes do comunismo ou comunistas. Rupert Hughes, trabalhando como agente secreto, listou uma quantidade de empregados da RKO que tinham comparecido a reuniões de células, e deu as listas a Hughes.

Hughes podia cuidar disso: cinco anos depois limparia o ninho e satisfaria a sempre vigilante Comissão de Atividades Antiamericanas e J. Edgar Hoover, que poderia parar de pegar pesado caso ele se mostrasse útil na caça às bruxas política.

Hughes ligou para sua amiga Jacqueline Cochran e falou do interesse na RKO. Ela repassou a notícia ao marido, que, por sua vez, convidou Hughes a se hospedar no rancho deles perto de Indio, não longe de Palm Springs. Ele foi de avião para lá no fim de semana. Odlum, vítima da artrite, vivia com dores constantes e tinha de conversar imerso em banhos de lama ou numa piscina aquecida.

O zelador da casa dos Odlum, Vi Strauss Pistell, lembrou:

— O sr. Hughes costumava vir para o jantar e não comia nada. Sentava-se à mesa, esticava as pernas compridas e falava... Costumava abrir e fechar todas as portas dos armários para se certificar de que não havia ninguém escondido.

Algumas vezes tinha longas conferências com Odlum sob uma palmeira, mas com guarda-costas mórmons ao alcance, para se certificar de que ninguém estava xeretando. Freqüentemente olhava nervoso para o céu, como se Alguém Lá Em Cima estivesse ouvindo.

Insistiu para que Odlum se aposentasse do cargo de presidente e continuasse a administrar a RKO com ele, como membro da diretoria. Odlum deveria saber como era fazer negócio com Hughes. Mas Hughes encantou todo mundo no rancho, e os Odlum eram como massa de modelar em suas mãos. Argumentar com Hughes, para eles, era como argumentar com um furacão.

Dois sobreviventes da RKO daquela época, o diretor Richard Fleischer e o produtor Stanley Rubin, se lembram de que todo mundo no estúdio ficou perturbado com a notícia das negociações. Sabiam que Hughes era famoso pelo excesso de controle; que tinha a tendência a demitir os que ficassem no seu caminho. Quando em meados de maio chegou a notícia de que ele havia selado a compra por 8.500.000 dólares, uma pechincha, Richard Fleischer, ao saber disso no escritório do chefe dos filmes-B Sid Rogell, disse, em referência direta ao *Hércules*:

— Ele nunca vai tirar o estúdio do chão.

Hughes estava decidido a que a compra chegasse às primeiras páginas dos noticiários da indústria cinematográfica de Hollywood. Temendo que sua má reputação e a posição contrária aos judeus o prejudicasse, tentou comprar a publicação *The Hollywood Reporter* do seu dono, que não o venderia sem o controle editorial. Tentou obrigar a *Variety* a fazer uma importante cobertura do acordo.

William Feeder era um importante escritor da *Variety* na época. Hughes surpreendeu Feeder ao ligar para ele pessoalmente; pediu que Feeder fosse até um telefone público perto do prédio da *Variety* e telefonasse para ele de lá, para que não fossem ouvidos. Feeder fez isso; então Hughes ligou de volta. Não confiava em Feeder; tinha medo de que este estivesse ligando de um escritório. Chamou-o ao edifício Goldwyn; ele havia tirado os tênis e as meias. Feeder viu as queimaduras em seus pés.

Hughes lhe deu uma entrevista exclusiva e, inclinando-se para a frente, disse incisivo:

— Ouvi dizer que Dore Schary é comunista. Ele é?

— Acho que não — respondeu Feeder.

Hughes mentiu, dizendo que não faria mudanças no estúdio; que tudo seguiria conforme os planos. Satisfeito com a matéria de Feeder sobre a compra, Hughes o contratou como divulgador.

Desde o dia em que assumiu o controle, mais uma vez Hughes mostrou um obsessivo interesse de *voyeur* pelos artistas. Ficou especialmente fascinado por *Fuga do passado*, com Robert Mitchum e seus 88 quilos, ombros largos e ar sonolento, e Jane Greer como o protótipo de sua personagem predileta: uma assassina que escraviza um companheiro bonito.

Jane Greer estivera sob contrato pessoal com ele no início dos anos 40. Hughes fez com que ela estudasse "enunciação e postura" com um professor de teatro. Segundo Greer ele tinha no mesmo grupo cerca de vinte outras jovens, nenhuma das quais ficou famosa. Ela o irritou namorando o cantor Rudy Vallee contra suas ordens; os dois se casaram em 3 de dezembro de 1943. Por causa disso Hughes a demitiu, irritado, em 1944; agora ela estava de novo sob contrato com ele, como estrela da RKO.

Hughes perguntou a Greer, com seu jeito frio, como ela estava. Esperava a resposta usual dos indivíduos comuns com problemas, "Bem." Em vez disso ela o chocou e o deixou furioso dizendo que estava "muito feliz"

— que agora era casada e tinha um filho. Hughes revelou o tormento em que vivia ao dizer a Greer que ela "não podia" estar feliz. Ela insistiu em que estava. Hughes ficou chateado e inquieto; a felicidade era uma coisa desconhecida para ele. Disse, numa ameaça que não realizou, que ela não trabalharia na RKO enquanto ele comandasse o estúdio.

— Isso deve lhe ensinar — acrescentou.

Mais tarde Jane Greer contou:

— Eu perguntei a ele: "Isso vai significar o fim da minha carreira?" Ele respondeu: "É, acho que vai." Eu disse: "Bem, vou continuar tendo filhos."

Ele a amarrou a um contrato que eventualmente a obrigou a abandonar os filmes, e lhe pagava 2.500 dólares por semana para mantê-la de fora. Ela continuou feliz; ele continuou furioso e sofrido.

Hughes teve várias reuniões com o dinâmico presidente da RKO, N. Peter Rathvon, que veio de Nova York, e o vice-presidente executivo Ned Depinet. Estava decidido a reverter a queda dos lucros do estúdio, de pouco mais de 12 milhões de dólares para pouco mais de 5 milhões, principalmente devido ao aumento dos custos de produção e distribuição através da cadeia de cinemas da RKO. Muitos temiam que ele cortasse os orçamentos e demitisse empregados. Estavam certos.

Hughes também teve algumas reuniões com Dore Schary, o alto e afável judeu chefe de produção da RKO. O executivo era um decidido liberal de centro com algumas aspirações intelectuais, que tinha estabelecido uma política de fazer filmes bem escritos e realistas, com orçamentos apertados e estrelas menos famosas; os escritores, sob sua orientação, tinham liberdade considerável, e a qualidade do trabalho era alta.

Hughes sabia, pela rede de boatos, que Schary tinha falado mal dele desde o momento em que haviam começado as reuniões com Odlum, dizendo que pediria demissão caso Hughes assumisse. Anti-semita na melhor das hipóteses, Hughes detestava aquele filho de imigrantes cujos óculos de chifre e a figura grande e desajeitada eram o oposto do que ele achava atraente num homem. Quando conheceu Schary no jardim da casa de N. Peter Rathvon, disse diretamente:

— Ouvi dizer que você quer sair.

Schary ficou pasmo, como se tivesse levado um tiro. Juntou coragem para responder:

— Bem, pelo preço que eu cobro, você não precisa de mim para dar suas ordens!

Hughes obrigou Schary a repetir as palavras. Schary repetiu; todos os presentes se encolheram.

— Tudo ficará como estava — mentiu Hughes. E partiu tão abruptamente quanto havia chegado. Rathvon disse a Schary que, se Hughes não mantivesse a promessa, "Eu estarei lá antes de você pegar seu chapéu." E estava.

Hughes convocou Schary para outra reunião na casa de Cary Grant. Deixou claro que quem administrasse seu estúdio cumpriria ordens sem questionar. Perguntou a Schary por que ele não aceitaria ordens.

— Se eu estivesse na indústria aeronáutica ficaria feliz em aceitar — respondeu Schary. — Saberia que você sabe mais do que eu. Mas como sei mais sobre fazer filmes do que você, vejo a coisa de modo diferente.

Hughes perguntou quanto Schary queria como indenização para ir embora. Schary disse que gostaria dos direitos de um filme, *O preço da glória*, que ele queria fazer e cujo projeto Hughes detestava. Certo de que o filme seria um fracasso, Hughes concordou. Schary o levou à MGM, onde foi um sucesso.

Schary saiu em julho de 1947. Ned Depinet, que Hughes relutantemente manteve encarregado da distribuição, ficou pasmo porque este não o consultou sobre a demissão. Hughes esperou até que Depinet estivesse em Dallas para um enterro, antes de anunciar a demissão. Mesmo assim Depinet só soube pela imprensa.

Hughes se encontrou com Depinet e outros executivos em 12 e 13 de julho; em vez de expressar visões brilhantes de filmes de qualidade, cansou todo mundo falando sobre cortes de custos. Anunciou que não haveria mais filmes de grande orçamento; Sid Rogell foi promovido a vice-presidente e recebeu ordens de continuar com sua política de filmes-B baratos; Bicknell Lockhart, um dos engenheiros de Hughes, foi encarregado de muitos aspectos da produção; o consultor financeiro C. J. Devlin foi contratado do General Service Studios como o terceiro de seu triunvirato administrativo. Os três sabiam que não teriam poderes de decisão. Em termos de poder executivo, eram os eunucos do sultão. Quando um executivo, Creighton Perlin, argumentou com Hughes sobre planos orçamentários, este o demitiu. Depois demitiu mais quatro pessoas de cargos importantes e cortou trinta e seis projetos de filmes.

Começou a assistir a copiões, no Goldwyn, de filmes terminados recentemente. Um deles o incomodou: *O menino dos cabelos verdes*, que Dore Schary tinha feito como projeto de estimação, com Stephen Ames como produtor e Joseph Losey como diretor. O co-roteirista do filme, Al Levitt, lembra-se de que Hughes ficou pasmo com o filme, uma história antibélica sobre um órfão cujo cabelo fica verde por causa de uma reação química a alguma coisa que aconteceu no conflito; ele é zombado, provocado, maltratado como uma excentricidade. O filme era um apaixonado pedido de tolerância.

Para Hughes era um filme comunista. Ele descobriu que o diretor, Losey, era decididamente de esquerda e podia ter sido comunista. Pode ter lido no filme um ataque implícito aos maus-tratos contra as minorias, negros e judeus que não podiam entrar no tipo de clubes dos quais Hughes era sócio. Ironicamente, jamais percebeu que os gays — inclusive ele — sofriam muitas das mesmas perseguições das quais ele e seus amigos eram culpados.

Pensou em cancelar o filme, mas Stephen Ames, um conservador rico independente, o persuadiu a mudar de idéia. *O menino dos cabelos verdes* voltou à sala de montagem e emergiu como uma fábula inócua, com todos os elementos fortes castrados por Hughes. Este obrigou o astro infantil de 12 anos, Dean Stockwell, a dizer falas anticomunistas que ele próprio redigiu.

Reduziu a tal ponto a programação de produção que, no momento em que terminaram três filmes que tinham sobrado do regime de Schary, *Every Girl Should be Married*, com Cary Grant e Betsy Drake, *Adventure in Baltimore*, com Robert Young, e *Tormento de uma glória*, com Lucille Ball, ele só fazia um filme de cada vez. Os dois primeiros, *O estrangulador miterioso* e *The Clay Pigeon*, eram policiais baratos, sem importância, filmes B dirigidos por Richard Fleischer.

Em agosto Hughes estava envolvido numa briga com Howard Hawks. Processou Hawks e o produtor Edward Small por plágio, declarando que tinham roubado uma seqüência de *O proscrito* para o final de seu grande faroeste com John Wayne, *Rio Vermelho*. Conseguiu sustar o lançamento do filme; obteve uma declaração escrita do roteirista Borden Chase, declarando que Hawks tinha ordenado que Chase incluísse a seqüência ofensiva, e que ele havia recusado; segundo Chase, o próprio Hawks a havia escrito. No dia 19 Hawks mostrou uma versão cortada a Hughes, que ficou furioso. A seqüência mal fora tocada. Hawks partiu para a Europa para fazer um filme, e Hughes exigiu, e conseguiu, uma cópia com Edward Small, e ele próprio cortou o episódio. Com o ego inflado satisfeito, ficou diante de outro obstáculo.

Nas primeiras horas de 1º de setembro de 1948 foi acordado por um telefonema. Robert Mitchum tinha sido preso, acusado de posse de maconha, e estava na cadeia do condado. Hughes estava com o filme de Mitchum, *O homem que eu amo*, pronto para ser lançado.

Segundo Norman Foster, que dirigiu o filme, Hughes adorou a notícia e mandou a Mitchum a confirmação de que não somente o filme seria lançado, mas que ele iria apoiá-lo totalmente. Hughes era suficientemente esperto para saber que o público apoiaria Mitchum.

Lançou *O homem que eu amo*. Claro que foi sucesso imediato. Havia filas virando quarteirões em cada cidade dos Estados Unidos. O departamento de publicidade, sob o comando de Perry Lieber e Bill Feeder, insistiu em que Sid Rogell bolasse um novo filme para Mitchum, cujo julgamento foi adiado até janeiro. O roteiro de um policial foi escrito. Como Mitchum estava sendo acusado de crime, Hughes disse a Rogell:

— Por que não chamá-lo de *O cais da maldição*?

Rogell adorou. As filmagens começaram em janeiro.

Hughes contratou o segurança Kemp Niver para ficar de olho em Mitchum. O astro foi condenado e sentenciado a um ano na cadeia. *O cais da maldição* foi suspenso. Hughes tentou adiar a prisão até que o filme pudesse ser terminado, usando o motivo espúrio de que 1.500 pessoas ficariam desempregadas se o juiz se recusasse a concordar. O juiz não concordou. Então Hughes se certificou de que fossem tiradas fotos de Mitchum limpando o chão da cadeia e mexeu os pauzinhos para que ele fosse posto numa prisão agrícola de segurança mínima em Castaic.

Hughes foi de carro a Castaic e disse a Mitchum que o admirava e continuaria a ajudá-lo; perguntou de quê Mitchum precisava.

— Cinqüenta mil — respondeu Mitchum — para uma casa para minha família.

Hughes emprestou essa quantia com cinco por cento de juros, valor a ser deduzido do salário do ator, de 3.500 dólares por semana. Mitchum foi solto por bom comportamento em 30 de março; Hughes estivera filmando *O cais da maldição* no México com um dublê. Agora Mitchum estava três quilos e meio mais magro e tinha perdido a barriga de cerveja, e Jane Greer estava grávida. Foi necessária toda a habilidade do diretor Don Siegel para encobrir o problema.

— Eles trocaram de barriga — disse Siegel a este autor em 1971. — Foi uma loucura!

Hughes demitiu mais duzentos empregados e obrigou N. Peter Rathvon e Floyd Odlum a sair da diretoria.

O primeiro filme, além dos dois da unidade-B de Fleischer que Hughes autorizou, tinha sido programado por Schary: *Punhos de campeão*, um filme de boxe baseado no poema de Joseph Moncure March, que tinha reescrito *Anjos do inferno*. Hughes concordou em aceitar Robert Ryan como o protagonista boxeador. No papel da mulher de Ryan o diretor Robert Wise queria Joan Blondell, que estava ficando velha e fora muito eficaz em *O beco das almas perdidas* como uma rainha de um parque de diversões. Hughes assistiu ao filme e gritou com Sid Rogell:

— Vocês estão malucos? Ela parece que foi disparada do lado errado de um canhão!

— Ele não tinha interesse em saber se ela podia fazer o papel ou não — diz Wise. — Ela não o atraía; essa era a questão.

Hughes submeteu uma longa lista de modelos a Sid Rogell, inclusive modelos de moda, e as do outro tipo. Nenhuma sabia representar. Colocou Robert Wise de molho enquanto esperava a resposta de Rogell. Rogell não concordou em escolher a atriz simplesmente pelo prazer de Hughes. Por fim Hughes mandou uma lista de atrizes de peitos grandes. Uma dessas era Audrey Totter. Ela acabou sendo excelente no papel, mas Hughes teve de pagar os olhos da cara a Louis B. Mayer para ter seus serviços.

Ele alterou o final de tantos filmes que o diretor Richard Fleischer o chamava de "neurótico anal". Não gostando da aparência arruinada e de favela da RKO, que parecia um cenário para *A estrada do tabaco* ou *As vinhas da ira*, Hughes fazia todas as suas alterações no estúdio Goldwyn, que era mais apresentável, e mandava suas instruções de lá; ainda com vergonha de ser surdo, preferia não se encontrar cara a cara com a maioria de seus executivos. Uma noite em que visitava o estúdio feio, para dar uma olhada, pronunciou apenas duas palavras "Pintem isso!" E foi para casa.

Enquanto se ocupava interferindo em cada aspecto da produção, embolava-se em complexidades ainda maiores na vida pessoal. Estava envolvido com três mulheres ao mesmo tempo: Jean Peters, ainda; Rita Hayworth e Terry Moore, de 18 anos, contratada da RKO.

O relacionamento com Jean Peters permaneceu calmo, comedido e confortável. Segundo a empregada de Jean Peters, Macy Todd, Hughes mantinha um quarto permanente — com cama supergrande — na casa de Jean, vindo diariamente da casa de Cary Grant, que ela visitava algumas vezes. Ele entrava e saía, mancando por causa do acidente com o XF-11, pela cozinha e pela porta dos fundos, com medo de ser visto por fotógrafos. Macy tinha ordens de prestar atenção aos passos mancos dele e, enquanto não o ouvisse descendo a escada, de jeito nenhum podia entrar no quarto para fazer a limpeza. Segundo instruções de Hughes, trocava a roupa de cama todos os dias. Ele saía exatamente às duas horas, todas as tardes.

O quarto vivia escuro, com cortinas pesadas forradas de crepe preto, para deixar de fora até mesmo a menor sugestão de luz. Macy recebeu ordens de jamais abrir as cortinas, das quais Hughes lhe mandava tirar a poeira todo dia; ela não deveria tirar o fone do gancho para limpá-lo. Devia ter dezenas de lenços de papel para ele o tempo todo; Hughes chegava a usá-los até para virar maçanetas.

Macy e a cozinheira, Margaret Morrissey, tiveram de jurar segredo sobre o relacionamento. Jamais deveriam ouvir quando a família de Jean estivesse presente. Hughes conseguiu uma jovem acompanhante para ir com Jean a toda parte e garantir que ela tivesse exatamente o que queria. Freqüentemente, sem Jean, a mulher experimentava um vestido numa loja, avisava a Hughes que ele era adequado, e só então contava a Jean. A mulher o levava à casa e Jean em geral o usava.

Gradualmente as tarefas de Macy Todd foram mudadas: ela trabalhava para Hughes quatro dias por semana na casa de Grant e três dias na de Jean Peters. Hughes proibia Margaret Morrissey de entrar na casa de Grant; contratou o cozinheiro Eddie Barry para lá. No primeiro dia em que Macy Todd foi à casa de Grant ficou pasma ao ver dúzias de camisas brancas empilhadas do chão ao teto no quarto principal; eram exatamente iguais, e Hughes usava uma por dia durante meses, pegando na pilha, e depois todas iam para a lavanderia e eram devolvidas. E ele recomeçava o ciclo.

Segundo Macy, Jean tinha de aceitar o fato de que Eddie Barry, que cozinhava tanto para ela quanto para Grant, era um cozinheiro bagunceiro. Segundo a srta. Todd:

> Ele fazia um cozido e colocava um monte de legumes numa panela grande e velha. Amassava tudo e usava o caldo para os bifes do sr. Hughes. E não sei como o sr. Hughes conseguia comer aquilo; o negócio ficava fervendo no fogão, fazia uma tremenda sujeira e eu tinha de limpar.

Rita Hayworth tinha o temperamento oposto ao de Jean: era emocionalmente frágil, insegura e costumava beber para aumentar a coragem diante das câmeras e longe delas; ousada e marcante nos filmes, boa dançarina, na vida particular era um ratinho triste. Tinha acabado de passar pelo naufrágio do casamento com Orson Welles, e em vez de aprender a lição e não se envolver com egoístas controladores, agora estava intermitentemente com Howard Hughes.

Hayworth ficou grávida. Quando descobriu, Hughes, que detestava crianças, ficou histérico; o caso terminou tão abruptamente quanto havia começado. Hughes exigiu o aborto, que, dada a sua natureza hipersensível e o enorme desejo de ter filhos, deve ter sido uma agonia para Hayworth. Mas seu chefe Harry Cohn, o Gengis Khan da Columbia, concordou; naquela época uma mulher que tivesse filho fora do casamento podia ser destruída pelos clubes femininos e pela Legião da Decência, e sua carreira poderia ter acabado.

Ela fez uma viagem marítima à Europa. Em Paris adoeceu; o aborto tinha prejudicado sua saúde. Foi fazer uma curetagem no Hospital Americano em Neuilly. Nunca mais viu Hughes de novo, depois de ele ter se recusado a pagar a conta.

Ao mesmo tempo Hughes tinha ficado fascinado com a bela e sensual mórmon Terry Moore. Como Fay Wray antes, ela obtivera fama ao ser agarrada pela pata gigantesca de um macaco. Em *Mighty Joe Young*, feito pela equipe de *King Kong*, ela era a guardiã de um macaco gigante que, numa cena de destruição gigantesca, arrasa uma boate mas a poupa da confusão.

Hughes conseguiu abordá-la, através de Johnny Meyer, no hotel Beverly Wilshire quando ela chegou, com um suéter justo, com seu atual namorado, um jovem extravagante chamado Jerome ("Cojo") Courtland. Os olhos de Hughes se cravaram nos dela. Despiu-a com o olhar. Ela mencionou seu interesse por aviões; ele ficou fisgado. Espertamente não a levou para um passeio de avião sozinha; permitiu que chamasse Cojo. Porém mais tarde trocou de aeroporto no último minuto e deixou Cojo sozinho.

Assim como tinha seguido Katharine Hepburn na turnê com a peça *Jane Eyre*, acompanhou Terry Moore quando ela promoveu uma comédia, *Outubro voltou à terra*. Aparecia num aeroporto depois do outro, como um fantasma caro. Convidou-se à casa dela e conheceu sua família; no fim das refeições lavava os pratos e ela enxugava. Ligava para ela tarde da noite, mantendo-a acordada até o amanhecer, obsessivamente pedindo detalhes de seus namorados e dos encontros, das carícias e das festas. Ingênua, Terry nunca adivinhou o voyeurismo que inspirava essas perguntas. Ele assistia a copiões de filmes da RKO com ela no Goldwyn, pedindo sua opinião; continha-se e não fazia propostas. Terry Moore descreveu em suas memórias o que aconteceu:

> Naquela noite, enquanto íamos de carro para casa, ele segurou minha mão e a beijou. *Zing!* Um fogo pareceu se espalhar pelo meu corpo.

Cojo Courtland podia não ser um peso-pesado da interpretação, mas sabia brigar. Disse a Terry Moore para esquecer aquele texano esquisito; Hughes estava tendo casos com várias outras mulheres. Cojo talvez soubesse que, além de Jean Peters, Hughes estava de novo dando em cima de Joan Fontaine. Ofereceu ao segundo marido dela, o produtor William Dozier, o cargo de chefe de produção na RKO caso Dozier lhe vendesse Joan. Dozier recusou; mais tarde chegou ao cargo por seus méritos.

De novo Terry Moore seguiu suas predecessoras na armadilha do dinheiro e do poder. Hughes mandava seus mórmons a acompanharem a toda parte, espionando-a com Cojo ao mesmo tempo em que um grupo separado seguia Hayworth a Paris e outro ia atrás de Joan Fontaine até a casa de Bill Dozier. Quando Terry Moore reclamou e disse que era sabido que Hughes estava apaixonado por Jean Peters, ele mentiu dizendo que Jean era somente uma amiga. Ela acreditou.

O caso foi adiante. Inevitavelmente, como ele fizera com quase todas as estrelas famosas, pediu-a cinicamente em casamento. Em junho de 1949, quando era essencial que ele estivesse presente para lidar com os numerosos problemas que surgiam no estúdio, além do fato negativo de que era obrigado por um decreto governamental a separar a cadeia de cinemas do estúdio — e com os resultados muito fracos dos vários filmes que tinha autorizado — ele tirou um mês de folga e o passou com Terry Moore em Harbor Island. E isso apesar do fato de ainda estar morando três dias por semana na casa de Jean Peters quando partiu com Moore (durante um tempo Moore o fez dormir no sofá da casa de seus pais).

Repetiu a mesma cerimônia que tinha feito com uma dúzia de mulheres, inclusive Gene Tierney, Jean Peters e Joan Fontaine: levou-a ao topo da Mulholand Drive, nas colinas acima de Hollywood, e a pediu em casamento, com as gastas palavras de ateu:

— Só Deus pode nos casar, é um casamento sob o céu.

A diferença foi que não ofereceu sua casa permanentemente inacabada para morar. Os dois se ajoelharam juntos, ele pôs um anel no dedo dela, abraçou-a. Mas ela não quis fazer amor nem concordar em anunciar o "casamento" aos pais. Ela era mórmon; regras eram regras. E se recusou a fazer sexo quando ele a convidou ao hotel Beverly Hills. Segundo Terry, logo antes do Dia de Ação de Graças Hughes a levou de avião a San Diego, onde seu barco de antes da guerra, o *Hilda*, comandado pelo capitão Carl Flynn, esperava ancorado. O iate estava coberto com enfeites de gardênias brancas, e Terry Moore ficou bêbada de champanha. Segundo Nadine Henley, Hughes mandou deliberadamente Flynn levar o barco para fora do limite de cinco milhas "para que o casamento não fosse legal".

Hughes tinha mandado vir cachorros-quentes de Coney Island para a ocasião; enquanto Flynn realizava a cerimônia, Hughes pendurou no pescoço de Terry Moore o que ele afirmou serem as pérolas de sua mãe. O bolo de casamento era uma réplica da cena de *Mighty Joe Young* em que o macaco pegava Moore enquanto ela estava tocando piano. Ela o cortou, e todo mundo riu.

Moore ainda era virgem. Naquela noite Hughes massageou seu clitóris usando uma técnica japonesa de excitação que suplantou as inibições dela.

Aparentemente Hughes tinha aprendido alguma técnica depois de sua posse friamente impessoal de Yvonne de Carlo e outras. A srta. Moore força consideravelmente a credibilidade quando acrescenta: "Eu não sabia o que estava acontecendo ou tinha acontecido." Será que ninguém havia lhe contado sobre os passarinhos e as abelhinhas — nem mesmo em Los Angeles?

O fato de Hughes ter conseguido manter esse casamento, ou essa espécie de casamento, enquanto continuava se encontrando com Jean Peters, parece incrível. Mas Jean Peters nunca suspeitou do que estava acontecendo.

Enquanto isso a produção na RKO continuava se arrastando. O estúdio virou principalmente uma empresa para lançamento de filmes de Walt Disney e Samuel Goldwyn, de mérito variado. Viciado em histórias policiais, Hughes produziu filmes de ação com baixo orçamento como *The Threat* e *Capturado*, ou faroestes chatos como *Riders on the Range*. Mas um filme atraiu sua atenção: *Nuvens de tempestade*, originalmente chamado de *I Married a Communist*, que foi feito e lançado em abril e maio de 1949.

O filme era prova do pensamento político ingênuo e simplório de Hughes, e se tornou imediatamente motivo de risos para a crítica e o público, apesar do desempenho estelar do favorito de Hughes, Robert Ryan. Fazia lembrar as atividades do líder sindical australiano Harry Bridges em São Francisco: um magnata naval, que rejeitou seu passado de esquerdista, quase se envolve numa trama subversiva para atrapalhar as atividades de embarque na área da Baía. Essa tentativa de agradar à infame Comissão do Senado para Atividades Antiamericanas custou 650 mil dólares a Hughes.

Num esforço desesperado para segurar uma empresa que estava afundando, Hughes fez um contrato com a ainda poderosa estrela Claudette Colbert, como parceira na independente Loring Theater Corporation. Mas os filmes que fez em parceria com a Loring — *Bride for sale* e *Emoção secreta* — foram muito pobres. Também comprou um policial ruim, *Destination Murder*, da obscura (e com o nome equivocado) Prominent Pictures. Um acordo melhor foi feito com a Argosy para lançar *Legião invencível*, de John Ford, que se saiu bastante bem; e *Caravana de bravos*, que apropriadamente era uma saga dos primeiros colonos mórmons. Apesar de vigoroso e empolgante, o segundo faroeste foi um fracasso. No início de 1950 o chefe de produção Sid Rogell saiu, deixando Hughes para carregar o bebê doente, meio morto. Ele demorou meses de esforço angustiado e inútil, bobamente jogando um comprador potencial contra o outro, antes de vender a cadeia de cinemas RKO meses depois do fim do prazo dado pelo governo.

Em outubro de 1949 embarcou na aventura mais desastrosa de sua carreira até então: *Estradas do inferno*, outro filme de propaganda anticomunista em que Janet Leigh apareceria como espiã soviética, fingindo-se de desertora, que voa para o Alasca numa cópia exata do vôo de Hughes entre Yakutsk e Fairbanks em 1938. O controlador dela, o coronel John Wayne, como o herói de *Ninotchka*, a apresenta aos prazeres do capitalismo, dessa vez não em Paris mas, imagine só, em Palm Springs. Eles se casam e partem para a Rússia, com Wayne como espião; ele consegue obter algumas informações antes que os dois sejam perseguidos por aviões russos de Moscou à América. Em seus absurdos, o roteiro de Jules Furthman e Hughes era comparável ao de *O proscrito*.

Hughes contratou o inglês Peter Godfrey, da Warner Bros., para dirigir. Mas depois de apenas alguns dias ele foi demitido. Hughes dirigiu algumas cenas. Depois, com o conselho de Furthman, atraiu o fracassado diretor Josef von Sternberg da "aposentadoria" na Nova Inglaterra para assumir as rédeas. Von Sternberg era conhecido por filmes exóticos estrelados por Marlene Dietrich, sua ex-amante, inclusive *Marrocos* e *O expresso de Xangai*. Era a pior escolha possível para o filme, que pedia um diretor de ação como John Ford ou Raoul Walsh. Hughes o fez desperdiçar quase dois meses em testes fotográficos com o elenco principal; depois, finalmente, as filmagens começaram em 8 de dezembro. Hughes, como era seu costume, interferia interminavelmente nos penteados e roupas, de modo que o físico rude de Wayne e a figura exoticamente bem-proporcionada de Janet Leigh fossem totalmente enfatizados.

Ligou para o escritório de Jules Furthman e pediu que ele se certificasse de que Janet Leigh se "casaria com o sr. Hughes" na oportunidade mais próxima possível. Sabendo que Hughes já era "casado" com Terry Moore, ainda que apenas por um capitão, no mar, Furthman não fez a pergunta. Além disso ela estava namorando o executivo Arthur Loew, da MGM.

Surpreendentemente Hughes deu carta branca a Sternberg; o diretor, um militarista pequeno e autoritário, era tão brutalmente controlador quanto Hughes, mas sem os modos macios de amante. Enfurecia Wayne e Leigh com sua grosseria; num determinado ponto Wayne disse a Leigh que gostaria de "matar o filho-da-puta", e que se o sujeito passasse do ponto com ele, faria isso.

Em meados de fevereiro Hughes se cansou do diretor e o demitiu. A produção parou por cinco dias; Don Siegel assumiu; Hughes contratou von Sternberg de novo e o mandou filmar em Las Vegas. Enquanto isso, outro diretor, Paul Cochrane, cuidava das cenas aéreas em locações no Campo March, em Muroo e em Denver; durante semanas a equipe era deixada sem trabalhar porque Hughes não gostava das formações de nuvens que apareciam nas projeções diárias; com enormes despesas mudou a unidade composta de cem pessoas, inclusive um numeroso pessoal da Força Aérea, para Fargo, Dakota do Norte, onde lhe disseram que existiam os cúmulos enormes parecidos com seios, pelos quais era obcecado. Não existiam. Ventos frios e nevascas impediram as filmagens no começo de março; Hughes trouxe os homens de volta para Denver; ali não havia nenhuma nuvem. Ordenou que a equipe fosse para Great Falls, Montana, onde encontraram uma tempestade de neve e tiveram de voltar; a mesma coisa aconteceu em Rapid City, Dakota do Sul. Quando voltaram a Great Falls todo o trabalho foi estragado porque, segundo disse Hughes, as condições não estavam à altura das de Fargo. Ele ficou louco, agora despachando a segunda e a terceira equipe de câmera em ziguezagues por milhares de quilômetros, procurando nuvens *fodíveis*. Mais e mais aviões foram alugados ou comprados e mandados para Lowry, Great Falls, Reno, Las Vegas, Oakland, Burbank, Rapid City, com Cochrane sendo demitido e o diretor Byron Haskin assumindo. Neve e chuva atrapalhavam o trabalho continuamente; Haskin quase morreu queimado quando um B-25 pegou fogo; outras locações foram Toulonne Meadows, Mount Shasta, Mount Lassen, Sacramento... De volta a Los Angeles houve uma névoa que atrapalhou ainda mais as filmagens.

Mês após mês a loucura continuou. Hughes demitiu Haskin em junho; o piloto Chuck Yeager quase foi morto quando um bombardeiro F-86 perdeu potência e ele teve de fazer um pouso forçado. Em dezembro, depois de quase um ano, as equipes ainda estavam espalhadas, deixando Hughes insatisfeito e o estúdio à beira da ruína.

No *front* local, Hughes mandou von Sternberg embora de novo e pôs Jules Furthman como diretor, como tinha feito em *O proscrito*. As filmagens se arrastaram até maio de 1951, um total de dezessete meses, o maior tempo de filmagem na história da RKO.

Hughes continuava insatisfeito, e ficou preso à produção do filme durante vários outros anos até que a antiga tecnologia dos jatos que havia nele ficasse obsoleta. Cortou o filme azarado, que durava muitas horas, até um tamanho possível de ser lançado, e em 1957 jogou-o às mandíbulas dos críticos e ao desinteresse de um público notavelmente entediado. Foi um prejuízo de milhões.

No fim de 1949 Hughes se suplantou na exploração e na explicitação sexual. Decidiu capitalizar as histórias escandalosas que cercaram a produção do filme italiano de Roberto Rosselini, *Stromboli*, estrelado por Ingrid Bergman, que ele distribuiria nos Estados Unidos. Descobriu através de fofocas internacionais que, mesmo casada com outro homem, ela teria em breve um filho de Rosselini. No momento em que teve a confirmação disso, e a história lhe fora contada confidencialmente no hotel Beverly Hills, ele ligou para a colunista Louella Parsons, dos jornais de Hearst, e, maliciosamente, lhe repassou a fofoca.

Uma América puritana se incendiou, como Hughes esperava. Praticamente toda figura pública que apoiava a moralidade e a decência a condenou imediatamente. Hughes magoou Bergman, com quem já havia saído, com tanta eficiência quanto se tivesse chutado sua barriga. Não somente isso, tirou o filme das mãos de Rosselini e refez a montagem, para enfatizar os ângulos sexuais. Em 14 de março de 1950 o maior sonho de Hughes para o filme foi realizado: o senador Edwin C. Johnson, do Colorado, falou no Senado denunciando o casal pecador, e chamou a natureza doce de Bergman de “influência para o mal”.

Nesse estágio *Stromboli* estava nos cinemas. Hughes tinha deixado suas fantasias se soltarem completamente nos anúncios, mostrando um vulcão fálico jorrando lava como se fosse sêmen, compelindo milhões de mulheres a olhar um símbolo do clímax masculino. Claro que ninguém adivinhava a realização do desejo homossexual que o anúncio indicava. Hughes, sob pressão da Legião da Decência, foi obrigado a retirá-lo. Mas o cartaz ficou pendurado em seu escritório durante meses. E toda a campanha de

Stromboli, tão maldosamente engendrada para explorar uma estrela infeliz, foi um tiro pela culatra. O vulcão ficou impotente; o fogo e o enxofre não tiveram efeito; *Stromboli* fracassou. Hughes tinha deixado de perceber um fato: era um filme ruim, e ficou ainda pior depois de ele ter mexido. Será que "sua" RKO logo iria se tornar um vulcão extinto também?

Como era o dono da RKO, Hughes não tinha com quem reclamar. Foi adiante, destrutivamente, irresponsável como sempre com as vidas humanas, descuidado na questão de começar e terminar filmes, raramente produzindo algo que valesse a pena. E, como sempre, sua vida pessoal estava completamente fora dos trilhos.

Enganando Terry Moore e Jean Peters quanto ao seu propósito, ia a São Francisco para noites clandestinas com um amante. O juiz Harry Shafer, da Suprema Corte de Los Angeles, lembra que quando era um jovem advogado no início de 1950 houve o caso de uma mulher que estava processando o marido e pedindo divórcio. Ela afirmou que o esposo a havia traído com um homem; esse homem, como Shafer ficou pasmo em saber, era Howard Hughes. Shafer examinou o assunto e descobriu que o amante de Hughes, um empresário durante o dia, era à noite dançarino da Finocchio's, a boate de travestis. Hughes ia a São Francisco fazer amor com ele depois do show, e depois voltava para Moore ou Peters como se nada tivesse acontecido.

Shafer foi obrigado a dizer ao advogado do jovem que Hughes seria citado no processo. Essa revelação teria criado sensação. Hughes ficou atarantado; ofereceu qualquer coisa para que a mulher alegasse crueldade, em vez de traição. Decente, ela aceitou uma pequena quantia. Logo depois Hughes estava caminhando outra vez à beira do desastre.

Segundo Ted Carpentier, a polícia prendeu Hughes no bulevar Santa Monica por ter apanhado um jovem prostituto e o obrigado a fazer felação em seu Chevrolet. Foi levado à delegacia, onde tiraram suas impressões digitais e pediram os documentos de identidade. Em vez de responder ele preencheu um cheque de um milhão de dólares e assinou Howard Hughes.

Depois de sua identidade ser verificada, ele foi solto sem qualquer pergunta. Carpentier disse que Hughes, agora com 45 anos, estava achando mais difícil encontrar homens que se sentissem fisicamente atraídos por ele (mesmo mantendo a magreza que era obrigatória na maioria dos círculos homossexuais, ele parecia ser mais velho do que realmente era, e era macilento). Por isso pagava, e de modo extravagante, pelos serviços de garotos de programa fornecidos por um conhecido cafetão.

Esse cafetão se especializava em vários serviços. Montava festas para os ricos, e os homens eram escolhidos a dedo dentre os incontáveis jovens bonitos que vinham em bando a Hollywood para trabalhar como atores; serviam bebidas vestidos de short, muito bronzeados, os músculos brilhando com óleo cuidadosamente aplicado. Em troca de uma quantia de dinheiro enfiado na roupa eles desapareciam num quarto com o comprador. Diferentemente da maioria dos prostitutos de ambos os sexos, eram treinados para dar prazer prolongado, não somente fazer os clientes correrem para um alívio rápido. Aprendiam a fazer massagem; e se fossem bem pagos — o que poderia chegar a mais de cem dólares — até condescendiam em chegar ao clímax.

Hughes adorava os bordéis de Hollywood, que a MGM e outros estúdios patrocinavam, a maioria escondida em obscuras localizações nos cânions. Ali as garotas mais belas freqüentemente se especializavam em ser sósias de Lana Turner, Ava Gardner, Betty Grable ou outras beldades. Esta era a verdadeira Hollwyood, uma sórdida selva de intrigas sexuais onde corpos eram vendidos como mercadorias num bazar de Istambul.

Fosse nas festas de Hank Valdez, onde o sexo grupal era combinado pagando-se várias centenas de dólares adiantadamente, ou em bordéis famosos como o de Lee Francis, que fornecia geléia de framboesa para ser usada no sexo exótico, Hughes estava em seu elemento. E havia a vantagem de que, relacionando-se com prostitutas, seu desempenho sexual era indiferente para elas. É improvável que aquelas damas embriagadas romanticamente, que se ligavam com mais freqüência a ele, suspeitassem de que esse homem meticuloso, que usava lenços de papel para abrir as portas, estava se arriscando à sífilis e que poderia lhes passar a doença.

De algum modo Hughes arranjava tempo para interferir com o maior número possível de filmes da RKO. Teve um relacionamento feroz e irado com um dos poucos diretores que conseguiam enfrentá-lo. O brutal australiano John Farrow, pai de Mia Farrow, um católico sádico com fortes tendências pró-fascistas. Farrow se recusava a aceitar o comportamento de prima-dona de Hughes; no entanto sucumbiu quando este insistiu em planos demorados, eroticamente intensos, da inevitável Faith Domergue abrindo os lábios de modo ardente enquanto atacava um desamparado Robert Mitchum no policial *Trágico destino*. Hughes passava horas com o desenhista de cartazes Mario Zamparelli, discutindo o posicionamento dos lábios sensuais de Domergue, medindo-os até o centímetro exato.

Trágico destino era um exemplo do tema misógino predileto de Hughes, a *femme fatale* maligna que atrai os homens para a perdição. Ofegando em sombras profundas que refletem sua psique perturbada, a mulher de um homem rico atrai um médico que a salvou do suicídio e consegue fazer com que ele seja acusado do assassinato de seu marido. Mas então, de maneira idiota, e improvável, ela foge com ele gastando todo o dinheiro que tinha, tentando cruzar a fronteira do México, à medida que ele vai ficando progressivamente paralisado devido a um golpe na cabeça. O filme era uma desculpa para closes lascivos de Domergue e Mitchum aparentemente iluminados por um fósforo.

Outro filme pelo qual Hughes sentiu um interesse sexual foi *Seu tipo de mulher*, com Robert Mitchum embolado com Jane Russell, também dirigido por Farrow, uma mistura de sexo e violência que era típico das fantasias de Hughes nos filmes. A violência o excitava tanto quanto o sexo, e ele demitiu Farrow e contratou Richard Fleischer para incrementar as cenas de Mitchum sendo espancado por gângsteres e se vingando. Durante meses, num bangalô em Beverly Hills, reescreveu o filme com Fleischer. Esse artesão improvavelmente afável parece não ter suspeitado das motivações sombrias de Hughes. Foi acrescentado um vilão peso-pesado ao filme; então, depois de toda a cena ser refilmada, Hughes tirou o vilão e o substituiu por Raymond Burr, que ele tinha visto num programa de TV.

Anunciando nos cartazes que Mitchum e Russell eram "a combinação mais quente já vista nas telas", Hughes colocou um enorme cartaz elétrico num terreno vazio do bulevar Wilshire, com as estrelas emboladas num abraço erótico.

O cartaz foi desenhado por Mario Zamparelli. Sendo a pintura mais sexual já exibida publicamente em Hollywood, tinha moldura dourada e era cem vezes maior do que o tamanho real. Hughes passou de carro pela frente muitas vezes, olhou para o cartaz e pensou num toque sexual a mais: jatos de gás saltariam como sêmen e as chamas do desejo jorrando de cada parte do corpo dos astros, subindo dez metros no céu noturno. Enquanto ele olhava, trabalhadores se arrastavam sobre os ombros musculosos de Mitchum e os seios luxuriosos de Russell, fixando os jatos.

Assim que tudo ficou pronto Hughes teve seu clímax metafórico. Ficou entediado com a idéia da pintura; o momento orgásmico havia passado. Aquela vasta imagem dos astros lascivos foi retirada.

— A gente tem que saber cair quando leva porrada — disse Hughes ao compreensivelmente arrasado Zamparelli.

Ele era igualmente obsessivo em seu narcisismo. Contratou Zamparelli para fazer seu retrato oficial. Não chamou um grande pintor, nem mesmo um fotógrafo como Karsh de Ottawa, mas um pintor de cartazes. Insistiu insanamente em que o quadro fosse feito em dois dias; de novo queria satisfação instantânea. Zamparelli prometeu terminar em três, e trabalhou durante 72 horas sem parar.

Levou-o à sala de Hughes. Acavalado numa cadeira e com as pernas abertas, o peito apoiado no encosto, Hughes ficou quieto por longo tempo. Finalmente falou. Disse que gostava da pintura. Zamparelli, exausto, relaxou. Então Hughes disse que alguma coisa tinha de ser feita com ela: meio milímetro precisava ser tirado de uma das orelhas, e quantidades igualmente minúsculas tinham de ser mudadas em outras partes. Deu as instruções repetidamente; Zamparelli fez o que foi pedido.

Hughes começou a alugar apartamentos em que colocava numerosas atrizes. Raramente as visitava, mas queria ter certeza de que se ficasse excitado, digamos, às três da madrugada, e na condição improvável de estar sozinho, ou preguiçoso demais para ligar para um cafetão, poderia ir até a casa daquela jovem, tocar a campainha, entrar — nenhum outro homem jamais teria permissão de compartilhar a cama delas — tirar a roupa, penetrar nelas, chegar ao clímax, vestir-se e ir para casa.

CAPÍTULO ONZE

Mais contratempos

Durante boa parte de 1959 Hughes morou com Terry Moore no bangalô 19 do hotel Beverly Hills. Deu-lhe um papel importante em *Terra do meu destino*, com Victor Mature; interferia interminavelmente com o cabelo e o figurino dela. Mas ao mesmo tempo estava namorando a atriz Mala Powers, que fazia *Quatro confissões*, dirigido pela ex-paixão de Hughes, Ida Lupino. Terry Moore vivia num estado constante de raiva ciumenta e lágrimas, contando à sua mãe os boatos de que Hughes aparentemente dormia com todas as mulheres que estavam sob contrato com ele.

Terry começou a passar noites na casa dos pais, em Glendale. Ele mandava que ela fosse seguida a toda parte, grampeava telefones, ligava para ela em restaurantes e festas; fazia isso com todas as mulheres que não estivessem com ele dia e noite. Obrigava-a a ter aulas de interpretação, de canto, constantemente trocando de professores, num desejo maníaco, malfadado, de transformá-la em estrela de musicais. Levava-a de avião a Catalina, Palm Springs, Las Vegas e ao Grand Canyon. Quando Terry Moore foi à Flórida filmar *The Barefoot Mailman* ele ficou histérico porque ela estrelava o filme com Cojo Courtland. Quando soube que ela iria nadar num rio infestado por jacarés, ligou vezes incontáveis num dia, insistindo em que ela fosse protegida. Terry aprendeu o chamado do acasalamento dos jacarés; em suas memórias escreveu: "Até hoje posso fazer o chamado do acasalamento e os jacarés aparecem como por milagre". A partir daí os dois usavam o chamado um para o outro. No vôo da TWA ela levou de volta uma jibóia para Hughes em Los Angeles.

— Você deveria ter vindo com ela pela Pan American — disse ele.

Furiosa depois de pegar Hughes com uma aspirante a estrela em Las Vegas, Moore começou um romance com o astro do futebol do Los Angeles Rams, Glenn Davis, que já fora noivo de Elizabeth Taylor. Sabendo disso, Hughes decidiu romper esse relacionamento. Ligava dia e noite, onde quer que ela estivesse, exigindo que voltasse para ele, lembrando-lhe do casamento. Insistiu em que ela deveria tomar uma última bebida com ele no hotel Beverly Hills. Moore concordou: ainda incapaz de resistir ao seu apelo hipnótico, chegou a usar o mesmo vestido do dia do casamento no barco — e estava usando um anel do noivado com Glenn Davis.

Hughes ficou chateado ao ler sobre o casamento dela com Glenn Davis em 9 de fevereiro de 1951. Mas a atraiu com um engodo: Davis queria fazer um negócio envolvendo contratos relativos a tubulações de chumbo com a Hughes Tool e, segundo Moore, quase a jogou de volta na cama de Hughes. Hughes pediu que ela atuasse no filme *High Heels*, mandou Michael Woulfe desenhar vestidos justíssimos para ela, assistia aos testes na sala de projeção à prova de som e finalmente a chamou à sua sala. Fez amor com ela encostado na mesa. O filme nunca foi feito.

Em seu caso intenso com Terry Moore, Hughes tinha passado por cima do pai dela, um mórmon convencional, enfadonho e de classe média que odiava Hughes e também Glenn Davis. Depois de muitas súplicas ansiosas Hughes se permitiu ser levado a uma reunião de família em Glendale. Davis deu um soco desajeitado em Hughes e Hughes caiu. A mãe de Terry Moore se jogou sobre o corpo dele, para protegê-lo dos punhos do jogador de futebol. A cena prosseguiu com recriminações de ambos os lados até que Hughes, mostrando tão pouca habilidade na arte da defesa pessoal como havia feito com Oleg Cassini, fugiu noite afora.

No final de 1950 Hughes ficou fascinado pela atriz inglesa Jean Simmons; projetava todos os filmes dela e ficava olhando suas fotos. Ela era bem do seu tipo: linda, morena e muito mais talentosa do que Faith Domergue, Ava Gardner ou qualquer de suas outras mulheres. Na época estava noiva do bonito Stewart Granger. Hughes não ousava provocar Granger, que era durão, esquentado e muito mais hábil com os punhos do que Glenn Davis. Assim, para cair nas graças dela, arranjou para o casal um casamento fora de Hollywood, onde a imprensa não pudesse achá-los.

Foi um dos seus planos mais engenhosos. Ele deixaria Simmons grata e simultaneamente desarmaria Granger. Contatou o divulgador Howard Strickling, da MGM (Granger era contratado daquele estúdio) e colocou um avião Convair particular à disposição deles para irem a Tucson, Arizona. Mandou que fossem apanhados por um Cadillac e levados ao Arizona Inn. Até mandou um amigo íntimo deles, o ator Michael Wilding, para ser padrinho.

Combinou com um advogado, empregado seu, entretê-los enquanto estavam no Arizona, escolheu a igreja, o pastor e até as damas de honra, e o tempo todo ficava ligando para todo mundo com quem eles se encontravam, insistindo ansiosamente em obter cada detalhe dos seus movimentos. Para se certificar de que não ficassem isolados, convenceu sua ex-amante Barbara Hutton a levar seu filho, Lance Reventlow, a Tucson para tratar de asma, e lhe deu também um Convair para viajar.

Algumas semanas depois conheceu pessoalmente a mulher a quem havia se esforçado tanto para agradar. Levou-a com o marido até o Grand Canyon, com Cary Grant, num encontro duplo: os quatro se hospedaram num hotel local.

Hughes e Grant ficaram parados lado a lado num mictório quando Granger estava no toalete. Granger descreveu a conversa:

— O que você acha de Jean? — perguntou Grant.

— Ele é um filho-da-puta sortudo — respondeu Hughes. — Eu gostaria de cravar os dentes *naquilo*. — Depois acrescentou: — Meu pau prendeu no zíper.

Grant teve de soltá-lo.

Granger ficou furioso. Tentou se levantar e espancar Hughes, mas quando tinha levantado as calças os dois já haviam saído.

Afora *Jet Pilot*, a produção mais atormentada de Hughes foi *Rio da aventura*, que começou a ser filmado sob a direção de Howard Hawks em Lewiston, Wyoming, em julho de 1951. A filmagem se tornou um sofrimento nas condições de tempo adversas: perdiam-se dias por causa de chuva, neve, gelo e luz ruim. O diretor de produção era tão confuso que alguns relatórios chegados à mesa de Hughes mencionavam barcos afundando no rio, ao passo que outros anunciavam que o rio estava seco. Hughes levou a equipe, com as objeções de Hawks, ao Parque Nacional de Yellowstone; pegou emprestado o terreno da 20th Century Fox com seu amigo Darryl F. Zanuck para terminar o filme, que estava um mês atrasado. O tempo também perturbou a segunda unidade, que estava filmando com o assistente de direção Christian Nyby em Wyola, Montana. Hughes ficou pasmo ao saber que uma seqüência de caçada ao búfalo foi arruinada quando os animais entraram em pânico diante das câmeras e do equipamento de luz e estouraram em todas as direções; a equipe ficou isolada pela neve; só o jipe de um guarda florestal conseguia entrar e sair da área. Hughes teve de mandar um grupo de resgate e trazer a unidade de volta para Hollywood, de avião, em 24 de setembro.

O alto custo de *Rio da aventura* afetou ainda mais as finanças precárias da RKO.

Três filmes de Hughes que se saíram bem em 1951 foram *Ainda há sol em minha vida*, feito pela equipe semi-independente de Jerry Wald e Norman Krasna — um dramalhão demorado mas bem-feito, sobre uma enfermeira de crianças, e que Hughes achou nauseante (ele detestava crianças) —; uma refilmagem do filme mudo de 1927 *A estrada dos homens sem lei*, espuriamente associado à Comissão do Senado para Investigar Crimes, do senador Estes Kefauver; e *Depois da tormenta*, de Wald-Krasna, em que Bette Davis, antiga paixão de Hughes, fazia uma divorciada má. O estúdio também fez *The Thing*, de Howard Hawks, sobre um monstro que ameaça pesquisadores no Pólo Norte, e *Tarzan na terra selvagem*, que ofereceu a Hughes o prazer culpado de ver Lex Barker de tanga. Também tinha a vantagem, sobre os filmes anteriores de Tarzan, de ser filmado na África, uma extravagância surpreendente para Hughes.

Embarcou em seu filme mais ambicioso sobre aviação desde *Anjos do inferno*: *Horizontes de glória*, a história de um esquadrão de caças da Segunda Guerra Mundial em Guadalcanal, estrelado por seus atores prediletos, John Wayne e Robert Ryan. O estilo de promoção de sua equipe pode ser avaliado por um memorando do relações-públicas Lincoln Quarberg, contratado de novo depois de tanto tempo, para o chefe de divulgação Perry Lieber, datado de 8 de março de 1951, sugerindo um lançamento do filme no Oriente:

> [Os colunistas] Jimmy Starr e Harrison Carroll também poderiam ir na viagem [a Tóquio]. Jimmy e Harrison, nos vinte anos em que os conheço, nunca deram uma daquelas trepadas japonesas, e isso não é para ser desprezado, especialmente depois de a gente ter dominado a técnica de montaria.

Era uma anotação da qual o próprio Hughes teria orgulho.

Hughes teve muitos conflitos com o diretor alemão Fritz Lang, que fez no estúdio o filme *Chuck-a-Luck*, mais tarde chamado de *O diabo feito mulher*. O próprio Hughes passou algumas noites com Marlene Dietrich (que na época era amante de Lang) mesmo ela sendo velha demais e não fazendo seu tipo. Queria atrapalhar o relacionamento dela com Lang; quando Lang objetou ele o colocou na lista negra. O chefão da Columbia, Harry Cohn, contratou Lang imediatamente. Cohn odiava Hughes.

Em outro filme que Hughes produziu, *Orgulho e ódio*, a figura central, de novo, era uma mulher que destrói homens: é uma herdeira que quer emascular Robert Mitchum do mesmo modo como Faith Domergue tinha feito em *Where Danger Lives*. Para representar esse símbolo da maldade feminina, com típico humor negro, Hughes pegou Ava Gardner emprestada na MGM.

Apesar de Terry Moore estar esperando se divorciar de Gleen Davis e ter se casado com Hughes no mar, este pediu que Ava se tornasse sua noiva. O problema era que ela estava tendo um caso com Frank Sinatra. Sinatra odiava Hughes, não somente porque tinha certeza de que Ava mentia ao dizer que não tinha ido para a cama com ele, mas porque Hughes o colocou em terceiro lugar nos cartazes do filme *Isto sim que é vida*.

Hughes impedia Sinatra de entrar na área do estúdio. Colocou espiões mórmons trabalhando dia e noite acompanhando cada movimento de Ava; as brigas que ela tinha com Sinatra; as noites que passava com ele. Levava-a a longos jantares para fazer discursos sobre a promiscuidade de Sinatra. Quando Sinatra, louco de ciúmes de Hughes, tentou se matar em Nova

York, Hughes ligou para Ava dizendo que ela deveria ter ouvido seus avisos. Mandou-lhe um bracelete e um colar de ouro, que ela jogou pela janela para mostrar a Sinatra que não estava emocionalmente envolvida. Mesmo assim Sinatra não acreditou.

Os homens de Hughes trouxeram informações de mais brigas, de portas batidas, saídas à noite, telefonemas frenéticos e heróicas reuniões na cama: uma ópera tragicômica, insensata e melodramática. Ele ficava satisfeito com esses relatórios, mas não conseguia afastar Gardner de Sinatra.

Um golpe foi dado em outubro. Nancy e Frank Sinatra se divorciaram em Nevada, no Dia das Bruxas. No dia seguinte Ava concordou em se casar com Frank. O casamento aconteceu em 7 de novembro, na Filadélfia. Hughes implorou que Ava se divorciasse rapidamente e se casasse com ele. Ainda estava envolvido com Terry Moore e Jean Peters. Ava recusou.

Como Moore ainda estava casada, Hughes ficou mais fanático do que nunca em manter secreto o caso dos dois. Escondia-a numa sucessão de motéis vagabundos; levou-a para um rancho no deserto e ia de avião visitá-la à noite, romanticamente balançando as asas do aeroplano enquanto ela ia correndo recebê-lo, como ele tinha feito com Katharine Hepburn.

Levava-a em seu Constellation, deixava-a pilotá-lo; fechava o restaurante do hotel Beverly Hills para que os dois pudessem comer sem ser perturbados.

Finalmente conseguiu que Glenn Davis discutisse o divórcio. Na primeira reunião com os advogados, Davis, segundo Terry Moore, falou a frase imortal:

— Eu só quero dinheiro.

Quando Hughes se recusou a pagar, Moore teve de pegar emprestados sete mil dólares com ele, pagando juros, para dar ao marido. Nem bem ela havia entregado o cheque, o que a deixou falida, Hughes a abandonou em troca de Jean Peters.

Ele tentou compensar isso levando-a de avião com a família para passar o Dia de Ação de Graças em Palm Springs. Terry Moore descobriu que ele tinha tido dois jantares de Ação de Graças com jovens lindas antes de se encontrar com ela. Moore desapareceu com o ex-marido de Elizabeth Taylor, Nicky Hilton.

Segundo Moore, mesmo depois de receber os sete mil dólares Glenn continuou lutando contra o divórcio. Hughes bolou um ardil. Sabendo que

Davis queria fazer carreira no cinema, balançou diante dele a chance de se tornar um astro cinematográfico. Observou que, para se tornar um ídolo sexual, Davis tinha de ser solteiro. Davis caiu no engodo. O divórcio aconteceu, mas Hughes o enganou. Davis nunca fez um filme.

Mesmo assim Hughes não conseguia ser fiel a Terry Moore. Viu Elizabeth Taylor, linda e jovem em *Um lugar ao sol*, com Montgomery Clift; decidiu que tinha de fazer amor com ela. Não a abordou diretamente; pediu ao seu advogado, Greg Bautzer, para fazer a sugestão. Bautzer disse:

— Você já pediu a ela?

— Não — disse Hughes. — Quero que *você* peça a ela.

— Eu não saberia como fazer isso — respondeu Bautzer.

— Quero que você faça uma proposta à mãe dela.

— Dizendo que você quer comer a filha?

— Não. Não com essas palavras. Diga à mãe que estou disposto a pagar um milhão de dólares para Elizabeth ser minha noiva.

— Não é assim que se faz — disse Bautzer.

— É como eu gostaria de fazer.

O perplexo Bautzer valorizava Hughes como um cliente que pagava bem, e foi se encontrar com a sra. Taylor. Disse a ela:

— Eu tenho uma proposta muito incomum. Howard Hughes quer se casar com sua filha.

— Mas ela não *conhece* Hughes — disse Sara Taylor.

— Há um incentivo. Ele está disposto a pagar um milhão de dólares por ela.

A sra. Taylor pensou durante um minuto e disse:

— Livre de impostos?

Os dois explodiram em gargalhadas e Bautzer foi para casa de mãos vazias. Mais tarde perguntaram a Taylor se ela teria aceitado, caso Hughes lhe pedisse diretamente.

— De jeito nenhum — respondeu ela. — As meias dele fediam!

Enquanto a administração de Hughes na RKO fracassava — a demissão de Sid Rogell, o vice-presidente grosseiro mas capaz, encarregado da produção, foi um erro sério — a TWA prosperava, e sua fábrica de aviões, fracassada desde a concepção, com milhões de dólares dos contribuintes indo pelo ralo em 1949, finalmente começou a dar lucros. Preocupado com as aventuras sexuais e sua auto-indulgência de *voyeur* ao comprar um estúdio, desiludido e amargo com os ataques contra ele feitos pela Comissão Brewster, Hughes tinha abandonado Culver City em outras mãos. Pela primeira vez ficou parado por tempo suficiente para receber um conselho, e ouviu quando Noah Dietrich, em quem ele ainda confiava mais do que em qualquer pessoa, recomendou o passo ousado de contratar como executivos-chefes duas das figuras de alta patente na Força Aérea que o haviam criticado violentamente em 1946 e 1947.

Eram os majores-brigadeiros Ira C. Eaker e Harold L. George. Não somente eram administradores capazes, que circulavam com autonomia notável entre Culver City e Washington, mas valiosíssimos em manter uma ligação respeitável e lucrativa com a divisão de compras da Força Aérea em Washington, D.C.

Com carta branca de Hughes, Eaker e George investiram os milhões dele em eletrônica, na época comparativamente pouco sofisticada. Com a Guerra Fria acontecendo, e com planos claros de atacar a União Soviética e assim começar a Terceira Guerra Mundial, eles mergulharam num elaborado programa em Washington.

Ao dedicar esforços para expurgar os comunistas de seu estúdio, Hughes estava apoiando ideologicamente uma política que ajudaria a trazer mais dinheiro para a Hughes Aircraft: uma política de confronto com a União Soviética. Além disso, limpando o ninho da RKO, ele se tornava simpático a Washington. Hughes adorava o fato de que suas fábricas de equipamento aeronáutico, aviões e filmes estivessem firmemente ligadas à política.

Dos instrumentos de morte da Hughes Aircraft o mais formidável era o Falcon, um míssil guiado que os lançadores da Hughes Aircraft se certificariam de acertar os alvos russos. Era uma versão mais sofisticada da bomba-foguete V-2 alemã, que assolou Londres na Segunda Guerra Mundial. Eaker e George estavam em vantagem na produção do interceptor supersônico F-102, um avião de guerra para o qual forneciam um poderoso sistema de eletrônica antiaérea.

Quando a Guerra da Coréia começou, em junho de 1950, os amigos e colegas de Eaker e George em Washington assinaram um contrato amplo dando a Hughes o monopólio de interceptores para a Força Aérea dos EUA, que foi permitido, apesar de violar a lei Sherman antimonopólio, por causa da emergência da guerra. De novo ele se tornou sinônimo de heroísmo: destruidor de aviões e seres humanos apoiados pelo comunismo, vencedor de um conflito, líder na fabricação de armas. Seus lucros por participar de uma guerra "quente" chegaram a 5,3 milhões de dólares em 1952, e no fim de 1950 a Hughes Aircraft tinha em sua folha de pagamentos 15 mil empregados e mil cientistas, alguns deles alemães, que haviam trabalhado para Hitler na Segunda Guerra Mundial.

No fim do verão de 1950 Hughes não pôde mais resistir a interferir na fábrica de Culver City.

Voltou atrás em promessas feitas a Eaker e George e cancelou os planos de usar terras disponíveis em Culver City para ampliar a enorme fábrica; recusou a construção de um novo laboratório com equipamentos de pesquisa de último tipo a ser construído nas mesmas terras. Em vez disso decidiu construir uma nova fábrica perto de Las Vegas, uma cidade que ele ainda amava pelo sexo disponível, pelas ilimitadas oportunidades de construção e liberdade de impostos estaduais.

Mexendo pauzinhos e trapaceando em Washington, passou por cima das leis que restringiam o uso de terras do governo federal para obter lucros. Estava de olho em 10 mil hectares pertencentes ao governo federal no deserto, mas como os Estados Unidos estavam em guerra, não era honesto fazer acordos de terra com o governo. Hughes conseguiu achar uma brecha. Noah Dietrich desencavou a Lei Taylor Grazing, uma lei obscura que permitia uma troca direta, e não uma transferência de fundos, entre governo e indivíduos. Hughes entregou ao Departamento do Interior 295 mil hectares no norte de Nevada, que foram obtidos em troca de outras propriedades, e com isso teve permissão de adquirir a terra de Las Vegas sem pagar nada. Apesar de oposição no Departamento do Interior, e apesar de não passar de um engenhoso modo de sonegar impostos, o trato foi aprovado — porque o Departamento de Guerra precisava de Hughes, e ele sabia disso.

Teve a ousadia de contratar o proeminente advogado Clark M. Clifford, ex-assessor do presidente Truman, para agir em seu nome em Washington; Clifford observou que nenhuma influência especial podia ser exercida pela firma de advocacia sobre o presidente ou qualquer outra pessoa.

Hughes disse friamente que não precisava de ajuda em termos de influência pessoal; já era suficientemente íntimo de Truman. Essa influência, claro, vinha em parte de seus principais empregados da Força Aérea.

Apesar do relacionamento com Terry Moore, Hughes continuava promíscuo como sempre. No fim de 1950 envolveu-se com a linda atriz Barbara Payton, que na época estava com 23 anos; ela era muito diferente das mulheres morenas, lânguidas e voluptuosas que normalmente o atraíam; era loura, de olhos azuis e ascendência norueguesa, nascida em Minnesota, famosa pelas habilidades na cama; tinha ascendido rapidamente em Hollywood, subindo uma escada de camas. Recentemente havia aparecido com James Cagney (com quem tinha um contrato pessoal) em *O amanhã que não virá*, e com Gregory Peck em *Resistência heróica*.

Sua vida particular espetacularmente desregrada aparecia regularmente nas manchetes. Na época em que dormia com Hughes ela se ocupava em arrancar o belo mas idoso astro Franchot Tone de sua neurótica esposa, a atriz Jean Wallace, que se esfaqueou até quase morrer, num ataque de fúria e ciúme. Payton abandonou o marido, um vendedor de automóveis, e passou a viver com um gângster; compareceu lacrimosa ao julgamento do gângster, providenciando um álibi. Ela era uma figura central numa quadrilha de tráfico de drogas que atuava em todo o estado movimentando milhões de dólares.

Hughes continuou o caso com Payton enquanto Tone travava uma batalha com a mulher pela custódia dos dois filhos. A mulher de Tone foi prejudicada pela apresentação de sórdidas cartas de amor no tribunal, tórridas demais para ser reproduzidas num jornal familiar, escritas por seu garanhão, George Michael. O advogado dela perguntou a Franchot Tone durante a audiência:

— Com que freqüência o senhor viu a srta. Payton nua? Cem vezes?

— Não sei — respondeu Tone. — Freqüentemente.

Segundo Noah Dietrich, Hughes pagou vários milhares de dólares a Barbara Payton para impedi-la de contar à imprensa sobre o caso deles durante o julgamento. Tinha medo de Tone, que apesar de estar com quase 46 anos, era magro e tão rápido com os punhos quanto Oleg Cassini. Mas Payton contou a Tone sobre o caso com Hughes, e então Tone fez ameaças à vida de Hughes; este precisou dobrar sua guarda mórmon.

O complicado envolvimento de Hughes com Payton continuou. Depois de filmar *The Bride of the Gorilla* — Payton era a terceira namorada de Hughes a ser companheira cinematográfica de um macaco — ela anunciou, para fúria de Hughes, que iria se casar com o halterofilista-boxeador-ator Tom Neal. Tone, que queria Payton de volta, teve uma briga de socos com Neal que o deixou hospitalizado; e Payton, que tentou intervir, ficou de olho roxo. Com curativo no rosto, Tone deu entrevistas no hospital, enquanto Payton, com óculos escuros para esconder o machucado, lutava contra um bando de fotógrafos do lado de fora. Hughes já estava farto. Payton se mudou da cama de Neal de volta para a de Hughes e retornou outra vez, antes de finalmente se casar com Tone. Um mês depois voltou a Tom Neal, que, anos mais tarde, foi preso por matar a esposa.

No entanto Hughes ainda estava preocupado com Terry Moore. Estava planejando estabelecer-se em Nevada, devido à sua aversão por impostos e à mudança de sua fábrica. Uma noite eles jantaram em Las Vegas com o herdeiro do café Maxwell House, Robert Neil e Debbie Reynolds. Hughes desapareceu da mesa com Reynolds. Terry Moore ameaçou voltar a Los Angeles; Hughes insistiu em que sua saída com Reynolds foi inocente. Moore se lembra que flertou com o cantor Johnny Ray diante de Hughes, para provocar sua fúria. Será que Hughes não sabia que Ray era homossexual? Moore continuou convencida de que Debbie Reynolds e Hughes estavam envolvidos — mas não havia base para essa crença.

Durante todas essas idas e vindas Hughes retomou sua antiga atração por Jean Simmons. Viu o filme inglês *Angústia de uma alma* e sentiu desejo por ela. Decidiu comprá-la, como se fosse uma cabeça de gado, do magnata cinematográfico inglês J. Arthur Rank, para sua cama e seu estúdio — apesar de ela ainda estar casada com Stewart Granger.

Rank teve um belo lucro no negócio. Não contou a ela; o agente de Simmons, Bert Allenberg (que também trabalhava para Stewart Granger) foi forçado a lhe dar a notícia. Allenberg deixou claro que, se ela se recusasse a assinar um contrato de sete anos, como o de Jane Russell, Hughes iria destruí-la colocando-a em filmes ruins. Os Granger o convidaram para jantar, para discutir o assunto; presentes estavam Michael Wilding e sua noiva, Elizabeth Taylor. Hughes passou a maior parte do jantar olhando os seios das mulheres.

Quando a refeição terminou, Granger perguntou a Hughes:

— De qual dessas garotas você gostaria?

Ele respondeu que não conseguia decidir.

— Você não vai ter nenhuma — disse Granger rispidamente. — Vá se foder!

A vingança de Hughes foi impedir Simmons de fazer o filme que ela mais queria — *A princesa e o plebeu*, que mais tarde se tornou um triunfo para Audrey Hepburn. Estava decidido a tornar Simmons uma prisioneira. De algum modo iria para a cama com ela.

Embarcou numa campanha demoníaca. Primeiro convidou Granger, Elizabeth Taylor e seu noivo Michael Wilding e Jean Simmons para Lake Tahoe, para férias à sua custa. Levou-os num passeio de hidroplano que, segundo ele prometeu, iria mais tarde levá-los a Acapulco. Sabendo que Granger estava resfriado, ele deliberadamente mergulhou com o avião várias vezes, fazendo com que Granger machucasse o tímpano.

Fingindo ansiedade, levou o casal a Las Vegas para que Granger fizesse um tratamento. Disse a Granger que seria perigoso ir de avião para Los Angeles. Deixando-o na cama, partiu com Simmons para os vários shows. Simmons lhe deu gelo.

Quando ela estava de volta em segurança ao hotel, Hughes, às três da madrugada, foi em seu avião para Los Angeles, entrou num carro e se encontrou com Bert Allenberg num local secreto para discutir o contrato com Simmons. Sem Simmons para apoiá-lo em seus argumentos, Allenberg desmoronou diante da persuasão de Hughes e aceitou um contrato em que ela não teria escolha quanto aos filmes e ficaria presa a Hughes durante três anos.

Hughes agiu de novo. Ainda estava decidido a levar Elizabeth Taylor para a cama. Ligou para sua velha amiga, a colunista Hedda Hopper, disse que Michael Wilding era "veado" e que ela deveria usar sua influência e a coluna para romper o noivado da dupla. Hopper chamou Wilding e Taylor à sua casa e censurou Taylor, dizendo na frente de Wilding:

— Como você pode pensar em se casar com um homossexual?

Debilmente, Wilding não conseguiu negar a acusação (ele fora um dos garotos de Noel Coward na década de 30, mas há anos havia abandonado o sexo gay). Taylor se recusou a acreditar em Hedda e logo depois se casou com Wilding em Londres.

Tinha escapado de Hughes; Simmons não. Ele a convocava para reuniões secretas em seu carro. Ela gostava da intriga, mas permaneceu fiel a Granger. Hughes a colocou numa versão de *Androcles and the Lion*, de George Bernard Shaw; enganou Shaw fazendo-o ceder os direitos quando aceitou a condição de que o diretor predileto de Shaw, Gabriel Pascal, dirigiria; depois demitiu Pascal. Destruiu a carreira do diretor; na verdade matou-o. Pascal morreu em 1954 do que Stewart Granger descreveu como "coração partido". Enquanto isso Terry Moore enfurecia Hughes namorando de novo Nicky Hilton, com quem foi fotografada. Hilton havia se divorciado recentemente de Elizabeth Taylor. O carrossel de sexo e trocas de camas continuou. Moore deu um passo adiante: começou a namorar Greg Bautzer, que ainda era advogado de Hughes.

CAPÍTULO DOZE

Anos Atribulados

Enquanto sua vida pessoal continuava complexa e turbulenta como sempre, Hughes também não se sentia feliz com a RKO. As brigas com os produtores Jerry Wald e Norman Krasna não eram menores por ele ter-lhes dado autonomia para fazer filmes. Em numerosas entrevistas com a imprensa eles reclamavam, alto e amargamente, que eram os produtores mais importantes e bem-sucedidos de Hughes e não conseguiam se encontrar com o patrão. Por fim conseguiram irritar Hughes a tal ponto com as reclamações públicas que ele se deu ao trabalho de ligar para Greg Bautzer para chamá-los ao seu bangalô no hotel Beverly Hills. Os dois chegaram à uma da madrugada, a única hora em que ele podia recebê-los; a sala estava quase completamente escura, iluminada apenas por uma lâmpada. Hughes usava apenas um par de sapatos caros, de duas cores.

— Belos sapatos! — disse Jerry Wald, sem graça.

— São bons — respondeu Hughes. — E agora, se me dão licença, senhores, eu tenho trabalho a fazer.

Eles saíram e nunca mais o viram.

Em 1951, o estúdio tinha perdido 5.832.000 dólares devido a uma sucessão de filmes ruins, das irritantes alterações de programação feitas por Hughes e dos gastos excessivos com *Jet Pilot*. Além disso ele havia atrapalhado, e até mesmo interrompido, vários filmes bons, inclusive o excelente *De frente para o perigo*, assim privando a cadeia de cinemas RKO, da qual foi agora obrigado a se desfazer, de produtos importantes. Na agenda de lançamentos da RKO para o ano seguinte os filmes mais importantes não eram seus, e sim independentes: *Hans Christian Andersen*, de Samuel Goldwyn, e *Alice no País das Maravilhas*, de Walt Disney.

Teve de enfrentar o nervoso Louis B. Mayer, cujo sócio, o multimilionário empresário de San Francisco Louis R. Lurie, queria comprar a produtora. Hughes se mostrou esquivo como sempre nas negociações, dizendo ao *Wall Street Journal*: "Eu preferiria jogar minhas ações no mar do que vender com prejuízo." No fim de maio tinha decidido não ir em frente.

Ficou irritado com uma luta pelo controle da empresa, liderada por um acionista insatisfeito, o banqueiro de Wall Street David J. Greene. Greene reclamou com a imprensa sobre a má administração de Hughes, autorizando filmes ruins e um padrão de lançamento absurdo. Greene lutou para conseguir que os acionistas vencessem Hughes, e no início do verão a matéria foi submetida aos acionistas. Mas Greene fracassou.

O comportamento de Hughes no trabalho era mais excêntrico do que nunca. Ainda se recusava a ir ao estúdio. Um grande número de memorandos de reclamação nos arquivos de Jerry Wald mostra que este não conseguia fazer com que Hughes tomasse decisões com relação a nada. Mesmo quando Hughes concordou em fazer *A grande noite de Casanova* e *Nas asas da fama*, produzidos por Wald e Krasna, subitamente renegou as promessas e vendeu os roteiros a outros estúdios. Demorava-se pensando em refazer cenas para *Macao*, de Josef von Sternberg com Russell e Mitchum; tentou de novo obrigar Wald a fazer *High Heels*, o musical estrelado por Terry Moore, e quando Wald recusou, gritou de fúria; não conseguiu fazer *High Heels* com outro produtor. Somente um punhado de filmes foi feito na RKO naqueles anos; o estúdio parecia uma cidade fantasma. Hughes estava apenas se mantendo à tona, com pouco ou nenhum interesse por seus filmes a não ser, claro, quando eles exibiam corpos seminus. Nem mesmo fazer filmes podia libertá-lo do tédio e da aridez em que vivia.

Em 1951 e 1952 a cruzada de Hughes contra o comunismo, ainda exacerbada por seu desejo de fazer com que a Hughes Aircraft lucrasse com a guerra da Coréia e as futuras guerras anti-soviéticas, se intensificou.

Ele concentrou a atenção em Paul Jarrico, um escritor que tinha sido co-roteirista do filme de propaganda pró-soviética *Canção da Rússia,* produzido pela MGM numa época, durante a Segunda Guerra Mundial, em que os Estados Unidos eram aliados da URSS contra Hitler. Jarrico tinha escrito *O caminho do pecado*, programado para atrair o público para os investimentos de Hughes naquela cidade, para Jane Russell e Victor Mature. Em abril de 1951 Jarrico se recusou a admitir que era comunista diante da Comissão de Atividades Antiamericanas, e Hughes o demitiu e tirou seu nome dos créditos do filme.

O sindicato dos roteiristas de cinema tinha regras rígidas dizendo que nenhum escritor que tivesse contribuído com mais de 30% de uma determinada obra poderia ter negado o crédito. Quando membros do sindicato ameaçaram uma greve caso Jarrico tivesse o crédito negado, Hughes emitiu uma declaração dizendo: "Eles podem ir em frente." E disse aos funcionários que qualquer um que se juntasse à greve ou a apoiasse seria demitido imediatamente.

O sindicato procurou um acordo com Hughes, mas ele se recusou a ceder até mesmo à reunião mais breve, e não atendia a telefonemas. Abriu caminho até conseguir um julgamento declaratório feito por um tribunal superior que lhe dava o direito de retirar um roteirista dos créditos de um filme se ele, como acionista majoritário, assim quisesse.

Jarrico processou Hughes pedindo 350 mil dólares por demissão sem justa causa. A reclamação foi derrotada; Hughes tinha agido dentro do contrato.

Mary McCall, Jr., roteirista (*Eram 3 mulheres*) e presidente do Writer's Guild, declarou: "O sr. Hughes lançou um manto de americanismo sobre suas precárias produções."

Segundo seu chefe de cozinha, Robert Poussin, Hughes se apaixonou na época pela atraente e talentosa estrela francesa Zizi Jeanmaire, da companhia de balé de Roland Petit, de Paris, que estivera em Hollywood contratada pela Goldwyn para fazer *Hans Christian Andersen*. Cativado por seu corpo atlético e pelos cabelos escuros, Hughes a levou de volta à Califórnia com Petit e a companhia, para fazer uma versão cinematográfica do bem-sucedido balé *Carmen*; colocou seu cozinheiro Poussin como intérprete. Segundo Poussin (que fez a declaração juramentada durante as preliminares do processo sobre o testamento de Hughes em 1977):

> Para ele o sexo [na época] era principalmente dançar com a cabeça no ombro [de uma estrela]. Ele tentou fazer sexo com Zizi Jeanmaire. Ela me disse que ele não conseguiu.

Mais tarde Zizi se casou com Roland Petit; seu relacionamento profissional e romântico continua até hoje.

Segundo Poussin, em 1953 Hughes foi impotente com outras. Mas Poussin não tinha provas disso, apenas ouvia dizer, e os fatos disponíveis o negam. Não teria sido simplesmente que ele, como sempre, fosse mais bem-sucedido com algumas mulheres do que com outras? Poussin observou em seu testemunho que um certo tipo de maquiagem, ou de perfume, podia despertar o desejo em Hughes — essa reação, afinal de contas, não era incomum em homens com equilíbrio delicado. Além disso, os ferimentos e o estilo de vida pouco saudável, além da idade, deviam diminuir seu ritmo de qualquer modo.

E apesar da tentativa com Zizi Jeanmaire, Hughes ainda estava dormindo com Terry Moore, segundo a própria, que mais tarde, no verão de 1952, recebeu e aceitou a oferta de um papel ao lado de Fredric March em *Saltimbancos*, de Elia Kazan, um policial a ser filmado na Alemanha.

Pouco depois de sair de Hollywood, Moore ficou dois meses sem menstruar. Hughes mandou-a ao seu médico, Verne Mason, para um exame; Mason fez um teste e disse a Hughes que ela estava grávida. Uma indicação do poder de Hughes sobre o médico é dada pelo fato de este ter avisado a ele, e não a Moore. O próprio Hughes contou a ela.

Mais tarde Moore disse:

— Howard não ficou surpreso. Não creio que ele tenha se sentido particularmente satisfeito, mas não sentiu desagrado.

Acrescentou que ele ficou preocupado com a hipótese de ela não conseguir terminar o filme, o que era estranho. Se não queria que ela fizesse o filme, por que não usou a gravidez como desculpa para Moore romper o contrato? Obviamente porque não queria que ela tivesse o filho. Se ela desse à luz poderia forçá-lo a outro casamento, este legítimo, que iria amarrá-lo pelo resto da vida. Se fosse divulgado que ele tinha um filho ilegítimo, isso poderia prejudicar tremendamente sua imagem (aquela era uma época moralista), e Hughes ainda detestava crianças.

Assim que Terry Moore partiu ele passou a ligar para ela obsessivamente na Alemanha, dia e noite, fazendo o chamado do acasalamento dos jacarés, a forma padrão de comunicação amorosa entre os dois desde a época em que ela estivera na Flórida com Cojo Courtland. Ao saber que ela não conseguia comprar frutas frescas naquele país devastado pela guerra, ele lhe mandou de avião um caixote de laranjas da Califórnia.

Moore disse a Hughes que estava tendo sangramentos e dores fortes; ele não recebeu bem a notícia; está claro, pelo comportamento dele na época, que queria que ela abortasse. Enquanto estava na banheira no hotel, Moore teve um sangramento súbito; estivera fazendo várias cenas perigosas que uma mulher grávida jamais deveria realizar, inclusive nadar num rio.

Hughes despachou o Dr. Verne Mason para cuidar do parto — a viagem implicou um vôo desesperado, insone, de vinte e quatro horas desde Los Angeles. No hospital de Munique, Mason disse cruelmente a ela que Hughes não queria o filho; que seria uma inconveniência para ele. Moore ficou histérica; o parto foi mais complicado do que o normal, e depois de doze horas de vida a menininha morreu de septicemia. Era vários meses prematura; Hughes não fez segredo de seu alívio. Moore o acusou de se certificar de que o bebê fosse morto. Durante anos ela teve certeza de que ele mandara assassinar a criança. Qualquer que fosse a verdade, se o assassinato pode acontecer no coração, certamente estava no de Hughes.

Ele não mostrou preocupação durante a recuperação lenta, dolorosa e sofrida; não foi à Alemanha oferecer qualquer consolo; em vez disso perturbou Darryl F. Zanuck, chefe da 20th Century-Fox, que tinha feito o filme, para manter tudo em segredo. Zanuck não precisava de estímulo da parte dele. Se a Legião de Decência e os clubes femininos descobrissem, isso poderia acabar com o filme, com a carreira de Moore e com o próprio estúdio.

De modo ainda mais maldoso, Hughes tentou fazer com que Zanuck tirasse Moore das cenas que restavam e refizesse o filme com outra atriz, oferecendo-se para pagar os custos; temia que, quando fosse entrevistada, ela pudesse deixar que a verdade escapasse. Zanuck fingiu concordar, pegou algum dinheiro com Hughes e terminou o filme com Moore. Hughes ficou apoplético de fúria.

Depois do episódio horroroso Moore acabou perdoando-o. Ela não consegue explicar por quê — só que, apesar de tudo, continuava apaixonada.

Retomou o caso com ele naquele inverno; Hughes foi a Nova York para estar com ela na estréia de *A cruz de minha vida*, pelo qual, fazendo uma adolescente ardente e sensual, ela foi indicada para o Oscar. Hughes passou o Natal com a família espantosamente magnânima de Moore, em Glendale. De novo ela foi seduzida por aviões particulares, rosas Beleza Americana e promessas. Ele ficou satisfeito em ver que ela ainda estava apaixonada.

Mas esse egoísta insaciável não podia ser fiel à mulher que tinha voltado de modo tão insensato. Segundo o cozinheiro Robert Poussin, vivia namorando outras.

Montou um apartamento com clarabóia no número 8484 do Sunset Boulevard, sobre o estúdio de fotografia que tinha comprado. Seu auxiliar Walter Kane, que substituíra o cansado Johnny Meyer, atraía jovens ao estúdio com o pretexto de fazer testes fotográficos para ver se elas ficariam bem em filmes. Kane lhes prometia o estrelato se elas fizessem o que Hughes queria.

O próprio Hughes tirava fotos. Depois elas subiam a escada até o apartamento, onde Poussin preparava um jantar de *gourmet*. Havia champanha gelando num balde. Velas ardiam em candelabros de prata. Numa tara estranha, Hughes fazia amor com algumas delas usando as roupas de Kane, mais largas, até mesmo com as cuecas enormes.

Além disso insistia na limpeza. As garotas tinham de fazer exame médico antes de ele ao menos tocá-las. Antes de pisarem no apartamento ele limpava cada centímetro com lenços de papel, até mesmo a prataria e a louça. Era tão nervoso com Kane e Poussin que eles tinham de lavar as mãos com sabonete antes de ele chegar, e mostrar os dedos para que ele visse se as unhas estavam bem cuidadas.

Seus hábitos alimentares estavam ficando cada vez mais bizarros. Consumia meio quilo de biscoitos e dois litros de leite de uma vez, seguidos por duas taças de sorvete de baunilha com calda de chocolate. Uma noite pediu jantar para seis, um grande assado, e comeu tudo sozinho quando as outras cinco pessoas não apareceram. Ficava três dias sem comer nada e ia ao banheiro, onde ficava sentado por seis ou sete horas seguidas, ligava a TV do banheiro, assistia e dava dezenas de telefonemas.

Contratou um hipnotizador para apagá-lo porque não conseguia dormir mais de dez minutos de cada vez. Uma garota com quem Hughes estava namorando e que ele ameaçou abandonar tentou se matar cortando os pulsos. A polícia veio com as sirenes uivando; Poussin tentou acordar Hughes para avisar. Hughes estava esticado na cama, nu sob um lençol, com o rosto branco e os olhos arregalados e se mexendo. Hipnotizado.

Poussin tentou arrancá-lo da cama. Hughes não conseguia reagir, e Poussin o deixou caído nu no chão. Walter Kane resolveu as coisas com a polícia e Poussin convenceu a garota a viver. Hughes nunca lhe agradeceu.

Enquanto isso continuava desejando Jean Simmons. Quando ela permaneceu indiferente ele lhe deu um filme terrível, *Alma em pânico*, em que ela fazia uma garota psicótica que assassina os pais, e disse ao diretor Otto Preminger para tratá-la tão mal quanto quisesse. Sádico, Preminger a atormentou durante toda a produção, reduzindo-a freqüentemente às lágrimas.

Depois de semanas de tentativas ela conseguiu marcar uma entrevista com Hughes. Gritou dizendo que não queria nada com ele; que pretendia romper o contrato; que não faria o terceiro filme com o qual tinha concordado; que lutaria com ele nos tribunais, se fosse necessário. Hughes ficou horrorizado. Anunciou, através da rede de fofocas do estúdio, que ela havia concordado verbalmente em fazer um contrato de sete anos com ele, e que se qualquer um dos chefões de Hollywood a contratasse ele iria processá-los. Simmons resolveu correr o risco, numa cidade comandada pelas empresas de cinema, e foi ao tribunal declarar, baseada no contrato existente, que Hughes não tinha direitos sobre ela depois do terceiro filme.

Ele ficou furioso. Bautzer tentou intimidar Simmons nas audiências; enquanto isso todo mundo a alertava de que continuar lutando contra Hughes poderia destruir sua carreira. Hughes mandou espiões à Inglaterra para tentar expor alguma sujeira sobre o passado de Granger. Os espiões fracassaram.

Tentou outro ardil. Mandou um cheque de 187 mil dólares para a casa dos Granger, com um recibo. Eles o devolveram. Se tivessem aceitado, Simmons ficaria amarrada por sete anos. Era a quantia exata com a qual Simmons tinha concordado caso o contrato mais longo fosse feito.

Stewart Granger decidiu matar Hughes. Seu método seria simples: sairia da cidade; os espiões de Hughes, que viviam em volta da casa, iriam segui-lo enquanto ele fosse de carro até o aeroporto. Despistando-os, Granger voltaria imediatamente, de carro ou trem. Simmons ligaria para Hughes pedindo para se encontrar com ele sozinha; ela iria levá-lo ao terraço da casa dos dois, que ficava num penhasco alto. Num momento combinado ela gritaria como se Hughes a estivesse estuprando — suficientemente alto para os vizinhos escutarem.

Nesse momento Granger sairia correndo da casa e jogaria Hughes por cima da varanda, para morrer chocando-se nas pedras embaixo. Ele ligaria para a polícia e diria que Hughes tinha tentado estuprar Simmons. E que, na luta, tinha caído acidentalmente. No dia seguinte Granger pensou melhor no plano; Hughes não valia a câmara de gás.

Simmons fez o terceiro filme para Hughes, *Quero-te meu amor*, enquanto Granger fazia *Salomé* com a ex-amante de Hughes, Rita Hayworth, que lhe contou sobre o ódio que também sentia por Hughes. O caso de Simmons foi aos tribunais, e ela venceu. Não pediu reparações; só as despesas com os advogados.

Perturbado, furioso, Hughes vendeu a RKO em setembro de 1952 para um grupo econômico de Chicago comandado pelo milionário das vendas pelo correio Ralph E. Stolkin, pela quantia de 7.345.940 dólares. Seis semanas depois da assinatura do contrato o *Wall Street Journal* denunciou que Stolkin e seus sócios tinham uma história financeira questionável. Eles tiveram de recuar do negócio e Hughes ficou com a criança.

Ao mesmo tempo Hughes teve uma reunião de emergência com Eaker e os outros executivos da Hughes Aircraft no hotel Beverly Hills. Eles reclamaram da interferência de Noah Dietrich com a fábrica, e da negligência de Hughes com relação à mesma. Ele respondeu ameaçando vender Culver City, mas não cumpriu a ameaça. No ano seguinte, 1953, dois de seus principais executivos se demitiram; Harold E. Talbott, ex-secretário da Força Aérea, disse a Hughes que ele havia feito uma bagunça com a fábrica e que os contratos com o governo seriam cancelados a não ser que a administração da empresa melhorasse.

Outros executivos recuaram. Mas foi uma tempestade num copo d'água: Hughes estava fornecendo armas cruciais para o governo, e as brigas internas dos executivos não bastavam para justificar o cancelamento de uma lucrativa fonte de lucros tanto para a Força Aérea quanto para Hughes, para não mencionar a principal fonte de destruição, caso a Guerra Fria contra a União Soviética esquentasse.

De novo encarregado da RKO, Hughes assumiu um comando mais pessoal do que vinha fazendo há anos. Lançou uma produção em 3-D, *A última chance*, e para ela pegou emprestada Linda Darnell, por quem ainda mantinha fortes sentimentos, para um papel que Jane Russell poderia facilmente ter feito. Usando óculos especiais durante as projeções ele podia ver os seios de Darnell aparentemente ser lançados contra seu rosto. Feito com prazer sádico, o filme torturava os nervos da platéia com uma seqüência prolongada a bordo de um teleférico preso no alto dos Andes.

Hughes lançou, com seu nome nos créditos, o filme mais pessoal de sua carreira desde *Um romance em Paris*, de novo feito em 3-D. Baseava-se na velha anedota sobre a herdeira rica que troca de lugar com uma amiga para se certificar de que o homem que a persegue está interessado apenas nela. De novo a produção foi uma desculpa para Hughes sentar-se numa sala de projeção usando óculos de 3-D e assistir enquanto os seios das atrizes — Jane Russell, Mary McCarthy e Joyce MacKenzie — são lançados como bolas de futebol.

Parada nua diante de um espelho (escondida da platéia por uma toalha nas costas) a magnata do petróleo texana representada por Russell (mais ou menos uma versão feminina de Howard Hughes) canta sobre o prazer celestial que está para experimentar na noite de núpcias; ela se descreve como "geniosa como um *vison* macho na estação do acasalamento". Um amante latino olha para seus seios e se refere às suas "riquezas peculiares". Ela força uma noiva e um noivo a se separarem na viagem de lua-de-mel; boa parte da história é ocupada pelos esforços frenéticos do noivo para desfrutar da noite de núpcias. A farsa chega ao auge quando Russell dança projetando o ventre para a platéia num close em 3-D depois do outro — o entretenimento mais tórrido, fora de um show pornográfico, na história de Hollywood até aquela data.

O filme teve problemas com a censura. Em seu relatório a Legião da Decência declarou:

> [Ele] contém ações, figurinos e diálogos grosseiramente obscenos, sugestivos e indecentes (...) é capaz de provocar influências sérias e malignas.

Muitas falas que o próprio Hughes escreveu perturbaram o departamento de Breen e foram cortadas. Num determinado ponto Russell-Hughes dizia:

> Só preciso de um homem!... Baixo ou alto, magro, musculoso, obeso... de dezessete ou setenta anos! Esperem e vejam minha reação química particular.

Breen fez Hughes retirar uma quantidade de jovens com roupas de baixo, um "professor de amor" francês ensinando às alunas as habilidades na cama, anunciando: "Nunca recebi nenhuma reclamação" (como amante), e discutindo o relatório Kinsey. Também foram cortadas referências lascivas à "configuração do terreno", e que um objeto não especificado poderia não ser "duro na lua-de-mel". Uma referência a um homem como "maricas" foi cortada. Apesar dos cortes, a Administração do Código de Produção negou seu selo ao filme em dezembro de 1953. Hughes desafiou a administração e exibiu o filme, estreando em St. Louis, Missouri. Como resultado teve de pagar uma multa de 25 mil dólares. Em janeiro de 1954 o selo foi negado de novo a *Um romance em Paris*, e finalmente a película foi declarada por Breen como "indecente e obscena".

Em 17 de fevereiro, instigado por Hughes, Noah Dietrich foi ao escritório de Breen e tentou fazer com que ele mudasse de idéia. Fracassou. O filme nunca recebeu o selo. Logo as filas estavam virando quarteirões. Mas foi proibido em Nova York, na Pennsylvania, no Kansas e na Colúmbia Britânica. Então as cadeias de cinema o recusaram. Hughes perdeu uma fortuna com *Um romance em Paris*.

Jane Russell ficou arrasada. Sentiu nojo porque Brenn queria picotar seu número "Looking for Trouble". Perguntada como ela, uma cristã decente, podia exibir os seios enquanto um personagem olhava para eles e falava de seus "grandes, morenos... olhos", ela reagiu:

— As cristãs também têm seios!

Mas estava muito insatisfeita.

Outro filme de *voyeur* em que Hughes se envolveu foi *Alforje do diabo*, que a sobrecarregada Jane Russell começou poucas semanas depois de se recuperar de uma doença em *Um romance em Paris*. Não somente Hughes salivava ao pensar em Russell usando roupas de banho justas, sendo apalpada pelo moreno e magro ator mexicano Gilbert Roland (um substituto para ele próprio), mas ia sempre a Honolulu durante as filmagens e projetou alguns equipamentos subaquáticos.

Com excentricidade típica, e até mesmo com temeridade, Hughes optou por filmar *Alforje do diabo* na pior época do ano, novembro, quando havia o perigo constante dos *konas*, ou maremotos, um dos quais assolou o litoral não muito longe da locação. O mar forte e ventos de sessenta e cinco quilômetros por hora atrapalhavam a produção. Os homens mal conseguiam carregar e descarregar as bagagens de equipamento por causa das ondas altas; um barco virou e um tripulante quase se afogou.

Em condições ainda piores as filmagens se arrastaram pelo mês de dezembro. Hughes arrancou os cabelos quando a equipe, com muito pouca coisa filmada, voou para casa para os feriados de Natal. *Alforje do diabo* continuou durante janeiro e fevereiro, com a praia de Newport fazendo as vezes de Honolulu; em março o filme interminável continuava em produção. Em 10 de março uma explosão mal programada feriu dois técnicos de efeitos especiais; a insistência de Hughes em usar tubarões de verdade numa cena quase custou a perna de um figurante.

De repente ele interrompeu o filme; passaram-se dois meses e meio antes que encontrasse paciência para começar de novo. Com grandes despesas, foram feitas cenas em Nassau, nas Bahamas, para onde Hughes viajou para estabelecer conexões de jogos com os chefões do crime local. Somente em 2 de julho de 1954 o filme, que demorou oito meses, com orçamento estourado em milhões de dólares, foi concluído.

Ele jamais deixou de manter seus espiões trabalhando, seguindo amantes atuais ou antigas. Quando Linda Darnell esmagou um dedo na porta de um hotel na Cidade do México durante *A última chance*, ele descobriu antes da imprensa e viajou para lá, cuidando dela como se fosse uma cafetina. Quando ela foi a Roma assinar um contrato com o produtor

Giuseppe Amato, ele ficou furioso. O envolvimento de Yvonne de Carlo com o galã Carlos Thompson o irritou, mas quando roubaram dela 10 mil dólares em jóias e cheques de viagem em Londres, ele foi o primeiro a contratar detetives para resolver o crime. Terry Moore e Ava Gardner eram seguidas dia e noite por seus homens.

Hughes tinha um novo interesse sexual. Há anos se relacionava com Susan Hayward como amiga e acompanhante em jantares; insegura, nervosa, freqüentemente à beira de um ataque de nervos e conhecida pelo mau humor, fumando um cigarro atrás do outro (ele odiava isso), nos filmes Hayward parecia ser calma, agressiva e a imagem da saúde atlética. Ele ficara fascinado com a interpretação da imperatriz Messalina em *Demétrio e os gladiadores*, e de novo começou a sentir desejo por ela.

Susan Hayward vinha sofrendo com o péssimo casamento com um atleta de Hollywood construído classicamente, Jess Barker, e eles tinham dois filhos. O casal brigou durante anos. Hughes a havia apanhado emprestada para *Paixão de bravo*. Quando se envolveu com ela, de novo traindo Terry Moore, Hayward estava drogada, exausta e à beira de um colapso.

Enquanto namorava Hughes, Hayward teve a pior briga com Barker, que lhe pediu três mil dólares para investir num poço de petróleo. Sem trabalho, sendo apenas mais uma cara bonita em Hollywood, o garanhão infeliz estava desesperado para fazer alguma coisa da vida. Ela gritou dizendo para ele arranjar um trabalho; acusou-o (falsamente) de ser "veado". Ele bateu nela com força; ela bateu de volta; os dois se espancaram pela casa.

Por fim ele a jogou na piscina, quase afogando-a mantendo-a debaixo d'água. Hayward fugiu para o Havaí e se encontrou com Hughes, que estava lá filmando *Alforje do diabo*. Quando voltou a Hollywood, depois de tentar enfiar um cigarro aceso nos olhos de Jess Barker, ela pediu divórcio e Hughes a ajudou a consegui-lo.

Hughes decidiu fazer um filme importante para ela e John Wayne — sua produção mais cara até então. Era um ato de insanidade, já que decidiu que Wayne, o epítome do americanismo rude, faria Gengis Khan em *Sangue de bárbaros*, um filme desde então considerado um dos piores já feitos em Hollywood. Susan Hayward fazia uma feroz princesa tártara — finalmente um papel com a cara dela. Hughes trabalhou no roteiro com um dos seus escritores preferidos, Oscar Millard, que, com outros escritores, tinha feito os roteiros de *Alma em pânico* e *Última chance*. Com igual perversidade contratou Dick Powell, que fora o único diretor usado pelos gângsteres compradores da RKO. O filme seria um faroeste mongol, e pior, seria fatal para vários atores e membros da equipe, além do diretor.

A princípio Susan Hayward se recusou a fazer *Sangue de bárbaros*. O roteiro a deixou pasma, mas Hughes não aceitava um "não" como resposta. Como ela, uma atriz ganhadora do Oscar, reagiria significativamente a falas como "Vou retê-la, Bortai, em resposta à minha paixão. Seu ódio vai se transformar em amor"?

Hughes ofereceu um milhão de dólares a Darryl F. Zanuck por baixo da mesa, se Zanuck lhe emprestasse Hayward. Zanuck disse a Hayward que, se não trabalhasse com Hughes, ele iria suspendê-la. Assoberbada pelos custos do divórcio, ela foi obrigada a aceitar.

O mau uso de Hayward feito por Hughes minou qualquer sentimento que ela pudesse ter por ele. A atriz odiou as roupas que Hughes mandou Michael Woulfe criar; gritou de raiva ao ver os esboços. Dick Powell a coagiu a aceitar as roupas; Hughes mandou Powell mentir dizendo que, se ela não as usasse, Woulfe seria demitido.

No início de 1954 Hughes mandou a equipe à região ao redor de St. George, Utah, para fazer o filme. Sensível como sempre à poluição do ambiente, optou por desconsiderar o fato de que suas estrelas (e seis milhões de dólares, ou 60 milhões em dinheiro de 1993) seriam enfiadas na área mais perigosa dos Estados Unidos.

Em 19 de maio de 1953, na época em que Hughes estava planejando o filme, o governo fez uma explosão nuclear em Yucca Flat, Nevada. As cinzas radiativas caíram sobre uma ampla região desabitada, inclusive St. George, que ficava a uns 230 quilômetros de distância. Era a última das cem bombas explodidas na região desde 1951, um ato atroz da Comissão de Energia Atômica, já que não havia pedidos de evacuação nem de mudar as casas das pessoas que estavam no raio da explosão.

Não pode se usar como desculpa a idéia de que Hughes não conhecia o perigo da radiação. Ele tinha produzido o roteiro de *Suplício de um condenado*, filmado sob o regime de Stolkin e também dirigido por Dick Powell, que abordava diretamente o perigo da radiação em Nevada. Como industrial em contato com o Pentágono e a Força Aérea, tinha plena consciência dos locais de testes nucleares; seu prolongado adiamento da construção de fábricas em Nevada se baseava na inquietação que sentia com os testes. Ele poderia facilmente ter filmado *Sangue de bárbaros* no deserto de Mojave ou no México; deixou de obter de seus importantes contatos em Washington a verdade sobre o perigo inerente em usar o local, e foi adiante, cheio de imprudência. O resultado foi um ato do que poderia ser generosamente descrito como assassinato involuntário; é a pior das incontáveis manchas em seu currículo. Seus auxiliares mórmons podem ter tido influência na decisão. St. George era uma cidade mórmon.

As estatísticas eram apropriadas para um épico gigantesco: duzentos homens foram contratados para transformar 250 quilômetros quadrados de terreno virgem em algo que supostamente lembrasse o deserto de Gobi; mil cavalos e cinco mil figurantes foram enviados; povoados mongóis e tártaros do século XII foram construídos a partir de desenhos antigos e mandados de caminhão; duas casas e 22 hotéis foram alugados.

Em temperaturas de 48 graus, Wayne e Hayward queimavam e xingavam; o cavalo do ator Pedro Almendariz tropeçou e o derrubou, fraturando seu queixo; a pantera de estimação de Susan Hayward tentou mordê-la enquanto ela fazia o papel da princesa tártara, e teve de ser substituída por um leão da montanha pintado à mão; o falcão de John Wayne ficou doente e outro teve de ser mandado de avião, atrasando o filme por dias.

Hughes, covardemente, jamais foi a St. George. Em vez disso começou a arrebanhar escravas, através de vários cafetões, e colocá-las nas inevitáveis cenas de danças de harém. Os figurinos de Michael Woulfe davam a ilusão de estarem quase nuas — e isso resultou em outro atrito com o escritório de Breen.

Apesar de todos os absurdos e do roteiro pavoroso, as cenas de ação do filme eram empolgantes em cinemascope; e as críticas foram surpreendentemente amenas. Ninguém naqueles dias notou a mistura de buraco de fechadura e machismo, típica de Hughes; é possível que ele próprio tenha escrito (certamente deve ter aprovado essas falas, que provocariam vaias hoje em dia): "Será que a perfídia dela é menor do que a de qualquer outra mulher?"

Um típico diálogo:

GENGIS: Vou retê-la, Bortai, em resposta à minha paixão. Seu ódio vai se transformar em amor.

BORTAI: Antes que esse dia chegue, Mongol, os corvos terão se refestelado com seu coração.

As conseqüências das filmagens foram horríveis. Susan Hayward contraiu câncer de pulmão e depois no cérebro, e morreu; John Wayne também morreu de câncer; a brilhante atriz Agnes Moorehead foi mais uma vítima. Quando Pedro Almendariz descobriu que tinha a doença mortal, deu um tiro no coração. Dick Powell também sucumbiu.

Mais de metade da equipe morreu. E outro fato, escondido na época, veio à tona anos depois: Hughes ordenou que sessenta toneladas de poeira radiativa fossem mandadas para Hollywood, para permitir a continuação das cenas do deserto.

Ele ficou obcecado com *Sangue de bárbaros*, que realizava sua fantasia definitiva de *voyeur*: sem dúvida, na mente, ele era o próprio Gengis Khan, capaz de escolher e levar para a cama qualquer mulher do mundo, bárbaro e implacavelmente viril em seus impulsos; na fantasia ele podia fazer amor com Susan Hayward brutalmente, vigorosamente, de um modo que ela jamais permitiu na vida real. Falho em sua hombridade, de orientação questionável, tendo sucesso com algumas mulheres, fracassando com outras, podia imaginar que era um bárbaro; e facilmente podia fantasiar que seu físico magricelo havia inchado até chegar à magnificência do de Wayne, cujos braços poderosos estavam à mostra em quase todas as tomadas. Tão completa era sua identificação que, depois das primeiras exibições do filme — um ano e meio depois de ser feito —, tirou-o de circulação para que só ele pudesse vê-lo, sem dúvida ao som de centenas de clímaxes sexuais tentados ou conseguidos. Ninguém podia entrar na sala de projeção enquanto ele estava assistindo ao filme, e eventualmente ele mesmo o projetava.

Nenhum dos outros filmes de Hughes em 1954 foi digno de nota. Nostalgicamente ele escalou sua antiga paixão Yvonne de Carlo em *Sob a lei da chibata*, com uma de suas beldades masculinas prediletas, Cornel Wilde; tentou fazer um musical semi-erótico, *Romance de minha vida*, e a platéia dormiu; adorava os músculos, os seios, as orgias e assassinatos em *O signo de Roma*, que ele distribuiu; desperdiçou Robert Ryan e Barbara Stanwick em *Selvas indomáveis*.

Satisfez-se com uma última criação pessoal: *O filho de Sinbad*. Até mesmo o sóbrio Richard D. Jewell e o falecido executivo da RKO Verno Harbin, co-autores de *The RKO Story*, o chamaram de "deleite de *voyeur*". Contém um número espantoso de símbolos fálicos, lanças e espadas entrando em quadro, homens musculosos seminus; e um número incrível de planos, mesmo para Hughes, com mulheres com os seios quase expostos e cinturas arfantes. O filme quase se igualou a *Um romance em Paris* como um filme erótico levemente disfarçado, nos limites do pornô leve.

Vincent Price, um dos astros, contou a este autor que o único objetivo de fazer o filme era pagar ex-vencedoras de concursos de beleza que Hughes tinha "patrocinado" prometendo-lhes papel num filme, mas que tinha deixado de molho há anos; e também para pagar as numerosas garotas que tinha sob contrato sem sentido. Assim concebeu uma história em que, em vez de a lenda de *Ali Babá e os quarenta ladrões*, teria *Ali Babá e as filhas dos quarenta ladrões*.

Hughes conseguiu um feito de escalação cruzada: transformou as quarenta filhas em garotas de harém, suficientemente esguias para caber em jarras. Como Cornel Wilde não estava disponível, virou-se para outro garanhão de Hollywood, Dale Robertson, que pegou emprestado com Darryl F. Zanuck, para cabriolar com as garotas flexionando os músculos à mostra. Colocou Vincent Price revirando os olhos e estalando os lábios através dos salões dourados no papel de Omar, o Fazedor de Tendas, recitando versos enquanto ficava de olho no harém.

Hughes bateu de frente com o escritório de Breen. Quando submeteu o roteiro em fevereiro de 1953 Breen o alertou de que várias cenas, particularmente uma dança de harém, oferecia perigos de censura; "os seios devem estar totalmente cobertos o tempo todo", disse Breen. As seqüências nos banhos não deviam sugerir nudez; a fala "Durante todas essas horas ela está se banhando, esperando ser surpreendida", devia ser cortada. Assim como "Ele tem privilégios de harém nas noites de sábado". Os beijos não deviam ser de boca aberta, como indicado no texto; não deveria haver quadris se sacudindo e movimentos sensuais como em *Um romance em Paris*.

Hughes cortou as falas ofensivas no roteiro, depois as restaurou teimosamente no filme; manteve uma cena de seminudez depois da outra, rebolados, pernas abertas e levantadas; e todas as sugestões de combate sexual. Estava implícito que Sinbad fazia amor com cada mulher que encontrava; e Hughes permitiu uma tomada em que, numa fila das quarenta ladras, uma garota estava com o seio esquerdo exposto.

Os estados de Nova York, Ohio e Massachusetts fizeram um corte depois do outro, e Breen recusou o selo do Código de Produção para o filme. Só cedeu depois de muitos cortes, mas então a Legião da Decência emitiu uma declaração em 19 de maio de 1955:

> [O filme é] uma séria afronta aos valores cristãos e tradicionais (...) contém danças grosseiras e lascivas e figurinos indecentes (...) é uma incitação à delinqüência juvenil.

Ele tinha começado a se cansar dos esforços de Joe Breen para conter seus sonhos eróticos, e decidiu outra vez vender o estúdio. Recentemente havia revivido um sonho de evasão fiscal: o Instituto Médico Howard Hughes, que seria cinicamente dedicado à memória de seus pais falecidos, e em vista de eles terem morrido de falência cardíaca, iria se concentrar principalmente no tratamento e na cura das doenças do coração.

Escolheu Miami como local para o instituto e viajou para lá para falar com as autoridades. Para sustentá-lo, precisaria estar livre dos impostos, coisa que a Flórida poderia oferecer. Entregaria as ações da Hughes Aircraft ao instituto e ganharia milhões de dólares em juros por ano, livres de impostos.

Apesar de declarações exageradas da parte de Hughes e de seus divulgadores, que começaram a contar mentiras à imprensa falando de instalações luxuosas, com prédios grandes, piscinas para funcionários e pacientes e quadras de tênis, o instituto não foi concebido como um hospital de luxo; de fato não havia dinheiro suficiente para o projeto. Seria um punhado de especialistas mal pagos que viajariam pelo país procurando informações novas, disseminando conselhos e fornecendo as últimas pesquisas. Para uma operação desembaraçada desse tipo só seria necessário um espaço limitado; o centro era um andar de cobertura e parte de outro na Universidade de Miami.

A tolice de Hughes em permitir anúncios extravagantes do Instituto iria se mostrar desastrosa. O Imposto de Renda, corretamente, viu o empreendimento como apenas um modo para a Hughes Aircraft sonegar impostos, e seus inimigos nos departamentos de compras das Forças Armadas consideraram isso um modo de evitar que a Hughes Aircraft tivesse contratos cancelados. Hughes não ajudou demorando a fornecer verbas adequadas para o instituto; dos mais de três milhões de dólares em lucros da Hughes Aircraft no primeiro ano ele deu menos de 1% ao pessoal assoberbado do HHMI. Enquanto isso ele estava tão irritado com o imposto de renda que falou em vender todo o império de uma só vez — a Laurance Rockefeller. Caracteristicamente ele se encontrou com o visitante incrivelmente rico numa casa de cômodos. Estava vestido com trapos imundos e com a barba crescida. Rockefeller e seu sócio, o multimilionário do ramo de imóveis Bill Zeckendorf, ofereceram juntos 350 milhões de dólares. Hughes disse não. Eles aumentaram a oferta para 450 milhões. Ele pediu 500. Idiotamente eles saíram. O império valia dez vezes mais. As circunstâncias do encontro na casa de cômodos, a aparência de Hughes e sua notória irresponsabilidade fizeram os visitantes acharem que ele nunca iria em frente; que acabaria desistindo. Hughes voltou ao quartel-general na rua Romaine, em seu calhambeque esculhambado, para um reino que rendia aproximadamente 350 milhões de dólares por ano.

Enquanto prosseguia com a política de parar-começar-parar no instituto, além de parecer incapaz de controlar os problemas na Hughes Aircraft, Hughes conseguia espremer muitas horas por semana comandando, pessoalmente, a TWA. Depois de anos de prejuízos, contratou um presidente hábil, Ralph Damon, para comandar a empresa. Sendo o principal acionista, Hughes usava a TWA para transportar seus amigos importantes e as amantes por todo o mundo. Praticamente qualquer pessoa, desde chefes de Estado a figurantes dos haréns de cinema, via-se sozinha em seus Constellations, voando a seu pedido ou para alguma tarefa em nome dele. A TWA se tornou a principal patrocinadora de Walter Winchell, o mais influente colunista e radialista do país.

Hughes sonhava em introduzir as viagens a jato nos Estados Unidos; queria vencer a concorrência da empresa inglesa De Havilland, cujos Comets, para sua irritação, tinham vencido todo mundo. Fez um acordo com a Convair para desenhar dois jatos; mas de novo suas indecisões fatais e o estado mental confuso lhe custaram a liderança na corrida. Em

1955 a Boeing e a Douglas tinham desenvolvido os pioneiros 707 e o DC-8. Hughes não conseguiu fazer pedidos a esses dois rivais, que o haviam desancado publicamente. Seu inimigo Juan Trippe, chefe da Pan American (que, ele ainda tinha certeza, estava por trás da investigação de seus negócios pelo senador Brewster em 1947), varreu-o da mesa ao encomendar 707s e DC-8s em quantidade. Hughes foi deixado para trás — ainda com aviões a hélice obsoletos como diligências a cavalo.

Ralph Damon morreu de ataque cardíaco, provavelmente por causa da mutabilidade e da incapacidade de agir de Hughes. Somente em 1956 Hughes se obrigou a fazer um acordo com a Boeing. Embarcou em planos de construir seus próprios jatos — coisa que deveria ter feito de início. Pensando de novo na liberdade de impostos na Flórida e na necessidade de estar perto de seu amado instituto, decidiu montar uma fábrica perto de Miami. Mas de novo, depois de reuniões com o governador da Flórida, LeRoy Collins, os planos desmoronaram. Em vez disso voltou à Convair e encomendou 63 jatos, que custariam perto de 200 milhões de dólares.

A maioria dos seus bens, que lhe rendiam quase o dobro disso em ganhos anuais, estavam presos em imóveis e reservas; ele não possuía 200 milhões de capital líquido. Tinha medo de pedir empréstimo bancário usando suas propriedades como garantia, porque sempre havia alardeado que se sustentava sozinho. No fim de 1956 a situação não estava solucionada; Hughes estava comprometido com encomendas pelas quais não podia pagar. Por fim, humilhado, teve de fazer um empréstimo.

CAPÍTULO TREZE

Recolhimento

A incapacidade de Hughes de manter relacionamentos com suas inúmeras mulheres permanecia séria como sempre. No entanto o fascínio delas por sua riqueza e seu poder permanecia inabalável.

Terry Moore continuava, pelo menos no próprio pensamento, a liderar o campo; mas não existia prova de que ele a levasse mais a sério, ou de que gostasse mais dela do que de qualquer outro ser humano.

Em 1954 ela fez uma viagem de divulgação à Coréia, para promover seus últimos filmes em cinemascope, *Rochedos da morte* e *Rebelião na Índia*. Hughes se arriscou a chamar a atenção levando-a de carro, com a mãe, ao aeroporto de Los Angeles; ninguém reconheceu o motorista envelhecido e maltrapilho que as deixou e partiu em alta velocidade. Telefonava para ela, com a obsessão de sempre, usando o chamado do acasalamento dos jacarés sempre que conseguia encontrá-la. Ela esteve nas manchetes quando tirou a capa de gabardine num palco da Coréia e mostrou aos 10 mil soldados sua figura numa roupa de banho feita de arminho.

Hughes ficou furioso ao saber que o exército a estava mandando de volta para casa, em desgraça. Na hipócrita Hollywood a única desgraça era a desgraça pública. Riram dela na imprensa. O casanova de sua geração teve o desplante de dizer que ela cometera um grande erro, depois falou a um empregado, com Hollywood correndo nas veias:

— Terry Moore é conhecida demais. Nós deveríamos conseguir capitalizá-la de algum modo.

A maioria dos amigos californianos a abandonaram. Os soldados exigiram que ela tivesse permissão de ficar. Diante da escolha entre o motim e a moralidade, as autoridades cederam. Hughes ficou enlouquecido com as fotos que a mostravam montando os ombros de um garoto de praia em Waikiki, a caminho de casa. Fingiu fazer a vontade dela concordando em adotar um órfão coreano, mas, felizmente para a criança, arranjou-lhe outro lar. Encontrou Moore no avião; foi de carro diretamente à pista, e passou a toda velocidade pelos repórteres enquanto ela e a mãe se escondiam no banco de trás.

Irritou-a dizendo que tinha namorado Susan Hayward durante sua ausência; segundo Noah Dietrich, na noite do Ano-Novo de 1953 ele prometeu a três mulheres que iria se encontrar com elas no hotel Beverly Hills para as comemorações: Hayward, Jean Peters e a atriz Merry Anderson. Tinha marcado com Hayward para encontrá-lo no Salão Polo, com Peters no restaurante principal e com Anderson na cafeteria. Ficou circulando entre as três. Susan Hayward o seguiu até o restaurante e o pegou com Peters. Saiu furiosa; Peters riu da coisa toda. Ele foi para a cama sozinho.

De novo prometeu às três que iria se casar com elas. Jean Peters se rebelou e em 1954 se casou com o contato da CIA Stuart Cramer III. Mas ainda estava apaixonada por Hughes, e o casamento não durou.

Hughes decidiu que transformaria Moore numa estrela de boate em Las Vegas, apesar de ela ainda não saber cantar nem dançar. Obrigou-a a cancelar uma turnê pela Argentina e a fez tomar aulas durante cinco meses. Para a estréia no hotel Flamingo mandou Michael Woulfe desenhar um vestido seguindo suas especificações: um sopro de lantejoulas que dava à platéia a ilusão de estar vendo os seios nus de Moore. Então, com crueldade típica, mandou-lhe uma conta de 15 mil dólares pelas roupas. Ela pagou, gastando todo o dinheiro que tinha. Mesmo depois disso continuou com ele.

Logo em seguida Hughes se encontrou com Ava Gardner no avião vindo de Madri, onde ela estivera filmando *A condessa descalça* e estava tendo um caso muito divulgado com o célebre toureiro Miguel Dominguin. Ele a levou até a pista e a colocou no avião antes que as câmeras começassem a espocar. Depois levou-a a Lake Tahoe, onde tinha lhe comprado uma casa.

Tentou de novo ir para a cama com ela. Quando estavam passeando de barco no lago ela mencionou a cor de safira da água. Logo depois ele lhe deu um anel de safira para combinar com a cor. Mentiu dizendo que era uma pedra da Caxemira, da mais fina qualidade; mesmo tendo mandado vir de avião da Tiffany's, disse que mandara uma equipe revirar o mundo para achá-la. Tarde da noite, na suíte dela, não mais de um dia depois de ter pedido Terry Moore em casamento pela última vez, pediu que ela se casasse com ele. Ava recusou; só começou a se animar quando ele disse que lhe compraria um iate. Ela não o convidou para a cama.

Quando Dominguin chegou de Madri, Hughes pagou a empregados de Ava Gardner para espioná-lo. Eles deveriam informar a primeira briga importante do casal; tanto Ava quanto Dominguin eram tão heróicos em suas discussões quanto nas acrobacias sexuais de fazer lençóis voarem. Ava convidou Duke Ellington e sua orquestra à casa. Flertou com Ellington. Dominguin, que tinha esperado ir para a cama com ela, bateu nela com tanta força (segundo a atriz escreveu mais tarde) que ela caiu pela escada. Johnny Meyer, que conhecia Dominguin, ligou para ele no dia seguinte e disse que ele deveria dar uma lição em Ava saindo da cidade. Hughes forneceu o meio; um avião da TWA estava esperando em Los Angeles para levar o toureiro para Madri.

Ava perdoou a tática de Hughes; este mandou-a a Miami para estar perto dele quando fosse para as reuniões do Instituto Médico. Enquanto ela estava indo encontrá-lo ele voou para a Filadélfia, para pegar Moore, que estava fazendo turnê com uma peça, e a levou a Fall River, Massachusetts. Garantiu-lhe que não havia nada nas histórias de que estava dando em cima de Ava. Mas no momento em que chegou a Miami alugou uma vila para Ava.

De novo mandou que a vigiassem. Fez-lhe uma promessa que nem ela podia recusar: o presente de um colar de pérolas e diamantes que, segundo ele mentiu, pertencera a Catarina, a Grande, da Rússia. Era apenas outro badulaque da Tiffany's. Ava decidiu ir embora de uma vez por todas. Os espiões ligaram para Hughes dizendo que ela estava fazendo as malas; ele a interceptou. Durante a briga que se seguiu ela jogou o anel de safira da "Caxemira" em cima dele. Tudo bem; ele apenas o alugara.

Quando Terry Moore e Ava Gardner insistiram em que Hughes estava realmente interessado em se casar com Joan Peters, Hughes as enganou. Tinha mandado Stuart Cramer III para Miami, para ficar com Jean. Mas nunca parou de pedi-la em casamento.

Em julho de 1955 Hughes vendeu a RKO para a General Teleradio, Inc., uma subsidiária da General Tire and Rubber. Tom O'Neil, presidente da GTR, precisava do catálogo de filmes do estúdio para preencher a programação de seis estações de TV. Dentro de um ano a produção havia parado. O'Neil vendeu o estúdio a Lucille Ball, que ficou pasma com seu estado. Reformou-o para fazer a série *I Love Lucy*. E aquela era a RKO que tinha feito *Cidadão Kane*.

Hughes não estava fora dos negócios cinematográficos. Ressuscitou a antiga idéia de fazer *Carmen* — nunca tinha perdoado Harry Cohn por ter roubado a idéia de filmar a história (com sua ex-amante Rita Hayworth), e ainda estava fumegando pelo fracasso com Zizi Jeanmaire quando planejara apresentar a versão dela em balé para a ópera de Bizet. Em conluio com Darryl F. Zanuck ofereceu o filme a Ava Gardner; foi de avião à casa dela em Palm Springs com uma caixa de papelão contendo 250 mil dólares em notas de mil. Enquanto abria a caixa no jardim para mostrar o dinheiro, notas voaram ao vento. Ela recusou; sabia que ele realmente não queria que ela representasse *Carmen*. Ainda esperava comprá-la para fazer sexo.

Ela assinou um contrato com a MGM para fazer *A encruzilhada dos destinos*, no Paquistão. Depois disso raramente o viu. E então Terry Moore engravidou de novo.

De novo o Dr. Verne Mason fez o exame, e de novo contou o resultado a Hughes, e não a ela. Para ela a notícia foi tanto um choque quanto um prazer. Sentiu medo de ser tratada tão selvagemente pela imprensa por ter tido um filho fora do matrimônio quanto Ingrid Bergman, apesar do "casamento" no barco. Para aplacar sua histeria, Hughes disse com um cinismo gélido e desumano que se casaria de novo. Há apenas alguns dias tinha proposto o casamento pela milésima vez a Susan Hayward.

Mandou pegá-la e levá-la de avião a Las Vegas; ali continuariam até um rancho perto de Tucson, Arizona, para se casar na casa de dois amigos,

Jack e Helen Fry. A delirante Moore correu a Beverly Hills para comprar um caro buquê. Naquela noite rompeu o romance com Nicky Hilton.

Assim que ela chegou a Las Vegas Hughes tentou subornar, gritou e discutiu para conseguir autorização de levar Moore ao Arizona através de uma violenta tempestade de areia; não teria sobrevivido à viagem, nem Moore e os pais dela. Tendo a permissão negada, levou-os de carro de volta ao Desert Inn. De repente Nicky Hilton apareceu; soubera que ela estava em Las Vegas e estava decidido a ganhá-la de volta.

Hilton tinha uma vantagem. Mandara seus detetives investigar Hughes e tinha descoberto que ele estava namorando várias mulheres em Las Vegas; dentre elas Debra Paget, Mitzi Gaynor e Jean Peters. Hilton e Hughes se chocaram numa cena violenta no saguão. Hilton bateu em Hughes; e Hughes, de novo, em vez de contra-atacar, pôs as mãos diante do rosto, como uma mulher. A mãe de Moore protegeu Hughes com o corpo. É um mistério o motivo de ela querer salvar aquele homem que tinha engravidado Moore duas vezes sem se casar e a traía com incontáveis mulheres.

Grávida de Hughes ou não, Moore não pôde resistir aos rogos de Hilton para ir com ele e deixar sozinho o filho-da-puta. Hughes gritou dizendo que, se ela o abandonasse agora, sua carreira estaria acabada.

Apesar de grávida de três meses, Moore embarcou num exaustivo ensaio de dança para o musical *Papai pernilongo*; abortou um bebê malformado. Hughes apareceu no hospital e conseguiu produzir algumas lágrimas de crocodilo. Logo depois ela estava de volta à cama com ele, no hotel Beverly Hills:

> Lentamente e com extrema gentileza [escreveu ela em suas memórias] ele me despiu e se fundiu em meu corpo. Fizemos amor com uma paixão renovada.

Ela não puxou de novo o assunto do casamento. Hughes mandou segui-la durante uma extensa viagem de divulgação à Europa; sentiu ciúme por ela ter continuado a se encontrar com Nicky Hilton, e por ter sido vista em público com o produtor Mike Todd. Ficou furioso quando o executivo de seguros da Cidade do Panamá, Gene McGrath, a perseguiu, e a ida dela ao teatro com o futuro chefe da Paramount, Robert Evans, lhe custou o sono. McGrath a pediu em casamento e ela aceitou. Não está claro por quê, mesmo com Hughes tendo mantido a ameaça e atrapalhado sua carreira, ela se sentiu preparada para deixar Hollywood e viver no calor sufocante da Cidade do Panamá, mas aparentemente o belo desempenho de McGrath na cama lhe deu motivo suficiente:

> Cada fibra do meu ser queria aquele estranho. Eu o queria inteiro... ele tinha conhecimento de cada parte do corpo feminino.

E, claro, ela já era "casada", ainda que somente por um capitão de iate.

Hughes mandou seus espiões revistarem o bangalô de McGrath no hotel Beverly Hills (uma escolha burra de endereço) em busca de qualquer coisa que pudesse destruir o casamento com Moore. Fracassou. Só descobriu que McGrath era agente da CIA. Em 1º de janeiro de 1956 ela se casou com McGrath. Na noite anterior Hughes telefonou para ela, tentando sujar a reputação de McGrath. Mas ela não quis ouvi-lo. Em 1958 Moore se divorciou; mais tarde se casou com o ex-marido de Jean Peters, o agente da CIA Stuart Cramer III. O carrossel de camas continuou. Nunca mais viu Hughes. Mas tentou, em várias ocasiões. Apesar de tudo que ele lhe fez, ela o ama até hoje.

Jean Peters não era boba; sabia que Hughes estava envolvido com Terry Moore e Susan Hayward e continuava obcecado por Ava Gardner; no entanto, divorciada de Stuart Cramer III, concordou em se casar com ele no fim de 1956. Por quê? Sabendo a freqüência com que ele tinha pedido a mulheres para se apresentar diante de um juiz de paz, talvez até mesmo sabendo que ele fora casado por um capitão de iate, ela o levou a sério quando ele fez o pedido no Ano-Novo.

Em seu coração sensível e pé no chão, essa mulher decente não foi mais capaz de resistir a Hughes do que outras pessoas. Num demorado depoimento em juízo em 1977 Peters declarou que o que mais a atraía nele era a dedicação ao Instituto Médico Hughes. Ela acreditou na mentira de que ele daria tudo que tinha para ajudar os doentes.

E, claro, o fingimento de vulnerabilidade de menininho perdido abriu caminho até ela; ali estava aquela figura pública poderosa, dominadora, aquele capitão de indústria, aquele ex-chefe de um estúdio de cinema, que precisava dela para preencher sua alma sofrida, perdida. Como aconteceu com toda mulher que ele conhecia, Hughes conseguia tirar de sua limitada sacola de truques a declaração de que era solitário, incompleto e se sentia doente. Os instintos maternos eram fortes em Jean Peters. É um infortúnio o fato de Hughes ter se certificado, com insensibilidade fria, de que ela nunca tivesse um filho seu. Já que a caxumba, como sabemos, não havia prejudicado totalmente seus espermatozóides (ainda que a contagem fosse provavelmente muito baixa), ele fez uma vasectomia em 1955. Maldosamente escondeu isso da mulher. Ela deve ter sonhado em ter um filho com ele, o que pode ter sido outro motivo para se casar com Hughes depois do casamento fracassado com Stuart Cramer III.

Como local do casamento, em 12 de janeiro de 1957, Hughes escolheu uma cidade de Nevada, Tonopah, quase idêntica à que aparece em seu filme da RKO *Suplício de um condenado*, e sujeita à poeira radiativa que poderia ter afetado sua saúde e a de sua mulher. Uma das vantagens de se casar ali era que os dois podiam fazê-lo com nomes falsos (G. A. Johnson e Marian Evans), e que a imprensa e o público nunca os descobririam; não somente Hughes era famoso, mas também Jean Peters, embora menos, depois de estrelar vários sucessos em cinemascope.

Outra vantagem era a prata. Hughes recebera a informação de que, quando terminou o *boom* da prata em Nevada na virada do século, depois de mais de 170 milhões de dólares do precioso metal terem sido minerados e da florescente Tonopah ter se tornado precária e deserta, as mineradoras tinham deixado de notar a existência de vários veios.

É possível que ele tenha ouvido dizer que seu falecido pai, nas incansáveis viagens como prospector, passara algum tempo em Tonopah. Ao mesmo tempo que estava na cidade para o casamento, Hughes começou a comprar antigas áreas de mineração; nos anos seguintes absorveria até cem delas, e ampliaria a busca para obter mais seiscentos, colocando uma quantidade de pesquisadores na busca de registros antigos. Não contou a Jean Peters o motivo de ter escolhido aquele local, ou o motivo de o homem mais rico da América a ter levado não para um esplêndido Hilton, e sim para uma grande cabana chamada hotel Mizpah.

É triste observar que Jean não contou com a presença de nenhum amigo ou familiar.

Nessa época a sempre presente hipocondria e a paranóia de Hughes chegavam ao auge; era como se todo o terror que sua mãe sentia pelos germes o estivesse atacando tantos anos depois. Como se os temores de que ele sofresse de uma doença imunodepressiva, de algum modo relacionada ao acidente aéreo em Beverly Hills, o estivesse dominando agora. Referências a esse medo aparecem nos numerosos depoimentos em seus arquivos no Texas. E isso aconteceu justo no momento em que era um homem casado pela segunda vez (e mais feliz); quando deveria ter se mudado, na companhia de uma mulher sensata e jovem que o amava pelo que ele era, e não por seu dinheiro e poder, para a parte mais estável e confortável de sua vida. Em vez disso mergulhou num abismo de sofrimento aliviado apenas pela presença compassiva e positiva de Jean Peters.

De volta ao bangalô 4 do hotel Beverly Hills, com a esposa em outro bangalô, Hughes ficou maníaco com relação a moscas. Contratou três mórmons grandalhões para trabalhar em turnos de oito horas no bangalô, não somente para se certificar de que ele não seria morto, mas para controlar os insetos.

As criaturas aladas o aterrorizavam. Ele as fantasiava enormes, com os olhos pretos multifacetados encarando-o com a frieza impessoal dos insetos, os corpos gorduchos e peludos grudando-se nele como carrapichos, os pés cobertos de fezes, exploradores de milhares de pilhas de cagalhões, pisando em seu peito e nos membros ossudos, arrastando-se até a boca... Noah Dietrich, cujo conhecimento íntimo de Hughes estava para resultar em sua demissão, contou a este autor sobre os pesadelos do patrão com as moscas. Até mesmo um ponto preto numa lâmpada podia lembrá-lo dos horrores noturnos.

Hughes ficava sentado por longos períodos no bangalô, nu, a não ser, muito ocasionalmente, por uma fralda de papel, olhando para a luz, para o caso de alguma mosca zumbir em volta dela. Até as roupas o deixavam inquieto; talvez o algodão ou a lã transmitisse algum contágio, vindo das plantas do algodão (talvez ele não tenha se esquecido de um boato idiota em Shreveport, de que os barcos que transportavam algodão levavam germes de febre amarela), das ovelhas, que ele achava repulsivas, ou do poliéster, que certamente era um produto químico tóxico. Quanto à seda, existiria algo mais nojento do que o bicho-da-seda retorcendo-se em sua caixinha, comendo mosquitos ou sei lá o quê, tecendo a seda a partir de sua barriguinha feia?

Os guardas eram proibidos de usar mata-moscas, porque podiam agitar o ar e reciclar os germes que estivessem adormecidos no sistema de ar-condicionado. Não podiam usar spray químico, já que isso podia provocar câncer (talvez ele tivesse razão nesse ponto). O papel mata-moscas, grudento, na certa emanava veneno — não houve mulheres que mataram os maridos encharcando o arsênico dos papéis mata-moscas em água e colocando aquela coisa mortal nas bebidas? Além disso os guarda-costas atléticos deviam perseguir as moscas tão desajeitadamente quanto elefantes. Caso se movessem depressa podiam fazer nuvens de poeira subir das camadas de imundície que Hughes paradoxalmente deixava no quarto.

Um desses guardas, Ron Kistler, lembrou que Hughes insistia em inspecionar cada mosca quando Kistler conseguia pegá-la com um lenço de papel; segundo Dietrich e Ted Carpentier, Hughes enfiava um alfinete na mosca (um comprido alfinete de chapéu, que supostamente pertencera à sua mãe) para se certificar de que ela não tinha mais reflexos.

No meio dessa existência precária Hughes fazia tentativas questionáveis de comprar influência política. Arranjou um playboy, Pat DiCicco, junto com o contador de Los Angeles Phillip Reiner, para "supervisionar" os negócios de Donald Nixon, irmão do vice-presidente Richard Nixon, em nome da Hughes Tool Company.

O caso do empréstimo Hughes-Nixon, que lançaria uma sombra duradoura sobre a reputação de Richard Nixon, começou no outono, quando Noah Dietrich recebeu um telefonema do lobista de Washington Frank A. Waters, dizendo que o vice-presidente Nixon queria um empréstimo de 250 mil dólares para seu irmão. Hughes aprovou o empréstimo pessoalmente. Dietrich afirmou em suas memórias que alertou Nixon a não aceitar o empréstimo, já que poderia destruir sua carreira; isto é improvável, para dizer o mínimo: se Hughes descobrisse teria acabado com a carreira de Dietrich.

Um favor que Hughes queria em troca era que seu instituto médico, que recebia milhões da Hughes Aircraft, fosse isentado de impostos. A mãe de Nixon, Hannah, recebeu 40 mil dólares para pagar uma dívida, e Donald recebeu o dinheiro para sua fracassada cadeia de lanchonetes Nixonburgers.

A “garantia”, que não garantia nada, eram os 13 mil dólares de uma propriedade em Whittier.

Donald Nixon faliu em 1957. James McInerney, encarregado de investigações especiais para John F. Kennedy, remexeu a sujeira exatamente quando foi necessário, em 1960, quando Kennedy concorreria à presidência contra Nixon. Ele entregou as descobertas a um inimigo de Nixon, o colunista Drew Pearson. (O advogado de Hughes, Edward P. Morgan, também representava Drew Pearson.) O negócio vazou até Nixon, que tentou enterrar a história divulgando, em 24 de outubro, uma declaração mentirosa através do administrador da campanha, Robert Finch, de que Frank Waters tinha feito o empréstimo, e que a terra usada como garantia valia entre 200 mil e 300 mil dólares. Em 26 de outubro o colunista Jack Anderson publicou a verdade, que aparentemente teve um papel importante na derrota de Nixon na eleição. Entretanto, nem Drew Pearson nem Jack Anderson, em suas memórias *Confessions of a Muckraker*, puderam apresentar provas de que o vice-presidente Nixon usou o dinheiro para garantir preferências para a TWA, a Hughes Aircraft ou o Instituto Médico Hughes. A verdade é que, como tantas empreitadas de Hughes, a expedição para compra de influência foi um desperdício de dinheiro, que desceu pelo ralo em Whittier, e a falta de segurança no acordo resultou em Hughes ficar com Kennedy como presidente, quando precisava de um Nixon.

A lista das excentricidades de Hughes aumentava. Quando sentia calor demais — o que era compreensível, já que mandava desligar o ar-condicionado de seu bangalô — pegava uma garrafa de água Poland e tirava a tampa. Depois jogava a água na cabeça até encharcar o tapete.

Tinha regras rígidas quanto à entrega de revistas. Seus auxiliares Johnny Holmes, Jack Egger e Ron Kistler levavam ao quarto três exemplares de uma mesma revista num carrinho do hotel, encontrando-o nu como sempre — ainda que algumas vezes ele pusesse um lenço de papel sobre a genitália. Tinham de ficar diante dele por até vinte minutos, em silêncio, enquanto Hughes repetia, até vinte vezes, instruções para empurrarem o carrinho até ele, centímetro a centímetro, sem respirar sobre ele, para que o ar e a poeira não fossem agitados.

Então ele os encarava, e eles encaravam de volta, até que finalmente Hughes desse o sinal esperado. Quando o carrinho chegava ao alcance de

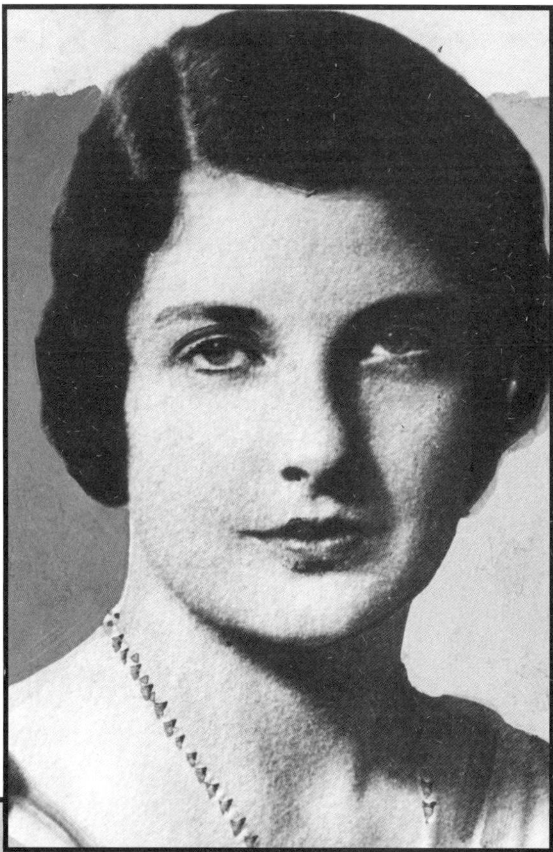

Sua primeira mulher,
Ella Rice.
(Corbis/Stock Photos)

Com o Boeing que lhe rendeu um troféu nos anos 30. (Corbis/Stock Photos)

Com Ginger Rogers, um interesse romântico dos anos 30, em uma estréia em Manhattan. (Corbis/Stock Photos)

Com a atriz Ida Lupino em Hollywood. (Corbis/Stock Photos)

Com a atriz
Marian Marsh.
(Corbis/Stock Photos)

Com Jean Harlow.
(Corbis/Stock Photos)

Depois de outro vôo pioneiro, 1936. (Corbis/Stock Photos)

Depois de uma quebra de recorde continental, 1935. (Corbis/Stock Photos)

Em seu avião H-2. (Corbis/Stock Photos)

Aviador e herói. (Corbis/Stock Photos)

A segunda mulher de Hughes, Jean Peters. (Corbis/Stock Photos)

Com Errol Flynn.
(Corbis/Stock Photos)

Randolph Scott.
(Corbis/Stock Photos)

Internacionalmente famoso após dar a volta ao mundo, julho de 1938.
(Corbis/Stock Photos)

Em Manhattan com Ava Gardner, um de seus amores não correspondidos.
(Corbis/Stock Photos)

Dentro da fuselagem do seu hidroplano *Hércules*.
(Corbis/Stock Photos)

O vôo do *Hércules* (Spruce Goose). (Corbis/Stock Photos)

Antes de um teste de vôo em seu XF-11, Culver City, década de 40.
(Corbis/Stock Photos)

Lutando pela vitória
no Senado, 1947.
(Corbis/Stock Photos)

Seu braço direito, Noah Dietrich.
(Corbis/Stock Photos)

A atriz Terry Moore.
A filha deles morreu logo
depois do nascimento.
(Corbis/Stock Photos)

UMA GALERIA DE WATERGATE

James McCord.
(Corbis/Stock Photos)

E. Howard Hunt.
(Corbis/Stock Photos)

G. Gordon Liddy.
(Corbis/Stock Photos)

seus dedos ele estendia a mão e os braços enrolados em papel, como uma múmia egípcia, e delicadamente, com lentidão infinita, tirava a revista do meio, deixando as outras duas. Repetia, vezes sem conta, instruções para que as outras fossem queimadas. Empurrava o carrinho de volta para os homens e eles o retiravam, mas somente depois de outro longo intervalo encarando-os.

Aos homens casados ele dava a tarefa de trazer a *Time*, a *Newsweek* e a *Life*. Somente os solteiros podiam trazer revistas que tivessem mulheres nuas.

O único visitante do sexo masculino que ele deixava entrar era Cary Grant, cujo gosto refinado devia se ofender com o cheiro de Hughes (que foi descrito como o de um bode morto), as pilhas de sujeira, a cama imunda e o movimento lento dos grandalhões pegando moscas. Mas seu amor por Hughes não diminuiu.

Durante os meses passados no bangalô 4 Hughes só mudou a roupa de cama três vezes; numa das três ocasiões ele se certificou de que fossem queimadas. Apesar da mania crescente com relação à higiene, e de dormir num ninho de lenços de papel, havia manchas de urina, fezes e sêmen.

Partiu com Jean para Palm Springs, para um amplo bangalô estilo rancho, de sete cômodos, num pequeno agrupamento de tamarindeiros situado entre o Racquet Club e os estábulos.

Hughes quis que a casa fosse limpa do teto ao chão. Seu guarda-costas, Jerry Bell, recebeu ordem de retirar cada flor, planta e seringueira dos cômodos e queimar numa pilha nos fundos. Cada janela teve de ser lacrada com fita adesiva, e o ar-condicionado teve de ser limpo.

Não permitia que fossem servidos carne ou peixe. Bell garantia um fluxo constante de chocolate, frutas e sucos de frutas para Hughes, e o mesmo para Jean Peters — que devia ansiar por comida mais substancial. Hughes não queria cópias de filmes na casa. Ninguém tinha permissão de entrar, além dos guardas — nem mesmo um funcionário para cuidar da piscina. Como resultado a piscina ficou cheia de bactérias — paradoxalmente o que mais enchia Hughes de pavor.

Quando morreu um pato na piscina Hughes sentiu o cheiro da carne podre e permitiu que um empregado viesse. Mas ficou espantado ao ver que o homem tinha seis dedos em cada mão. Demitiu-o; a piscina continuou fedendo.

Hughes dedicou aquelas semanas ao corpo e à mente de Jean; deixou o mundo longe para agradá-la do melhor modo possível. Às vezes, de manhã cedo, os guardas, que eram mantidos de fora do portão acorrentado, viam o casal andando de mãos dadas sob a sombra frágil dos tamarindeiros.

Um incidente o obrigou a sair da casa. Um serviço local de segurança, popular no deserto, tinha um dono desejoso de provar que podia oferecer proteção melhor do que os mórmons. Estudou a propriedade, esperando achar um furo. Por fim, numa madrugada, encontrou a corrente do portão aberta. Foi até a casa com a luz dos faróis do carro atravessando as cortinas; Hughes ficou histérico, temendo um ladrão ou assassino, mas antes que pudesse pegar uma arma o carro sumiu. Surpreendentemente não demitiu os guardas; voltou ao hotel Beverly Hills.

Jean Peters se mudara para um bangalô separado. Agora odiava morar ali e ansiava por uma casa de verdade. Hughes alugava casas, prometia morar com ela e não cumpria a promessa. Sem manutenção, elas ficavam em mau estado.

Continuou a usar a sala de projeção dos estúdios Goldwyn. Só permitia a presença do projecionista, a não ser nas raras ocasiões em que Jean Peters o acompanhava. Ela se cansou e começou a não ir mais. Hughes começou a ver filmes sozinho, por até dezessete horas seguidas — antigos, novos, qualquer coisa. Parecia não importar. Via alguns filmes inteiros; outros o deixavam impaciente e ele mandava parar depois de um ou dois rolos. O principal motivo ao ver esses filmes era encontrar novas garotas para colocar no harém.

Então, subitamente, seu uso da sala de projeção chegou ao fim. Sam Goldwyn e o diretor Otto Preminger o usaram para passar o copião de *Porgy e Bess*. Enojado com um filme feito apenas com atores negros, Hughes anunciou que nunca mais poria os pés na sala. Começou a assistir aos filmes no cinema de Max Nosseck, no Sunset Boulevard.

Passava horas na sala de Nosseck fazendo pequenas pilhas bem arrumadas de caixas de lenços de papel, depois derrubando as pilhas e refazendo-as, como uma criança com um jogo de armar. Quando estava ocupado arrumando as caixas, não deixava que filmes fossem projetados. Mandava a comida ser entregue em sacos de papel; os sacos tinham permanecido intocados num armário lacrado durante dois anos. Os motoristas tinham de usar luvas hospitalares de algodão branco quando traziam os sacos. Hughes tirava a comida — principalmente barras de chocolate Hershey e leite — com lenços de papel enrolados na mão.

Não se arriscava a tocar a maçaneta, nem mesmo com luvas. Chutava a porta como sinal para os motoristas abrirem. Era obcecado com o toalete. Urinava no chão; depois cobria com lenços de papel para sugar o líquido. Recusava-se a deixar que seus homens usassem o banheiro; eles tinham de usar baldes de gelo vazios.

O fedor de urina na sala de projeção era nojento, mas Hughes se recusava a deixar que os baldes fossem esvaziados. Por fim os guardas se rebelaram e derramaram a urina por um bueiro.

Hughes retomou o hábito de ficar no vaso sanitário, agora durante 26 horas seguidas, fazendo força. Quando se vestia de novo, logo suas roupas ficavam imundas. Só quando se transformavam em trapos ele se despia na frente do guarda Ron Kistler e deixava que Kistler as queimasse. Concordou em usar primeiro apenas uma camisa, depois uma camisa e calça. Sua pele começou a pender onde o que restava de gordura no corpo sumiu. Ele não tinha tônus muscular; a pele era cinzenta e flácida.

Mentiu a Jean Peters dizendo que tinha ido ao hospital, mas se recusou a dizer qual era. Voltou ao hotel Beverly Hills, recusando-se a dizer qual era sua doença (imaginária). O desejo maníaco de controlar os motoristas era recorrente. Estes recebiam ordens de jamais falar com ele, apenas se comunicar através de bilhetes; não podiam pedir comida a não ser que ele autorizasse. Até a comida em si precisava ser aprovada. Por exemplo, eles não deviam comer carne de porco, alho ou cebola.

Durante longos períodos proibia seus funcionários de beber qualquer coisa no serviço. Cruelmente tomava água Poland diante dos homens sedentos. Ron Kistler descreveu a experiência como o equivalente a estar preso numa jaula de macacos suja, no zoológico, mas pelo menos o zelador dos macacos podia beber alguma coisa. Quando um dia Kistler literalmente implorou água a Hughes, este cedeu, mas com um sarcasmo maligno, cruel, pela demonstração de fraqueza da parte de Kistler.

Conversava durante horas com Jean Peters no bangalô dela, mas não deixava que ela fosse ao dele. Vivia cheio de promessas, como sempre: cruzeiros pelo mundo, uma casa magnífica onde morariam juntos, passar anos longe de todo mundo nos mares do sul. Ao mesmo tempo continuava mantendo-a na jaula luxuosa; ela não tinha permissão de sair — nem para fazer compras. Mandava seus detetives vigiarem-na constantemente. Com a carreira encerrada, Jean preenchia os dias bordando e fazendo esculturas em metal. Seu pior sofrimento era não poder ir aos jogos de beisebol dos Dodgers.

E tinha outra cruz a carregar: Hughes mantinha seu antigo grupo de aspirantes a estrelas, mas agora platonicamente.

As regras dele para as garotas menores de idade eram rígidas. A atriz poderia usar uma casa elegante em Beverly Hills ou Bel Air, com uma empregada. Exatamente às sete da manhã devia se levantar, tomar banho e se maquiar. Às sete e meia a empregada servia o café da manhã. Às oito um motorista iria levá-la às aulas de interpretação, dança e canto. À tarde devia descansar e assistir à TV. Fazer compras era permitido uma vez por semana. À noite iria a um dentre seis restaurantes que Hughes especificava. Namorar era proibido. Um motorista seria seu companheiro para o jantar. A comida era escolhida pelo escritório; a mesa nunca deveria estar onde houvesse corrente de ar. As famílias tinham direito de fazer visitas ocasionais — combinando com antecedência e marcando hora.

Nenhuma das jovens se afirmou como atriz ou obteve contrato com os estúdios. Os motoristas tinham de ziguezaguear pela cidade para ter dois jantares com duas garotas diferentes e cumprir as ordens de Hughes.

Se uma aspirante se rebelava, os motoristas tinham ordens para discipliná-la; às vezes uma garota fugia de um carro num esforço desesperado para escapar, e o motorista corria atrás e a puxava de volta para o banco.

Numa ocasião uma atriz resolveu sair de carro sozinha; acusada de roubo, foi cercada pela polícia. Outra garota irritou Hughes casando-se com seu motorista; Hughes o demitiu imediatamente. Nenhuma aspirante podia andar a cavalo, de motocicleta ou bicicleta.

Elas quase nunca se encontravam com Hughes. Quando isso acontecia, tinham de fazer exames médicos, despir-se e tomar banho três vezes com sabão anti-séptico e usar luvas brancas para apertar a mão dele. Ele nunca ia para a cama com elas.

O controle, e não o sexo, era o sentido de seu relacionamento com aquelas mulheres.

Os motoristas tinham ordem de jamais passar numa lombada a mais de cinco quilômetros por hora, já que a sacudida poderia afrouxar os seios das jovens. Hughes mandava detetives para garantir que homens que não fossem homossexuais fossem para a cama com as garotas. Se um motorista visitasse alguém com doença contagiosa num hospital ele o demitia imediatamente.

Quando despediu Noah Dietrich devido a uma questão trivial em 1957, nem viu o homem que fora um empregado fiel durante trinta anos.

Somente uma vez, em meados de 1957, tem-se notícia de que ele saiu. Esgueirou-se para fora do bangalô numa manhã de domingo e entrou no carro. Num ataque de nostalgia foi até a Lockheed e testou um Electra novo em folha durante vários minutos, antes de fazer um pouso perfeito. Ficou deliciado, animado, um garoto de novo. Depois voltou ao hotel.

Outro momento de alegria é descrito por Ron Kistler. Hughes ficou empolgado ao saber que havia um incêndio na floresta do cânion Benedict: a casa de Noah Dietrich ficava naquela área. Ficou desapontado ao saber que ela não se queimou.

Não tinha sentimentos destrutivos para com o novo braço direito, Robert Maheu. Cavalheiro, inteligente, discreto, Maheu, um homem atarracado e de fala macia, era seu companheiro de maior confiança para conversas telefônicas, afora Jean Peters.

— Eu gostava dele — diz Maheu hoje. — Ele era o homem mais pobre, além de o mais rico, do mundo.

Ex-agente do FBI, Maheu tinha entrado para a CIA; envolveu-se com Stavros Niarchos, o magnata naval grego, num esquema apoiado pela CIA para acabar com o monopólio de petróleo de Aristóteles Onassis no império árabe. Hughes o mandou investigar Stuart Cramer, o marido de Jean Peters (e mais tarde de Terry Moore), para ver se ele era agente da CIA. Maheu pôde informar que Cramer não era agente em tempo integral. Mais tarde Maheu foi envolvido na abortada operação de espionagem de Ava Gardner, por ordem de Hughes. Foi desajeitado na tarefa — Frank Sinatra viu um dos seus agentes num barco em Lake Tahoe e o expulsou — mas Hughes o manteve.

Como chefe da Robert M. Maheu Associates ele tinha um contrato especial com Hughes que lhe garantia um Cadillac, escritório e funcionários junto com Bill Gay, que era sócio de Hughes. A tarefa seguinte de Maheu foi silenciar um pastor de igreja que chantageava Hughes por ter descoberto seus casos com uma jovem. Maheu descobriu que o pastor tinha segredos homossexuais. Se o pastor ficasse quieto, Maheu também ficaria. A técnica funcionou. Quando outro chantagista ameaçou denunciar Hughes, Maheu gravou secretamente a conversa. A prova de chantagem o teria destruído, e Maheu se livrou dele.

Na época da eleição de 1956 Hughes arranjou uma utilidade melhor para Maheu. Tinha decidido que Richard Nixon devia continuar como vice-presidente.

Hughes pagou a Maheu para apoiar Nixon com dinheiro contra Harold Stassen, de Minnesota, que queria que o governador de Massachusetts, Christian A. Herter, fosse vice-presidente. Mandou Maheu armar um roubo no quartel-general de Stassen em Washington para ver se a pesquisa feita por Stassen mostrando que Nixon era impopular tinha validade. Tinha.

Enquanto isso Hughes mandou Maheu montar uma pesquisa oposta. Os resultados das duas foram lidos na convenção do Partido Republicano em São Francisco; a pesquisa pró-Nixon tinha uma contagem maior. O fato de Maheu saber qual era a contagem anti-Nixon foi de grande ajuda. A ação possibilitou a Nixon permanecer como vice-presidente.

Hughes mandou Maheu investigar comunistas reais ou potenciais no conselho municipal de Culver City que, ele sentia, estava interferindo em sua fábrica. Maheu fez algo melhor. Formou um grupo de pressão a favor de Hughes — a Better Business Association, que podia mexer os pauzinhos caso o conselho interferisse nas atividades de Hughes. Hughes ficou satisfeito; tornou Maheu seu segundo no comando.

No verão de 1957 Hughes saiu de sua cadeia auto-imposta e partiu para Montreal, Canadá, onde queria comprar vários British Britannias e Vickers Viscounts de propriedade da Air Trans Canada, para melhorar a desatualizada frota da TWA. Esforçou-se para se vestir direito e pilotou seu Constellation 1649 para a viagem. Com ele foram Pat DiCicco, John Holmes, Bill Gay e vários guarda-costas.

Na primeira noite no hotel Ritz-Carlton agiu de modo estranho como sempre. Havia uma regra de que todo sorvete que lhe fosse servido devia ser de baunilha. Ficou chateado quando o garçom do serviço de quarto chegou com um sorvete que tinha um leve sabor de morango. A partir desse momento o sorvete tinha de ser trazido de fora do hotel.

Reclamou de que escorria graxa das rodas dos carrinhos para o tapete quando eram empurrados com a grelha que o hotel instalou em seu quarto. Não deixava que os bifes fossem preparados na cozinha; a grelha tinha de ser limpa e ele precisava inspecioná-la antes de deixar que sua equipe preparasse a carne. A cama tinha de ser desfeita, lençol por lençol, até o colchão, e então, quando fosse refeita, precisava ser coberta de lenços de papel antes que ele se deitasse.

Sua alegria nessas semanas estava em testar as aeronaves britânicas — mas jamais comprou uma. Voou até Nassau, nas Bahamas, para discussões telefônicas sobre a compra de propriedades naquela colônia livre de impostos. Pagou a um dos chefes de cozinha do hotel Emerald Beach para trabalhar pessoalmente para ele. Não gostava dos doces locais e ficou satisfeito porque Holmes tinha posto alguns na bagagem em Montreal. Mas quando desembrulhou um dos bolos ficou horrorizado ao ver que estava mofado. Insistiu que o cozinheiro verificasse toda a sua comida com mais atenção ainda e contratou um doceiro para assar cada bolo e biscoito individualmente. Insistiu em que o padeiro local retirasse o açúcar do saco de pano em que era guardado e colocasse em latas lacradas, onde as baratas não poderiam entrar.

Quando os doces chegavam, ele mandava de novo os cozinheiros verificarem as rodas dos carrinhos para se certificar de que não havia óleo pingando. Também tinha medo de que algum inseto pudesse estar grudado no metal. Quando viu uma barata na parede gritou como uma criança.

Levou Jean Peters para passar algumas semanas em Nassau. Também convocou Robert Maheu e lhe disse para comprar a estação de rádio local, casas e hotéis, tudo que estivesse à venda.

Maheu ficou horrorizado com a hipótese de Hughes ficar nas Bahamas; que seu sonho de ser dono de Nassau desmoronasse em meio a uma greve ou tumulto sangrento. A inquietação na comunidade negra era considerável. Hughes se recusava a ouvir, mas finalmente o próprio serviço telefônico de Nassau, muito deficiente, o enfureceu tanto que ele e Jean viajaram para Los Angeles — de novo ele mesmo pilotou o Constellation. Provavelmente sem que Jean ou Maheu soubesse, levava, e continuaria a levar, em quantidades cada vez maiores, potes de conserva com sua própria urina, preservada por anos como o champanha mais fino.

CAPÍTULO QUATORZE

Quartos lacrados

De volta ao hotel Beverly Hills, Hughes foi para o bangalô 4 e Jean Peters ficou no 15. Alugava pelo menos quatro bangalôs o tempo todo. Numa ocasião mudou-se para uma suíte na Ala Crescent, do prédio principal. Raramente saía. Numa ocasião foi apanhado danificando propriedade do hotel: estava tentando cortar uma buganvília que abrigava moscas, usando uma tesoura de papel. Nem ele conseguiria isso, e não importando o quanto oferecesse, a gerência não permitiu que mandasse arrancar o lindo arbusto.

O pesadelo continuou. Em meados de 1958, Hughes estava viciado em codeína (que injetava no braço), Valium e Demerol; tinha ataques de mau humor e soltava jorros de palavras sem significado; urinava contra a porta do banheiro até escorrer no quarto; estendeu a obsessão pelos lenços de papel a Jean Peters. Quando ela ia a um teatro ou cinema, pessoas da platéia viam seu acompanhante fazer o ritual espantoso de limpar a poltrona em que ela se sentava. Hughes começou a escrever memorandos imensos, complicados, numa letra surpreendentemente boa, de colegial, que, em essência, tratavam os empregados como atores numa peça de sua autoria, tão sem sentido que, apesar das folhas escritas comprovarem sua autenticidade, é difícil de acreditar.

Um memorando, datado de 13 de outubro de 1958, foi escrito para o executivo Kay Glenn, num delírio de paranóia; permanece nos arquivos do espólio de Hughes no Texas e mostra também uma obsessão por controlar tudo, cada detalhe de sua vida, como se ele fosse o deus de um mundo minúsculo.

Proibia seus empregados de entrar em qualquer área de seu bangalô, ao qual o empregado de confiança Johnny Holmes tinha acesso exclusivo, não importando as circunstâncias (presumivelmente isso incluía um terremoto — pois era Los Angeles — ou incêndio). É extremamente improvável que algum empregado obedecesse a essas instruções loucas, pelo menos nas raras ocasiões em que ele não estava vigilante, com os olhos saltando rápidos pelo quarto, ou dormindo. Hughes também insistia em que eles nem mesmo pegassem revistas, lenços de papel ou comida; isso significava que, quando queria algo assim, ou as três coisas ao mesmo tempo, só Holmes podia pegar — e Holmes, claro, poderia querer dormir, ou sair. Nenhuma porta do depósito poderia ser aberta ao menos numa fresta minúscula pelo menor período de tempo. Para confundir ainda mais o destinatário, Glenn, ele acrescentou no fim do documento imenso e histérico uma exigência de que os *garçons* (que, afinal de contas, vinham do perigoso e contaminado mundo lá fora) tivessem permissão de entrar nos armários sagrados — uma observação que tornava absurdo tudo que tinha vindo antes. Mas, apesar do caráter que parecia obra de um homem louco, o memorando, sob análise, não demonstra insanidade; lembra mais as palavras do diretor de uma escola vitoriana para moças, dando instruções aos empregados domésticos. É um documento profundamente efeminado.

Levantando-se às três da tarde todos os dias, Hughes ficava ao telefone no bangalô durante horas seguidas, enrolado em lenços de papel, falando com seus executivos sobre os problemas da TWA. O presidente da companhia aérea, o competente Carter Burgess, cansado de não poder ver Hughes pessoalmente e das arengas sem sentido pelo telefone, pediu demissão em dezembro de 1957. Hughes tinha ordenado que Burgess comprasse uma série de jatos da Boeing mas não tinha dinheiro para pagar. Quando o ex-secretário da marinha, Charles S. Thomas, que Hughes contratou seguindo seu costume de querer gente do governo, assumiu o cargo de Burgess, ficou em situação difícil. No momento em que a First Boston

Corporation parecia estar em vias de conceder financiamento, com os bens da Hughes Tool como garantia, o presidente da FBC, George Woods, teve recusada uma reunião com Hughes e recuou do acordo.

William Forrester Jr., da Merrill Lynch, iniciou demoradas negociações com Hughes, mas ele insistia em vender a Hughes Aircraft, e Hughes se recusava a deixar que o dinheiro fosse tirado de seu Instituto Médico — segundo seus inimigos, porque temia uma cobrança de impostos colossal; segundo os amigos, porque não queria deixar que o instituto morresse. Contratou Fred Brandi, dos conservadores e influentes banqueiros Dillon, Read, para levantar um total de 165 milhões, além de outras debêntures de 100 milhões.

A Hughes Aircraft tinha um nome equivocado há anos: de fato, era uma empresa contratada do departamento de defesa e adjunta do governo americano. Fornecia, em sistema de monopólio, sistemas eletrônicos de controle de armamentos para aviões interceptores das forças aéreas americana e canadense, a primeira linha de defesa contra o uso potencial da bomba-H pelos soviéticos. Além disso a Hughes Aircraft fornecia quase todos os mísseis ar-ar da série Falcon. Desde 1956 eles eram o principal armamento do Comando de Defesa Aérea. A Hughes Aircraft era o principal fornecedor de sistemas de radar terrestre, empregando invenções e técnicas revolucionárias. Somente um sistema de controle de armamentos continha 100 mil peças. Centenas de milhões de dólares eram pagos a pequenas indústrias que forneciam minúsculos componentes específicos para esse vasto arsenal altamente secreto. Além disso a Hughes Aircraft utilizava cerca de 19 milhões de dólares em equipamentos de propriedade do governo. Em 1957 a Hughes Aircraft venceu o Prêmio Equipe de Trabalho da Indústria de Defesa. Assim, o Instituto Médico Hughes era pago por contratos governamentais — motivo suficiente para o status de isento de impostos.

Como Hughes tinha posicionado suas empresas no coração do esforço da Guerra Fria, tinha garantida uma posição de prestígio quando se tratava de seus advogados negociarem para ele, apesar da contínua recusa para atuar pessoalmente e apesar de sua administração imprudente na TWA.

Conseguiu arranjar milhões suficientes para a TWA comprar Boeings, depois entrou em pânico e vendeu seis deles para o odiado Juan Trippe, da Pan American. Também entrou em pânico com pedidos de jatos Convair 880. Cometeu a afronta, para não dizer o crime, de mandar homens com fuzis à fábrica Convair, apontar as armas para os empregados e ordenar que os aviões saíssem da linha de montagem. Depois de se apoderar deles, mandou que fossem rebocados para fora, ficando inúteis e enferrujados ao ar marinho. Os chefes da Convair ficaram furiosos e imediatamente desmontaram todos os outros 880 de Hughes. Mas não o processaram pelos milhões que deveriam; talvez pensassem que poderiam lucrar com ele mais tarde.

Durante as delicadas negociações com importantes instituições financeiras era essencial que Hughes — andando de um lado para o outro, seminu, apenas com a parte de cima ou a de baixo do pijama e viciado em barras de chocolate Hershey, maçãs e água Poland — revelasse pelo menos uma solidariedade aparente para com os executivos de suas principais empresas. Mas se enfureceu e alienou seu novo chefe da TWA, Charles S. Thomas, até mesmo se recusando a falar com ele entre abril e julho de 1960. Teve o desplante de pedir a Thomas para deixar o cargo e se tornar empregado da Hughes Tool. Recusou-se a aumentar o magro salário de Thomas, de 60 mil dólares por ano, ou a lhe dar opção de ações. Thomas saiu. Em 24 horas o consórcio que a Dillon, Read tinha finalmente montado para os 265 milhões de dólares necessários para cobrir os pedidos de jatos feitos por Hughes recuou, ultrajado.

Em 1º de setembro de 1960 Hughes deveria entregar 54 milhões em dinheiro vivo para pagar empréstimos anteriores. Ele não tinha o dinheiro. Insone até mesmo nas melhores situações, ficou sessenta horas sem dormir. Nem mesmo a morfina ajudou. Ficou tão histérico que até uma batida de leve na porta de seu quarto o levava a gritar como um animal ferido. A qualquer minuto poderia perder tudo; os bancos poderiam executar suas dívidas.

Como uma aranha lutando para escapar de um jato d'água, ele se retorcia, corria de um lado para o outro do quarto, enrolava-se como uma bola — e procurava e procurava um modo de salvar seu império. Não podia salvar a TWA; no fim de 1960 era óbvio que não tinha alternativa além de entregar o controle em troca dos 265 milhões de dólares levantados com novas fontes.

A condição era que Hughes, que não assinava um documento legal há anos, teria de colocar sua assinatura nos papéis, abrindo mão dos direitos de voto sobre sua parcela de 78%. Ele se recusou. Bautzer lhe disse que ele tinha de assinar. Como Bautzer iria obrigá-lo?

Bautzer ligou para o chefe dos mensageiros do hotel Beverly Hills e disse para ele levar os papéis ao bangalô de Hughes. O chefe não deveria sair do quarto até que Hughes assinasse. De algum modo o chefe conseguiu permissão para entrar no quarto trancado. Disse a Hughes que ele deveria assinar. Hughes abriu o envelope e leu os documentos.

— Não vou assinar — disse ele.

— O senhor *tem* de assinar — insistiu o chefe dos mensageiros.

— Por quê? — perguntou Hughes gemendo como uma criança chorona e mimada.

— Porque, se não assinar, eu vou ser demitido.

Hughes o olhou muito atentamente, viu que o sujeito estava dizendo a verdade, e assinou os papéis que lhe custaram sua amada companhia aérea.

O negócio foi completado em 15 de dezembro de 1960. Para aplacar sua amargura, Hughes se mudou do Bangalô 4 e, num ato de rara consideração para com Jean Peters, partiu na data de seu suposto aniversário, 24 de dezembro (ele sabia como ser indulgente com ela com gestos falsamente sentimentais), para o Rancho Santa Fe, um retiro de luxo ao sul de Los Angeles, preferido pelos aposentados ricos, onde ele havia alugado um chalé confortável, mas não opulento.

Estranhamente, no Rancho Santa Fe permitiu que Jean Peters dormisse com ele de novo e que controlasse a casa. Mas não a deixava passar aspirador de pó no tapete de dez centímetros de grossura. Por fim ela contornou sua objeção, mas ele se recusava a ver o saco feio e gordo do aspirador. O auxiliar Johnny Holmes tinha de ficar do lado de fora do quarto com o saco enquanto Jean Peters usava a mangueira. Mas ela não podia chegar embaixo da cama ou aos cantos do quarto escuro sem trazer o saco para dentro, portanto não conseguia cumprir a tarefa. De qualquer modo era difícil porque Hughes não deixava abrir as cortinas para a luz entrar; Holmes tinha de apontar uma lanterna pela fresta da porta, para ajudá-la. Ela finalmente desistiu da luta desigual e deixou a poeira se acumular.

Ela tentava passar espanador, mas ele não a deixava tocar certos objetos, como o aparelho de televisão.

Mais tarde Hughes e Jean se mudaram para uma imitação de castelo francês na Bel Air Road 1001, em Bel Air. De novo ela tentava passar o aspirador, mas Hughes tinha fiações complicadas por todo o piso, que a faziam tropeçar e atrapalhavam o trabalho. Quando ela grudou os fios junto à parede ele deliberadamente os esticou de novo. Quando finalmente ela o convenceu a entrar debaixo do chuveiro e lavar as crostas do corpo, ele espirrou água para todo canto e encharcou o carpete. Quando ele estava dormindo Jean arrancou o carpete danificado e instalou ladrilhos. Não conseguia convencê-lo a escovar os dentes, e o hálito era medonho.

Ele a proibia de tocar em suas enormes pilhas de jornais, revistas com fotos de mulheres e nas da Força Aérea. Não deixava que Jean dormisse em seu quarto — como ela fizera corajosamente no Rancho Santa Fe. Como no Rancho Santa Fe, colocou sua cama de hospital, aquela feita especialmente para ser usada depois do acidente de 1947, no centro do quarto. Exatamente a sessenta centímetros de sua cara ficava a TV. Perto dela, como sempre, um saco contendo recados e lenços de papel amassados. Um empregado, Oran Deal, era encarregado dos sacos. Em 1961 as visitas de Jean Peters ao quarto foram limitadas a duas por dia: quinze minutos de manhã para falar de seus planos para a tarde, e trinta minutos no fim de tarde, antes de ir para a cama sozinha.

Ele acrescentou uma coisa nova: uma fita adesiva grudando a porta à parede, e que só poderia ser retirada por sua equipe. Um dia ele ficou chocado quando um menino de cinco anos, filho da irmã adotiva de Jean Peters, entrou — a fita estava gasta e o garoto a havia rompido. Depois disso (de algum modo ele se conteve e não gritou com a criança) Johnny Holmes tinha de colocar fitas duplas. Insistiu em que Holmes lhe desse uma explicação integral, por escrito, de como a fita havia se rompido; Holmes escreveu. O relatório tinha dez páginas.

No fim de 1961, sob pressão de Jean, Hughes parou de andar nu pela casa. Algumas vezes usava o paletó do pijama, algumas vezes a calça, jamais ambos. Para ir ao banheiro calçava sapatos marrons que datavam dos anos 30.

Depois de um longo intervalo começou a "comemorar" o dia 24 de dezembro como seu aniversário. Mas comemorava do modo mais depressivo; assistia à televisão durante horas e pedia que Johnny Holmes convidasse Jean para uma breve visita. O Natal era igualmente sem vida. Ele sempre lhe mandava flores, em vez de entregar pessoalmente, porque as odiava e temia, e tinha certeza de que deveriam ter insetos. Elas tinham de ser lavadas com água Poland antes que Holmes as entregasse — usando luvas.

No fim do verão de 1960 Hughes fez esforços ocasionais e inúteis para atrapalhar as atividades da TWA, mesmo depois de ter aberto mão do direito de voto. Isso era pouco sensato, pois em cada ocasião ele era descartado de modo humilhante pelo novo presidente, Ernest R. Breech. O nome de Hughes era sinônimo de estupidez na diretoria, agora que ele fizera a TWA cair para uma miserável parcela de 20% do mercado. Então ele tomou uma decisão ainda mais imprudente. Em suas ligações com a CIA, aprovou uma trama criada pela agência e por Robert Maheu para assassinar Fidel Castro.

Ao mesmo tempo alugou uma ilha chamada Cay Sal nas Bahamas. Essa ilha foi usada como base para operações secretas contra Cuba, bem como local de treino para tropas. Era apenas uma das incontáveis conexões entre Hughes e a CIA, segundo as quais podia-se dizer que ele era (aos seus próprios olhos) um instrumento tanto patriótico quanto lucrativo, com contratos colossais dados às suas empresas para fornecer desde instrumentos de codificação para telefones, grampos, interceptações e *lasers* feitos pela Hughes Tool, que era totalmente de sua propriedade, até satélites feitos pela Hughes Aircraft (ele teve de assinar a aprovação para onze contratos), à qual ele dera ampla autonomia.

Maheu decidiu que contrataria um velho amigo de seus dias do FBI e da CIA, o gângster Johnny Rosselli, de quem Hughes fora íntimo nos anos 30 e que tinha fortes conexões em Las Vegas. O "tio Johnny", como Rosselli era conhecido pelos filhos de Maheu, tinha se casado com a amiga de Hughes, June Lang, estivera por trás do sindicato profissional IATSE, que esmagara outros sindicatos quando Hughes estava na RKO, e se envolvera em casas de jogo em Cuba. Segundo Maheu, Rosselli cuidaria do assassinato por patriotismo; mas certamente Maheu foi enganado. O verdadeiro motivo de Rosselli seria que, com Castro fora do caminho, ele dominaria os cassinos de Havana; não somente isso, a CIA e o FBI (que operavam no Caribe) pegariam leve com ele em troca de seus esforços — mas a princípio Maheu não informou J. Edgar Hoover sobre o atentado.

Em agosto de 1960 Maheu se encontrou com Rosselli no restaurante Brown Derby, em Beverly Hills, um local espantosamente público — mas na corrupta Hollywood os encontros entre gângsteres e executivos "legítimos", de estúdios ou não, eram comuns. Eles até mesmo discutiram o plano durante o almoço. Rosselli, por sua vez, contatou Sam Giancana, o chefão da Máfia. Ambicioso por Havana, cheio de arengas patrióticas, Giancana entrou no negócio. Tinha consciência de que o presidente iria protegê-lo. Ele sabia algo sobre Kennedy: os dois compartilhavam amigavelmente a mesma amante, a jovem Judith Campbell. Queria se livrar do líder comunista que não somente havia tomado suas concessões mas que poderia invadir a Flórida e pegar mais das suas propriedades.

Em Miami, no Hotel Kenilworth, Maheu se encontrou com Rosselli, Giancana e Santo Trafficante, que já comandara o crime organizado em Havana e também estava furioso por ter sido expulso em 1959. Para realizar a missão contrataram Rafael ("Macho") Gener, um contato cubano, que estava planejando um golpe de Estado contra Castro. Em outubro, Maheu, James O'Connell, da CIA, Sam Giancana, Johnny Rosselli e Santo Trafficante se encontraram numa suíte do hotel Fontainebleau para discutir a trama. Para manter limpas as mãos da Agência, O'Connell queria um ataque de bandoleiros armados contra a fortaleza de Castro. ("Vamos fazer a coisa direitinho e com limpeza".)

Rosselli e Giancana empacaram. Sabiam que seria impossível emboscar um ditador rodeado dia e noite por guardas armados. Se a missão falhasse, algum participante ferido poderia abrir a boca. E quanto a veneno? O'Connell mandou o laboratório da CIA arranjar alguma coisa. Eles arranjaram: um comprimido. Mas era inútil, porque o comprimido em que usaram o veneno não se dissolvia em água. A idéia do agente da CIA Sheffield Edward foi matar Castro com germes de botulismo.

O método de assassinato era incerto. Alguns venenos de cogumelos são extraíveis e indetectáveis; um deles deveria ter sido usado. Em vez disso o laboratório da CIA se decidiu pela bactéria *Clostridium botulinum*, obtida a partir de alimento contaminado. O problema é que germes vivos numa nova forma de comprimido solúvel morreriam em contato com água quente ou seriam tremendamente enfraquecidos pelo álcool; mas usar germes mortos seria um problema, pois os sintomas — vômitos, dores fortes e colapso — ocorreriam imediatamente, permitindo que os homens de Castro prendessem todos os que estivessem no local. Os germes vivos só agiriam de quinze a dezoito horas depois, permitindo que o assassino fugisse.

A solução foi usar toxina botulínica, da qual uma quantidade minúscula seria suficiente para matar dois mil camundongos, e só agiria depois do mesmo período, bem mais tarde; e poderia sobreviver à dissolução em líquido quente, álcool ou comida. O problema é que sob a forma de comprimido não seria garantida a dissolução em água fria, se essa fosse a única bebida que Castro estivesse tomando. E como, com cada movimento vigiado, até mesmo um auxiliar de confiança poderia se arriscar a ser visto e morto instantaneamente?

Por fim, e mais importante, num clima quente e úmido como o de Havana, o botulismo causado por comida mal refrigerada era comum e podia ser facilmente reconhecível, e haveria antitoxinas disponíveis imediatamente; a antitoxina seria aplicada no momento em que Castro sofresse os sintomas. Por que ninguém na CIA pensou nisso?

Num outro encontro, em março de 1961, ficou concordado que Maheu pagaria 10 mil dólares a Rosselli para entregar a "Macho" Gener, um dos oficiais de confiança de Castro, para fazer o atentado. Ainda que Maheu não recorde, audiências posteriores sobre o assunto incluíram declarações, juramentadas, de que ele entregou o dinheiro a Rosselli em notas tiradas de uma pasta. Mas ele admite ter entregado as pílulas do tamanho de comprimidos de sacarina.

Agora Hughes estava inquieto com a longa ausência de Maheu em Miami. Quando Maheu lhe contou o que estava fazendo ele disse, segundo Maheu, que parecia "uma idéia muito boa" matar Castro. Durante anos ele quisera pôr as mãos em Cuba e participar dos lucrativos negócios de jogos em Havana. Desde o início dos anos 30 Hughes fora várias vezes à Cidade do Pecado, mais recentemente quando perseguira Ava Gardner até lá e ela se escondeu com Ernest Hemingway. Sem que Maheu soubesse, ele possuíra muitas terras sob a proteção do atualmente exilado presidente Batista, e em conluio com o barão do açúcar, Julio Lobo, que então estava no México.

Mas os planos contra Castro saíram pela culatra. "Macho" Gener amarelou. Seu contato, um cozinheiro no restaurante predileto de Castro, não podia fazer nada com as bebidas porque Castro parou de ir lá. Rosselli e Giancana contataram o ex-presidente do Senado cubano, Manuel Antonio de Varona, que ansiava por ver Castro morto e voltar ao poder.

Varona prometeu entregar o veneno ao secretário de Castro, Juan Orta, e queria 150 mil dólares se o plano desse certo. Em troca Orta queria receber um punhado de transmissores secretos que ajudariam no golpe de Estado. Mas a polícia secreta de Castro descobriu que Orta estava planejando uma contra-revolução e o prendeu antes que ele pudesse fazer qualquer coisa. Foi realizado um esforço através de um agente secreto francês e sua namorada, por quem Casto se sentia atraído. Mas Castro a apanhou — Leon Uris usou essa história no romance *Topázio*, que se tornou um dos filmes prediletos de Hughes. Dias depois Kennedy fez a desastrosa invasão da Baía dos Porcos, que levou ao vergonhoso escorregão do presidente como líder mundial. Depois disso Hughes perdeu a paciência e chamou Maheu de volta a Las Vegas. E até hoje muitos acreditam que o assassinato de Kennedy foi provocado por Castro, atuando através de Lee Harvey Oswald, como vingança pela tentativa de Maheu.

Hughes contratou um novo advogado que logo representaria um papel importante em sua vida. Chester C. Davis era amigo e representante de Floyd Odlum, que ainda estava em contato com Hughes, junto com sua esposa, Jacqueline Cochran, a aviadora dos anos 30. Barulhento, agressivo, pesadão e com voz estrondosa, Davis era especialista nas lutas internas de Wall Street, um fuzileiro do mercado de ações que podia dominar qualquer um com a coronha de um rifle verbal. Bebia e vivia intensamente. Hughes precisava dele; a TWA processou Hughes em julho de 1961 por violação de leis antitruste e administração ruinosa. A princípio ele estava preparado para fazer um acordo. Investiria 150 milhões de dólares na companhia aérea, mas então decidiu lutar. Ao fazer isso traiu Greg Bautzer não lhe contando o que ia fazer.

Em 13 de fevereiro de 1962 abriu um processo contra a TWA. Afirmava que os chefes da companhia aérea tinham conspirado com a Dillon, Read e com empresas de seguros para afastá-lo ilegalmente da empresa e que deveria obter de volta o controle acionário. Também postulava 366 milhões de dólares por perdas e danos. A TWA tinha de entregar uma intimação a Hughes. Um detetive foi contratado para encontrá-lo. Hughes pediu que Maheu conseguisse um ator para ser usado como dublê. Incrivelmente, mesmo que devessem saber que Hughes não saía de casa, os executivos da TWA caíram no engodo. O ator foi para Reno, Lake Tahoe, São Francisco, San Diego e Squaw Valley. Quando se revelou que ele não era Hughes, os esforços para entregar a intimação tinham sido frustrados.

John Sonnett, o impiedoso advogado da TWA, estava decidido a fazer Hughes sair da toca. Hughes o reconhecia como um inimigo objetivo e implacável. Sonnett obteve uma ordem judicial que lhe permitia interrogar os empregados de Hughes como base para um processo de desacato. Também abriu outro processo contra Hughes, em Delaware, pretendendo 35 milhões de dólares; segundo as leis do Delaware, não havendo contestação ou comparecimento o réu perderia suas ações e outros bens. Sonnett incluiu a Hughes Tool na ação.

Um dia depois do fim do prazo, Chester Davis apresentou a Sonnett um documento forjado — uma suposta autorização para aceitar uma intimação, assinada com uma imitação da letra de Hughes. Em 6 de setembro Sonnett disse ao juiz Charles M. Metzner, do Tribunal Superior de Nova York, que o documento era falso. Incrivelmente Metzner aceitou a alegação, mas não agiu contra Hughes acusando-o de desacato.

Chester Davis tentou usar táticas de protelação para impedir que Hughes tivesse de ir ao tribunal, mas finalmente aceitou uma intimação em nome de Hughes. Este ficou petrificado ao saber que, se não comparecesse, perderia milhões. Mas seu medo de ser visto em público era pior. Quando em 11 de fevereiro de 1963 deixou de comparecer ao edifício do Tribunal Superior de Los Angeles como mandava a intimação, Sonnett enviou o processo de volta a Nova York.

A reconvenção de Hughes foi indeferida — carecera de qualquer "fundamento". Hughes ordenou que Chester Davis recorresse ao Tribunal de Apelações. Em 2 de junho o tribunal confirmou a decisão do juiz Metzner, e mais ainda, criticou o descaso de Hughes.

Passando incontáveis horas ao telefone, usando casaco ou calça de pijama, a ponto de sacrificar o sono, Hughes fez mais uma tentativa de recuperar o controle da TWA. Vendendo ações no valor de 92,5 milhões de dólares ele poderia comprar de volta as notas promissórias de dois dos principais credores do contrato original — a Equitable e a Metropolitan Life Insurance — e ajudar a Trans World, que estava perdendo dinheiro, a sair do negócio. Cercada por uma poderosa bateria de advogados de Hughes em Washington, D.C., a Diretoria de Aeronáutica Civil não pôde achar um motivo legítimo para lhe negar a oportunidade, e em 10 de julho de 1964 lhe deu a permissão. A diretoria da TWA ficou furiosa, mas não podia fazer nada. Mas se Hughes quisesse ganhar o controle da TWA precisava afastar outro dos donos, a Northeast Airlines, em que ele havia investido para ajudar Floyd Odlum, o proprietário.

A TWA entrou com uma petição no Tribunal de Apelações pedindo uma reforma da decisão da Diretoria de Aeronáutica Civil. Ao mesmo tempo Hughes contratou um advogado muito poderoso em Washington, D.C., Abe Fortas (mais tarde nomeado juiz da Suprema Corte), para postular uma revisão total da decisão de privá-lo de seu dinheiro e sua propriedade argumentando julgamento à revelia. Em 7 de dezembro de 1964 o tribunal de apelações reformou a decisão da DAC.

Em 3 de março de 1965 o juiz Earl Warren presidiu o recurso da sentença do Tribunal de Apelações. Chester Davis argumentou que os bancos e as companhias de seguro tinham montado uma conspiração para tirar de Hughes o controle da TWA. Observou que não ocorrera qualquer violação das leis antitruste. Em nome da TWA, John Sonnett se referiu aos incontáveis esforços inúteis para fazer com que Hughes respondesse às intimações. Disparou um golpe mortal: a recusa de Hughes em cumprir a lei demonstrava desacato e invalidava efetivamente cada aspecto de seu comportamento. Em sua argumentação final Sonnett dizia: "Este não é o caso de um homem que não pode testemunhar. É o caso de um homem que *não quer* testemunhar. É simples."

Earl Warren e seus colegas juízes ficaram tão impressionados com a argumentação de Sonnett que todos os complicados argumentos legais arrastados por Davis no dia seguinte foram rejeitados. Warren, no que deve ter sido uma admissão muito rara, disse que a decisão de seu tribunal, de ao menos rever as decisões do tribunal inferior, era "improcedente" — ou seja, um erro. Referindo-se à evasão das intimações, observou que Hughes tinha dado um tapa na face da lei ao se recusar a obedecer às ordens da mesma. Assim deveria ser punido no limite possível: a reconvenção foi negada de novo e a sentença à revelia contra ele foi mantida.

É paradoxal que Hughes tenha vencido a longo prazo: não recuperou o controle, saiu ganhando o que havia perdido. Em 3 de maio de 1966 vendeu pouco mais de seis milhões e meio de ações da TWA, recebendo 546.549.171 dólares. Ruth Ellen Taylor, funcionária de Hughes, jamais vai se esquecer de ter visto o pequeno cheque — não do tamanho de um cheque administrativo — chegar ao escritório da rua Romaine como se fosse um pagamento por compras de mercearia.

Durante todo o início dos anos 60 a audição de Hughes foi se deteriorando ainda mais. Ele precisou mandar instalar um sistema telefônico especial com toque ensurdecedor como o de uma sirene de ambulância, que costumava acordar todo mundo da casa a qualquer hora da noite. As reuniões com os auxiliares eram mais tensas do que nunca porque ele gritava como se os outros fossem surdos, ou, alternadamente, murmurava porque não tinha percepção do próprio timbre da voz.

O Dr. Howard House, principal especialista em ouvidos de Los Angeles, sempre estava disponível para ajudar. Mas durante anos os pedidos do Dr. Verne Mason e do Dr. Lawrence Chaffin para que Hughes se consultasse com o Dr. House não foram atendidos. Finalmente, exasperado com a situação e irritado com os aparelhos auditivos que costumava deixar espalhados pelo quarto, ou mesmo escondidos, ele concordou que Chaffin poderia telefonar para House e prometeu que iria ao consultório do especialista no centro de Los Angeles, para uma consulta.

Essa consulta, como ele especificou insensatamente, deveria ser à noite, às 23 horas. Isso era incomum para qualquer médico, mesmo naquela época, mas House, como aparentemente todas as outras pessoas do mundo, não podia recusar nada a Howard Hughes. House pagou hora extra aos funcionários e os levou para jantar e ao teatro. Voltou ao consultório e fez todos os preparativos necessários para um exame detalhado.

Então, pontualmente às 23 horas, Nadine Henley, arrastada da cama, ligou dizendo que Hughes tinha mudado de idéia. Chaffin telefonou logo depois para o irritado médico e disse que ele deveria cobrar quinhentos dólares (uns cinco mil em dinheiro atual), mas House, um homem de rara integridade, disse que não cobraria nada de Hughes, já que não fizera nada por ele.

Cerca de um mês depois Chaffin ligou de novo para House e disse que Hughes estava pronto para um exame.

— Será que poderíamos marcar a consulta para um pouco mais cedo, digamos às dez horas? — perguntou House.

Chaffin concordou. E, de novo, demonstrando total falta de consideração com o médico e seus funcionários que tinham ficado até a noite, Hughes mandou Henley cancelar. De novo House não cobrou.

Anos depois Hughes estava nas Bahamas quando Chaffin telefonou de novo. Alertado pelo comportamento anterior de Hughes, nem mesmo o generoso House deixaria seus muitos pacientes para viajar até lá. Mandou em vez disso o Dr. Chaffin — com instruções, cinco aparelhos auditivos e um diapasão. Se, sem aparelho auditivo, Hughes pudesse ouvir um diapasão do lado de fora do ouvido ou encostado nele, a audição poderia ser restaurada com cirurgia. O osso estribo, que fora alterado pela otosclerose hereditária, poderia ser retirado pelo Dr. House e o longo e doloroso isolamento de Hughes devido à surdez terminaria.

Chaffin mandou um ajudante segurar a cabeça de Hughes enquanto, usando luvas de borracha e os instrumentos esterilizados diante de Hughes, batia no diapasão do lado de fora do ouvido e encostado no osso mastóide. Hughes explodiu:

— Que besteira é essa? Qualquer engenheiro que se preze pode fazer um aparelho auditivo melhor do que esse!

Na verdade ele conseguia ouvir o diapasão, e o som o irritou. Isso era prova de que poderia ser salvo pela cirurgia, mas ignorou a declaração de Chaffin e o mandou embora.

Mais tarde ainda Hughes estava em Londres. Leu nos jornais sobre uma nova forma de cirurgia para surdez. Convocou Chaffin, e desta vez se submeteu ao teste do diapasão. Concordou em ser operado. Mas nenhum cirurgião inglês deveria fazer isso; e ele também não concordaria em ir a um hospital, talvez se lembrando da morte da mãe sob o efeito do clorofórmio. A operação deveria ser feita numa suíte de hotel.

House viajou para Londres com sua equipe cirúrgica, inclusive o anestesista e as enfermeiras. Hughes cancelou de novo. Até mesmo para House isso foi o fim (Robert Maheu afirma que certas pessoas do círculo íntimo de Hughes o convenceram a não fazer a operação; queriam que ele continuasse surdo para poder controlá-lo melhor e falar pelas suas costas).

Devido à natureza técnica de sua surdez, Hughes podia ouvir melhor em salas apinhadas ou em meio ao barulho dos motores de aviões. Mas agora ele jamais punha os pés numa sala com mais de duas ou três pessoas, e raramente voava.

Desgastado, com o pênis — anteriormente assoberbado — inútil para o prazer ou a procriação, o rosto e o físico abaixo dos padrões aceitáveis, em 1964 Hughes tinha se tornado uma máquina de luta contra o governo e os impostos, um cérebro descorporificado numa cabeça que parecia uma caveira, ligada a um saco de ossos mal articulado, sem tônus e sem músculos.

Nesse estado deplorável seria de esperar que obtivesse algum prazer e alívio com o desempenho de sua empresa aeronáutica no serviço da exploração espacial. Mas o resultado nesse nível era tão lamentável quanto em qualquer de seus outros empreendimentos.

Entrevistado em 1992, Bernard Barker, o principal ladrão de Watergate, disse que em 1964 Hughes se envolveu pessoalmente com as atividades de E. Howard Hunt, o peripatético espião e intermediário da CIA, na guerra secreta contra Castro. Isso combina perfeitamente com a obsessão pela ameaça comunista de seus anos de Hollywood e remonta às ligações do tio Rupert com operações secretas antes e durante a Segunda Guerra Mundial.

— Hughes trabalhou com Eduardo [apelido de Hunt] em *lasers* — disse Barker a este autor. Para confirmar isso contatei John Prados, uma autoridade nas operações Pluto e Mongoose, as sucessivas operações da CIA contra Castro naqueles anos. Que acordos de *lasers* teriam sido feitos com a Hughes Aircraft, que já estava envolvida em avançadas tecnologias de espionagem?

Dentre eles testavam técnicas de comunicação entre navios e terra — úteis porque naquela época não havia interceptações. Nas pranchetas havia absurdos como um submarino que emergiria no porto de Havana e faria um show de *laser* e sons acompanhado por uma voz em espanhol declarando, para minar Castro, que Cristo viria pela segunda vez ali.

Hughes estava envolvido em muitas atividades da Operação Pluto. Um uso para o *laser* seria na Força Aérea, para direcionar bombas; outro em contatos ar-ar. Diferentemente das comunicações por rádio, as comunicações por luz não eram interceptáveis. Em muitas dessas operações a ilha de Cay Sal nas Bahamas, pertencente a Hughes, era usada com freqüência.

Contratada pela NASA, a Hughes Aircraft construiu as importantíssimas Surveyors, espaçonaves de pouso suave desenhadas para descer na superfície da lua. Hughes fez um acordo vantajoso, até mesmo draconiano, com a NASA, pelo qual seria totalmente reembolsado e até receberia lucro mesmo que a Surveyor fracassasse em seu objetivo. Como sempre em seu império, agindo sem leme e sem liderança, a administração da Hughes Aircraft empurrava com a barriga, gastando tão pouco tempo no projeto a ponto de este se tornar escândalo público, até que a NASA pegou pesado.

Mas isso foi depois de quatro anos de fracasso em pressionar contra atrasos grosseiros de Hughes e seus executivos. Um custo estimado de 50 milhões cresceu até 190 milhões entrando no bolso de Hughes sem que se fizesse grande coisa. Quando os fiscais do Laboratório de Propulsão a Jato examinaram o trabalho, ficaram espantados. Os funcionários eram muito ruins, não havia atividade centralizada de projeto, Hughes se recusava a fornecer qualquer explicação de custos. O resultado era uma espaçonave extremamente ineficiente que, se fosse adaptada para levar passageiros, poderia custar vidas. Duas mil pessoas estavam empurrando com a barriga e o próprio Hughes não fazia nada a respeito.

As coisas pioraram. Uma Surveyor caiu e pegou fogo; outra foi danificada de modo irrecuperável. Os motores foram retirados, redesenhados e tirados de novo. O custo final chegou ao valor espantoso de 469 milhões de dólares dos contribuintes, mais de quatro vezes o preço do foguete rival, o Mariner. Além desse enorme lucro por um foguete ruim, Hughes recebeu 20 milhões em pagamento, além dos lucros, que chegaram a não menos do que 345 milhões.

Hughes ficou empolgado quando a primeira Surveyor pousou na lua em 2 de junho de 1966. Sua máquina de publicidade e uma imprensa favorável omitiram o fato de que o pouso estava atrasado três anos e que acabara com a maior parte do orçamento da NASA. Ele obteve a glória encobrindo a verdade, como tantas figuras populares. Quando a Surveyor

III mandou fotos da Terra vista da lua, e de um eclipse do sol coberto pela Terra, seguidas por mais de 30 mil fotos obtidas pela Surveyor VI, amostras de solo, detalhes da lua como um planeta e não um meteorito — Hughes ficou radiante. E todo o desperdício de tempo e esforços, além de seu completo fracasso em assumir qualquer interesse pelas operações da Hughes Aircraft, foi esquecido enquanto ele chafurdava na glória. A ironia não poderia ser maior — nem mesmo na vida de Hughes. Era como seu vôo ao redor do mundo num avião pesado demais e todos os outros empreendimentos mal preparados que, finalmente, terminavam em triunfo. Ele havia tirado o couro do governo, e adorado.

Hughes não somente lucrou enormemente com essas operações, como não pagou impostos por elas devido ao acordo pelo qual os lucros da Hughes Aircraft iam para o Instituto Médico Hughes, em que, na época, ele investia apenas metade de 1%. O resto era guardado em contas secretas em bancos ou repassado, por baixo do pano, à Hughes Tool.

Mas o Instituto Médico servia a um propósito: era a fachada ideal para Cay Sal, a ilha nas Bahamas, cinqüenta quilômetros ao norte de Cuba, da qual Hughes era dono em nome do Instituto, e a partir da qual planejou lançar um ataque contra Castro antes e depois do assassinato de Kennedy.

Durante os primeiros seis meses de 1963 uma dúzia de unidades armadas, compostas por exilados cubanos, foram treinadas por agentes da CIA na ilha, enquanto os MiG-21 e os torpedeiros Komar, de Castro, mantinham vigilância e verificavam suas atividades. Havia freqüentes combates armados quando grupos tentavam tomar a ilha. Refugiados chegavam à terra em bandos, sob a cobertura da noite, famintos e em trapos, e recebiam abrigo e comida sob a égide de Hughes e da CIA. Barcos da Guarda Costeira vinham regularmente para levar os refugiados a Key West, onde muitos eram treinados para uma possível guerra futura. Algumas vezes os barcos de Castro interceptavam os fugitivos, e, depois de uma troca de tiros, os levavam de volta a Havana, sob guarda armada.

Três americanos desapareceram no mar em agosto, provavelmente mortos pelos homens de Castro. Perto do litoral norte de Cay Sal, duas embarcações americanas, a *Floridian* e a *Ala*, foram metralhadas pelos comunistas. Mesmo depois de o presidente Kennedy, e de Lyndon B. Johnson, terem proibido os ataques contra Cuba, a CIA continuou a usar a ilha de Hughes e deixava que ele fingisse que ela era um centro para o instituto médico. Don Bonafede escreveu no *Miami Herald* (em 25 de agosto de 1963): "Cay Sal serviu a dois objetivos: como ponto de encontro e depósito de armas para os exilados que pretendiam atacar Cuba e, para os refugiados anticastristas, como a primeira parada rumo à liberdade, um portão semelhante ao Muro de Berlim para os alemães orientais anticomunistas."

Durante 1965 e 1966 Hughes fez tudo para reprimir as tentativas de escreverem livros a seu respeito. Mesmo a idéia de um artigo abalava Hughes; ele mandava Davis ler cada palavra para verificar qualquer possibilidade de acionar o autor por calúnia ou difamação. Mas um livro — Hughes temia a simples idéia mais do que temia ser fotografado.

Houve rumores de que o jornalista Leonard Slater estaria escrevendo uma biografia, mas nada foi lançado. O ex-guarda-costas Robert Hall anunciou um livro de memórias, mas não se ouviu falar disso de novo. Davis adulava e ameaçava, e os projetos eram abandonados.

O veterano escritor Leo Guild embarcou numa projetada história de vida. Chester Davis, agindo em nome de Hughes, lhe pagou uma quantia substancial para abandonar a idéia. Ezra Goodman, outro escritor de Hollywood que produzia muito, foi contratado pelo editor Lyle Stuart para fazer uma biografia. Greb Bautzer chamou Stuart à casa de Faye Emerson em Nova York e sugeriu que ele desistisse. Stuart se recusou a ser comprado. Bautzer ofereceu um acordo: se Goodman adiasse o livro e eliminasse certos elementos, inclusive a vida sexual de Hughes, este aceitaria responder a algumas perguntas por escrito. Hughes, claro, não estaria disponível para uma entrevista ao vivo.

Stuart prometeu discutir o assunto com Goodman. Bautzer tentou ainda exercer seu poder levando Goodman, à custa de Hughes e com a aprovação deste, a Nova York, onde o hospedou no St. Regis. Goodman sentiu-se tentado a se vender, mas Lyle Stuart não quis saber disso.

Hughes ordenou que uma empresa de fachada com o nome de Rosemont Enterprises (o nome do executivo M. E. Montrose, da Hughes Tool, ao contrário) se estabelecesse, com escritórios em Encino, Califórnia. Três associados de Hughes, inclusive Davis, foram postos como diretores, e o quartel-general de Davis em Nova York também era a sede da Rosemont. A empresa inventada destinava-se a um único objetivo: ser dona dos direitos exclusivos da história da vida de Hughes.

Davis, através de Rosemont, pagou um suborno indireto a Ezra Goodman para desistir, contratando-o para escrever uma biografia imaginária, sem promessa comercial, do pioneiro cineasta D. W. Griffith, pagando-lhe 38.250 dólares, uma quantia espantosa para a época, e um acréscimo, sem explicação, de 4.250 dólares para os gastos com advogado. Lyle Stuart ficou furioso ao descobrir. Processou Ezra Goodman pedindo de volta os 10 mil dólares de adiantamento e ganhou, além das custas judiciais. Processou com sucesso Hughes, Bautzer, Chester C. Davis e a Rosemont, além do divulgador de Hughes, Perry Lieber, pedindo meio milhão de dólares por quebra de contrato, e a mesma quantia pela perda de lucros cessantes com a biografia. Hughes processou Goodman, sem sucesso, pedindo os 38.500 dólares, depois de Goodman ter entregado o que ele considerou um manuscrito insatisfatório sobre "D. W. Griffith" — que na verdade era um livro autorizado sobre Hughes. Outro escritor que embarcou num livro sobre Hughes foi Tommy Thompson, mais tarde famoso como autor de *Blood and Money* e *Serpentine*. Robert Loomis, da Random House, o contratou. Mas quando o manuscrito foi entregue, Loomis ficou insatisfeito e contratou, com o consentimento de Thompson, um escritor que tinha o nome impertinente de John Keats, para refazer a biografia.

Greg Bautzer ligou para o chefe de Loomis, Bennett A. Cerf, e foi se encontrar com ele. Quando descobriu que Cerf não podia ser comprado, disse que haveria "litígio" se o livro fosse lançado. Quando Cerf se recusou a recuar, Hughes mandou Chester Davis enviar uma carta para Cerf. A carta declarava, absurdamente, que ninguém poderia escrever um livro sobre Hughes sem a sua permissão. Cerf arquivou a carta. Hughes ficou histérico e Bautzer apareceu pela segunda vez na Random House.

Desta vez Bautzer disse que, se Cerf cancelasse o contrato com Keats, Hughes concordaria com que Cerf indicasse um autor aprovado para fazer uma biografia autorizada. Cerf não confiava em Bautzer, ou, mais importante, em Hughes, e recusou. Hughes recebeu a má notícia e ficou deprimido e irritado.

Keats achou que deveria procurar o impossível: precisava tentar uma conversa com Hughes. Loomis se opunha a isso, achando que Hughes poderia adiar a entrevista e depois não concedê-la, retendo o livro indefinidamente.

Hughes bolou um plano. Mandou alguém da Random House roubar o manuscrito e entregar a ele. Chester Davis descobriu que Keats tinha obtido a maior parte das informações a partir de uma série biográfica publicada na revista *Look*. Hughes comprou os direitos da série da *Look* com o objetivo de acusar Keats de plágio quando o livro fosse lançado. A Rosemont, em nome de Hughes, processou a Random House e Keats por infringir os direitos exclusivos sobre a vida de Hughes e de plágio das matérias da *Look*; o juiz Frederick Bryan, da corte distrital federal de Nova York, admitiu o argumento da Rosemont na questão do plágio, mas não na infração. O livro, recém-publicado, foi recolhido com o argumento de que era muito parecido com a série da *Look*, não somente no conteúdo, mas no estilo.

A Random House apelou. O Tribunal de Apelação reverteu a decisão do tribunal inferior e o livro foi liberado para publicação. O juiz-presidente Lumbard observou, num voto redigido separadamente, que Hughes tinha agido de modo impróprio, num esquema "nefário" para mandar a Rosemont suprimir o livro. Acusou a Rosemont de ser o "instrumento de interferência" de Hughes. Hughes fez um último esforço para impedir o livro requerendo um mandado judicial. Não deu certo. E depois disso tudo o livro era inócuo.

Depois que uma privada transbordou na casa da estrada Bel Air, 1001, Hughes decidiu se mudar. Então, em julho de 1966, decidiu que desafiaria as várias tentativas de fazer com que ele pagasse os impostos estaduais da Califórnia. Apesar de ter vivido no estado quase continuamente durante anos, afirmava ser morador do Texas. Desde o final da década de 1920 tinha tentado evitar os impostos também no Texas, e vivia num estresse constante com relação a onde deveria residir; faria qualquer coisa, até mesmo se arriscar a ser visto pela imprensa e pelo público, para não dar qualquer percentagem de seus vastos lucros de volta ao governo local (e menos ainda ao federal).

Mudaria para Boston, Massachusetts (uma escolha muito ruim, quando ele poderia ter ido para Nevada ou a Flórida, que eram isentos de impostos) mas não por ar, porque a imprensa vigiava os aeroportos. Como era impensável que ele viajasse em quaisquer aeronaves de seus odiados rivais, foi de trem. Mesmo na década de 1930 ele quase nunca fizera uma viagem de trem.

Sem dizer o motivo (parece que nunca lhe dizia o motivo de nada), mandou Maheu obter dois vagões Pullman privativos, que seriam unidos e colocados no fim do trem Santa Fe Chief. Com grande dificuldade Maheu fez os arranjos; mas no último minuto Hughes entrou em pânico, presumivelmente ao pensar que seria visto, e recuou. Por dez dias sucessivos, enquanto Maheu ligava para a casa do presidente da ferrovia, Hughes protelou. Quando finalmente concordou em ir, era tarde demais. O trem havia partido.

Maheu contratou um trem especial para viajar, com sua própria locomotiva e os dois vagões, à frente do Chief. Estava programado para partir à noite. Enquanto Hughes ficava indeciso no último minuto, o chefe da estação de Pomona ligou para a casa de Bel Air. Como Hughes não havia chegado, o Chief não podia partir na hora certa — e a pontualidade era a marca registrada do famoso trem.

Finalmente Hughes cedeu. Levado por Johnny Holmes até Pomona, na limusine de Jean Peters, a princípio se recusou a sair do veículo — o medo do ar, de germes, de sementes, de insetos, de pessoas olhando, o imobilizou. As autoridades da estação estavam ficando histéricas. Finalmente ele cedeu aos rogos de seus homens e de Peter, filho de Robert Maheu, e concordou em embarcar no trem. Mas primeiro os homens tiveram de limpar cada partícula de poeira do compartimento e varrer as paredes, depois abrir a porta enquanto ele entrava — uma figura fantasmagórica com seu chapéu da sorte, vestida de cinza.

Insistiu para que Holmes, que tinha lhe dito que por razões de família não podia fazer a viagem a Boston, ficasse com ele e sua outra equipe durante toda a viagem. Mas Holmes recusou de novo.

— Você tem um pedaço de papel no bolso? — perguntou Hughes.

Holmes pegou um caderno de anotações.

— Quero ditar uma mensagem — disse Hughes.

Não ditou nada — em vez disso designou quartos diferentes para seus funcionários. Depois de uma longa espera com o lápis a postos, Holmes perguntou:

— E a mensagem?

— Temos bastante tempo — respondeu Hughes. O trem começou a se mover. Holmes tinha prometido ir para casa, ficar com a família.

O tempo tiquetaqueou. Agora o trem começava a diminuir a velocidade.

— Onde estamos? — perguntou Hughes.

— Chegando a San Berdoo — disse Holmes.

Hughes disse para Holmes parar o trem. Para fúria do chefe da estação, o trem se demorou, retendo o Chief intoleravelmente enquanto Hughes decidia o que ditar. Finalmente cedeu. Ditou uma mensagem para Jean. Dizia: "Eu a amo demais. Voltarei. Estou ansioso pelo dia em que você virá me visitar em Boston." Holmes saiu do trem com o recado e foi na limusine de Jean, que outro empregado trouxera até San Bernardino, de volta a Bel Air. Não pode haver dúvidas de que ela ficou emocionada com o bilhete. O fato de que aquele homem envelhecido, doente, e terminalmente excêntrico podia arranjar tempo, idéia e energia para escrever para uma mulher que via apenas duas vezes por dia há vinte anos parece mostrar a profundidade do seu afeto por ela; era a única coisa decente, limpa e honesta em sua vida. O fato de ter a clareza de reconhecer isso, em seu estado, diz muito sobre ele.

Chegou a Boston. Tinha deixado instruções com Maheu: deveria ficar no hotel Ritz-Carlton, deveria ocupar a "cobertura" (mas o sexto andar, o último, estava sendo redecorado e reformado, de modo que ele teve de ficar um andar abaixo). Inquieto no trem, mandara botar uma grelha nos vagões particulares, com dez bifes de filé, latas de ervilhas e feijões, bananas, latas de frutas, bolo de baunilha e doces. De algum modo Maheu conseguiu isso através de um contato em Cleveland.

A imprensa ficou sabendo da presença de Hughes no Ritz-Carlton. Um jornalista disparou um alarme de incêndio para fazer com que ele saísse, mas Hughes não escutou. O quinto andar estava bloqueado; agora o hotel podia acomodar hóspedes em apenas três andares. Todo dia, exércitos de arrumadeiras, sob a supervisão de Hughes, tinham de limpar cada centímetro dos quartos. As janelas não foram apenas fechadas, mas também lacradas.

Então aconteceu uma coisa extraordinária em Los Angeles. Em 30 de outubro, aniversário de Maheu, num apartamento em Santa Mônica, de propriedade dos anfitriões para a festa, o sr. e a sra. Keith Hanna, Bill Gay, ainda principal auxiliar de Hughes, chamou Maheu à cozinha e também o Dr. Robert Buckley, um psiquiatra. Para choque e perplexidade de Maheu,

Gay anunciou que queria que Hughes fosse declarado incapaz. Maheu e Buckley ficaram furiosos e se recusaram a continuar com o assunto.

— Fiquei estupefato e chocado — diz Maheu. — E Gay tinha tentado isso antes.

Gay havia pensado pela primeira vez no julgamento de incapacidade naquele verão, no hotel Bel-Air, quando tinha dito a Maheu:

— Precisamos fazer planos imediatos.

— Para quê? — perguntou Maheu, cheio de suspeita.

— Para o caso de Hughes morrer ou ter um colapso mental.

Maheu mandou que ele fosse para o inferno. Agora disse o mesmo.

Maheu tentou avisar Hughes, mas Hughes não quis ouvir.

Ainda que estivesse constantemente a ponto de ir aos hospitais locais para um check-up, Hughes sempre recuava no último minuto, aterrorizado com o que os médicos poderiam descobrir. Quando vinham médicos examiná-lo, ele os evitava ou permitia um mínimo de exames — pressão sangüínea, urina. Sofrendo de um doloroso prolapso do reto, hemorróidas e fissuras devido ao sério bloqueio intestinal e ao esforço constante, recusava-se a fazer cauterização. Nem deixava os médicos examinarem o reto — talvez uma lembrança de culpas antigas.

Finalmente percebeu que pagaria impostos estaduais em Massachusetts se ficasse mais tempo, e decidiu partir para Nevada — primeiro Lake Tahoe e mais tarde Las Vegas. Mas enquanto isso Jean Peters havia chegado e surpreendeu-se ao descobrir que não tinha permissão de entrar no quarto dele. Foi posta numa suíte separada, e, segundo Maheu, ficou furiosa. Então Hughes a admitiu, e ficaram olhando mapas de Boston onde, segundo ele mentiu, planejava construir uma casa para os dois. Mas já estava mandando seus homens se prepararem para a partida. Jean voltou a Bel-Air e continuou falando com Hughes sobre seus planos.

Ele decidiu fazer de novo a viagem por trem. De novo o assoberbado Maheu teve de alugar dois vagões particulares para serem postos na frente dos outros vagões do 20th Century Limited and Union Pacific.

O ator usado antes para fazer o papel de Hughes vestiu suas roupas, saiu por uma porta do Ritz-Carlton e foi ajudado a entrar numa limusine. A imprensa o perseguiu, permitindo que Hughes saísse da cidade sem ser observado. Mas em Utah o trem teve um problema mecânico, o que significava que não chegaria a Las Vegas antes do amanhecer, como Hughes desejava. Maheu sabia que Hughes ficaria histérico se o trem chegasse durante o dia. Teve de pagar 180 mil dólares para o uso exclusivo de outra locomotiva em Ogden, enquanto os vagões particulares eram postos no desvio e reengatados.

Enquanto isso os repórteres ficaram sabendo que ele vinha para Las Vegas; alguém tinha visto Maheu se hospedar com nome falso no Desert Inn. Maheu conseguiu que o trem parasse oito quilômetros fora da cidade; Hughes foi retirado numa maca. A maca foi posta num furgão e Hughes foi trazido por uma porta dos fundos. Foi levado por um elevador de serviço até o último andar, que fora reservado exclusivamente para ele.

A segurança do hotel era muito rígida. A escada para a cobertura foi bloqueada — uma contravenção direta dos regulamentos contra incêndios. O botão do nono andar no elevador foi retirado e trocado por uma tranca a chave. As cortinas viviam fechadas e os dutos de ar-condicionado eram verificados continuamente. Ainda que fosse impossível para o FBI grampear as suítes, cada centímetro das paredes e dos pisos era examinado todos os dias, em busca de algum equipamento intruso. Um circuito fechado de televisão dava informações sobre qualquer indivíduo parado diante da porta da frente.

Em sua escuridão uterina e confortável, Hughes não via nada da cidade corrupta e ensolarada, cujos prédios sem graça, flanqueando uma feia vastidão de ruas de concreto iluminadas por néon, havia crescido como cogumelos desde que ele a visitara pela primeira vez na década de 1940. Sua principal preocupação, para evitar os enormes impostos sobre o dinheiro recebido pela venda da TWA, era usar os ativos líquidos para comprar o máximo possível da cidade que não cobrava impostos. Encarregou Maheu da operação; Maheu tinha os contatos certos, era leal e digno de confiança, e conhecia, por causa de seu passado no FBI, as redes criminosas da cidade.

Ao se mudar para o Desert Inn ele havia entrado na toca do escorpião. Há anos, um dos donos das operações do hotel (o hotel propriamente dito era de propriedade de Harry Helmsley, mais tarde casado com Leona em Nova York) era o sócio de Bugsy Siegel, Morris (Moe) Dalitz que, depois de anos controlando jogo ilegal, tinha agarrado o Inn em 1950. Hughes ficou furioso quando descobriu. Detestava a idéia de que a Máfia dominava a cidade, e quando Dalitz, depois de aumentar repetidamente o preço da suíte e dos quartos, tentou expulsá-lo para hospedar seus amigos chefões do crime organizado, Hughes agiu. Como Mae West, que em 1932 tinha comprado um prédio de apartamentos em Hollywood quando uma velha num elevador a acusou de ser prostituta, Hughes decidiu comprar os direitos de administrar o Desert Inn.

— A Máfia estava se cansando de Las Vegas e falando em vender suas operações — disse Robert Maheu a este autor em 1992. Maheu contatou o advogado e ex-homem do FBI, Robert Morgan, e o gângster Johnny Rosselli, que, claro, estivera envolvido com ele na tentativa de matar Castro, para lubrificar as engrenagens visando à compra.

O co-proprietário do Desert Inn era Ruby Kolod, um gângster ligado a Dalitz, que recentemente fora indiciado por extorsão. Kolod sabia que seus dias no ramo da jogatina estavam contados; a diretoria de controle de jogos de Nevada queria que ele saísse da cidade. Ele estava ansioso para vender sua parte, mas tinha medo, como quase todas as pessoas no mundo dos negócios, de que Hughes recuasse do acordo. Achava que Hughes estava fingindo comprar as concessões, mas que na verdade estaria comprando mais tempo. Maheu ligou para Jimmy Hoffa, que, como chefe do sindicato dos caminhoneiros, afetava cada aspecto da mão-de-obra em Las Vegas: Hoffa mandou seu amigo de infância Dalitz, para fúria de Kolod, concordar com a estadia de Hughes até depois do Ano-Novo — a noite de Ano-Novo era sempre reservada para os chefões do crime organizado.

Kolod descobriu que Hughes não havia aberto mão de sua suíte no Ritz-Carlton de Boston, e tomou isso como mais uma prova de que ele estava empurrando com a barriga. Mas Maheu, através de Rosselli, Hoffa e Morgan, bem como outros personagens persuasivos, finalmente convenceu Kolod de que Hughes falava sério.

As negociações aconteceram em janeiro. Hughes não era incompetente e insano, como Bill Gay vivia dizendo. Eu sua toca de cortinas fechadas, aquele velho leão sarnento, só pele e osso, não estava de modo nenhum louco ou desdentado. Na verdade ele fez o negócio com toda a sua habilidade e capacidade de manipulação, inspirado pela raiva de ver a Máfia tentando expulsá-lo de sua fortaleza.

Organizou para que a venda fosse feita em nome da Hughes Tool; quando Maheu demonstrou alguma inquietação de que houvesse reclamações da diretoria, Hughes o lembrou de que era o único dono da Hughes Tool. Ficava mandando Maheu alterar os termos do contrato, diminuindo o preço, adorando as táticas de adiamento e o fato de que continuava refestelado nas suítes. Trazia advogados de toda parte, inclusive o figurão dos hotéis de Las Vegas, Del Webb, e o legalista de Houston, J. Richard Gray, para ajudar na transação, empilhando sua usual montanha de contas advocatícias. Gray, diferentemente dos outros nas demoradas disputas na diretoria, insistiu em se encontrar com Hughes. Depois de incontáveis pedidos, conseguiu realizar essa fantasia improvável. Hughes apareceu um momento, vestido de pijama, com um roupão jogado sobre a figura emaciada, os olhos chamejando de fúria.

— Eu existo, droga! — rosnou para o advogado perplexo. — Está satisfeito?

Gray não estava, mas aceitou esse breve aparecimento como evidência de boa vontade, e, com a procuração de Hughes, preparou os documentos necessários para a compra. Nem Helmsley nem seu sócio concordariam em vender o hotel de uma vez por todas.

Gray teve de se inscrever na diretoria de controle de jogos para garantir a licença de administrar o cassino. A diretoria tinha uma regra de que todo candidato precisava dar uma declaração detalhada revelando todos os fatos de sua vida pessoal e comercial. Hughes se recusou a fornecê-los. Em desespero, vendo o negócio se desmoronar nas mãos e sua iminente expulsão para a rua, fez um gesto típico. Procurou diretamente o governador, Paul D. Laxalt. Laxalt estava ansioso para tirar a Máfia da cidade. Sabia, através de suas fontes no FBI (fato confirmado ao autor através de um informante do FBI em 1992), que Hughes estava limpo de qualquer ligação criminosa, que as conexões de Maheu com Rosselli eram meramente oportunistas. Viu Hughes como uma vassoura numa cidade imunda. Milhões estavam escorrendo pelo ralo, sem impostos, e entrando nos bolsos da Máfia. Será que Hughes poderia impedir isso? Para melhorar o argumento de Laxalt com a diretoria de controle, que essencialmente dependia de Laxalt, Hughes pôs na mesa um trunfo que também servia a um propósito que lhe era caro. Mentiu dizendo que financiaria uma escola de medicina — símbolo de seu desejo de melhorar a imagem de Las Vegas.

A escola de medicina seria ligada à Universidade de Nevada e receberia uma quantia total de seis milhões de dólares num período de vinte anos. A proposta foi recebida com entusiasmo numa reunião da Assembléia de Nevada. Em 30 de março a diretoria de controle do jogo no estado se reuniu. Apesar de Hughes ainda não ter fornecido informações suficientes, a diretoria deu a licença no dia seguinte.

Inexperiente em administrar uma concessão de jogo, Maheu deu um passo ousado: trouxe como consultor Moe Dalitz, que deixara de ser coproprietário do hotel. O resultado foi uma operação tremendamente bem-sucedida.

Infelizmente as supostas atividades de limpeza de Hughes, expulsando a Máfia de uma Las Vegas maligna, acabaram se mostrando benéficas para o crime organizado. Moe Dalitz se beneficiou consideravelmente com a venda das concessões de jogos do Desert Inn e fez investimentos substanciais em outra comunidade, o Rancho La Costa. O gângster Johnny Rosselli, tão útil no plano da CIA para matar Castro, aprovado por Hughes, não somente recebeu uma comissão pela venda, mas ficou com uma suíte no hotel, com a permissão de Hughes, e depois obteve a concessão de uma loja de presentes no Frontier, de Hughes. O questionável Carl Cohen e Jack Entratter, que ocupavam o alto da lista de alvos especiais do advogado geral Bobby Kennedy para investigação e processo, estavam na folha de pagamentos de Hughes mesmo depois de supostamente serem retirados do hotel Sands, que Hughes compraria mais tarde. O advogado de Hughes em Washington, Edward P. Morgan, cuidou dos contratos; Robert Maheu não pôde ser culpado pelo benefício à Máfia, pois Hughes dava ordens que ninguém podia desobedecer, e é provável que não conhecesse os pontos mais delicados de se tirar da Máfia com uma das mãos e dar com a outra.

Morgan não foi uma boa escolha. Ainda era o advogado de Drew Pearson, o irritante colunista de Washington, que vivia cutucando a reputação de Hughes. Os negócios de Hughes criavam estranhas associações: dentre os envolvidos na compra do Desert Inn estava supostamente Hank Greenspun, do *Las Vegas Sun*.

Maheu estava encarregado da sala de espetáculos do Desert Inn. Na época em que ele assumiu o comando, uma extravagância musical chamada *Good Morning, America*, estava fazendo sucesso, com garotas com figurinos de listas e estrelas sacudindo bandeiras. Ele o substituiu por outro show que não conseguiu atrair espectadores. Hughes insistiu em aprovar cada show no futuro, mas logo perdeu o interesse. Na verdade ele nunca assistiu a nenhum dos shows, fosse por circuito fechado de TV ou pessoalmente, nem fez qualquer tentativa de atrair à sua suíte uma das incontáveis garotas lindas contratadas para os espetáculos, nem insistia em ver suas fotos. O fogo em sua virilha estava realmente apagado.

Mas começou a sentir um afeto renovado pela calorosa, enérgica e otimista Jean Peters. Começou a comprar propriedades em Las Vegas que achava que poderiam agradá-la: a grande propriedade do major A. Riddle e o rancho quase igualmente portentoso da mulher do fornecedor de armas para Hitler, Alfred Krupp. Insistiu em que Jean fosse morar numa das duas, e lhe mandou brochuras, plantas, fotografias aos montes. Mas ela ainda estava apaixonada; queria morar com ele de novo. Hughes queria que ela estivesse perto; ela precisava — com um otimismo infundado e ingênuo — restaurar o casamento. Ele não concordaria com isso; e evidentemente tinha medo de que aquele ser humano lavado, impecavelmente limpo, pudesse infectá-lo com algum germe mortal. Os dois conversavam, brigavam, faziam as pazes; é triste refletir que ele ainda gostava profundamente dela, mas os dois não conseguiam chegar a um entendimento. Ela ficou onde estava; ele garantiu que ela continuasse vivendo no luxo, mas continuava mandando vigiá-la. Se ela arranjasse outro homem, sem dúvida ele ficaria histérico. Mas aquela mulher decente não fez isso.

Hughes contratou o homem que se tornaria o mais fiel e dedicado de seus auxiliares pessoais, Gordon Margulis. Um *cockney* durão, bem-humorado, nascido em Londres ao som dos sinos da Bow, ex-boxeador que havia passado de peso-mosca para peso-médio, tinha emigrado para os Estados Unidos e era garçom do serviço de quartos no Desert Inn, na época viajando a trabalho pelo país. O executivo de Hughes, Kay Glenn, o contratou. Ele recebeu a tarefa de preparar a comida para o então garçom predileto de Hughes, Fred Harvey. Foi recomendado por Don Borax, encarregado da segurança do hotel, e por Joe Boc, que cuidava do serviço de bufê quando a Máfia dominava a cidade.

Margulis trabalhava com os auxiliares John Holmes, Howard Eckersley, Ray Crawford e George Francom para satisfazer as exigências alimentares de Hughes. Ele e Holmes eram os estranhos num grupo de mórmons: como Maheu, era católico romano. Logo Margulis assumiu um novo papel: halterofilista, em ótima forma, tornou-se guarda-costas e foi encarregado de manter de fora qualquer curioso que pudesse subir pela escada dos fundos.

Hughes pedia medalhões de filé, cortados em pedaços muito pequenos, com batata cozida e ervilhas. Gostava dos filés um pouco tostados por fora, servidos ao ponto. Só comia sorvete de baunilha, às vezes com um pouco de calda. Mais tarde mandava Margulis cortar os filés — finalmente trocados por frango — e cozinhá-los numa sopa com legumes. Essa dieta saudável e monótona estava muito distante da cozinha estilo Robinson Crusoé da lenda, e lhe dava pelo menos 2 mil calorias por dia.

Era meticuloso com a sopa: gostava de sopa Campbell's de galinha, que tinha pedaços dentro, mas insistia que toda lata que ele recebesse não contivesse carne escura. Isso era impossível de conseguir, por isso ele voltou à sopa feita por Margulis.

Sua memória relativa às louças e aos talheres era espantosa; jamais queria que variassem. Infantil como sempre, tinha uma colher especial, que jamais deveria ser trocada; mandou dá-la a Gordon, embrulhada, e dezoito meses depois pediu-a de volta. Só querendo tomar suco de laranja da Califórnia, mandava que viesse de avião todos os dias do hotel Beverly Hills.

Preferia sorvete Baskin-Robbins. Na época o sabor do mês era Banana Nut. Ele gostou e decidiu que queria mais. Mas quando conseguiu tomar a decisão, aquele não era mais o sabor do mês, e de fato tinha parado de ser feito. Ele pediu que Margulis ligasse para a Baskin-Robbins e ver se podiam fazer uns dois galões.

Eles responderam que só faziam trezentos galões de cada vez. Hughes disse: "Mande fazer." Margulis encomendou os galões de Los Angeles. O pessoal da rua Romaine disse a Margulis que não deveria revelar que a encomenda gigantesca era para Hughes. A transação foi tão sub-reptícia que Margulis teve de mandar liberar um espaço na área de entrada de carga do hotel sem revelar para que o desejava.

O sorvete foi trazido, refrigerado, e a intervalos de alguns quilômetros o motorista ligava para Margulis pelo *walkie-talkie* anunciando que a expedição progredia — com tanta ênfase dramática como se fosse Stanley indo ver Livingston. Quando o furgão chegou e as portas de trás foram abertas, Margulis ficou chocado ao ver HOWARD HUGHES PRODUCTIONS em letras enormes nas embalagens dos sorvetes — o disfarce estava estragado.

Margulis e os outros ajudantes levaram o sorvete para o freezer. Todo mundo estava olhando; mal havia espaço no enorme depósito.

Por fim Margulis levou um pouco da gosma sabor Banana Nut para Hughes. Hughes provou e disse a George Francom:

— Não quero mais. Quero voltar à baunilha.

O sorvete foi distribuído para os funcionários do hotel; foram necessários dias para se livrar do conteúdo dos dez tambores de trinta galões cada.

Toda a comida, como sempre, tinha de ser entregue a ele com as mãos enroladas em lenços de papel; as mãos de Hughes também estavam enroladas quando a recebia. Margulis não se abalava com essa exigência.

Agora Hughes vivia com dores constantes, e as drogas que tomava, codeína, Empirin, Tylenol e Valium, freqüentemente descritas como indulgências de um mero viciado ou aplicações de auxiliares que queriam fazer lavagem cerebral, serviam para aplacar a enorme agonia que começou no dia de seu acidente quase mortal em Beverly Hills. Dor que jamais o abandonaria até a morte; dor de dentes, gengivas e maxilares podres, dor de cabeça, da coluna, do pescoço e dos ombros, de membros se atrofiando com a doença.

Cada terminal nervoso era exposto num sofrimento insuportável. Sua vida havia se transformado num inferno, aliviado apenas pelas atenções constantes da pequena equipe, pelos telefonemas ocasionais de Cary Grant ou outros amigos e pelos gemidos a que ele cedia.

O pior de tudo era a piorréia e a dor de dentes, tão aguda que ele teve de abrir mão dos bifes e se concentrar apenas em frango cozido e bolos; não podia enfrentar um dentista, quanto mais um periodontista ou endodontista, e vivia no perigo constante de envenenar o sangue com as gengivas infeccionadas. Fazia exigências curiosas: o ar-condicionado precisava ser gélido na cobertura, tanto que quando os médicos vinham vê-lo tinham de usar sobretudo. Odiava que alguém além de seus mórmons soubesse que ele estava se consultando com médicos: os ajudantes diziam a Margulis que o visitante era um contador — mesmo com um estetoscópio pendurado no pescoço.

CAPÍTULO QUINZE

Comprando Las Vegas

Apesar de sua imensa riqueza, Hughes não podia escapar do sentimento de desespero, futilidade e vazio, de arrependimento e promessas não cumpridas, que aflige muitos homens menos afortunados depois dos 60 anos. A recusa de Jean em ficar perto dele, o desapontamento dela pelas promessas quebradas e pelos adiamentos que logo levariam ao pedido de divórcio, foram profundamente dolorosos para ele, e Hughes, ainda amando-a, teve a decência de não culpá-la. Ainda mais aterradora em seu estado de nervosismo e tensão deve ter sido a idéia de que, se morasse de novo na mesma casa com ela, teria de encarar a perda da virilidade. O fracasso de um homem com uma prostituta pode não significar nada; mas com uma mulher amada pode ser devastador. Não é preciso um grande salto de imaginação para deduzir que ele não ousava correr o risco.

E assim continuava sua vida monótona no zumbido suave do estéril ar-condicionado do Desert Inn, com os dutos limpados com freqüência, nenhuma sugestão de brisa ou do som de insetos perturbando a insipidez dos quartos mobiliados de bege que eram quase tão inspiradores quanto cabines de aviões ou salas de estar de trens. Agora ele raramente lia, fatigado pelo velho processo de pegar uma revista do meio de suas companheiras que logo seriam queimadas; nem mesmo as pilhas de revistas com fotos de mulheres o estimulavam. Pelo que sabemos, ele nem olhava pela janela para a visão obviamente pouco inspiradora dos letreiros luminosos, tão idiotas e abandonados durante o dia, a longa feiúra cintilante da Strip, o deserto, tão depressivamente monótono quanto uma toalha de mesa mal passada, e as insignificantes montanhas purpúreas.

Em vez disso levava a vida dos insones, compartilhando a tradicional vigília dos americanos ricos e famosos. Revirando-se na cama de hospital, andando de um lado para o outro, nem mesmo tinha a quietude de espírito para jogar *pinochle*, pôquer, *gin rummy* ou, que Deus o ajudasse, solitária ou *honeymoon bridge*. Era como se fosse um hamster engaiolado e subalimentado, tão monótona era sua dieta de frango e bolo, tão sem graça era seu horizonte de paredes lisas e brancas, com pinturas de hotel feitas sob encomenda, abajures de latão ou metal com cúpulas pregueadas e tetos creme.

Hughes nem mesmo estabelecia um relacionamento de homem para homem com seus guarda-costas. Jamais discutia futebol ou beisebol com eles, nem falava de mulheres ou trocava piadas sujas. Convocava seus homens batendo uma unha malcuidada, parecendo uma garra, num saco plástico cheio de lenços de papel usados, ou tocava uma sineta de cristal na mesinha-de-cabeceira, depois gritava para o empregado. Quando se cansava do aparelho auditivo, que irritava o ouvido, escrevia instruções em compridas folhas de papel pautado amarelo, centenas das quais eram passadas a Maheu. Agora usava menos o telefone, até mesmo um minuto depois de verificar que o FBI não estava grampeando sua linha.

Permanecia como sempre dependente de sua equipe, gritando furioso ou num mau humor petulante quando não conseguia o que — ou quem — ele queria imediatamente. Ainda era o menininho da mamãe, mimado, rico, reclamando da mínima crítica, elogiando e culpando segundo o grau de realização de seus desejos, com o ego crescendo como alguma criatura num filme de ficção científica, um cogumelo vivo com olhos, numa caixa claustrofóbica.

Odiava se Robert Maheu se comportava como um ser humano normal; quando Maheu saía com sua família para uma viagem de fim de semana ele o atormentava com telefonemas.

Seus hábitos mudavam, mas jamais deixaram de ser estranhos. Nas raras ocasiões em que não estava sentado no toalete, apoiava-se na pia do lavatório esfregando álcool nas mãos e nos braços durante horas seguidas, repetidamente. O empregado Mell Stewart tinha de obter exatamente o tipo de álcool hospitalar que ele preferia.

Durante dias não comia sopa que não fosse de frango — tinha de ser Campbell's — e depois a sopa de legumes feita na cozinha do Desert Inn. O vislumbre de um comercial de TV mostrando refeições congeladas de peru o converteram a essa comida modesta durante semanas. Depois decidiu que não gostava da torta de maçã fornecida junto com a refeição, e queria torta de pêssego. Quando descobriu que o fabricante, a Swanson's, não queria fazer a troca, tentou inutilmente comprar a fábrica. Não conseguindo, passou a comer sanduíches de rosbife da Arby's. Mas quando a Arby's se recusou a fornecer uma faca de aço esterilizado que cortaria exclusivamente seu rosbife, passou para filé mignon.

Como nos anos de juventude, queria que os bifes fossem cortados muito finos e tostados por fora, com ervilhas suficientemente pequenas para ser enfiadas nos dentes de um garfo.

Ficou obcecado por *strudel* de maçã. Não gostava do que era servido no Desert Inn, por isso mandava buscar o *strudel* feito no Sands. Quando se incomodava porque seus guardas o deixavam para ir pegar a sobremesa, o confeiteiro do Desert Inn, de modo humilhante, tinha de ir pegá-lo pessoalmente com o confeiteiro rival.

E agora toda a energia, o interesse e o impulso sexual sublimado de Hughes foram postos num empreendimento colossal e sem sentido: exercer o poder que seu ventre havia perdido pegando a cidade numa só tacada. Agora que tinha o direito de operar o Desert Inn (e como ele gostaria de tê-lo comprado de Harry Helmsley!), decidiu comprar seu primeiro hotel, o Sands.

Tinha outro motivo para comprar o hotel, além do mero ímpeto aquisitivo e de gostar do *strudel* de maçã feito lá. Ainda mantinha seu ódio por Frank Sinatra, que numa época possuíra 9% daquele hotel, mas, sem o poder de Hughes, fora obrigado pela diretoria de jogos a sair por causa de suas ligações com um dos principais contatos de Hughes, o gângster Sam Giancana.

Sinatra adorava o hotel, gostava do co-proprietário, o empresário Jack Entratter, e não somente se apresentava lá com freqüência diante de platéias lotadas, mas trazia seu famoso grupo de amigos, o Rat Pack, que incluía Peter Lawford, Sammy Davis, Jr., Dean Martin e Joey Bishop, cujas excentricidades ajudavam a aumentar o número de reservas e provocavam manchetes incontáveis. Em 19 de julho de 1966 Sinatra havia se casado com Mia Farrow na sala de estar de Jack Entratter. Em novembro daquele ano fez uma apresentação sensacional no Sands.

A sensação cresceu mais ainda quando o comediante Jackie Mason, que fizera piadas violentas à custa de Sinatra e Farrow no seu show no Aladdin, ligou para a polícia dizendo que um pistoleiro havia atirado nele e que havia uma bala em sua cama. Mais tarde um capanga de Sinatra deu um soco na cara de Mason e quebrou seu nariz e os malares.

Hughes detestava Sinatra, culpando-o por esses episódios; jamais havia esquecido ou perdoado o fato de que Sinatra tinha levado Ava Gardner para a cama (e se casado com ela), uma das pouquíssimas mulheres que haviam se recusado a fazer sexo com Hughes. Sabia que, quando comprasse o hotel, teria o prazer de ver Sinatra ser chutado de lá.

Em julho de 1967 pressionou Maheu a conseguir o melhor acordo possível pelo Sands. O preço era de 14,6 milhões de dólares, dinheiro conseguido através do Texas Bank of Commerce e da Hughes Tool, e o negócio foi concluído no início de agosto. Dentre os que ajudaram nas transações estava Johnny Rosselli. Hughes se preocupou com a possibilidade de o jornal *Las Vegas Sun* fazer críticas. Subornou seu dono, Hank Greenspun, com um milhão de dólares em dinheiro vivo, metade disso para anunciar os shows no Sands e no Desert Inn, a outra metade para comprar o apoio de Greenspun. A isso acrescentou um empréstimo de quatro milhões, sem garantias, a juros de 3%; Greenspun disse que achava que não deveria haver nenhum juro.

Sinatra tinha um contrato com o Sands e Jack Entratter para se apresentar no fim de semana do Dia do Trabalho. Com incrível descaramento ele tentou lutar com Hughes por um contrato melhor, que resultaria em ele vender a Hughes seu Cal-Neva Lodge em Lake Tahoe, mas, lembrando-se das noites passadas por Sinatra com Ava Gardner lá, e não querendo pôr um centavo extra nos bolsos de Sinatra, Hughes recusou.

Sinatra ficou furioso. Quando tentou invadir a sacrossanta cobertura do nono andar os homens de Hughes o barraram. Ninguém barrava Sinatra.

Para deleite de Hughes, ele cancelou sua primeira apresentação, e quando voltou para outras começou a gritar com os fregueses no cassino. Maheu disse a Hughes que Sinatra atravessara uma vitrine do Sands dirigindo bêbado um carrinho de golfe e gritara para o vice-presidente de Hughes, Carl Cohen, quando este lhe recusou crédito depois de ele ter jogado 50 mil dólares nas mesas:

— Vou quebrar a porra das suas pernas!

Hughes mandou expulsar Sinatra quando este começou a gritar contra os crupiês do Sands, dizendo que tinha tornado o Sands rico com suas apresentações e que ele deveria ter toda a "porra da grana" que queria.

Hughes rasgou o contrato com Sinatra e fez um acordo com o Caesars Palace. Foi desperto de um sono atribulado às cinco da manhã do dia 12 de setembro. Seus funcionários avisaram que Sinatra estava no saguão, exigindo o número do quarto de Carl Cohen. Quando lhe recusaram, ele gritou chamando Jack Entratter. Aterrorizou a telefonista, revirou o hotel, achou a sala de operações e gritou para abrirem a porta. Não abriram. Sinatra fez Cohen sair de sua sala, jogou fichas de jogo no rosto dele e o chamou de "kike", um termo depreciativo para judeus.

Cohen deu um soco em Sinatra e quebrou seus dentes. Frank ameaçou matar Cohen. Os homens de Hughes o jogaram na rua.

Depois desse episódio Hughes saneou as operações dos cassinos no Sands e no Desert Inn. Não permitiria evasão de lucros; mandava todos os carteadores ser vigiados pela força de segurança para ver se punham dinheiro nos bolsos. Os quartos eram cheios de câmeras escondidas, que Maheu monitorava. Antes de Hughes a Máfia havia desfalcado milhões em ganhos não declarados. Agora os cassinos eram administrados tão rigidamente quanto qualquer instituição bancária.

Hugues acabou com o uso tradicional de garçonetes ou coristas dos shows como prostitutas. Proibia que as garotas fizessem sexo com os grandes jogadores. Quando descobria que alguns empregados desconsideravam as regras, demitia-os.

Seguindo a rigidez, contratou como gerente geral do Sands o ex-general de divisão da Força Aérea dos EUA, Edward H. Nigro. Nigro, é claro, não era jogador e não sabia nada sobre jogos. Ele iniciou o serviço aéreo particular de Hughes sob o comando do piloto-chefe Bob Wearley.

Para incrementar a irônica imagem de Hughes como influência moral, como uma nova vassoura em Las Vegas, Robert Maheu recebia as pessoas certas e afirmava sua posição nos comitês conservadores corretos: a YMCA, os Escoteiros, a American Foundation for Ecumenical Studies, a Nevada Southern University e o Conselho Consultivo da Promotoria. O general Nigro representava um papel importante numa sucessão de comissões, inclusive a Comissão Administrativa de Turismo do Governo.

Hughes foi tomado por outra obsessão. Irritado com o processo lento dos projecionistas em colocar rolos no projetor, tinha se viciado em ver filmes pela televisão. Odiava o fato de que, enquanto em Los Angeles podia ver filmes antigos às altas horas, inclusive os seus, agora não podia, porque as ondas não chegavam de Los Angeles e a subsidiária local da CBS, a KLAS, era desligada pouco depois da meia-noite.

Por isso decidiu comprar a estação. De novo tinha o problema de obter uma licença — desta vez da Comissão Federal de Comunicações — sem as declarações pessoais e comerciais e o comparecimento obrigatório diante de um conselho. Mandou Maheu fazer o negócio.

Maheu conseguiu; o sócio de Hughes, Raymond A. Holliday, apareceu no lugar dele, e a estação de TV foi posta em seu nome — deixando Hughes de fora e eliminando qualquer pergunta incômoda por parte da CFC. Mas no momento em que a venda foi feita Hughes passou a dar instruções a Holliday sobre como administrar a estação. Atormentou o imperador da CBS em Nova York, William Paley, pedindo filmes antigos prediletos, e, tendo alguns desejos concedidos (a CBS não tinha os direitos para os produtos de todos os estúdios), assistia cobiçoso aos filmes antigos até o amanhecer. Esse pequeno capricho lhe custou 3,6 milhões de dólares.

Ao mesmo tempo comprou as terras abaixo do Castaways e do Frontier, dois aeroportos, e a companhia aérea local Alamo. Começou a se empolgar; estava notavelmente mais animado; era como uma criança ganhando um jogo de Banco Imobiliário. Logo era dono de um quinto da cidade e tinha gastado 65 milhões de dólares numa farra gloriosa — ainda apenas uma fração do dinheiro disponível em seu cofrinho depois da venda da TWA.

Além disso fez uma compra em que vinha pensando desde o casamento com Jean Peters. Comprou a maior parte de Tonopah, Nevada, inclusive 710 áreas de concessão de minérios ocupando cerca de 5.700

hectares no condado de Nye e sete outros condados, a um custo de 10,5 milhões de dólares.

Repetidamente a comissão de jogos concedia a Hughes licença para operar sua sucessão de cassinos. Quando surgia qualquer relutância Hughes revivia a idéia da escola de medicina, mas, um ano depois de ter prometido construí-la, não tinha feito nada. A comissão agiu por ele; de novo Hughes deixou de manter seu lado do trato. Embarcou num plano, criado com a aprovação do governador Laxalt, para a NEEDS (Nevada Essential Developments Surveys), um esquema de melhorias no valor de vários milhões de dólares, que incluiria ajuda para os idosos e os necessitados. Mas esse era outro sonho cinicamente inflado, não mais substancial do que a fina poeira soprada pelo vento do lado de fora das janelas de sua cobertura.

Ele tramava, mentia, enganava, tudo para conseguir os hotéis que queria. Falou em construir um vasto aeroporto tremendamente bem equipado; um novo hotel Sands com quartos incontáveis, grandes piscinas e ginásios esportivos — tudo fantasias, sonhadas com seus próprios propósitos obsessivos. Tinha se tornado um imperador não somente entre os neuróticos, mas entre os mentirosos.

Tão avassaladora era a cortina de fumaça criada pelo relações-públicas que ele se livrou incólume até quando agiu como a rainha má de um conto de fadas ao cancelar a diversão das crianças de Las Vegas — a antiga, institucionalizada e amada Caça Anual aos Ovos de Páscoa no Desert Inn. Para consternação de centenas de pais, o evento ficou sem acontecer durante anos. Odiando as crianças como sempre, o assassino mental (se formos acreditar em Terry Moore) de seu próprio filho, esquecendo os anos perdidos e inocentes no Acampamento Dan Beard, resmungava em memorandos para Robert Maheu dizendo que as criancinhas iriam gritar e perturbá-lo em seu covil.

Tinha uma fantasia de que as pavorosas crianças poderiam destruir o cassino, subir as escadas e passar por seus guardas, infectando-o com uma infinidade de vírus desconhecidos e matando-o. Sugeriu transferir o evento para o hospital Sunrise e doar de 25 mil a 50 mil dólares para o hospital, como incentivo. Num memorando de março de 1968, escrito para

Maheu no costumeiro papel amarelo, arengava e arengava, numa insistência implacável, em vez de simplesmente pedir a Maheu que cuidasse do assunto. Maheu cuidou.

Desenvolveu uma repugnância por um show que nunca tinha visto, o *Pzazz*, do Desert Inn, que era quase tão sensual quanto um almoço do Rotary, porque temia que fosse uma apresentação de seios e lantejoulas que atuasse contra sua imagem de purificação da cidade. Insistiu com Maheu para que todos os shows futuros fossem aprovados por ele; mas jamais viu um, nem mesmo numa apresentação particular, e logo se esqueceu do assunto e deixou que Maheu comandasse, com sucesso irregular, as salas de espetáculo. Mostrava-se indiferente às estrelas populares como Dinah Shore, Alan King e Wayne Newton, que Maheu contratou; a única reação que teve foi a Sammy Davis Jr., a quem chamava de "crioulo — aquele pessoal que fez a civilização recuar mil anos".

Lançou sua rede mais longe. Decidiu que também queria possuir uma parte maior de Nassau, onde não precisaria pagar impostos. Fez um acordo com a CIA, que era dona da Mary Carter Paints, uma empresa de fachada com nome improvável, para deixá-lo comprar os direitos de operação do Paradise Island Casino, Hotel and Ocean Club, de propriedade da Mary Carter Paints. Os fundadores da Mary Carter Paints, em 1958, eram Thomas Dewey e Allen Dulles, numa época em que Dulles era chefe da CIA e pouco antes de obter a ajuda de Maheu na tentativa de matar Fidel Castro, com a aprovação tácita de Hughes. Naquele mesmo ano de 1960 a Mary Carter Paints forneceu o dinheiro para pagar às forças do presidente deposto Batista, na Flórida. Em 1963 a CIA se ligou a pessoas da Máfia através da Mary Carter para apoiar governos fascistas da América do Sul. Em 1964 Robert Kennedy, mesmo depois de deixar o cargo de advogado geral, estava explorando agressivamente as conexões entre Hughes-Moe Dalitz-Sam Giancana-CIA-Mary Carter Paints-Nassau.

Enquanto continuava a negociar com as organizações de fachada da CIA, Hughes também estava mergulhado até os olhos em problemas com o governo americano. Durante anos tinha usado um dos seus vice-presidentes, o dinâmico Albert W. Bayer, para garantir, como Johnny Meyer tinha feito com Elliott Roosevelt e os chefes de compras da Força Aérea na

Segunda Guerra Mundial, um tratamento preferencial na venda dos helicópteros da Hughes Tool para a Força Aérea do Exército.

Bayer não se arriscava a fornecer mulheres para os chefões militares: em vez disso levava-os em viagens de barco e caçadas ao coiote — expedições infantis que misteriosamente se mostravam sedutoras para homens que decerto tinham coisa melhor a fazer. Bayer conseguiu fazer amizade com as pessoas certas sem causar embaraço às esposas — um fim de semana num clube de golfe precisava substituir uma orgia de Meyer. Formando toda uma rede de amizades respeitáveis, com incontáveis autoridades na lista de despesas de Hughes (mas jamais com os nomes anotados nos livros-caixa), ele conseguia contratos — o primeiro foi de 6,5 milhões de dólares — que formavam uma alta pilha na mesa de Hughes.

Hughes ganhara uma fortuna na Guerra do Vietnã, outro motivo para manter suas arengas anticomunistas. Os pedidos de helicópteros eram feitos às centenas, mas ele passou do ponto: começou a cobrar caro demais e demorava em produzir os helicópteros necessários. Sua tentativa de comandar a Hughes Tool por controle remoto tinha resultado numa produção pateticamente inadequada, junto com uma tentativa bastante óbvia de enganar o Pentágono.

Como resultado do fracasso em entregar mais do que um punhado de aeronaves, ficou mal em Washington, e a Hughes Tool perdeu 23,2 milhões de dólares em quatro anos. Sua constante administração ruinosa por controle remoto finalmente o levou, mais uma vez, ao desastre. Perdeu mais de 100 milhões de dólares e viu, para seu desespero, o principal rival, a Bell, vencê-lo numa concorrência com o governo e lucrar 123 milhões de dólares.

Seus gastos imprudentes, os ataques contra empresas e a compra de concessões de minério de prata resultaram num desperdício de 268 milhões de dólares em três anos. No entanto ainda possuía mais de 330 milhões em ativos líquidos, letras do Tesouro, ações da bolsa e bônus do governo.

Sonhando interminavelmente com novos esquemas para ganhar dinheiro, decidiu que tentaria vender o ramo de fabricação de helicópteros da Hughes Tool Aircraft Division para Carl Kotchian, presidente da Lockheed. Também disse a Kotchian que venderia a própria Hughes Aircraft — apesar de todos os ativos da empresa estarem presos ao Centro Médico e de que seria ilegal ele desfazer a ligação por causa do acordo com o imposto de renda.

Quando, compreensivelmente, Kotchian se mostrou pouco impressionado, Hughes se ofereceu para gastar um bilhão de dólares, que não possuía em verba disponível, para comprar 100 TriStars Lockheed L-1011 com motores Rolls-Royce. Mas os executivos da Lockheed souberam, através de uma rápida verificação com a Dun and Bradstreet, que ele não tinha o dinheiro, e se lembravam de como ele havia deixado os Convair enferrujando no pátio anos antes. Mas os pedidos dos L-1011, feitos pelas principais companhias aéreas, estavam diminuindo, e com incrível estupidez eles foram em frente e permitiram que Hughes fizesse o pedido e começaram a negociar para comprar suas empresas.

Ele contratou o advogado Raymond Cook para conduzir as absurdas negociações, inundando-o com o número usual de ordens maníacas, exortações, resmungos e declarações inspiradoras. Mas cometeu o erro sério de revelar a Cook que estava mentindo para Kotchian quando disse que usaria ele próprio as aeronaves. Pretendia enganar Kotchian: revenderia os aviões com lucro.

Cook deixou a verdade vazar para os executivos da Lockheed — um ato de burrice incrível. Hughes passou horas ao telefone mentindo que Cook o havia servido mal; que ele realmente usaria os Lockheed L-1011.

Kotchian cedeu, insensatamente, mas aumentou o preço, ao mesmo tempo reduzindo para setenta e cinco os aviões que Hughes compraria.

Então, e tipicamente, no momento em que fecharia o negócio entregando um depósito, Hughes recuou. Em Washington estava sendo acusado, durante longas e arrastadas audiências sobre a TWA, de violar as leis de monopólio; não possuía um bilhão de dólares e temia que, se pegasse a quantia emprestada em bancos, teria de dar todas as suas empresas e hotéis como garantia, e talvez perdesse tudo se não revendesse os L-1011 com lucro. Mesmo em sua certeza egomaníaca ele temia que Kotchian ficasse sabendo que estava sendo enganado. Furioso, como incontáveis líderes empresariais antes, Kotchian descobriu que estivera jogando pôquer com um trapaceiro. E ali não era o Velho Oeste: ele não podia resolver a questão com um revólver.

Hughes ficou ainda mais perturbado com a notícia de que o presidente da ABC, Leonard Goldenson, que o odiava, estava planejando estabelecer uma estação em Las Vegas para concorrer com a dele, e falava em fazer um programa denunciando sua carreira. Com a desculpa de que não gostava da divisão de jornalismo da ABC e que a ABC estava ficando atrás das outras redes, decidiu comprá-la imediatamente. Sabia que Goldenson nunca cederia a ele, por isso teria de oferecer aos acionistas um lucro substancial, o que lhe permitiria obter a maior parte do capital acionário.

Apesar da repulsa que sentia pelo popular *The Dating Game*, da ABC (que uma vez havia mostrado uma negra de pele clara, que ele achou que fosse branca, namorando um negro em Roma), Hughes foi em frente. Mandou Bautzer fazer os arranjos. Ofereceria 74,25 dólares por ação, ou mais de 14% acima do valor. Mas em seu mergulho de cabeça tinha se esquecido da sempre vigilante Comissão Federal de Comunicações (FCC), que teria de lhe dar uma licença de operação quando demitisse Goldenson e assumisse a rede.

Goldenson tinha influência suficiente na FCC para garantir que a comissão pegasse no calcanhar-de-aquiles de Hughes: ele seria obrigado a se apresentar pessoalmente, e dessa vez não haveria desculpas. Teria de abrir mão de todos os seus segredos pessoais e corporativos. Entrou em pânico; quando Goldenson obteve uma medida judicial contra ele, bloqueando a proposta de compra de ações, ele ficou aliviado. Mas então, antes que Hughes pudesse impedir, Chester Davis mexeu o número usual de pauzinhos em Washington e conseguiu cassar a medida. Hughes ficou histérico, mas descobriu uma saída: não poderia comprar o número necessário de ações, de qualquer modo. Goldenson o tinha esmagado do mesmo modo como Hughes esmagava moscas.

Torturado pela batalha com Goldenson, foi tomado por um medo profundo. Susan Hayward, que ironicamente havia estrelado como vítima do câncer no filme *Stolen Hours* (1963), Agnes Moorehead, John Wayne e numerosos membros da equipe de *Sangue de bárbaros* estavam sofrendo os efeitos da radiação provocados pelas filmagens daquela película. O ator Pedro Armendariz tinha se suicidado com um tiro quando seu câncer foi diagnosticado. Sabendo dessas tragédias e lembrando-se da decisão insana de fazer o filme numa área contaminada, ficou apavorado ao descobrir que, ao se mudar para Las Vegas, tinha deixado de perceber um detalhe significativo: os testes nucleares estavam sendo retomados, e, em seu ninho do nono andar, ele também poderia estar contraindo câncer.

Para Maheu e outros do círculo, esse medo parecia irracional. Mas o medo se transformou em terror quando, pela televisão numa noite de abril, Hughes viu um anúncio de que a Comissão de Energia Atômica (CEA) ia explodir a "Boxcar", a mais poderosa arma nuclear feita até então, em Palute Mesa, a apenas 240 quilômetros de sua residência. Primeiro tentou conseguir que Hank Greenspun, que ainda lhe devia muito, publicasse uma matéria de primeira página denunciando a explosão. Greenspun não ousou; o local do teste proporcionava um número substancial de empregos, e se o plano fosse suspenso poderia custar o trabalho de muitos de seus leitores. Hughes tentou argumentar com Greenspun dizendo que, através do Centro Médico e de novos hotéis, traria mais dinheiro para Las Vegas do que a Comissão de Energia Atômica. Esse esforço espúrio fracassou.

Tentou provocar dissensão no local do teste, seguida por uma greve; ameaçou apoiar os grupos antinucleares que havia constantemente rotulado de "vermelhos"; Maheu alertou a CEA de que ele colocaria todos os seus milhões numa campanha contra a comissão. Isso era de uma ironia suprema, já que ele havia promovido com tanto vigor a Guerra Fria — que era a suposta razão de ser dos testes. Num memorando após outro denunciava que a afirmação da CEA, de que o cancelamento dos testes enfraqueceria as defesas da América, era "merda 99% pura, sem adulteração", e que "é melhor que eles [os diretores da CEA] descessem da porcaria de seus pedestais aristocráticos e começassem a assumir um compromisso conosco".

Disparou uma carta longa e mal-argumentada para o presidente Lyndon B. Johnson na Casa Branca, pedindo um adiamento de nove dias, e desta vez citando a questão da saúde dos cidadãos. Johnson desconsiderou a carta, e o teste foi feito no prazo, em 26 de maio de 1968. A partir desse momento Hughes teve certeza de que ele e a maior parte dos cidadãos de Las Vegas teriam câncer. No fim da semana parecia um destroço nervoso.

Estava decidido a impedir novos testes. A eleição de 1968 seria no outono. Quem ele deveria apoiar financeiramente para seu objetivo? Não podia apoiar Nixon para presidente porque Nixon queria mais testes. Dos possíveis indicados pelo Partido Democrata, ele, claro, desprezava e temia Bobby Kennedy, considerava Eugene McCarthy um fraco, mas achava que o vice-presidente Hubert Humphrey, agora que o presidente Johnson estava saindo, apoiaria sua causa. Já havia contratado Robert, o filho de Hubert, para trabalhar para ele. No dia 9 de maio, agindo sob instruções de Hughes, Maheu encontrou-se com Hubert Humphrey em Denver. Humphrey prometeu fazer o possível.

Então Maheu disse a Humphrey que tinha 100 mil dólares de Hughes para contribuir com sua campanha. Humphrey observou que Hughes não deveria continuar lutando contra a Comissão de Energia Atômica e o Departamento de Defesa, que Humphrey nomearia uma comissão de cientistas para estudar os efeitos da radiação.

Hughes ficou radiante e prometeu dar 300 mil dólares para essa comissão. Agora, empolgado, temia que Bobby Kennedy derrotasse Humphrey, que, em todos os sentidos, carecia do glamour, do carisma e do nome inefável do candidato rival. Se ao menos Bobby morresse! Hughes esperou.

Em 4 de junho de 1968, na madrugada de Las Vegas, com os aparelhos de ar-condicionado zumbindo, a solitária figura de espantalho com os guarda-costas adejando em volta estava sentada de pijama e roupão olhando as imagens na tela de TV. O programa foi interrompido por um anúncio espantoso. Hughes viu Bobby Kennedy, bonito, jovem e confiante, o triunfante vencedor da campanha na Califórnia, entrar na cozinha do hotel Ambassador, lar de Hughes durante sua juventude inocente, quando um tiro espocou e Kennedy se dobrou. Hughes ficou eufórico.

Durante as muitas horas em que Kennedy pairou entre a vida e a morte Hughes atormentou Maheu com telefonemas e memorandos. Estava em êxtase; não somente Humphrey teria uma chance, ele se ofereceria para pegar toda a equipe de campanha de Kennedy (já que tinha certeza de que todo mundo podia ser comprado) e colocá-la em seu bolso para o caso de Edward Kennedy tentar pegar a vaga. Começou a fantasiar que seu aliado, o governador Paul Laxalt, entraria na corrida presidencial; que ele colocaria seus milhões para empurrar Laxalt até a Casa Branca.

Num de seus memorandos escreveu:

> Depois de voltarem a si, após um esforço de 48 horas bebendo até esquecer, eles vão se sentir medonha e terrivelmente solitários e amedrontados. Claro que tentarão fazer tudo de novo com Ted, mas essa é uma estrada longa e incerta... Tenho certeza de que esta é uma oportunidade única para adquirir uma organização política pronta, treinada e preparada para ir em frente.

Decidiu começar por cima; compraria o vigoroso comandante da campanha de Kennedy, Larry O'Brien. Como católico, Maheu podia conseguir a atenção de O'Brien. Mesmo sabendo que Bobby odiava Hughes, O'Brien era um político como todos os outros: Hughes tinha colaborado com 25 mil dólares para a odiada campanha de Kennedy.

Maheu se encontrou com O'Brien em Las Vegas em 4 de julho de 1968. Fora instruído por Hughes até o limite máximo. O'Brien não estava em condições de vender a equipe de Bobby Kennedy. Ela havia se dispersado; na verdade O'Brien estava sem trabalho. Hughes não contratou O'Brien imediatamente, mas sabia que ele podia ser útil no futuro e poderia representar um papel em qualquer administração vindoura, e encorajou Maheu a lhe pagar 25 mil dólares. Maheu fez isso. Logo O'Brien estava na folha de pagamentos de Hughes, ganhando 15 mil dólares por mês.

Sem se abalar com o desastre de 100 milhões de dólares com os helicópteros da Hughes Tool e seu tremendo fracasso em enganar a Lockheed com os L-1011, Hughes embarcou em outra aventura de compra: iria tomar o controle acionário da Air West, conhecida popularmente como Air Worst (Aérea Pior). Nick Bez, o presidente iugoslavo que subira a partir do nada, tinha se saído brilhantemente na formação da companhia aérea nova e vibrante em 1964 a partir de três empresas em más condições, mas estragara tudo com uma administração inepta, *overbooking*, atrasos e perdas financeiras.

Hughes pediu a Maheu para fazer o negócio com Bez, que estava morrendo de câncer. Bez foi duro na barganha, mesmo não tendo mais nada a ganhar se fizesse um acordo melhor; seus diretores falavam muito e criavam empecilhos. Depois de muita discussão Hughes mandou Maheu para a mesa de negociações com uma oferta de 20 dólares por ação, com o preço total de compra da empresa chegando a 80 milhões. Bez elevou o preço para 22 dólares por ação, mas sua diretoria queria mais. O vice-presidente Edmund Converse, sabendo do passado de Hughes e desconfiando dele, ameaçou estragar o negócio.

Hughes agiu imediatamente. Atrairia a atenção pública, especialmente a dos acionistas da Air West, para a péssima situação da empresa. O conhecido publicitário Jimmy, o Grego (James Snyder) foi contratado para despedaçar a frágil reputação da Air West. Os velhos amigos de Hughes na organização jornalística Hearst ajudaram. Snyder divulgou um comunicado, sob instrução de Hughes, dizendo que um grupo de acionistas em Nevada o havia contratado, já que eles queriam aceitar a oferta de 22 dólares por ação. Esse grupo de acionistas não existia.

Mais ajuda veio do senador democrata Alan Bible, de Nevada, que recebeu 30 mil dólares de Hughes para sua eleição, apesar do envolvimento de Hughes com o governador Laxalt. No dia seguinte Bible atacou a Air West no *Las Vegas Sun* (28 de setembro de 1968).

Enquanto o tiroteio de Hughes continuava caindo sobre o público, a Air West desmoronou. O Bank of America ameaçou puxar o tapete sob os pés de Bez. Percebendo que os outros diretores poderiam atrapalhar o negócio, Hughes mandou Chester Davis e Maheu insistirem em que Bez permanecesse a bordo, mesmo com sua saúde precária, para fazer os arranjos até o final. Hughes sabia que, quanto mais tempo Bez permanecesse no cargo, pior se tornaria a situação da empresa.

No fim de dezembro os acionistas se contentaram em aceitar os 22 dólares, mas a diretoria foi contra a venda, por treze votos contra onze. Em vez disso venderiam à Northwest Airlines. Hughes ficou furioso; tinha até a meia-noite do Ano-Novo para vencer a decisão ou ser obrigado a retirar a oferta.

Primeiro conseguiu que cada acionista da Air West que ele conhecia, inclusive Hank Greenspun, do *Las Vegas Sun*, abrisse mão de suas ações, assim reduzindo o preço na bolsa. Chester Davis teve a idéia de um processo dos acionistas contra a diretoria eleita, apoiado pelo agonizante Bez e baseado na questão de que eles tinham sido privados de lucros quando os diretores recusaram a oferta de Hughes.

Bez prometeu apoio a Chester Davis e Maheu. Trabalhando vinte e quatro horas por dia, com a ajuda de uma firma jurídica do Delaware, a equipe de Hughes esboçou o processo; acionistas insatisfeitos da Air West foram arrebanhados para o processo com uma velocidade espantosa.

Os diretores contrários foram bombardeados com bilhetes, telefonemas anônimos, ameaças; foram atacados por jornais partidários de Hughes. Ele abriu mão do sono enquanto se aproximava o prazo final do Ano-Novo. Assim que o processo dos acionistas foi entregue no Delaware e Hughes se certificou de que a notícia saísse em todos os jornais, uma tentativa de último minuto dos diretores para vender a empresa contra a vontade de Bez fracassou. Os diretores da Northwest não queriam participar de uma venda complicada.

O diretor dissidente John Parker desistiu da luta. Edmund Converse foi forçado contra a parede. Finalmente o acordo parecia feito: Bez poderia assinar o contrato de venda — mas tinha de fazê-lo antes do início do dia de Ano-Novo, até a meia-noite.

Na noite de Ano-Novo, faltando apenas nove horas, Chester Davis e Maheu foram no jato particular de Hughes, um De Havilland, até Seattle, onde Bez morava, e pegaram uma tempestade de neve. Numa turbulência terrível ficaram sabendo que o aeroporto estava fechado. Todos os esforços para pousar fracassaram. Será que perderiam o negócio e seriam demitidos por Hughes?

Nada, nem o clima nem o próprio diabo, poderia impedir um plano de Hughes. Ele havia mandado o diretor de aviação Francis Fox na frente, para liberar uma pista e obter permissão para um pouso de emergência. O piloto conseguiu descer com dificuldade, e Davis e Maheu correram até um carro que esperava e atravessaram as ruas de Seattle cheias de gente comemorando e saraivadas de neve, chegando ao apartamento de Bez, onde o executivo doente estava recebendo amigos. Bez assinou os papéis; todo mundo brindou ruidosamente à compra enquanto o Ano-Novo era anunciado pela televisão. Maheu telefonou para Hughes, que ficou eufórico mas, tipicamente, se recusou a animar Bez, que tinha menos de três meses de vida, agradecendo pessoalmente. Então, à meia-noite e quinze, o demônio cedeu. Telefonou para Bez e conversou com ele durante vinte minutos sobre os velhos e os novos tempos da aviação. Bez ficou contentíssimo.

O jogo não estava acabado. Hughes ainda precisava obter a aprovação da Diretoria de Aeronáutica Civil (DAC). E começou a entrar em pânico achando que tinha cometido um erro ao comprar a Air West. Em 14 de janeiro estava pensando em voltar atrás.

Ainda que tivesse sido obrigado a ceder a Hughes, o diretor dissidente Edmund Converse duvidava que Hughes compraria a empresa aérea. Como os executivos desconfiados de antes, insistiu em que Hughes não somente revelasse seus detalhes empresariais mas que também se apresentasse à DAC. Queria que Hughes revelasse seus planos para a Air West; será que ele iria administrá-la adequadamente? Com a assinatura de Bez no bolso, Hughes disse que não revelaria nada. A DAC, como aparentemente todos os outros programas das agências governamentais que davam emprego a milhares de pessoas, não pressionou Hughes. Ela sabia que a Hughes Aircraft, com a aprovação da CIA, estava fornecendo muitos equipamentos estratégicos de espionagem para o governo, inclusive satélites, e que estava envolvida no lucrativo programa espacial, e que Hughes, apesar de todos os seus muitos truques, ainda era um instrumento do governo.

A tentativa feita por Edmund Converse para intimar Hughes a comparecer às audiências foi negada pela diretoria. Mas a diretoria queria saber quem administraria a empresa. Espertamente Hughes propôs o impecável general Edward Nigro, cujo passado na Força Aérea era mais adequado a esse novo papel de executivo de companhia aérea do que o de comandar o cassino do Desert Inn.

Mas mesmo com a débil DAC cedendo a tudo que ele queria, até mesmo sugerindo que ele estabelecesse uma empresa subsidiária especial para evitar que a posse da Air West pela Hughes Tool fosse revelada publicamente e assim pudesse ser aberta a uma auditoria, Hughes entrou em pânico de novo. As perdas da Air West cresciam continuamente, de modo que até mesmo sua anunciada compra das ações fracassou em sustentar os ativos. Depois de um ano de marchas e contramarchas, com Maheu insistindo para que se retirasse do negócio, ele finalmente pagou 89.398.091 dólares pela companhia aérea. Mas enganou os acionistas que o haviam acompanhado com tanta lealdade. Através de uma série de manobras complexas, deixou-os sem nada.

Num negócio por baixo dos panos com alguns proprietários, Hughes recebeu 48 milhões de dólares de volta para compensar o declínio do valor líquido da Air West durante as negociações — um declínio que ele tinha garantido divulgando os fracassos da companhia pela imprensa e pelo rádio. Isso foi feito sem que os acionistas externos soubessem. Os impostos e outros pagamentos reduziram a quantia pagável aos acionistas comuns a meros 33 milhões; exatamente o que esses outros pagamentos eram, o que de fato aconteceu ao resto dos mais de 89 milhões, jamais foi revelado.

No fim os acionistas não receberam os prometidos 22 dólares por ação, que já eram inadequados, e sim meros 8,75 dólares. Durante anos depois disso a Comissão de Seguros e Câmbio e o Departamento de Justiça tentaram determinar a verdade das alegadas restituições, uma investigação que finalmente levaria a uma espetacular invasão simulada dos escritórios de Hughes cerca de seis anos depois, quando todos os documentos relativos ao caso desapareceram definitivamente.

Ao mesmo tempo que estava preocupado com a questão da Air West, Hughes se envolveu mais ainda na compra de propriedades que produzissem ouro e prata. Além de consumir Tonopah e seus arredores, estava atolado em papéis comprando terras em outra área abandonada: os arredores de Virginia City, local do famoso Comstock Lode que tinha enriquecido muitos milhares de pessoas no período anterior à Guerra Civil.

Em 6 de agosto de 1968 Hughes comprou onze concessões de mineração em Nevada, e em 16 de outubro mais seis. Maheu o tinha convencido de que 159 milhões de dólares em metais preciosos e minerais estratégicos poderiam ser retirados da terra. No fim do ano ele havia consumido mais de 100 outras concessões, gastando milhões numa reprise fanática e nostálgica da fome de seu pai pelos minérios. O auxiliar John Meier fez muitos dos negócios, ganhando comissão dos que vendiam a Hughes e uma percentagem do próprio Hughes. Meier chegou a receber ações de uma empresa do Arizona. Um dos donos de mineradora que vendeu a Hughes, convenientemente, também era inspetor estadual de mineração em Virginia City, e podia dar dicas úteis. Meier, em nome de Hughes, viajou a Washington e colocou no bolso uma alta autoridade do Departamento do Interior, recebendo dela informações secretas sobre novas possibilidades de mineração.

Hughes descobriu que um modo de burlar os impostos federais seria simplesmente abrir as concessões, depois ficar com o ouro, a prata e os outros minérios até que os impostos pudessem baixar.

E o melhor modo de garantir que os impostos fossem reduzidos ou anulados no seu caso seria exercer influência na Casa Branca.

Meier tinha feito amizade com Donald Nixon, irmão do presidente, o mesmo Donald Nixon a quem Hughes tinha emprestado de modo impróprio 205 mil dólares em 1956. Os jornais estavam insinuando insistentemente que Nixon tinha interesses nos acordos entre Hughes e as mineradoras, e o presidente ficou compreensivelmente nervoso com a possibilidade da acusação de ser usado na compra de influência. As visitas de Donald a Nevada ficaram cada vez mais freqüentes — tanto que o presidente mandou seu amigo Bebe Rebozo procurar o sócio de Hughes, Richard G. Danner, para dar um alerta.

Hughes e Maheu disseram a Meier para se comportar. Nixon disse a H. R. Haldeman, chefe do estado-maior, e a John D. Erlichman, assistente do presidente em assuntos domésticos, para acabar com a parceria. Donald Nixon continuou: seu último trato com o império Hughes foi para garantir fornecimento de comida para as frotas de aviões e as cantinas de terra dos funcionários de Hughes. Se cedesse às pressões presidenciais do irmão poderia perder uma fortuna.

Nixon grampeou o telefone de Donald, conseguindo provas conclusivas de suas conexões. Câmeras escondidas gravaram um encontro com Meier no aeroporto de Orange County, na Califórnia, em 8 de julho. Hughes continuou empregando Meier, apesar de Maheu ter pedido que ele o demitisse antes de ser tarde demais. Para Hughes, a idéia de ter o irmão do presidente no bolso era boa demais para ser verdade. Ele concordou com que Meier viajasse com Donald Nixon a vários locais da Europa e da América do Sul, fora do alcance de Richard Nixon e do FBI.

Há muito tempo Hughes se interessava pela República Dominicana, desde suas primeiras visitas, de iate, nos anos 30. Autorizou Meier a obter concessões de mineração lá; Meier prometeu fazer que as importações de açúcar dominicano pelos Estados Unidos aumentassem. Um terceiro parceiro nessas expedições era o fomentador e especulador de mineração de Salt Lake City, Anthony G. Hatsis.

Maheu lutava contra os desejos de Hughes, de acabar com a parceria de vez. Prometeu diretamente à equipe de vigilância de Nixon que cuidaria do assunto. Enquanto isso Meier continuava a comprar milhões de hectares de terras. Quando ficou sabendo que Meier ia planejar outra reunião com Donald Nixon, Maheu ficou sem alternativa senão se livrar dele. Em 2 de novembro, numa reunião tensa no hotel Frontier, Maheu pediu, e recebeu, a demissão de Meier.

Depois da partida de Meier, com perguntas sobre Donald Nixon ainda sendo feitas nos círculos anti-Nixon, surgiram fatos espantosos. Descobriu-se que cinco milhões de dólares em negócios de mineração nunca tinham ido para os bolsos de Hughes, em vez disso tinham sido mandados, através de paraísos fiscais, para a Suíça. De um total de 20 milhões gastos, pouco podia ser contabilizado; havia poucas documentações de títulos e concessões de terras; e no fim soube-se que 18 milhões de dólares tinham escorrido pelo ralo. A maioria das minas, inclusive as de Tonopah, foram fechadas quando se descobriu que os antigos veios não tinham prata nem ouro. Nos anos 70 Meier foi indiciado e preso por evasão fiscal, e boa parte de seus bens foi rastreada até transações impróprias com Hughes. Meier fugiu do país; em 1978 o império Hughes Tool processou Meier pedindo 8 milhões de dólares por ter comprado minas sem valor e mandado o dinheiro para fora do país. Meier fugiu para a Austrália, onde foi preso. Foi solto porque possuía imunidade diplomática: tinha feito acordos com o rei de Tonga, uma ilha dos Mares do Sul, e seu passaporte dizia que era embaixador. Desapareceu de novo, definitivamente, indo para Vancouver.

CAPÍTULO DEZESSEIS

Comprando Nixon

Durante os acontecimentos escandalosos envolvendo Donald Nixon, Hughes não se abalou. Não bastava comprar o irmão do presidente. Ele estava decidido a comprar o presidente, bem como o opositor democrata de Nixon, Hubert H. Humphrey.

Sucessivas administrações tinham lhe dado um tratamento afável, pelo menos em parte por causa de suas grandes contribuições para campanhas e apoio por baixo dos panos, e da utilidade da Hughes Aircraft para a CIA, o Exército e a Força Aérea. Mas para ele não bastavam todos os compromissos a seu favor, a interminável violação das regras por parte da Diretoria de Aeronáutica Civil e outras agências oficiais com o objetivo de manter sua privacidade.

Entre 1968 e 1970 Hughes tinha várias questões que exigiam grandes subornos. Uma delas era o desejo de comprar o hotel Dunes, o que lhe daria um quarto de Las Vegas ainda que isso violasse as leis antimonopólio. Outra era a necessidade de evitar o pagamento de uma quantia gigantesca em ações na sua contínua batalha jurídica com a TWA. Uma terceira era o desejo de receber a aprovação da Diretoria de Aeronáutica Civil para assumir o controle da Air West.

Ao tratar desses assuntos ele se arriscava a ser processado sob várias acusações: pagamento de mais de cinco mil dólares para um candidato a presidente, o que na época era ilegal e passível de punição com uma multa de cinco mil dólares, dez anos de prisão, ou ambos; suborno; conspiração para fraudar os Estados Unidos; entrega de declaração de renda falsa; perjúrio; falsidade ideológica. Em 5 de março de 1974 o promotor especial federal Leon Jaworski estaria pesando seriamente essas acusações contra ele.

Enquanto pensava no melhor modo de subornar o presidente para garantir tratamento favorável, Hughes decidiu cuidar de Hubert Humphrey. Instruiu Robert Maheu a tirar 50 mil dólares da caixa do hotel Frontier, que ele havia comprado recentemente, para Humphrey; era dinheiro usado na compra e venda de fichas de jogo. Como o dinheiro não seria rastreado facilmente, esse parecia um método sensato. Além disso ele indicara um de seus advogados em Washington, Richard C. Danner, que tinha muitos amigos da época em que estava no FBI e fora conhecido em Miami como administrador municipal, a assumir a gerência do Frontier. Danner seria uma cobertura, caso fossem feitas perguntas.

Maheu encontrou em Humphrey um ouvido disposto. Quando sugeriu que o candidato a presidente deveria aceitar um "item" — isto é, uma contribuição de 50 mil dólares, ou 45 mil acima do limite legal — Humphrey mostrou interesse compreensível. Tranqüilizado, Maheu levou 25 mil dólares numa pasta de executivo a Los Angeles e um colega trouxe os outros 25 mil, ambos os lotes em notas de cem dólares.

Seguindo instruções de Hughes, Maheu se hospedou numa suíte do hotel Century Plaza em Century City, em 31 de julho, onde deveria comparecer a um jantar cujo ingresso custava cinco mil dólares, em homenagem a Humphrey. Depois de jantar Maheu colocou os 25 mil restantes em sua pasta e levou os 50 mil para a limusine de Humphrey na entrada da frente. Entrou no veículo, sentou-se e entregou a pasta. Logo depois Humphrey mandou um bilhete de agradecimento. Mais tarde, sob juramento, Humphrey disse que não se lembrava do incidente. Deve ter tido amnésia, já que a transação aconteceu meses antes da negativa. Mais 50 mil estavam em seu bolso em 17 de outubro, desta vez em quantidades menores.

Enquanto isso Hughes tinha apontado a mira para Nixon. Por acaso, enquanto estava pensando num modo de agir, o melhor amigo de Nixon em Miami, o belo e arrojado magnata do ramo imobiliário Charles G. (Bebe) Rebozo, deu o primeiro passo.

Rebozo entrou em contato com Richard G. Danner e disse que estava com ciúme porque Hughes tinha dado dinheiro a Humphrey e perguntou por que ele não podia fornecer uma quantia igual para a campanha de Nixon. Acompanhou o telefonema com um pedido por escrito em 28 de agosto de 1968. Maheu contou a Hughes, que explodiu numa gargalhada. Tinham-lhe poupado o trabalho de dar o primeiro passo.

Nos dois anos seguintes Hughes sacou até 425 mil dólares para contribuições políticas, dos quais uma quantia descrita como 100 mil dólares, mas que pode ter chegado a 150 mil, foi para Bebe Rebozo. A maior parte dessas quantias era retirada da conta de Hughes no Texas National Bank of Commerce, e os cheques eram assinados por seu antigo sócio Lee Murrin. Como vimos, 25 mil dólares foram para o bolso de Larry O'Brien. Cinqüenta mil foram (segundo Maheu) para o senador Alan Bible, de Nevada. Cinqüenta mil foram devolvidos ao caixa do Frontier. O resto dos pagamentos não está documentado.

Hughes ordenou a Danner, que conhecia Nixon e Bebe Rebozo, pagar 50 mil dólares diretamente a Nixon, e insistiu em que Nixon assinasse um recibo. Queria que Donald Nixon e John Meier se envolvessem. Nixon se opunha ao envolvimento deles, e decidiu adiar o assunto até depois da eleição. Então os pagamentos poderiam ser aplicados na campanha de 1972. Maheu guardou o dinheiro. Nixon foi eleito.

Em 22 de novembro de 1968 um membro da assessoria de Nixon ligou para Maheu e disse que estava na hora de fazer o pagamento. Hughes concordou. Com ousadia típica, disse que queria nada menos do que Paul Laxalt, que ainda era governador de Nevada, para fazer a entrega em mãos ao novo presidente. Laxalt concordou.

Naquela semana Danner estava em Las Vegas. Hughes o recompensou pelos subornos constantes dando-lhe o emprego, há muito prometido, de gerente do Frontier.

Danner viera conversando com Rebozo durante toda a semana, falando do dinheiro que Nixon precisava para sua casa em Key Biscayne, território de Rebozo. Nixon a estava comprando dele.

Em 6 de dezembro Paul Laxalt e Robert Maheu chegaram a Palm Springs com 50 mil dólares para Nixon. Laxalt estava presente para a Conferência da Associação da Convenção dos Governadores Republicanos. Segundo instruções de Hughes, os dois foram de carro até a casa de Walter Annenberg. O governador saiu e tocou a campainha.

Naquele momento os outros governadores, alguns dos quais podem ter achado estranho que um dos seus colegas estivesse levando uma quantia substancial como contribuição para o presidente, estavam no terraço conversando com o executivo-chefe. Compreensivelmente, ao ser informado de que o governador de Nevada se encontrava à porta junto de uma pessoa segurando uma pasta significativa, Nixon anunciou que estava ocupado demais para recebê-lo, apesar de os outros governadores estarem sendo adequadamente entretidos. De novo Maheu guardou o dinheiro.

Em setembro Maheu e Danner entregaram os 50 mil a Bebe Rebozo em Key Biscayne.

No fim de 1970 Hughes instruiu Maheu a comprar o hotel Dunes. Mais tarde (em 21 de janeiro de 1974) Maheu declarou que Hughes lhe pediu que mandasse Richard Danner ao ministro da Justiça John Mitchell para obter aprovação do Departamento de Justiça para a compra. Argumentando que fora frustrado pelo Departamento de Justiça ao tentar comprar o hotel Stardust, ele disse que não lidaria mais com o assistente do ministro, e sim apenas com o próprio Mitchell.

Danner se encontrou várias vezes com Mitchell, a partir de 23 de janeiro. Quando voltou, Mitchel contou que Maheu lhe disse, em nome de Hughes, que "certas obrigações financeiras teriam de ser cumpridas em resultado da viagem". E foram. O obediente ministro da Justiça passou por cima de sua relutante Divisão Antitruste e permitiu que Hughes comprasse o Dunes em 19 de março. Quando o advogado de Hughes, Edward P. Morgan, apresentou os números necessários para documentar os ativos do Dunes, Mitchell nem se incomodou em discuti-los com a Divisão Antitruste. Danner disse a Maheu:

— O caso está resolvido em Washington, e não haverá interferência além daí.

Mais tarde a Comissão Watergate decidiu que a aprovação de Mitchell foi baseada diretamente em doações de dinheiro a Rebozo.

Outro presente estava chegando. Hughes mandou Maheu instruir Nadine Henley a sacar mais 50 mil dólares, e Richard Danner os entregou a Bebe Rebozo enquanto os dois estavam em San Clemente, a Casa Branca do

Oeste, para ser repassados a Nixon. O pagamento foi feito na data patriótica de 3 de julho, véspera do Dia da Independência.

Um documento guardado há muito e encontrado nos Arquivos Nacionais mostra uma quantia superior a 100 mil dólares paga a Rebozo. Stephen A. Haberfeld, assistente especial da promotoria, alertou em 5 de março de 1974 a Leon Jaworski, promotor especial para Watergate, que "150 mil dólares podem ter sido entregues por Danner a Rebozo em três de cinco ocasiões durante o ano de 1970". Se for verdade, e o complexo documento que apóia a acusação está disponível, houve 50 mil dólares não contabilizados e não mencionados na imprensa em qualquer relatório do caso.

No fim, Maheu descobriu que as declarações financeiras que lhe foram dadas no Dunes estavam cheias de erros e irregularidades; disse a Hughes que o preço era alto demais, e Hughes não comprou o hotel. E com relação ao bônus que o tribunal exigiu que Hughes entregasse no caso da TWA, apesar de numerosos telefonemas de Mitchell para a Casa Branca e para muitas partes interessadas, Hughes ainda tinha de pagar 75 milhões. O valor poderia ter chegado a 400 milhões sem a influência que ele conseguiu atrair.

No caso da Air West, Hughes, como sabemos, teve sucesso em assumir o controle da companhia aérea, mas não há provas de que Mitchell o tenha ajudado, e Hughes teve de fazer grandes concessões antes que a Diretoria de Aeronáutica Civil aprovasse. Como tantas outras coisas em sua vida, as manobras complexas acabariam virando pó.

Cem mil dólares, além de mais cem dólares, foram devolvidos a Hughes; mas os números de série dos primeiros 50 mil em notas de cem dólares mostraram que elas datavam de depois de dezembro de 1968, quando Maheu as obteve. Trinta e cinco das notas de cem dólares que supostamente constituíam a entrega feita em San Clemente datavam de depois de 3 de julho de 1970, quando deveriam ter sido entregues. Mais tarde Hughes forneceu 150 mil dólares: 50 mil para Rose Mary Woods, e 100 mil para o Comitê de Reeleição do Presidente, quando a lei relativa às contribuições mudou em 1972. Cinqüenta mil do fundo do CRP foi para um indivíduo chamado Gordon Liddy, que confirmou isso em seu livro *Will*.

No relatório final sobre o caso Watergate em junho de 1974 a Comissão Watergate declarou: "As circunstâncias relativas aos esforços de Hughes para comprar o hotel Dunes mostram conduta questionável da parte de altos níveis do executivo federal."

Enquanto Danner prosseguia com negociações no alto escalão do governo, Hughes tinha outro motivo para encorajá-lo. De novo estava tendo ataques de nervosismo com relação a ficar na cidade que vinha consumindo. O motivo eram os contínuos testes nucleares subterrâneos, que nem mesmo sua riqueza e seu poder poderiam interromper. Enquanto se ocupava engendrando a compra do Dunes, mandou Richard Danner conversar com Bebe Rebozo e fazer com que Nixon adiasse as explosões que estavam marcadas para a páscoa de 1970. Nixon concordou em discutir o assunto com Hughes pessoalmente, desde que Hughes fosse a um local ainda não especificado, possivelmente Camp David. Para quase qualquer pessoa viva, a oferta de se encontrar com o presidente seria irresistível. Mas Hughes, com barba de dois anos, as unhas das mãos e dos pés compridas e descuidadas, nem pensaria numa viagem dessas. Nem concordaria em falar com Nixon ao telefone; tinha medo de que o presidente o convencesse a aceitar os testes com argumentos técnicos sobre precauções de segurança para as quais Hughes não tivesse uma resposta adequada.

Começou a falar em voltar às Bahamas, onde tinha ficado com Jean Peters há anos. Mas seu medo e ódio aos negros e a preocupação com a situação política pesou contra o amor pelo status de paraíso fiscal das ilhas.

No início de 1970 Hughes ligou para Maheu, dizendo esperar que ele "embrulhasse aquele governo [das Bahamas]... de todos os meios", declaração citada em muitos jornais e na televisão, e que foi muito danosa para ele quando veio à tona mais tarde.

Adiou repetidamente a viagem planejada.

No meio de todas as compras de influência, as exaustivas conversas telefônicas dia e noite, a dieta horrível, a dependência de drogas e o fracasso em se exercitar tinham-no deixado com a saúde muito precária. Jean Peters havia deixado claro, de sua casa em Bel Air, que iria se divorciar dele (a qualquer hora estaria disposta a visitá-lo e cuidar dele; mas nem mesmo aquela mulher forte podia enfrentar os adiamentos, a falta de respostas e a recusa em vê-la). Isso o deprimiu terrivelmente; fracassara como marido e como homem.

Seu gosto por Empirin e pela aplicação de codeína na veia tinha afetado os rins; e o medo de que alguém visse sua urina ainda o compelia a guardá-la em vidros de conserva. Seu médico, o Dr. Harold L. Feikes, informou que ele era vítima de hemorróidas internas e externas que lhe causavam um prolapso dolorosíssimo a cada vez que ia ao toalete; o grau de retração nas gengivas e no maxilar era mais avançado do que o normal para um homem de mais de 60 anos, e ele ainda tinha sangramento e ulceração nas gengivas. Uma úlcera péptica e um cisto tumoroso no topo da cabeça faziam aumentar o sofrimento. Seus ossos eram quebradiços como os de um homem de 80 anos. Se caísse e fraturasse o quadril, poderia ser o seu fim. E tinha apenas 65 anos.

O alto executivo Bill Gay estava chateado por ficar fora do círculo íntimo de Hughes e estava decidido a afastar Maheu, que, segundo ele, tinha um poder individual muito alto, estava retirando vastas quantias de Hughes para lucro próprio e era má influência sobre ele. O fato de a tentativa anterior de declarar Hughes mentalmente incapaz, vigorosamente rejeitada por Maheu, ter sido impedida, o havia incomodado; a contínua recusa de Hughes em levá-lo a sério o deixava querendo afastar Maheu de uma vez por todas.

Segundo Maheu, Gay começou a campanha contra ele bloqueando muitas de suas mensagens para Hughes, com o apoio de alguns membros do limitado círculo de guarda-costas. Gay negou isso. Em contraste, Gay e Chester Davis acusaram Maheu de ter feito um substancial investimento na Los Angeles Airways para suprimentos de helicópteros sem a autorização de Hughes. Isso, por sua vez, foi negado por Maheu; até hoje ele afirma que possuía a aprovação de Hughes. Davis também acusou Maheu de ter feito um arranjo para emprestar cinco milhões de dólares a um *bookmaker*, Sidney Wyman, co-proprietário do Dunes, para lubrificar as engrenagens da compra. Maheu disse que agiu com autorização de Hughes; Gay e Davis negaram.

Em 13 de junho de 1970 Raymond M. Holliday, vice-presidente e principal administrador financeiro da Hughes Tool Company em Houston, que entrou para a facção anti-Maheu, escreveu um memorando feroz para Hughes, lembrando-lhe de que as propriedades em Nevada, desde as concessões minerais até os hotéis, estavam perdendo milhões. O que Gay,

Holliday, Davis e todos os outros figurões do império Hughes optavam por ignorar era o fato de que Maheu não era a influência operacional por trás das vastas aquisições, e sim o serviçal da cobiça e da obsessão megalomaníacas de Hughes; seus esforços para controlar a necessidade insensata de domínio de Hughes com a compra de hotéis tinha encontrado empecilhos constantes.

Bill Gay decidiu espionar Maheu, com o objetivo de defender seu ponto de vista diante de Hughes com "provas" de improbidade, quando não havia nenhuma. Ele e Chester Davis sabiam da existência de uma empresa de segurança ligada à CIA chamada International Intelligence (Intertel).

A Intertel era originária de Nassau e foi criada pela Resorts International, uma ramificação da Mary Carter Paints, que cuidava das concessões de jogos na ilha Paradise, que Hughes estava interessado em comprar. Foi co-fundada por William Hundley, ex-assistente especial de Robert Kennedy, e Robert Peloquin, outro homem de Kennedy que fora advogado sênior na Seção de Crime Organizado e Contravenção do Departamento de Justiça. Outros que participavam da Intertel eram um ex-assessor de Nixon, James Golden, diretor de segurança da convenção republicana de 1968, um estranho no ninho de democratas empedernidos; David Belisle, ex-diretor de investigações da Agência de Segurança Nacional e vários ex-agentes da CIA, do FBI, dos MI-5 e MI-6 ingleses e da Real Polícia Montada do Canadá.

Robert Peloquin veio a Las Vegas em julho de 1970, depois da visita de Bill Gay ao seu escritório em Washington. Foi discutido um acordo pelo qual a Intertel tiraria de Robert Maheu e seu filho Peter as operações de vigilância e segurança dos cassinos de Las Vegas. Peloquin insistiu com Hughes para reviver a idéia de ir para as Bahamas, onde ele estaria ligado mais de perto à sede da Intertel e ficaria fora de Nevada quando a Intertel assumisse o controle. Hughes ouviu, mas então aconteceu uma coisa que enfraqueceu sua decisão.

Ficou sabendo, através de sua estação de TV, que o Pentágono jogaria no Caribe 66 toneladas de gás dos nervos que estavam guardadas, e isso aconteceria a apenas 240 quilômetros de Nassau, a exata distância entre Las Vegas e as explosões nucleares. Ele entrou em pânico.

Convocou seus auxiliares e exigiu, num memorando escrito às pressas, que eles alertassem poderosas firmas de publicidade a incitar a opinião pública contra o descarte do gás, bem como o governo britânico nas Bahamas; Gay procurou seu amigo Robert Foster Bennett, do Departamento de Transporte, que não pôde fazer nada. Semanas depois de autorizar o suborno de Nixon, Hughes culpou o presidente pela decisão, invocando o ódio de Nixon contra os negros como motivo para o descarte — apesar de Hughes também odiar os negros e apoiar e financiar Nixon. Ele bolou uma charge, a ser publicada nos jornais de Hearst, mostrando Nixon batendo num jovem negro com um cilindro de gás venenoso.

Maheu o alertou contra isso e disse que abordaria o presidente amigavelmente. Era tarde demais. O gás dos nervos já estava sendo mandado de trem para ser posto num navio.

Maheu implorou que o presidente mandasse o gás dos nervos para outro lugar. Nixon respondeu dizendo que a escolha do local de descarte era em benefício de Hughes. O presidente não tinha idéia de que Hughes pretendia morar nas Bahamas, e o local de descarte fora planejado originalmente para Nevada. Hughes, através de Maheu, sugeriu como alternativa o Círculo Ártico.

Bill Gay e Chester Davis agradaram Hughes assumindo sua defesa em Nassau. Chegando lá observaram que Hughes traria grande riqueza para as Bahamas. Em resultado o governo das Bahamas protestou contra o descarte. Hughes chegou a mandar Chester Davis processar o governo em Miami — apoiado por Claude Kirk, um governador da Flórida que pensava nos investimentos de Hughes naquele estado.

Um juiz de Miami impediu o embarque do gás, depois reverteu a decisão, recomendando, por algum motivo espúrio, que o descarte seria melhor em "água rasa". Quando Hughes soube disso, ficou histérico. As águas mais rasas num raio de 240 quilômetros do local eram as ilhas Out, nas Bahamas, das quais ele possuía Cay Sal, o centro usado pela CIA.

Num último esforço desesperado exigiu que Maheu se encontrasse pessoalmente com Nixon. Em vez disso Maheu se ofereceu para ir a San Clemente, de onde poderia mandar ao presidente uma mensagem que evitaria a longa viagem aérea até Washington. Mas era tarde demais; em 18 de agosto de 1970 o velho navio Liberty da Segunda Guerra Mundial, o *LeBaron Russell*, foi afundado com sua carga mortífera de gás a 240 quilômetros de Nassau.

Provavelmente os arquivos da CIA sobre os negócios da agência com Hughes permanecerão secretos permanentemente, no interesse da "segurança nacional" — mesmo agora, depois do fim da Guerra Fria. Só podemos deduzir quantos milhões de dólares em equipamentos Hughes estava fornecendo à agência enquanto planejava deixar Las Vegas em 1970.

Câmeras de alta resolução montadas em satélites feitos por Hughes estavam fotografando instalações secretas na União Soviética, no Vietnã e na China; sua equipe desenvolveu sofisticados instrumentos de interceptação para as ligações de computadores entre escritórios e entre embaixadas, codificadores e grampos, e componentes de armas a *laser* para os aviões espiões SR-71. E não somente para a CIA, mas para o Departamento de Reconhecimento da Inteligência da Força Aérea e para o Pentágono.

Através do uso da metodologia sensória de Hughes, o governo americano podia saber detalhes de radares, mísseis e movimentos de tropas comunistas, tudo isso alcançado com a ajuda de co-agentes em países que faziam fronteira com a Cortina de Ferro (ou estavam dentro dela).

Logo Hughes e a Hughes Tool fariam o maior negócio de todos os tempos: em outubro de 1970 Hughes assinou os papéis que tornariam possível o início da Operação Jennifer.

A Operação Jennifer foi um dos empreendimentos mais caros e elaborados na história da CIA e da Inteligência Naval. Primeiro a Hughes Tool Company, operando com autorização de Hughes e a direção pessoal do diretor da CIA, Richard Helms, mandaria o *Glomar II*, um navio alugado, até um ponto a várias centenas de quilômetros a sudeste das ilhas do Havaí onde, segundo anunciaria a máquina publicitária de Hughes, procuraria investigar o solo oceânico em busca de depósitos de metais preciosos. O *Glomar* era equipado com perfuratrizes usando a broca Hughes, e sondaria o solo do oceano.

Na verdade o objetivo do *Glomar* era sondar o local onde estava um submarino nuclear russo que explodira, recém-saído de águas cubanas, e que seria levado à superfície por outro *Glomar Explorer*, muito maior, que seria construído pela Hughes Tool através de subcontratações. O *Explorer* teria o comprimento de dois campos de futebol e seria equipado com uma garra gigante que, num único movimento, pegaria o submarino, colocá-lo-ia no vasto porão e o levaria de volta a Honolulu ou San Diego para ser inspecionado.

O custo do empreendimento seria de *um quarto de bilhão de dólares* de dinheiro do governo. Mas por quê, só para pegar um submarino?

Segundo o ex-agente da CIA e escritor Victor Marchetti, o motivo para a operação de resgate era obter máquinas de código que supostamente estariam a bordo.

Essas máquinas, e os documentos que as acompanhavam, diriam à CIA como interpretar/traduzir mensagens interceptadas anteriormente, das quais existia um vasto depósito nas salas de inteligência em Fort Meade, Maryland; entendendo o significado das mensagens seria possível rastrear e interceptar submarinos nucleares russos, especialmente perto de Cuba, e determinar como Castro era apoiado pelo poderio nuclear soviético.

Hughes adorou cooperar com o empreendimento; de novo, seu motivo era controlar as políticas e os esquemas de inteligência do governo Nixon. Ele teria milhões jorrando para a Hughes Aircraft, todos abrigados dos impostos no Instituto Médico.

Ao mesmo tempo em que autorizava o *Glomar*, através da Hughes Tool, Hughes sentia-se feliz em ver a realização de sucessivos negócios entre a CIA e a Hughes Aircraft. A Hughes Aircraft contratou como executivo-chefe nada menos do que o brilhante e jovem Albert (Bud) Wheelon; Wheelon fora o subdiretor de Ciência e Tecnologia da CIA, tendo iniciado na agência sob o comando do diretor Allen Dulles já em 1961. Treinado na época do sucessor de Dulles, John McCone, e mais tarde trabalhando com o almirante William Raborn e Richard Helms, Wheelon tinha usado muitos dos satélites da Hughes Aircraft sobre a Rússia e a China fazendo investigações técnicas. Em 1966 a Subcomissão do Senado sobre Alocações para Espionagem Técnica interrogou Wheelon, que se apresentou com vários instrumentos de vigilância fabricados por Hughes, de uma trivialidade digna de James Bond, inclusive, segundo Marchetti, um radiotransmissor escondido num dente falso, uma máquina fotográfica numa bolsa de fumo, um gravador numa cigarreira de ouro.

Conseguiu, com grande destreza, escapar das perguntas sobre Hughes, a Lockheed e outras empresas contratadas pela CIA, e as perguntas se evaporaram.

Com o acordo do *Glomar Explorer*, através de ligações com a CIA que ficavam diariamente mais fortes, Bill Gay, Chester Davis e os outros inimigos de Maheu ganharam forças no outono de 1970. Se Richard Helms tivesse dado o contrato do *Explorer* para Maheu cuidar, este teria consolidado o poder para sempre, mas ele havia antagonizado os outros, e em particular Raymond Holliday, que comandava a Hughes Tool e de quem a CIA precisava para fazer os acordos.

Ainda outra operação de Hughes com apoio e financiamento da CIA, e com envolvimento pessoal de Hughes, foi o desenvolvimento dos antigos *lasers* navio-terra para uso contra as instalações e o governo de Cuba. Esse compromisso e interesse de Hughes o aliou, de novo, ao onipresente espião E. Howard Hunt, que continuava com a CIA. Quando foi pedido que comentasse sobre Hughes em 21 de setembro de 1992, Hunt reagiu com raiva, dizendo que esse era um "passado enterrado" e não falaria nada; isto é, continuava altamente secreto. Desse jeito revelou seu jogo — e não pela primeira vez.

Uma troca de memorandos naquele mês de outubro selou o destino de Robert Maheu; ele cometeu o erro de se afirmar como homem. Decidiu que faria uma viagem à Europa. Escreveu a Hughes dizendo que planejava a viagem há dez anos; que tinha prometido à mulher; que como poderiam se passar meses antes que ouvisse Hughes sobre vários assuntos prementes, aquele parecia um momento propício para a viagem. Hughes ficou furioso. Disse a Maheu, num bilhete de resposta, que estava doente; que fora distraído por problemas relativos à esposa (falava do divórcio iminente), que não conseguia se manter a par do fluxo constante de memorandos, que estava tentando carregar o fardo de vinte e cinco homens normais.

Hughes acrescentou petulante que, ao se afastar, Maheu estaria jogando fora um amigo sincero e confiável: ele; que a amizade de fato estava acabada, por causa da decisão de Maheu.

Maheu ficou magoado e escreveu sobre essa mágoa; enfraqueceu diante da manipulação infantil e egoísta de Hughes. Hughes respondeu com raiva; Maheu insistiu que ele considerasse se não teria chegado a hora de encarar a realidade; que se não fizesse isso finalmente ficaria de fato muito solitário.

Dizer a Hughes o que fazer foi outro erro de cálculo. Era como dizer a um menino de oito anos para ir fazer compras na mercearia ou passear com o cachorro.

Hughes tinha outras ilhas em mente. Enquanto planejava a ida para as Bahamas, deixou de mencionar a idéia restaurada a Maheu, que tinha posto planos em ação antes, só para vê-los cancelados. Começou a reclamar de Maheu. Se o sujeito recebia 10 mil dólares por semana, se suas contas de despesas eram luxuosas e ilimitadas, se sua casa era um palácio, sem dúvida isso era adequado: ele "era" Howard Hughes; Hughes mal podia fazer contato com pessoas, e um enorme número de pessoas importantes tinha de ser contatado. E com freqüência.

"Howard Hughes" (i.e., Maheu) não poderia viajar de classe econômica ou em aeronaves comerciais (e rivais); não se podia esperar que levasse governadores de estado e generais da Força Aérea — aposentados ou não — ou assessores presidenciais ao McDonald's para comer um hambúrguer. No entanto Bill Gay e outros inimigos arengavam pelo telefone e em memorandos para Hughes dizendo que Maheu era extravagante, que seu filho Peter tinha construído uma casa de cachorro e um bar à custa de Hughes — e um jorro interminável de reclamações que deixavam Hughes, sempre pão-duro, nervoso.

Se o cassino e as vendas de bebidas nos hotéis estavam dando prejuízo, o grupo de Gay e Davis não culpou uma queda periódica, mas apenas Maheu. Quando Hughes viu as receitas diminuindo, ficou convencido de que Maheu não estava merecendo o que ganhava. Tinha esquecido que ele é que havia pressionado Maheu a comprar um hotel depois do outro, e que Maheu insistira em que ele fosse mais cauteloso. Quando Raymond Holliday, presidente da Hughes Tool Company, disse a Hughes que os prejuízos nos cassinos tinham subido de 700 mil dólares em 1967 para sete milhões em 1970, Hughes se convenceu de que Maheu tinha de ir embora.

De modo persuasivo, Maheu associa os prejuízos de Las Vegas às procrastinações, indecisões, à avareza e à falta de capacidade de planejamento de Hughes — que certamente surgem em qualquer exame de seus feitos, pelo menos desde a compra da RKO.

Para manter as salas de espetáculos e os cassinos dos hotéis em nível de competição com outros, como os de Kirk Kerkorian, Hughes tinha de aprovar milhares de dólares de uma só vez, para melhorias. Mas se ressentia de cada esforço de Maheu para gastar dinheiro, inclusive o pagamento dos artistas.

Assim os prejuízos dos hotéis eram atribuíveis a Hughes, e somente Hughes — mas, como a maioria das pessoas poderosas e célebres, ele sempre culpava os subalternos por seus fracassos. E Maheu, o obstinado e leal Maheu, foi o bode expiatório.

Os inimigos de Maheu fizeram várias novas acusações, nenhuma delas bem embasada. Chester Davis o acusou de dar crédito excessivo aos grandes jogadores — na verdade o Caesars Palace, o Flamingo e o International davam mais. Acusou Maheu de velejar em seu iate, o *Alouette II*, em Baja California, quando deveria estar trabalhando; Maheu velejou no barco apenas quatro vezes em dois anos e meio, e durante a maior parte do tempo ficava telefonando para Hughes da cabine ou do passadiço.

Davis falou da cabana de caça de Maheu e do chefe de segurança Jack Hopper, de um restaurante inglês de peixe e batatas, e de uma empresa de importação e exportação totalmente imaginária. Quando a mulher de Peter Maheu deu à luz uma criança na Cidade do México (para ajudar Hughes a obter uma propriedade em seu nome através do Banco Internacional), Davis declarou que um jato da companhia fora usado.

Sempre que Maheu ligava para a cobertura, o auxiliar dizia que Hughes não estava disponível. Somente Hughes poderia ter dado essa ordem. Já se observou que o motivo para Hughes se comportar de modo tão maldoso era que seus auxiliares o ameaçavam; se ele não fizesse isso, eles o privariam das drogas. Ninguém ameaçava Howard Hughes. Ele só teria de apertar um botão ou pegar um telefone para que esse auxiliar fosse ejetado pelo pessoal da segurança de Bob Maheu. A decisão final de se livrar de Maheu foi dele.

Na época ele estava doente, com uma leve pneumonia que o levou a conseguir transfusões de sangue desnecessárias. Seus memorandos na época e o modo esperto de afastar Maheu mostram que sua mente estava aguçada como sempre.

Maheu poderia atraí-lo de volta se invadisse a suíte, procurando um confronto, e apresentando uma explicação dos prejuízos e do verdadeiro caráter de Davis e Gay. Acima de tudo poderia ter contado a Hughes o esforço de Gay para tomar conta de seu império declarando-o incapaz. Resumindo, poderia tê-lo alertado. Mas não fez isso; hoje ele desejaria ter feito. Perdeu a cabeça e demitiu Chester Davis do caso da TWA sem consultar Hughes — um ato calculado para enfurecer Hughes para sempre; se alguém fizesse a demissão, teria de ser o próprio Hughes.

O motivo para a dispensa de Davis foi sua suposta má condução do arrastado caso da *TWA vs. Hughes*, em que a companhia aérea ainda tentava arrancar dinheiro de Hughes devido às suas negociações anteriores com as ações e outras supostas irregularidades. Davis rejeitou o afastamento.

O outro erro de cálculo de Maheu foi subestimar o poder da Intertel. Essa organização, da qual alguns participantes tinham pés tanto no campo de Hughes quanto no da Máfia, queria assumir o comando não somente dos sistemas de segurança da ilha Paradise nas Bahamas mas também dos cassinos de Las Vegas, suplantando Bob e Peter Maheu.

Em 14 de novembro de 1970 Hughes decidiu assinar uma procuração dando a Davis, Holliday e Gay poderes para exercer todos os direitos sobre as propriedades em Nevada. Queria Maheu de fora de uma vez por todas.

Maheu foi privado do poder, e logo arrancariam suas propriedades; ele e o filho culpam a Intertel. Com ele foi Larry O'Brien, então presidente do Comitê Nacional Democrata, que estava no bolso de Hughes recebendo 15 mil dólares por mês ao mesmo tempo em que Hughes apoiava Nixon.

Hughes contratou para o lugar de O'Brien o ex-legalista do Departamento dos Transportes, transformado em homem de frente e divulgador da CIA, o mórmon Robert Foster Bennett. Bennett era filho do senador de Utah. Charles Colson, da Casa Branca, fizera Bennett comprar a Robert T. Mullen e Company, uma firma de relações públicas de Washington e também fachada da CIA. Logo ela se tornou uma fachada para Hughes; Bennett contratou E. Howard Hunt como membro da equipe.

Hughes tomou a decisão de sair de uma vez por todas dos Estados Unidos, depois de onze meses de protelação. O pavor de outras explosões nucleares e o desejo de conseguir as concessões de jogos no paraíso fiscal de Nassau faziam pressão em sua mente.

Ele corria perigo de que seus subornos fossem expostos. Morria de pavor do imposto de renda na questão do Instituto Médico Hughes. A fundação do instituto estava sendo finalmente revelada como uma tramóia para evasão fiscal: agora Hughes permitia que meros 0,2% dos vastos ativos ganhados com a Hughes Aircraft em projetos secretos para o governo fossem gastos em pesquisa médica; pelo menos 4% dos ativos tinham de ser gastos, para qualificar o instituto com o status de isento de impostos. De fato, Hughes tinha amealhado uma fortuna isenta de impostos e acumulava lucros nos bancos. Cerca de 25,6 milhões de dólares tinham ido para a Hughes Tool — supostamente para pagamento de juros sobre empréstimos e aluguel.

Será que esse roubo ultrajante do governo seria exposto, junto com a compra de influência? Ele precisava sair da cidade, do país, imediatamente.

Fez isso em 25 de novembro de 1970. No ar gélido da noite, enquanto o vento soprava areia do deserto, o homem de 65 anos, tremendo e pálido, enrolou-se num roupão puído, por cima do pijama que pendia no corpo magro e devastado. Uma cópia de seu antigo chapéu da sorte estava empoleirada na cabeça, o cabelo e a barba estavam compridos e parecendo os de Cristo, enquanto seus ajudantes o levavam na maca, degrau a degrau, descendo os nove andares pela escada externa de incêndio. Bastaria um escorregão e ele teria caído, talvez para a morte. Ao pé da escada conseguiu se levantar debilmente.

Estava adoentado por causa de uma recorrência, nos últimos dias, de depressão, anemia hemolítica — que causava descoloração da pele —, retenção demasiada de urina e extrema alergia à luz direta do sol. Também tinha problemas cardíacos e pneumonia persistente, que voltaria várias vezes nos anos seguintes.

Com uma dieta de cerca de duas mil calorias por dia, por que ele, com 1,90m, pesava apenas 46 quilos? Por que tinha perdido dezoito quilos naquele verão depois de transfusões de sangue? Por que seu sistema imunológico estava tão enfraquecido que ele não tolerava o perigo dos germes? Por que seus olhos pareciam brilhantes e amedrontados, fundos nas órbitas ossudas? Por que estava inquieto, irritadiço, intolerante? Qual era sua doença inexplicável?

Para determinar seu estado, este autor contatou o Dr. Joseph Choi, aposentado chefe do instituto de medicina legal de Los Angeles.

— Hughes pode ter tido AIDS?

— Sim — respondeu ele instantaneamente.

Desenhos posteriores de Hughes, e toda a sua sintomatologia, eram indicativos. Seu caso incluía pneumonia recorrente de baixo nível, emaciação constante apesar de uma dieta rica em calorias e perda de tônus muscular, além do desenvolvimento de tumores e falência dos rins. O dedicado auxiliar Gordon Margulis não contradiz a possibilidade de ele ter tido AIDS.

O vírus HIV só foi isolado nos anos 80, quando foi associado a infecções no macaco verde africano, mas o Dr. Choi confirma que muitos homossexuais falecidos cujos corpos chegavam a ele e que tinham morrido de pneumonia, câncer e falência dos rins tinham casos idênticos ao de Hughes. Temeroso como era, na busca interminável de relatórios sobre outros, Hughes pode ter sabido de infecções semelhantes e de emaciação ocorrendo em homens com quem tinha dormido. Ele protegia feroz e culpadamente o seu reto, e não permitia que fosse examinado pelos médicos. Será que achava que esta havia sido a rota para a infecção?

A palavra AIDS, claro, era desconhecida nos anos 60 e 70, embora a reabertura recente de arquivos de pacientes falecidos com histórias de sintomas semelhantes aos de Hughes tenha resultado no teste de amostras de sangue congeladas. O caso soropositivo mais perturbador nos Estados Unidos foi de um prostituto negro que morreu em St. Louis em 1968 do que agora é definido como AIDS. Na Inglaterra o sangue de um marinheiro, tirado em 1959, foi descoberto como HIV-positivo depois de ser descongelado num laboratório. Tudo que os médicos podiam fazer depois da chocante perda de peso de Hughes até pouco mais de 45 quilos, da emaciação e das febres que o devastavam, com a temperatura seriamente elevada durante semanas e o terror de estar infectado, era especular a causa. Sua contagem de hemoglobinas era quatro, muito baixa — outra indicação. A contagem normal é por volta de quinze. Mais tarde ele se recusava a fazer exames de sangue, e no fim da vida passou por períodos característicos da AIDS, alternando delírio e clareza brilhante.

Se ele sentia haver algo estranho, só isso poderia ter-lhe causado um medo tão profundo de fazer sexo com Jean Peters a ponto de deixá-lo impotente; ou, no mínimo, sua preocupação com ela o teria levado a recusar a relação. A agonia continuou.

Apoiado por seus homens, Hughes cambaleou pelo vento até um agrupamento de carros rodeados por guardas armados usando botões de identificação brancos. Eles afastavam qualquer pessoa que tentasse entrar ou sair do estacionamento. Hughes subiu num furgão. Foi levado à Base Aérea Nellis para pegar um avião Lockheed TriStar; afora o elemento nostálgico que havia nisso, o Lockheed era o único avião em que Hughes se sentia confortável.

Com ele no furgão estava um enorme arquivo de metal com papéis confidenciais, tão grande que foi difícil carregar e descarregar; os ajudantes sofreram para passá-lo pela porta de passageiros do avião, mas Hughes se recusou a deixar que fosse no compartimento de carga.

O avião partiu às 21:24. O piloto, o co-piloto e o navegador receberam ordem de não entrar na cabine; nenhum comissário ou comissária de bordo foi chamado. O TriStar reabasteceu em Atlanta, segundo o jornalista Benjamin F. Schemmer, que conseguiu entrevistar os ajudantes. Hughes gostou muito do vôo, trocou piadas com a equipe e comeu sanduíches.

No caminho para Nassau começou a conversar subitamente com o auxiliar Gordon Margulis sobre sua primeira mulher, Ella Rice. Contou a Margulis sobre viagens às Bahamas feitas com Ella.

Hughes tinha confundido Ella Rice com Billie Dove, a namorada do início dos anos 30. Ele nunca estivera em Nassau com Ella Rice.

Em Nassau dois caminhões-baú vieram pegá-lo, oferecidos pelo hotel Britannia Beach na ilha Paradise e dirigidos por guardas da Intertel e pelo subchefe da Intertel, Jim Golden. Hughes foi levado ao nono andar por um elevador de serviço. No dia seguinte um segundo TriStar chegou com registros dos hotéis de Las Vegas que a Intertel havia retirado.

Hughes se estabeleceu no Britannia Beach. A suíte tinha de ser examinada em busca de insetos, já que o clima úmido das Bahamas era propício a baratas, aranhas e escorpiões. Ele se irritava interminavelmente. Em vista da natureza corrupta da ilha Paradise, temia um atentado da Máfia; mas a Intertel, com vários contratos dos dois lados da lei, podia cuidar disso.

Em 3 de dezembro Hughes abriu o *Las Vegas Sun*, que fora mandado de avião a seu pedido. A manchete dizia:

HOWARD HUGHES DESAPARECE! O MISTÉRIO ESPANTA PESSOAS PRÓXIMAS

A matéria dizia que Hughes tinha desaparecido depois de cinco anos, que fora "levado para longe" — Maheu acusou Bill Gay e a Intertel de seqüestrá-lo. Hughes ficou furioso. Mandou um longo memorando para Chester Davis em 3 de dezembro, descartando as alegações de Maheu, de que fora levado às Bahamas contra a vontade, e se referindo ao fato de que a viagem fora programada há quase um ano, e que Maheu estivera envolvido no planejamento. Acusou Maheu de mentir não somente com relação a isso, mas também sobre várias outras questões.

O memorando, no estilo, na forma e no conteúdo idêntico a centenas de outros anteriores remontando a quase quarenta anos, não pode ter sido escrito por pressão dos auxiliares, tampouco Chester Davis teria ditado um memorando para si mesmo. Era puro Hughes, da primeira à última palavra; e não era insano. Era a expressão de um ditador irritado, do senhor de seu destino cujo tenente tinha se recusado a ser uma marionete.

Tudo que Hughes tinha a fazer era informar a Maheu, através de seus guardas, que estava indo para Nassau; mas não fez isso. Só precisava descontar a reação de Maheu com a acusação de seqüestro e controle considerando-a uma reação natural de lealdade, e se sentir comovido com isso; mas não era a sua natureza. Só precisava ser suficientemente homem para dizer a Maheu, num memorando, por que estava se livrando dele, como objetava às acusações contra Davis e Gay, e lhe dar a chance de se defender. Mas não era suficientemente homem para isso. No memorando Hughes aparece em seu pior estilo; e a lealdade de Maheu omitiu qualquer menção ao mesmo quando escreveu suas memórias.

A verdade é que Hughes traiu seu melhor amigo; o homem que ficara ao seu lado contra uma dúzia de traidores.

CAPÍTULO DEZESSETE

De Nassau a Watergate

Agora era apenas uma questão técnica Hughes demitir Maheu; mas Hughes estava perturbado por notícias que vinham de seus sócios de Las Vegas. Ele quisera que Davis e Gay fossem para Nassau imediatamente, mas em vez disso eles estavam numa batalha com Maheu, que não queria desistir. De novo mandaram, com guardas armados da Intertel, um punhado de auditores aos caixas dos cassinos, numa segunda tentativa malfadada de recolher registros que "provariam" as irregularidades imaginárias de Maheu. Maheu conseguiu uma ordem judicial impedindo-os de fazer qualquer coisa do tipo.

O governador Paul Laxalt apoiou Maheu. Ele desconfiava dos mórmons e queria conseguir autorização de Hughes antes de reconhecer a tomada de controle por parte de Davis e Gay. Às cinco da manhã de 1º de dezembro Hughes ligou para Laxalt, retirando-o de uma reunião no hotel Sands, e mentiu dizendo que tinha meramente saído de férias e que pretendia passar o resto da vida em Las Vegas. Confirmou a demissão de Maheu e disse que Chester Davis e Bill Gay estavam no comando a partir de agora. Em seu tom de voz ou nas declarações específicas e nítidas não havia nada indicando que estivessem lhe dizendo que, se não falasse, seus guarda-costas o privariam de drogas — como Maheu temia. De novo Hughes estava agindo de livre vontade, traiçoeiramente, e com um raro grau de decisão.

Maheu não queria ceder. Incapaz de acreditar (ainda não acredita) que Hughes o executara pessoalmente, tinha certeza de que este fora coagido a fazer tudo aquilo. Através de uma ordem judicial Davis impediu Maheu de realizar qualquer negócio com propriedades de Hughes. Hughes aprovou isso.

Apesar de ter planejado a partida de Hughes para Nassau durante meses do ano anterior, Maheu ainda estava convencido de que ele fora seqüestrado. Encarregou seu filho Peter de investigar o assunto. Peter contratou a Investigators Inc., de Miami, para invadir o hotel Brittannia Beach e descobrir se Hughes estava sendo mantido ali contra a vontade. Para monitorar a equipe, Peter Maheu viajou à Flórida; com ele foi Doug Priest, capitão do barco de Maheu, o *Alouette II*. Se Hughes fosse de fato vítima de seqüestro, Priest faria um resgate marítimo estilo James Bond, levando Hughes até a Flórida.

Robert D. Peloquin, da Intertel, estava decidido a impedir isso. Ficou sabendo do plano e alertou o FBI. Declarou que o uso de equipamentos de grampo nas Bahamas era ilegal. Peter Maheu tinha sido informado de que não era: a própria Intertel estava cheia de monitores lá. Peloquin estava usando o argumento débil de que exportar equipamentos de grampo de território americano para o britânico era contra a lei. Na verdade a equipe de espionagem poderia conseguir o equipamento nas ilhas.

Mas a operação abortou, e era bastante imprudente. Depois de tentar sem sucesso monitorar a suíte de Hughes a partir dos quartos abaixo, eles colocaram um transmissor transistorizado numa placa de aquecimento na bandeja do desjejum (à tarde) de Hughes. Nenhuma palavra de qualquer conversa foi gravada.

Robert Maheu começou a dizer que a assinatura de Hughes na procuração para Gay e Davis era falsificada, mesmo Hughes tendo dito a Laxalt que não era. O juiz distrital de Nevada, Howard Babcock, decidiu contra Maheu. Gay agiu contra ele, removendo cirurgicamente dos altos escalões de Hughes todas as pessoas que poderiam apoiá-lo.

Chester Davis mexeu os pauzinhos com o presidente Nixon e um fiscal do imposto de renda chegou à casa de Maheu anunciando uma auditoria. ("Nixon tinha instruído o pessoal do imposto de renda a cravar os dentes na minha carne", diz Maheu hoje.) O imposto de renda disse que

Maheu devia 3,5 milhões de dólares, apesar de ele ter pago seus impostos e de não ter ganhado um milhão por ano, na verdade apenas 500 mil dólares. Ele lutou durante quinze anos antes de ficar limpo.

Na noite de Ano-Novo Maheu entrou com um processo pedindo 50 milhões de dólares à Hughes Tool por quebra de contrato.

Naquela mesma noite, quando estava se preparando para comemorar a passagem de ano, Bill Gay mandou agentes da Intertel à porta dele para expulsá-lo de sua casa; o terreno fora comprado por Hughes do gângster Moe Dalitz. Em uma semana Maheu estava na rua. Por sorte conseguiu dinheiro suficiente para comprar outra casa.

Gay continuou sua campanha. Tomou a cobertura de Maheu no Balboa Bay Club, seu iate, o *Alouette II*, tudo que ele possuía, menos as roupas do corpo. O avião De Havilland particular que ele usava costumeiramente foi trancado no hangar pelo piloto-chefe Bob Wearley.

Hughes ficou irritado com o contínuo alvoroço em relação a Maheu. Num memorando a Davis e Gay disse que não conseguia entender por que o problema de Maheu não fora resolvido e por que ainda havia tanta publicidade negativa. Afinal de contas, Hughes tinha ligado para o governador e o promotor distrital de Nevada pedindo ajuda para encerrar o problema. E a diretoria devidamente constituída da Hughes Tool Company tinha chegado à decisão de afastar Maheu por motivos que achava justos.

Escrito em letra imaculada no papel amarelo de sempre, o bilhete não era o de um louco controlado pelas drogas. Quando a revista *Life* pediu que o perito grafotécnico Alfred Kanfer o analisasse, ele observou que a escrita não mostrava sequer um traço supérfluo; que a pessoa que escrevera tinha mente imaginativa que trabalhava rápido e era capaz de mudanças rápidas e improvisações; que estava ansioso para não perder tempo; que sua personalidade era viva e sadia.

Até mesmo Hughes podia ser capaz de pontadas de lembrança e arrependimento. Em 19 de janeiro de 1971 mandou um telegrama à sua amada tia Annette — a quem tinha ignorado por tantos anos, e até mesmo afastado, jamais respondendo às suas cartas — dando os parabéns calorosos pelos seus 80 anos.

Se fosse preciso mais provas de que Hughes não estava mentalmente perturbado na época, esse telegrama seria o suficiente.

Naqueles primeiros meses de 1971 a facção Gay-Davis estava com as mãos cheias. Eles estavam assoberbados com a questão permanente da evasão de impostos na fraude envolvendo a CIA, a Hughes Aircraft e o Instituto Médico. Robert Foster Bennett, o homem de frente de Hughes em Washington e na CIA, usou um argumento para o conselheiro jurídico da Casa Branca, John Dean, dizendo que a Hughes Aircraft, como fornecedora de material estratégico, inclusive equipamento de vigilância contra a Rússia e Cuba, teria problemas se tivesse de tirar dinheiro para pagar os impostos relativos ao Instituto Médico. Bennett sugeriu que as novas e onerosas leis de impostos não deveriam ser aplicadas com muita firmeza na questão do Instituto. Tendo em mente o apoio de Hughes a Nixon e os negócios com a CIA, a causa de Hughes foi defendida perante o imposto de renda. Em resultado Hughes foi salvo da forca; a fraude continuou. Nos anos que se seguiram e até a sua morte, o Instituto Médico continuou sem pagar impostos, e dos bilhões de dólares ganhos pela Hughes Tool nos contratos com o governo, menos de 0,4% por ano iam para as operações do instituto, somente 0,2% a mais do que antes. Em 1970 os contratos com a CIA rendiam a Hughes meio bilhão de dólares por ano.

Hughes não estava mais confortável na suíte do Britannia Beach, nas Bahamas, do que estivera em Las Vegas. Por vários anos vinha usando uma Barcalounger, uma cadeira reclinável com encosto retrátil que lhe dava algum alívio da dor das feridas no corpo e da coluna desconfortavelmente torta; mas quando chegou a Nassau a Barcalounger não parecia mais suportável. Em vez disso mandou trazer de avião a velha cama hospitalar que ele mesmo desenhara e que não era usada desde que deixara a casa de Bel Air. Obteve alguma satisfação por ser capaz de baixá-la e levantá-la e em usar a complicada tubulação que havia projetado para permitir que sua urina escorresse até uma tigela sem que ele se levantasse.

Era um pequeno conforto; não somente continuava constipado por causa da codeína aplicada na veia, mas seus rins estavam tão afetados que não conseguiam mais funcionar direito, e durante horas tentava urinar sem sucesso, assolado por problemas na próstata. Quando conseguia, a urina era preservada em outra série de vidros de conserva. Ainda com medo de que o afundamento do navio *Liberty* cheio de gás a 240 quilômetros do litoral das Bahamas pudesse ter afetado o suprimento de água que, na verdade, não era água do mar dessalinizada e sim recolhida da abundante chuva sazonal, ele mandava um lote de água Poland ser trazido diariamente do Maine; suspeitava a tal ponto de que a água podia ser alterada que, em mais de uma ocasião, foi mancando inspecionar as garrafas de meio litro, o único tamanho que ele tolerava, e examinava as tampas para se certificar de que estavam firmemente lacradas.

A presença de uma população de negros o deixava excessivamente nervoso: será que o leite poderia ser envenenado? Será que as vacas eram perigosas? Mandava vir leite fresco todo dia de Miami, até que finalmente encontraram um mercado em Nassau que fornecia garrafas lacradas de leite americano. Ele não permitia que qualquer mensageiro negro levasse as garrafas até a suíte, nem aceitava leite vindo da cozinha num copo ou numa jarra.

Continuava obcecado por assistir a filmes; acordava a horas imprevisíveis da noite e os empregados tinham de levantá-lo da cama e colocá-la numa poltrona, onde ele assistia a qualquer um dentre as dúzias de filmes que mandara alugar em empresas americanas e trazer de avião. Ocasionalmente interrompia o filme para comer um pedaço de frango e depois cochilava, acordava e continuava a ver o mesmo filme; se gostasse, passava-o muitas vezes.

Sonhava em sair do quarto e achar um novo lar num iate, onde ficaria livre dos impostos; até poderia navegar de um lado para o outro no Mediterrâneo. Mas Howard Eckersley e os outros auxiliares o alertaram de que ele poderia ficar vulnerável a algum perigo numa embarcação assim. Hughes suspirou e desistiu da idéia.

Boa parte de suas atividades era mandar os empregados contar seus comprimidos e medir as injeções, mudar os travesseiros de lugar e se certificar de que ele recebesse o tipo correto de frango e de bolos que comia o dia inteiro.

Em agosto o recém-nomeado governador Mike O'Callaghan, que tinha ocupado o cargo de Paul Laxalt em Las Vegas, mostrou-se igualmente cético com relação ao controle exercido por Bill Gay na operação de sete cassinos e oito mil empregados, a maior operação de jogos no estado, e questionou se Hughes tinha autorizado a nomeação. Até que recebesse um documento de Hughes, assinado e com a impressão digital, nem ele nem a comissão de jogos autorizaria Gay ou Chester Davis a continuar.

Rapidamente surgiu uma carta, datilografada e levada a O'Callaghan em pessoa por dois dos médicos de Hughes e por Jim Golden, da Intertel. O'Callaghan a rejeitou porque não tinha a impressão digital. Uma segunda carta, adequadamente com a digital, escrita à mão, chegou em 9 de setembro, e foi entregue a Jack Diehl, chefe da concessão de jogos, que disse ainda não estar convencido de que não fora escrita sob coação. Como a primeira, vinha no papel amarelo usado por Hughes. Uma irritada nota de rodapé, rabiscada por Hughes, dizia: "Nesta era das máquinas parece meio estranho que peçam uma carta tão longa escrita à mão." Isso era absurdo; Hughes sempre escreveu à mão e a carta tinha apenas cinco parágrafos.

Segundo Diehl, a nova carta "podia ser genuína", mas declarou que ele teria de se encontrar com Hughes para confirmar.

Exatamente como Hughes ficou sabendo dessa próxima questão extraordinária, que iria vexá-lo por vários meses, não está claro nos diários mantidos por seus auxiliares. O diário, que enganou muitos estudiosos, nunca foi completo; nenhuma palavra dele, a não ser em raras ocasiões, abordava os telefonemas de Hughes, que chegavam a quinze ou vinte por dia, para Chester Davis, Bill Gay, Nadine Henley ou os outros funcionários do quartel-general na rua Romaine: um livro supostamente de sua autoria e contando a história completa de sua vida, estava para ser publicado. E não por algum editor espúrio, e sim pela distinta empresa McGraw-Hill, cujo catálogo estava entre os mais importantes do país. Apropriadamente, o livro fora escrito por um romancista, Clifford Irving, e continha longas "entrevistas" com Hughes; uma "autorização" para publicá-lo fora "assinada" por Hughes; o livro continha um prefácio "escrito pessoalmente" por ele.

Como nem Davis nem Gay tinham se encontrado com Hughes, podem ter sentido apreensões por ele ter falado com Irving sem seu conhecimento. Imediatamente Hughes tirou essa idéia da cabeça dos dois.

Enquanto ponderava que atitude tomar para impedir a autobiografia falsa, Hughes sofreu novos choques. O escritor R. B. Eaton, que também afirmava ter falado com ele, logo lançaria um segundo livro de memórias. Seria serializado no exemplar de fevereiro do *Ladies' Home Journal* e publicado pela Best Books. Um terceiro livro o ameaçava: Noah Dietrich tinha escrito, com o jornalista Jim Phelan (mais tarde substituído por Bob Thomas), um livro de memórias que, pelo que Hughes temia, podia ser danoso para ele. Como poderia impedir esses volumes chocantes?

Não havia alternativa: teria de romper quatorze anos de silêncio e falar com um repórter. Richard Hannah, há muito tempo seu relações-públicas de confiança na Carl Byoir Associates em Manhattan, saiu procurando um escritor que Hughes aprovasse. Decidiu-se por Frank McCulloch, amplamente admirado chefe do escritório de Nova York da *Time*, que há anos acompanhava as aventuras e desventuras de Hughes. A *Time-Life* tinha os direitos de serialização do livro de Clifford Irving. Hughes concordou em falar com ele.

A entrevista telefônica aconteceu em 16 de dezembro. Hughes disse que jamais havia se encontrado com Irving; que os cheques emitidos em seu nome estavam sendo depositados num banco suíço; que ele processaria Irving por fraude "em toda a extensão da lei". McCullogh ficou impressionado; mas sabia como Hughes podia ser volúvel e caprichoso, e precisava ter em mente a fortuna que seus empregados na *Time-Life* tinham investido no livro. Depois de questionar Irving sobre detalhes do livro de memórias, McCullogh decidiu que Irving estava dizendo a verdade e que Hughes estava mentindo. Hughes ficou furioso.

Hughes ligou para Chester Davis todos os dias, decidido a rastrear, através da Intertel, as centenas de milhares de dólares que foram depositados no banco suíço em nome de "H. R. Hughes" e pelos quais o imposto de renda já estava ameaçando processá-lo. Era seu pior pesadelo: ele pagaria imposto por dinheiro que jamais havia recebido. Ao mesmo tempo, através de Chester Davis e Richard Hannah, manteve mais um tiroteio de negativas sobre a autenticidade do livro, o que só provocou a McGraw-Hill a se manter mais firme na defesa do autor. A Best Books, a pequena empresa que publicaria o livro de Eaton, e o *Ladies' Home Journal* se recusaram a se abalar com suas ameaças, assim como os editores de Dietrich.

Na primeira semana de 1972 a Intertel não tinha descoberto mais do que provas circunstanciais da fraude de Irving. Hughes teria de negar mais ainda em nada menos do que uma entrevista coletiva. Richard Hannah estabeleceu uma conversa telefônica em 7 de janeiro, exatamente um mês depois que o escândalo veio à tona, com sete jornalistas que tinham falado com Hughes no passado. Com Roy Neal, da NBC, como mediador, os sete homens, dentre os quais estavam Gladwin Hill, do *New York Times*, Wayne Thomas do *Chicago Tribune* e Marvin Miles do *Los Angeles Times*, reuniram-se no hotel Universal-Sheraton em North Hollywood. Hughes conversou com eles durante quase três horas. Assim que ouviram sua voz de texano aguda, autoritária, desafiadora e lamentosa, todos souberam que era ele, mas mesmo assim pressionaram.

Ele começou falando de Nassau em detalhes dignos de um guia de turismo; numa referência nostálgica aos dias em que era sócio do sueco Axel Wenner-Gren, mencionou que a ilha Paradise já fora chamada de Hog Island.

Deu detalhes do Lockheed Constellation, reivindicando contribuições para o projeto que, de fato, tinham sido feitas por outros. Falou de seu segundo avião, o H-2, dando pouco crédito aos outros projetistas. Em vez de ser questionado sobre alguns dos colegas de quem poderia ter se lembrado, como por exemplo Glenn Odekirk, Lincoln Quarberg, Howard Hawks, ou o especialista em som da RKO Gordon Sawyer, foi questionado sobre figuras obscuras como "um piloto cujo sobrenome era Martin" e um "executivo da Avco" que o havia ajudado com a FAA quando ele planejava seus vôos pioneiros em 1937. Por que se lembraria deles? Não lembrou. Ou por que necessariamente lembraria (não lembrou) que a sra. Wiley Post colocou um pedaço de goma de mascar na cauda do Lockheed quando ele estava para decolar do campo Floyd Bennett, em Nova York, indo para Paris? Não teria sido melhor ter perguntado o que o nome Wiley Post significava para ele? Ou, dentre todos os generais e outros figurões que ele havia posto em sua folha de pagamento, por que se lembraria de um tal general H. L. George?

Contou uma mentira depois da outra: que estava em boa forma; que suas unhas não eram compridas; que não tinha medo de contágio; que pretendia se encontrar cara a cara com a imprensa; que Maheu era "um filho-da-puta desonesto que me roubou na cara"; e a maior lorota de todas: que ele colocava milhões no Instituto Médico em benefício da humanidade.

A entrevista fez história no rádio e se tornou sensação internacional. Então Hughes havia provado que o livro de Irving era uma fraude! O homem mais rico da Terra tinha rompido seu voto de silêncio, tão completo quanto o de um monge trapista, para denunciar um escritor obscuro. Então foram feitas perguntas: por que ele não tinha denunciado R. B. Eaton? Ou Noah Dietrich?

A McGraw-Hill, a *Time-Life* e Clifford Irving se mantiveram firmes e acusaram Hughes de mentir em sua coletiva pelo telefone. Pela primeira vez Hughes tropeçou; deveria ter processado os três por calúnia. Em vez disso Robert Maheu o processou por difamação. O tumulto continuou.

Então Irving soltou outra granada: anunciou que a "autobiografia" teria Hughes falando do suborno de 205 mil dólares para Donald Nixon. Como ele havia descoberto isso? Chester Davis começou a imaginar se Irving não teria falado com Hughes, afinal de contas. Ligou para Hughes, que o censurou furiosamente.

A explicação era simples: Irving tinha obtido a história em arquivos nas revistas *Time* e na *Fortune* — material que nenhuma das duas tinha ousado publicar. Em 15 de janeiro o presidente da McGraw-Hill, A. P. Leventhal, reafirmou o valor do manuscrito de Irving e acusou Hughes de fingir que Irving estava mentindo porque tinha revelado em suas memórias muitas coisas que prejudicariam seus negócios. Leventhal declarou que tinha um "termo de ressarcimento assinado" por Hughes, liberando sua empresa de qualquer possível perigo de um processo judicial.

Em 16 de janeiro Irving foi ao programa *60 Minutes*, de Mike Wallace, e fez a declaração caluniosa de que Clark Clifford, o mais importante advogado de Hughes em Washington, tinha arranjado o empréstimo do dinheiro para Nixon. Irving disse a Wallace que ele e seu colega Richard Susskind tinham se encontrado com Hughes "em vários lugares, inclusive no México".

No dia seguinte o Swiss Credit Bank, de Zurique, revelou que o "H. R. Hughes" que abriu uma conta ali com dinheiro da McGraw-Hill era uma loura de boa aparência usando passaporte suíço falso. Era a sra. Clifford Irving. A polícia do cantão suíço emitiu um mandado de prisão para ela. Os Irving fugiram para Nova York. Ao mesmo tempo que eles faziam isso, R. A. Graves, da revista *Life*, publicava uma matéria reafirmando a crença dos editores de que o livro era "autêntico". Então, de súbito, a *Time-Life* enfraqueceu, dizendo que empregados "descontentes" de Hughes "tinham passado informações para Irving, e que ele podia ter sido enganado".

Na Suíça foram emitidos mandados de prisão para o casal Irving; o imposto de renda exigiu direitos de retenção contra eles; eles se recusaram a testemunhar diante do júri de instrução em Nova York, invocando a Quinta Emenda. A. P. Leventhal, da McGraw-Hill, viajou a Nassau numa tentativa de falar com Hughes, mas fracassou.

Hughes e seus auxiliares ficaram tão distraídos por esses acontecimentos que se esqueceram de renovar o visto de visitante, de oito meses, em Nassau. Em vista de sua riqueza, de seu poder e dos investimentos na região, isso não teria sido importante, tampouco o fato de que esses auxiliares — nenhum dos quais trabalhava para alguém além dele — tinham vistos. De fato, durante mais de um ano em que Hughes estivera na ilha Paradise, ninguém havia sequer sussurrado a respeito dos vistos.

Então, de repente, o governo começou a fazer barulho sobre a estadia de Hughes, demonstrando que ele não era bem-vindo. Por quê? A verdade é que o partido de oposição Black Nationalist tinha começado a transformar o assunto em escândalo; tinha ameaçado derrubar o primeiro-ministro, Lynden O. Pindling, na próxima eleição, porque ele estava abrigando um grupo de imigrantes ilegais que trabalhavam para um patrão que não contratava negros. Além disso certos representantes do governo exigiam, e conseguiam, suborno para permitir a estadia de Hughes, e ele cortou todos os subornos. E mais; os elementos liberais de esquerda em Nassau tinham ouvido o boato de que Hughes estava para fazer uma parceria comercial e política com o ditador nicaragüense Anastasio Somoza.

Somoza tinha representado um papel crucial na continuação de uma guerra secreta contra Cuba que se seguiu aos acordos posteriores à Crise dos Mísseis, acordos violados pelos dois lados. Através do Banco Internacional na Cidade do México e da conta de Hughes lá, ele possuía fortes conexões, através de dinheiro lavado, com a CIA e o império Hughes. Seu falecido irmão, Luis, e a família deste, tinham se ligado ao sócio de Hughes, E. Howard Hunt, em "negócios" que eram disfarces para atividades anti-Castro. Durante a administração Eisenhower ele havia se tornado um instrumento direto da política americana na América Central, e tinha dado ajuda ilimitada a John F. Kennedy para a invasão da Baía dos Porcos, bem como para prender guerrilheiros cubanos mandados à Nicarágua em barcos de pesca.

Construiu um aeroporto em Puerto Cabezas, com o codinome de Happy Valley, e juntou homens, aeronaves e navios. Viajou a Nova York para se encontrar com o pai do presidente, Joseph Kennedy, e a Washington, D.C., para a posse, onde se encontrou com Allen Dulles, diretor da CIA. Em resultado do encontro, treze mil soldados cubanos exilados chegaram de avião ao Happy Valley, bem como dezessete B-26, bombas e foguetes. A desajeitada força de invasão foi notoriamente destroçada porque os Estados Unidos forneceram cobertura insuficiente de caças a jato. No Natal, derrotado e humilhado, o presidente Kennedy teve de pagar 2.925.000 dólares e 28 milhões de dólares em tratores Caterpillar pelos 1.100 prisioneiros cubanos e americanos que tinham sido torturados.

Agora, em 1972, com a aprovação específica de Hughes, Somoza estava sonhando com outro ataque. Estava envolvido, com a Hughes Aircraft, em interceptar os esforços russo-cubanos para recuperar cassetes de fotos lançados de pára-quedas dos satélites espiões de Hughes. Esses cassetes, com informações vitais sobre instalações cubanas, freqüentemente eram apanhados por agentes cubanos disfarçados de pescadores na costa atlântica da Nicarágua; um dos locais de queda eram as ilhas Corn, pelas quais Hughes tinha interesse especial, visualizando-as (os amigos de Somoza confirmam hoje) como postos da CIA semelhantes a Cay Sal nas Bahamas.

Sabendo do aumento de armas russas em Cuba, informação obtida em parte pelos satélites espiões de Hughes, o Departamento de Estado dos EUA decidiu que seria boa idéia fazer com que Somoza convidasse Hughes à Nicarágua, realizar contratos colossais com ele, oferecer abrigo do fluxo constante de intimações, ameaças e dos repórteres enxeridos que viviam perturbando-o, dar-lhe por toda a vida isenção de imposto de renda e torná-lo co-proprietário da Nicarágua em troca das somas que ele colocaria no bolso de Somoza.

Havia outra conexão: o embaixador americano na Nicarágua, Turner Shelton. Shelton havia cohecido Hughes antes, em Hollywood, no início dos anos 50, quando era executivo da Eagle-Lion, cuja compra Hughes tinha discutido. Logo antes de Hughes chegar a Nassau, Shelton fora cônsul-geral dos EUA nas Bahamas; tinha estendido o convite para Hughes ir para lá já em dezembro de 1969. Shelton era ligado a Bebe Rebozo, a E. Howard Hunt, aos cubanos exilados e à Intertel — daí o contato com Jim Golden. Sua nomeação para Manágua foi resultado da amizade com Nixon e de sua importância para a CIA. Ele não apenas se preocupava em manter as atividades anti-Castro na Nicarágua, mas precisava que Hughes se envolvesse num projeto enorme: nada menos do que o renascimento do velho sonho fantasioso de um Canal da Nicarágua, rival do Canal do Panamá.

Em Nassau, Hughes começou a discutir a construção do canal; em parceria com ele estaria o morador das Bahamas e amigo de Shelton, o riquíssimo Daniel K. Ludwig, e (apesar do anti-semitismo de Hughes) a família dos banqueiros Rothschild.

Além disso Somoza queria aumentar a companhia aérea Lanica, de sua propriedade, com dois jatos Convair 880, que Hughes tinha num campo de aviação no Arizona e dos quais Jack Real, importante executivo da Lockheed e amigo de Hughes e de Somoza, tinha falado ao ditador nicaragüense.

Finalmente Somoza pressionou Real: ele compraria os Convair, daria a Hughes uma percentagem substancial da Lanica, que poderia chegar a 30%, se Real pudesse lhe entregar Hughes como seu convidado amplamente divulgado e futuro sócio. Somoza, sob crítica local e internacional pelo que era amplamente visto como uma ditadura implacavelmente repressora, precisava de um trunfo para jogar contra os inimigos. Hughes, o grande herói americano e aviador que dera a volta ao mundo, seria esse trunfo. Mas Hughes ficou arrastando os pés, procrastinando interminavelmente. Real precisava seduzi-lo a uma decisão final e irrevogável. Tirou uma mulher da manga.

Foi almoçar com Chester Davis em Nova York e disse que havia uma freqüentadora habitual da boate Cave, em Manágua, que não somente estava disponível mas media um metro e onze de busto. Com sua vulgaridade costumeira, Davis exclamou, espantando os que almoçavam nas mesas próximas:

— Mas a Miss Chile mede um metro e dezesseis!

A Miss Chile não estava disponível; a garota da Cave estava. Isso resolveu a questão: Davis ligou para Hughes e disse o que lhe esperava. Há muito tempo sem impulso sexual por ninguém, aparentemente Hughes sentiu a necessidade de, finalmente, parecer um homem. Anunciou que iria a Manágua.

Decidiu que faria a mudança o quanto antes. Manágua era livre de impostos. Imprudente como sempre, jamais considerou que a região era tão perigosa quanto Las Vegas ameaçada por explosões nucleares ou Nassau ameaçada por gás dos nervos. Em 1931, Manágua fora destruída por um terremoto; poderia ser destruída de novo. Atualmente era assolada por uma epidemia de pólio — e havia lepra na cidade. Cólera, tifo, febre amarela — tudo isso estava presente.

No entanto a cobiça, a garota da Cave e a idéia de que estaria servindo a atividades anticomunistas da CIA na América Central levou Hughes a aceitar o convite de Somoza em fevereiro.

Já em 1969 ele havia co-financiado com Somoza o primeiro satélite Hughes Intertel usado na Nicarágua, que fornecia excelentes comunicações e fora comprado através da empresa de comunicações Telemundo. Ele apoiava as atividades militares da CIA na Nicarágua coordenadas por E. Howard Hunt, com quem, como sabemos, estava ligado na produção de *lasers*, e repassava dinheiro para a CIA através dos bancos de Manágua, fato severamente criticado nas páginas do jornal liberal nicaragüense *La Prensa*, por seu vigoroso editor Pedro Joaquin Chamorro.

Devido ao fato de ser uma ditadura, a Nicarágua fazia parte do punhado de países latino-americanos praticamente sem comunistas — não mais do que sessenta homens poderiam ser considerados assim, todos sandinistas. A moeda do país, o córdoba, era forte; Somoza, que era dono do país, jogava seu dinheiro de volta na economia.

Hughes pensou em comprar, com Daniel Ludwig, uma parte da empresa de navegação de Somoza, a Mamenic Line, e do hotel Intercontinental de Manágua. Mandou Nadine Henley fazer para Somoza uma cópia em ouro maciço do satélite nicaragüense de 1969 e do transmissor de vinte metros que o acompanhava.

Num memorando sem data, escrito de Nassau para Chester Davis, Hughes se preocupava com a hipótese de Somoza retirar o apoio por causa da má publicidade. Hughes pensou que dar um carro elegante a Somoza seria um bom modo de demonstrar apreço.

Logo depois de ele ter escrito o memorando em 15 de fevereiro de 1972, funcionários do serviço de imigração e do correio dos EUA (este último armado com várias intimações relativas a vários processos) marcharam para fora do elevador do hotel Britannia Beach e bateram na porta da cobertura de Hughes, exigindo entrar. Johnny Holmes e outros três auxiliares seguraram as autoridades enquanto Jim Golden, da Intertel, arranjava um quarto no sexto andar para Hughes. Eles voaram a Manágua para fazer os arranjos do vôo imediato de Hughes para lá.

O auxiliar Gordon Margulis jamais vai se esquecer das horas seguintes. Eram três da tarde quando, com o pessoal da imigração bloqueando as portas do elevador e as saídas internas, Golden fez Margulis e dois outros auxiliares carregarem Hughes, de maca, pela escada de incêndio externa.

Margulis colocou Hughes no quarto onde as arrumadeiras guardavam os carrinhos e foi verificar o corredor do lado de fora. Encontrou um amigo de Nova York; conseguiu fazer o amigo voltar para a sua suíte, depois começou a fazer palhaçadas com as arrumadeiras, pegando um lençol que achou e dançando com ele como uma barreira enquanto os outros empurravam a maca com Hughes para dentro. Rabugento, infantil, nem bem entrou no quarto Hughes pediu para ver um filme. Sabendo que o barulho atrairia a atenção dos vizinhos, Margulis disse ao chefe petulante que não era possível. Em vez disso desatarraxou a maçaneta de latão e ficou segurando-a, para o caso de alguma autoridade tentar entrar. Com ela poderia nocautear o sujeito.

Quando a escuridão baixou eles voltaram à cobertura sem ser observados. Margulis arranjou uma cópia de *Topázio*, logo um filme de Hitchcock sobre uma tentativa de assassinato de Castro que espelhava a tentativa de Maheu, autorizada por Hughes, há vários anos! Enquanto isso Jim Golden levava o pessoal da imigração e dos correios numa caçada infrutífera até o hotel Emerald Beach.

Hughes saiu do hotel às 5:50, de novo pela escada de incêndio. Golden tinha decidido que seria arriscado demais ele ir ao aeroporto, onde era provável que as autoridades o interceptassem; qualquer surgimento de uma aeronave particular alertaria instantaneamente o governo. Em vez disso Golden alugou um iate, o *Cygnus*, capitaneado por Bob Rehak, para ir à Flórida. Hughes foi levado para a cabine do piloto, onde Golden e Margulis o puseram de pé. Ele ficou parado, com o roupão aberto, mostrando o débil corpo nu.

Embarcou no *Cygnus*, com dificuldade, às 18:45. Dormiu em sua cama durante pouco mais de três horas, até acordar com o mar agitado. Sentindo enjôo, pediu Dramamine; Margulis estava deitado no chão da cabine, gemendo, e Hughes disse:

— Está sujo aqui, levante-se!

Margulis se levantou. Tomando mais Dramamine, depois dormindo de novo, Hughes chegou a uma de suas casas em Miami às quatro da madrugada. Foi levado de furgão ao aeroporto de Fort Lauderdale, onde Jim Golden não tinha reservado um de seus próprios aviões, e sim um jato executivo da Eastern Airlines. Ele estava mais irritado do que nunca quando os ajudantes o levaram de carro para o aeroporto.

— Onde está a merda do avião? — ficava perguntando. — Não pode ser tão longe assim!

Ficou bastante ativo no avião, comeu um sanduíche de peru e tomou um copo de leite.

Apesar dos pedidos ao embaixador Turner Shelton em dois telefonemas internacionais dados de Fort Lauderdale, Golden não pudera persuadir Shelton a adiar a já programada visita de Somoza ao Panamá, que estava sob seu controle. Em resultado, quando o avião de Hughes chegou ao aeroporto de Las Mercedes em Manágua, Somoza já havia partido.

Levado num Mercedes com escolta oficial da polícia até o hotel Intercontinental de Manágua, construído como uma pirâmide inca, às 22:45 de 16 de fevereiro, Hughes viu uma paisagem extraordinária. O horizonte era desfigurado por vulcões feios e atarracados. Envolta num calor sufocante e na fumaça dos automóveis, iluminada por uma lua amarela, a enorme cidade mal construída com estruturas de adobe e argamassa informe era situada no lado sul de um lago vulcânico, sulfuroso e cheio de décadas de esgoto imundo, tremendo constantemente enquanto três falhas adjacentes, numa sinistra formação em T, ameaçavam ceder a qualquer momento.

Sua chegada ao hotel provocou uma comoção. Enquanto os auxiliares o levavam pelo saguão com poucas pessoas, um homem saltou e tirou fotos com flash. Hughes se encolheu e Margulis agarrou o sujeito, arrancou o filme da máquina e a jogou no chão. Os guardas nacionais expulsaram o intruso, que era apenas um turista. Hughes teve de ser carregado até um elevador social passando pelo saguão, pois o elevador de serviço estava com defeito. Assim que chegou à suíte, relaxou, menos exausto do que os ajudantes, pedindo rapidamente um sanduíche de frango e leite.

Isolando o acesso ao oitavo andar, os ajudantes de Hughes e a equipe da Intertel interferiram no sistema de elevadores, de modo que os hóspedes chegavam aos andares errados. Um grupo de mulheres ficou preso entre o primeiro e o segundo andar durante mais de uma hora. Um convidado chegou inadvertidamente ao oitavo andar, foi recebido por guardas armados e recebeu ordem de sair imediatamente. Os hóspedes do hotel ficaram na maior agitação durante dias, por causa da presença de Hughes; não havia como reprimir o interesse ou impedir que as pessoas tentassem tirar fotografias de fora, pelas janelas.

Mesmo antes de ter saído de Nassau — segundo Gordon Liddy, que ficou famoso com Watergate, e Hank Greenspun, do *Las Vegas Sun* — Hughes tinha aprovado uma aventura que era um ensaio para Watergate. Foi o roubo do cofre do escritório de Greenspun, que continha os memorandos em que Hughes instruía Maheu com relação ao caso Bebe Rebozo. Ele forneceria um avião JetStar para a fuga até Manágua quando o serviço estivesse terminado.

Hughes usou como seu instrumento Robert Foster Bennett, o relações-públicas empregado da CIA em Washington, Ralph White, seu chefe de segurança em Las Vegas, e E. Howard Hunt. Agora Hunt era empregado de Bennett na Mullen Company em Washington, trabalhando secretamente para Hughes.

Numa entrevista a Tom Buckley, do *New York Times*, datada de 13 de maio de 1973, Hank Greenspun disse:

> Hughes daria qualquer coisa para pôr as mãos em seus próprios documentos. Por isso um avião de Hughes estava envolvido e (...) seu destino seria um país latino-americano. Na época da tentativa de invasão Hughes estava na Nicarágua.

Acrescentou:

> Se de fato as forças do governo federal foram empregadas para servir ao empreendimento particular de Howard Hughes, eu fico completamente desiludido com a idéia de que eles podem ter se vendido para um enorme financiador de campanhas políticas.

Havia outro motivo para a tentativa de roubo do cofre de Greenspun. Howard Hunt, seu colega Gordon Liddy e a equipe de "encanadores" da Casa Branca, inclusive o espião Jim McCord, queriam obter informações prejudiciais ao candidato democrata à presidência Edmund Muskie, que supostamente estariam no cofre. O que era? A visão oficial é de que o pior que Greenspun tinha sobre Muskie era a gravação de uma multa por pesca ilegal. Mas também havia boatos de uma conexão com uma influente empresa de moagem no Maine, e, muito mais importante, uma crença, sem fundamento, de que Muskie estava recebendo verbas de Castro. Greenspun não possuía nada desse tipo no cofre; tinha transferido os papéis de Hughes para sua casa; mesmo que os ladrões tivessem invadido, não achariam nada mais interessante do que encontrariam mais tarde no edifício Watergate.

Em suas memórias intituladas *A Piece of Tape*, Jim McCord, a quem Hughes ofereceu emprego depois da tramóia, escreveu sobre suas fortes suspeitas de que Hughes estava bastante envolvido na invasão em Las Vegas; que mais tarde só foi protegido do interrogatório pelo júri de instrução do caso Watergate pelo fato de ser bilionário.

Não existe prova direta de que a CIA, ou o presidente, soubesse dos planos para o roubo, ainda que ambos tenham dado as bênçãos disfarçadas a tudo que prejudicasse os democratas.

A sra. Greenspun diz que, apesar de declarações em contrário, os ladrões realmente tentaram invadir o escritório do marido e derrubaram as portas, mas o cofre, ainda que atacado, não pôde ser aberto, e os planos foram abandonados. Segundo Liddy, Hughes cancelou o avião para Manágua no último minuto, porque temia que as pessoas contratadas não seriam leais a ele e vazariam os documentos para o governo.

Em 17 de fevereiro Hughes ditou um memorando para Somoza; estranhamente havia esquecido que Somoza estava no Panamá — ou pode ser que Golden, nervoso com a confusão nos arranjos devido à chegada não anunciada de Hughes, não tivesse lhe dito. Endereçou a carta à Casa Presidencial, exprimindo o prazer diante do desejo de Somoza de tê-lo como hóspede.

Hughes era mantido informado do progresso diário no caso de Irving. Os diários mantidos por seus auxiliares de novo omitiram qualquer menção a suas incontáveis conversas telefônicas.

Naquela semana ele mandou Chester Davis entrar com uma ação para impedir que uma empresa chamada Flame Enterprises, de Nova York, vendesse camisetas e suéteres com seu rosto impresso, com os botões, em letras minúsculas, fornecendo um relato cômico da rixa com Irving. A People Pants e a Bikini Boutique foram impedidas de vender roupas de baixo com seu rosto impresso na frente.

Em 22 de fevereiro, Chester Davis fez um anúncio autorizado por Hughes. Os empregados de Hughes preparariam materiais destinados à sua biografia autorizada; a Rosemont Enterprises, a organização montada exclusivamente para cuidar dos livros que Hughes poderia encomendar, localizaria um autor adequado.

A secretária de Hughes, Nadine Henley, e um dos seus executivos, Kay Glenn, voaram para Manágua. Henley discutiu com ele esse livro santificado, autorizado, que apresentaria ao mundo a imagem de um filantropo dedicado, cheio de auto-sacrifício, cujo Instituto Médico era salvador dos doentes. Nem Henley nem Glenn tinham-no visto em treze anos.

Encontraram-se na suíte de Hughes. O quarto estava mal iluminado; Hughes estava deitado na cama, dormindo ou fingindo, o que fazia com freqüência. Sem dizer olá ou cumprimentar Hughes num espírito animado, a srta. Henley puxou o assunto do livro. Será que ela poderia gravá-lo falando de suas lembranças? Hughes, sonolento, respondeu que não.

Ele deveria saber que uma crônica de santo não enganaria ninguém, ao passo que uma autobiografia concentrando-se apenas em realizações técnicas só venderia para seus empregados. Ela pressionou com a determinação que a caracterizou na longa carreira como sobrevivente a Hughes — será que ele permitiria que ela taquigrafasse? Certamente que não. Henley não voltou de mãos vazias. Fez acordos de terras para Hughes na Nicarágua.

Um processo aprovado por Hughes foi aberto naquele mês no tribunal especial do Delaware contra a Fawcett Books, exigindo todos os lucros do livro de Noah Dietrich, acusando Dietrich de ter prometido, num documento assinado, a partir de 1959, que não revelaria qualquer informação sobre Hughes. Dietrich e Ted Carpentier contaram a este autor que Hughes ligou para Davis em Washington para ir em frente com o processo.

Dietrich respondeu que jamais considerou o acordo, o que quer que isso possa significar. Na verdade, ele existia; Hughes não aceitaria de outro modo. O livro de Dietrich foi publicado. Hughes ordenou que a Rosemont achasse um editor para outro livro falando da fraude de Irving. Isso não aconteceu; nesse ínterim nove editores começaram a lutar pelo direito de publicar o relato de Irving sobre o caso — mesmo antes de ele ser condenado por um tribunal. Ele esperou. A Random House tentou contratar A. P. Leventhal, presidente da McGraw-Hill, para escrever um livro de memórias sobre a fraude, mas foi vencido pelo *Sunday Times* de Londres e pela Viking Press, que encomendaram a equipe "perspicaz" formada por Stephen Fay, Lewis Chester e Magnus Linklater para montar um livro e uma série numa questão de semanas. Uma frágil denúncia de "mau gosto" por parte de editores suplantados não convenceu ninguém.

Em 6 de março Irving finalmente se apresentou ao júri de instrução; quatro dias depois Hughes recebeu a notícia de que o autor fora indiciado. A fraude tinha custado quase um milhão de dólares à McGraw-Hill em composição, adiantamentos e custas judiciais.

Hughes se ocupava falando com Somoza ao telefone, telegrafando ou ligando para Davis; não se sentia tão estimulado há anos.

No curto tempo em que estava na Nicarágua, passou a amar o país. Logo teria oportunidades financeiras ilimitadas; a ditadura garantia proteção para sua riqueza; seus auxiliares recebiam status de polícia secreta e podiam usar veículos policiais. Ele ligava constantemente para Chester Davis em Nova York ou Washington, via satélite, feliz por estar no topo da situação; Gordon Margulis jamais o vira tão contente. Ele metralhava Turner Shelton e Somoza com memorandos, muitos dos quais sobreviveram. Mas depois começou a hesitar.

Decidiu trocar Manágua, incrivelmente, por Vancouver, no Canadá. Por quê?

O motivo eram os ataques contínuos e violentos contra ele por parte de seu inimigo Pedro Joaquin Chamorro no jornal pró-Castro *La Prensa*, que ele lia em espanhol. Chamorro tinha descoberto que ele ia se fixar na Nicarágua; tinha descoberto sua proposta de participação na companhia aérea Lanica, na Mamenic Line e na indústria do turismo, em que, realmente, Hughes pretendia investir. Revelou o fato de que Hughes ia comprar as Ilhas Corn no lado atlântico do istmo e transformá-las não numa base da CIA, mas num paraíso de jogos como Las Vegas ou a Ilha Paradise; vários sandinistas de ascendência indo-britânica viviam ali, e seriam brutalmente expulsos.

Hughes concordou com Somoza que seria melhor ir embora e voltar em diferentes ocasiões, em vez de ficar permanentemente e se arriscar a ser acusado de co-proprietário da Nicarágua — o que poderia ser verdade. Além disso tinha outro objetivo: ajudar a Air West, que ele queria que voasse entre o Canadá, Los Angeles e Las Vegas, e descobrir onde seu ex-empregado, John Meier, estava escondido. Prometeu por telefone a Somoza que voltaria a Manágua assim que tivesse feito os arranjos necessários com o governo canadense.

Mandou Chester Davis vir num belo Grumman Gulfstream II de Miami para levá-lo na viagem. Ele teria uma reunião de último minuto com Somoza e Turner Shelton a bordo do avião.

A reunião aconteceu no Grumman às 22:45 de 3 de março de 1972. Somoza tinha voltado no mesmo dia de uma viagem à Guatemala, mas não hesitou em correr, com sua escolta de motociclistas armados, até o avião para não faltar ao encontro. Vestido de pijama e roupão, com o cabelo e a barba aparados, Hughes sentou-se com o gorducho e sorridente Somoza e o educado Turner Shelton, sem demonstrar qualquer medo de contágio, até mesmo apertando as mãos dele sem usar um lenço de papel.

No início da conversa, segundo recorda Gordon Margulis, Somoza fez uma pergunta a Hughes: Por que ele era tão recluso? Hughes respondeu que era porque estava cansado de receber um número excessivo de telefonemas e mensagens.

Somoza riu.

Hughes conversou com Somoza e Shelton sobre seu conhecimento da Nicarágua, obtido através dos mapas; sobre o projeto do canal; sobre as possibilidades de investimento que via no litoral leste e especialmente sobre os cassinos com que sonhava nas ilhas Corn. Referiu-se elogiosamente à formação de Somoza em West Point; Somoza fez observações igualmente elogiosas sobre o vôo de Hughes ao redor do mundo. Deu a Hughes uma antiga moeda de ouro de Balboa. Hughes disse que sairia e se encontraria mais com pessoas. Agradeceu ao anfitrião pela hospitalidade e pela proteção à privacidade. A reunião terminou alguns minutos antes da meia-noite, e assim que os visitantes saíram Hughes mandou que a porta fosse fechada e que o piloto decolasse para Vancouver.

CAPÍTULO DEZOITO

A conexão cubana

Com Hughes, na nova aventura, estavam Jim Golden, Johnny Holmes, Gordon Margulis e vários outros de seu séquito. O avião pousou em Miami e Los Angeles; de algum modo Hughes conseguiu se livrar dos oficiais de justiça e dos homens do imposto de renda. Kay Glenn tinha ido a Vancouver reservar o vigésimo andar do popular Bayshore Inn, que dava para o porto espetacular.

Golden se lembra de que, pela primeira vez em anos, Hughes saiu da cadeira de rodas na chegada e, recebido pelo ar frio varrido pela chuva, teve energia suficiente e falta de timidez para caminhar pelo saguão da torre. Enquanto sua comitiva enchia um elevador, petrificada, olhando-o, ele se demorou, desfrutando do incômodo dos acompanhantes, para admirar um arranjo de flores e trocar cumprimentos com uma hóspede. Quando entrou na suíte, em vez de se esconder no quarto escuro, caminhou até as janelas e olhou para a vista da água e dos barcos, uma paisagem que não via desde 1942 quando estivera ali com Yvonne De Carlo.

Seus auxiliares disseram que ele deveria sair imediatamente de perto da janela; que ativistas poderiam estar espionando-o para filmá-lo com uma teleobjetiva ou possivelmente matá-lo. Isso deve ter parecido sensato para ele; grupos clandestinos sabiam de seus doze anos de atividades contra Castro.

No dia em que ele se acomodou na escuridão uterina, alimentado pela dieta infantil de frango e bolo, o tribunal de Nevada ouvia alegações do processo de Maheu contra ele. Em 16 de março o governador O'Callaghan e a comissão de jogos de Nevada estavam de novo insistindo em que Hughes deveria se encontrar com eles para confirmar que Davis e Gay ficariam em seu lugar na diretoria dos cassinos que ele possuía, como o maior operador de jogos em Nevada. Ele teria de aprovar pessoalmente a declaração de Chester Davis, de que Davis merecia uma licença de jogos como diretor da Hughes Tool e chefe do império de jogos. As cartas que ele havia mandado no verão anterior foram consideradas insuficientes. Mandou outra. Apesar de não ter autorização para isso, Davis, um advogado diligente, estava reorganizando os cassinos sem licença.

Um pequeno consolo para a situação em que Hughes ainda poderia ter de se encontrar com o governador de Nevada, que ele temia porque havia substituído Laxalt, era que o casal Clifford Irving fora indiciado pela fraude. Mas havia notícias alarmantes de que um novo livro, *The Nixon-Hughes Loan*, de N. North-Broome, estava para ser publicado. Um tal de V. T. Schaub, cujo interesse no assunto nunca foi revelado, abriu um processo no tribunal superior de Los Angeles em 6 de maio, para que o livro fosse proibido. Não foi; ele continha um relato exaustivamente documentado do apoio financeiro dado por Hughes a Donald Nixon. Quatro dias depois, vinte investigadores do imposto de renda se reuniram em Las Vegas para investigar os empregados de Hughes em busca de evasão de impostos e manipulação de fundos.

Em abril surgiu outro assunto embaraçoso. O principal auxiliar mórmon de Hughes, Howard Eckersley, foi acusado de publicar um prospecto falso sobre a Pan American Mines Ltd., da qual ele era presidente. A empresa era citada na Bolsa de Valores de Montreal como tendo jazidas de urânio e cobre no Arizona.

O nome de Howard Hughes aparecia no prospecto, e dentre os acionistas estavam citados os auxiliares George Francom e Levar Myler, além de Kay Glenn, da Hughes Tool. A partir da aparência do prospecto, milhares de pessoas correram para comprar ações, cujo valor subiu de cinco para 12 dólares. Na época, segundo o jornalista investigativo Jim Phelan, a empresa tinha apenas 15 dólares na gaveta e Hughes não sabia nada sobre ela.

Em 20 de abril, depois de um inquérito, o juiz municipal Herman Primeau, de Montreal, emitiu um mandado de prisão para Eckersley. Um advogado, Mortimer Constantine, representando os acionistas fraudados, declarou que a não ser que Eckersley, que tinha saído de Vancouver para Salt Lake City, voltasse imediatamente, seria extraditado dos Estados Unidos.

Quando a Polícia Montada do Canadá chegou à cobertura de Hughes com o mandado, ele explodiu em fúria. Ao descobrir que outros auxiliares estavam envolvidos, ficou histérico. Eckersley voltou ao Canadá e o mandado foi revogado em 2 de maio, por motivos que permanecem obscuros, por um juiz municipal de Montreal. O assunto foi encerrado, mas Hughes demitiu Eckersley e promoveu Johnny Holmes para seu lugar. Ele estava trabalhando com Holmes na construção de um hangar num pequeno aeroporto, para uso de seu avião particular De Havilland; Holmes confirmou, em depoimentos juramentados em 1977, que na época Hughes estava muito alerta e ocupado, e que conseguiu aprovação para seus aviões da Air West voarem de Las Vegas a Vancouver, além de ter conversado durante meia hora com um correspondente internacional cujo nome não foi citado. Seu homem de segurança, Jim Golden, confirma que Hughes se mantinha a par de tudo.

Quando apareceu em sua suíte um vendedor vestido de Mickey Mouse, o sujeito foi empurrado escada abaixo sob a mira de armas. Hughes estabeleceu uma vigilância vinte e quatro horas por dia, feita por um serviço de segurança local. Não tinha motivo para se preocupar.

Uma nova ligação de Hughes com E. Howard Hunt e Gordon Liddy surgiu naquela primavera. No fim de fevereiro a International Telephone and Telegraph, a empresa ligada à CIA e Hughes que apoiava atividades anticomunistas no Chile e em outros países latino-americanos, pagou 400 mil dólares a uma convenção republicana em San Diego, segundo uma lobista da ITT chamada Dita Beard, para ser deixada de fora de uma investigação antitruste. Quando o memorando da sra. Beard sobre o assunto foi publicado na coluna de Jack Anderson em vários jornais, ela viajou para Denver e, sofrendo de dores no peito, internou-se num hospital.

O presidente nacional do Partido Democrata, Larry O'Brien, que não estava mais com Hughes, tinha muitas informações sobre o suborno; em março, quando Hughes estava em Vancouver, ele, ou Bill Gay sozinho, começou a entrar em pânico sobre esse fato. Por quê? Por causa das ligações de Hughes com a ITT. A Intertel, ainda trabalhando para Hughes, recebeu instrução para descobrir um modo de negar as acusações de Beard declarando que o memorando era falso. Em 13 de março Bill Gay ligou para Robert Bennett, presumivelmente com autorização de Hughes, e disse que o memorando era falso.

Bennett aconselhou Howard Hunt, que não tinha obrigação de trabalhar em questões de Hughes como seu empregado na Mullen and Company, embora, de fato, tivesse. Hunt informou a Charles Colson, seu chefe na Casa Branca, o que Gay lhe havia dito. Colson mandou Hunt encontrar-se com Dita Beard; disfarçado com óculos, peruca vermelha e um alterador de voz, Hunt pressionou-a, deixando-a nervosa, a ponto de dizer que parte do memorando — a que prejudicava Nixon — tinha sido falsificada.

Baseado na entrevista de Hunt com a apavorada Sra. Beard, Bennett pegou a declaração de falsidade e a publicou, sob ordens dos executivos de Hughes. O público engoliu a história de que o memorando era falso.

Como aconteceu no caso Greenspun, Bill Gay, Robert Bennett e Howard Hunt estavam trabalhando unidos com a Casa Branca e em benefício de Howard Hughes e Nixon.

Logo depois Hunt fez um atentado contra os escritórios do candidato a presidente George McGovern.

Ao mesmo tempo, segundo Gordon Liddy (o mais confiável dos cronistas "internos" de Watergate), Hughes autorizou pessoalmente o pagamento de 50 mil dólares ao CRP, o chamado Comitê para Reeleger o Presidente, que Liddy estava usando para financiar roubos e hostilidades. O dinheiro foi pago, segundo suas instruções, a partir da tesouraria da Mullen and Company, e repassado a Liddy através da secretária deste, Sally Harmony. Outras verbas vieram dos Rockefeller e através do Banco Internacional, da Cidade do México, usado por Hughes e pela CIA, por Somoza e pelos exilados cubanos para apoiar as operações anti-Castro, e por apoiadores texanos do CRP, como a Pennzoil.

Hughes sempre foi fanático por saber aonde seu dinheiro estava indo, fosse para subornar ou coagir; e é certo, como Liddy deixa claro, que ele sabia que Liddy estaria usando o dinheiro em ataques contra os democratas. Sua contribuição de 50 mil dólares é prova suficiente de que ele era mais do que um espectador de Liddy e Hunt.

Agora Hughes e Nixon tinham dado cartas brancas malfadadas a suas equipes para obter qualquer sujeira que conseguissem sobre O'Brien, além de descobrir o que O'Brien sabia sobre eles. Muitas questões tinham de ser abordadas: o quanto O'Brien sabia sobre o ataque abortado contra Hank Greenspun; o caso Dita Beard/ITT; os empréstimos de Hughes a Nixon. Nem Hughes nem Nixon queriam especificar como as informações deveriam ser obtidas, e ambos, mais tarde, se ocuparam na velha prática de perguntar aos seus subalternos — Hughes a Chester Davis; Nixon a John Mitchell, Charles Colson e outros — o que tinha acontecido. Era a velha história americana de chefes de corporações gigantescas e chefes de Estado fingindo completa ignorância quando as políticas que eles haviam posto em movimento, mas não tinham executado em detalhes, desmoronavam.

Para Hunt e Liddy não era difícil vender a Mitchell — que deu uma aprovação risonha e casual sem querer saber dos detalhes — uma série de invasões às propriedades de Larry O'Brien. Esses irrepreensíveis mercenários, em busca de dinheiro e empolgação, receberam o comando dos escritórios da Mullen and Company, enquanto Robert Bennett fingia não ver suas atividades. Como Hughes ainda era o principal cliente de Bennett, Chester Davis e outros figurões de seu império deduziram que era isso o que ele queria, e estavam certos. Hunt e Liddy também operavam a partir da Casa Branca e do grupo de publicidade do CRP em Nova York, conhecido como Grupo de Novembro.

Nesse ponto, como revelam documentos, a operação dos "Encanadores" de Hunt e Liddy era uma cópia exata da Intertel de Hughes, modelada com a aprovação deste. "Acima" da CIA e do FBI, eles estavam atuando com aprovação ampla para fazer o que queriam. Na primavera foram feitas duas tentativas de invadir o apartamento de O'Brien em Manhattan; porteiros impediram os esforços. Um ataque bem-sucedido contra sua suíte no Sheraton Park em Washington produziu resultados insatisfatórios. Estava na hora de invadir seus escritórios no Watergate e também o escritório de Spencer Oliver, filho de executivo contábil pessoal de Hughes na Mullen, e lobbista em Washington, Robert Oliver; aparentemente Spencer não gostava do pai e poderia estar de posse de informações perigosas.

Hunt e Liddy estavam comprometidos com Bernard Barker, um investidor imobiliário cubano-americano em Miami e especialista em roubos de residências, e com sua equipe de compatriotas, que recentemente haviam tentado invadir os escritórios de McGovern e tinham roubado os arquivos do psiquiatra de Daniel Ellsberg. Hunt, com seu antigo envolvimento em atividades anti-Castro, era conhecido dos exilados cubanos como seu líder, com o codinome "Eduardo", e de fato trouxe as contas cubano-americanas para a Mullen. Ele convenceu Barker e seus homens de que os escritórios do Watergate conteriam provas de que Castro e os soviéticos estavam financiando McGovern e os democratas, mas também teve o cuidado de dizer que, como não haveria tempo para separar os papéis na pressa da invasão, todos os documentos mostrando contribuições seriam roubados e fotografados. Um roubo grosseiro em benefício de Hughes e Nixon tinha se transformado em missão patriótica.

— Hunter me disse que estava em contato com Hughes durante todos os preparativos para Watergate — disse-me Barker em 1992 numa entrevista gravada, a primeira que dava em anos. E também contou que Hunt disse que haveria um serviço para ele depois do trabalho. Liddy disse que um avião de Hughes levaria os ladrões para a Nicarágua, segundo um acordo anterior; Jack Real diz que era um avião da frota de TriStars, e outros confirmam esse fato notável. Hughes tinha de autorizar um desses vôos caros. Até hoje Barker acha que o envolvimento de Hughes e de Hunt se destinava, como o dele, estritamente a revelar que Castro financiava os democratas.

Na Comissão do Senado sobre Segurança e Infiltração Comunista, em 1971, e mais tarde em 1973, o Dr. Manolo Reyes, um desertor de Castro e radialista em Miami, testemunhou, produzindo ampla documentação da penetração de espiões de Castro nos Estados Unidos.

Reyes descreveu agentes rompendo a segurança americana através do escritório cubano no prédio das Nações Unidas; um espião foi apanhado e deportado como estrangeiro indesejável em 1969. Agentes cubanos eram treinados como professores, disfarçados de nicaragüenses ou paraguaios, e recebiam trabalho em faculdades para provocar agitação entre grupos hispânicos, dividir os cubanos e infiltrar idéias castristas. Num país cuja juventude tinha transformado Che Guevara, o assassinado capanga de Castro, em herói, esses esforços encontraram solo rico.

Foi um conhecimento angustiado disso, exacerbado pela penetração cubana no Chile através do regime de Allende e pelo compromisso de toda a vida de Hunt com a contra-espionagem nessa área política, que provocou Barker e seus seguidores.

E agora outro personagem entrava em cena.

Enquanto prosseguiam, os planos para Watergate eram discutidos não somente em Washington mas também em Manhattan, no Grupo Novembro, a organização clandestina do CRP em Manhattan. Na época, A. J. Smith, um agente do serviço secreto britânico que tinha tendências antirepublicanas e usava passaporte neozelandês e possuía seu próprio serviço de segurança em Nova York, começou a espionar Gordon Liddy e Howard Hunt nas reuniões do Grupo Novembro. A partir dessas reuniões descobriu não somente os detalhes da proposta invasão ao Watergate quanto o objetivo suposto de encontrar a infiltração dos cubanos no Partido Democrata. Ficou sabendo das tentativas feitas contra o apartamento de O'Brien em Nova York e do roubo de seus escritórios no hotel Sheraton-Park em Washington.

Ele informou sobre o plano dos cubano-americanos, de Hughes, Mitchell, Hunt e Liddy a William Haddad, um amigo de O'Brien que tinha posição importante no Partido Democrata.

Haddad escreveu para O'Brien, alertando-o. O'Brien pediu que o diretor de comunicações do Comitê Nacional Democrata, John Stewart, visse se havia algo de verdade nisso. Stewart partiu para Nova York e teve uma reunião no escritório de Haddad em 26 de abril de 1972, com Haddad e Woolstone-Smith, que repetiu as acusações e mostrou o equipamento de gravação que tinha usado contra o Grupo Novembro. Stewart ficou cético; como aparentemente aconteceu com todo mundo, desde aquela época até hoje, a idéia da cooperação da contra-espionagem para investigar o financiamento de Castro aos democratas parecia louca. Mas Haddad acreditava e começou a conversar com pessoas pró-democratas em várias agências secretas; ele passou a informação ao colunista Jack Anderson, que não pegou a bola.

Depois de duas tentativas sem sucesso, Barker e sua equipe entraram no Watergate no Dia do Trabalho. Parece que nessa ocasião, sem o conhecimento de Larry O'Brien (ele costumava falar demais), alguns democratas da CIA que odiavam Nixon (não no alto nível) e outros da polícia e do FBI retiraram os alarmes; ajudaram o pessoal de O'Brien a preparar uma armadilha. Levaram para Miami documentos que poderiam ser prejudiciais. Colocaram pilhas arrumadas de documentos sobre as mesas, e outros em arquivos, para ser facilmente fotografados pelos invasores, que usariam luminárias presas às mesas: esses documentos eram principalmente memorandos inofensivos, contas, programações, minutas de reuniões de pessoal. Como piada, alguém encheu as gavetas da mesa de O'Brien com garrafas de bebidas, o que, segundo Barker, o convenceu de que O'Brien era alcoólatra. Algo do cinismo dos controladores da missão pode ser revelado no fato de que Barker nem ficou sabendo que havia um escritório de tesouraria.

Eles tinham levado o espião Jim McCord junto, como "carona", para grampear os telefones. Ele instalou grampos nos telefones de O'Brien e Spencer Oliver; as conversas seriam captadas pelos "Encanadores" do outro lado da rua.

O que vem em seguida só pode ser conjectura. Mas parece que a equipe anti-Encanadores de democratas e seguranças colocou um pequeno tapete numa sala para se certificar de que um infiltrado na operação de Barker tirasse as fotos contra aquele tapete. Mais tarde o tapete foi retirado. Ele foi visto nas fotos que Barker revelou em Miami, provando o envolvimento de Barker. É provável que, para proteger O'Brien (as conversas telefônicas de Oliver seriam principalmente de interesse voyeurístico), os anti-Encanadores tenham retirado o grampo de McCord e o substituído por um defeituoso. Essa manobra se mostrou um ardil; o grampo teria de ser substituído, assim que descobrissem que estava com defeito, o que traria os invasores de volta à armadilha.

Os documentos inofensivos serviam ao mesmo propósito: a Casa Branca iria rejeitá-los, forçando os invasores a voltar.

Como os democratas sabiam quando a segunda invasão aconteceria, para acionar a armadilha de uma vez por todas? Isso era um mistério, mas agora pode ser resolvido. Um documento espantoso, enterrado nos volumes das audiências do caso Watergate, foi desconsiderado. É um bilhete de Jim McCord ao seu advogado, Gerald Alch, escrito logo antes de ele ser investigado pelo júri de instrução no ano seguinte; McCord revelava que sabia que os espiões ligados aos democratas tinham grampeado o Grupo Novembro em 17 de junho de 1972.

Assim, na véspera da invasão, a verdade foi conhecida. E McCord sabia; será que ele virou agente duplo para os democratas no momento em que a verdade foi vazada para ele?

Ele grudou fita adesiva nas fechaduras das portas dos escritórios do Watergate para deixar que os "Encanadores" entrassem, e descobriu que elas tinham sido retiradas. Murmurou coisas sem sentido dizendo que o responsável era um carteiro — um carteiro depois da meia-noite? Mais tarde, durante a invasão, disse a Barker que ele próprio tinha retirado as fitas. E de novo grudou fitas horizontalmente nas fechaduras, de modo que até uma criança poderia vê-las.

De modo significativo, em suas memórias *A Piece of Tape*, McCord expressou raiva por a participação de Hughes não ter sido revelada nas audiências subseqüentes do caso Watergate; disse que Hughes parecia estar acima da lei, ao passo que outros iam tombando. Perguntado sobre o papel de Hughes no caso Watergate, Hunt respondeu, de novo, que era "coisa enterrada no passado" e não quis falar, assim como Gordon Liddy, que deixou de retornar cinco telefonemas. Leais ex-empregados de Hughes, como Robert Maheu, falam que Hughes só sabia do assunto pela televisão; os auxiliares negam até mesmo isso. Mas dentre os assessores de Nixon, Charles Colson, John Dean, Jeb Magruder e H. R. Haldeman suspeitavam ou sabiam do envolvimento e da negação plausível de Hughes, e é óbvio, ao examinar as declarações do "Deep Throat" e de Robert Bennett para Bob Woodward e Carl Bernstein, autores de *Todos os homens do presidente*, que a organização estava protegendo Hughes.

William Corson, veterano das guerras de espionagem e autor de *Widows* e *The Armies of Ignorance*, com muitas conexões em altos níveis da CIA, diz:

> *É claro* que Hughes estava por trás de Watergate. Nos Estados Unidos, se você rasgar o Sétimo Véu dos presidentes, vai achar a Grande Empresa.

Em junho de 1991, parte das versões dos promotores das fitas de Nixon na Casa Branca foram liberadas. Nelas aparecem conversas entre Nixon e Charles Colson, um dos que sabiam do envolvimento de Hughes do

Executive Office Building em 8 de janeiro de 1973. Significativamente, Nixon retirou todas as menções a Hughes em sua versão.

Nixon disse a Colson:

— Nós não conseguimos nada [nos grampos do escritório], pelo que eu possa ver.

Colson respondeu:

— Bem, aparentemente conseguimos, claro, no Watergate, principalmente Hughes.

Em outras palavras, grampeando o telefone de Spencer Oliver eles conseguiram alguma informação que ilustrava o dinheiro dado por Hughes a Larry O'Brien: o presidente havia apanhado seu colega conspirador em mais uma armadilha.

A negação de Hughes foi ainda mais plausível do que a de Nixon. Para o mundo, ele estava louco, incomunicável, sem voz. Todo mundo havia desconsiderado que ele assinara por 18 mil dólares por mês um sistema de comunicação telefônica secreto, montado com seus próprios satélites. Como Rudolph Hesse na Segunda Guerra Mundial, Hughes era protegido pela miragem de sua suposta incompetência. Ele era a viúva-negra — ou uma das duas — que teceram a teia de Watergate.

Seguiu-se o drama operístico dos disfarces, das audiências e da ruína presidencial. As fitas de Nixon revelam seu pânico diante do envolvimento de Hunt no roubo. Hunt sabia do envolvimento de Nixon na tentativa feita por Maheu e seus chefes para matar Castro; Hunt conhecia a textura das operações secretas; Hunt estava a par dos esforços de contra-espionagem cubano-americanos. Pior de tudo, Hunt sabia das conexões entre Hughes e Nixon e entre Hughes e a CIA. O diretor da CIA, Richard Helms, ficou igualmente perturbado; a CIA não autorizou a invasão. As fitas do presidente dão provas de que Nixon não sabia dos planos do roubo e ficou horrorizado com a natureza ilegal da operação. Mas não ousou demitir Mitchell, Magruder nem nenhum outro; isso revelaria demais. E a princípio a mídia não conseguiu captar a importância de Watergate; ela jamais captou a conexão de Hughes.

Quando a história foi revelada depois das prisões de setembro, época em que Hughes estava na Nicarágua pela segunda vez, finalmente vazou a informação de que os ladrões estavam atrás dos memorandos de Hughes e Maheu sobre os empréstimos a Donald Nixon e Bebe Rebozo.

A questão dos empréstimos preocupou a Comissão Watergate a ponto de absorver muito tempo e dinheiro; o objetivo era descobrir algo que interessasse à imprensa e servisse para manchar Nixon, e no processo as declarações juramentadas de Hunt e Barker, de que os memorandos não tinham nada a ver com os roubos, foram descartadas. Uma investigação da minoria do Senado estabeleceu conclusivamente o vazamento do MI-6 sobre o objetivo cubano da invasão.* Mas suas descobertas não foram publicadas nem consideradas pela comissão.

O resultado final de Watergate foi deixar Mitchell, Magruder, Hunt, Liddy, Hughes e todos os outros envolvidos sem nada. Não foi descoberta qualquer prova de que Castro estivesse financiando os democratas ou de que O'Brien tivesse os documentos sobre o empréstimo a Nixon. Mais uma vez Hughes terminou com um punhado de cinzas na mão.

Afora Watergate e o caso Howard Eckersley, Hughes tinha muito com que se preocupar durante aqueles meses em Vancouver. Em 26 de abril seis homens foram condenados por tramar para esconder que eram donos ilegais do hotel Frontier, em Las Vegas, de ser figuras de fachada para a Máfia e culpados de contravenção e apropriação indébita na época em que o hotel foi vendido a Hughes. No início de maio uma equipe de oito fiscais do imposto de renda estava em Las Vegas para investigar a possível manipulação de verbas e evasão fiscal por parte de membros da organização de Hughes. No início de junho as autoridades de imigração do Canadá ficaram tão duras quanto as das Bahamas; começaram a insistir que Hughes se apresentasse diante delas para aumentarem seu visto de permanência, que terminaria em setembro. Irritado, ele anunciou que talvez partisse para o México.

O departamento da receita na região sudoeste fez um exame rigoroso do império de Hughes. Nada menos do que cinqüenta agentes estavam envolvidos. Foi montado em Las Vegas um escritório com um gráfico que cobria quase toda a parede de uma sala do diretor distrital. John Mitchell,

*Minority Staff Report, *Investigation of Advance Knowledge of Illegal Political Espionage, Senate Select Committee on Presidential Campaign Activities,* 1973.

John Dean e o presidente foram avisados da investigação pelo secretário do Tesouro.

Em agosto o imposto de renda tinha informações de que a organização de Howard Hughes havia pago quantias substanciais a Larry O'Brien e pessoas ligadas a ele; e o imposto de renda estava interessado em descobrir sobre esses pagamentos.

Hughes decidiu vender a Divisão Oil Tool, da Hughes Tool Company. Estava nervoso com a possibilidade de a decisão final do caso da TWA ser contra ele, e teria de arranjar 170 milhões de dólares ou mais em dinheiro vivo; como a maioria dos ricos, seu dinheiro estava preso em investimentos que não poderiam ser liquidados facilmente.

Ele ofereceria cinco milhões de ações ordinárias da Oil Tool Division (OTD), através de um consórcio de bancos de investimento cuja oposição no passado Hughes perdoara; seu ex-inimigo, Merrill Lynch, cuidaria da transação como corretor. Ele próprio assinou um prospecto detalhado e bem escrito sobre a OTD. Manteria a parte principal da Hughes Tool Company como uma corporação separada. Contra seu ponto de vista, mas para evitar confusão, Hughes concordou que Bill Gay mudasse o nome da Hughes Tool para Summa Corporation; ele ainda era o único acionista, e todas as transações e atividades tinham de ser aprovadas por ele e por Chester Davis.

Hughes pôde obter algum conforto precário no fato de que as ações da McGraw-Hill caíam tremendamente em resultado da negatividade contínua relativa ao caso Clifford Irving, à medida que Irving, devendo mais de um milhão de dólares, começava a escrever o relato de sua própria fraude, *As It Really Happened*. Em 16 de junho, véspera da invasão do edifício Watergate, Irving foi condenado a dois anos e meio de prisão e uma modesta multa de 10 mil dólares. Então, em 25 de julho, veio uma notícia realmente ruim: morreu Neil S. McCarthy, advogado de Hughes durante muitos anos junto com Chester Davis. Hughes contatou seus advogados para se certificar de que nada ruim a seu respeito surgisse dos arquivos de McCarthy. Redigiu pessoalmente o memorando insistindo pela supressão de documentos; o memorando foi descrito a este autor em 1972.

Durante a estada em Vancouver Hughes se interessou em retomar a carreira de aviador. Uma das suas pessoas prediletas era Jack Real, que tinha representado um papel importantíssimo, com Jim Golden, nas ligações com a Nicarágua. Real costumava falar com ele a respeito de voar; Hughes respondia com um entusiasmo que sentia por poucos seres humanos. Entusiasmado com o Grumman que o havia trazido de Manágua a Vancouver, falou em conseguir um hidroplano Grumman, que lembrava as aeronaves que ele havia pilotado com Glenn Odekirk nos anos 30.

Durante as negociações Real teve um choque. O advogado que agia como intermediário com a Grumman lembrou a Real que Hughes teria de pagar impostos canadenses como dono de uma aeronave, ou mesmo como morador, se ficasse por mais de seis meses. Real sabia do horror de Hughes pelos impostos; falou da situação a Hughes, que cancelou os arranjos para o avião anfíbio.

Ele decidiu sair de Vancouver em setembro; a decisão de se mudar se baseou na data do fim de seu status como isento de impostos, 12 de setembro. Outra tentativa de roubar o cofre de Greenspun, provavelmente autorizada por ele, ocorreu naquela semana. O piloto Bob Wearley, nomeado pelo general Nigro, levou-o com seus homens no jato Hawker Siddeley de Havilland até Manágua no fim de agosto. Reinstalado no hotel Intercontinental, com os hóspedes de novo mantidos longe do oitavo andar, Hughes fez um trato para vender dois Convairs a Somoza, em troca de 30% da companhia aérea Lanica, pertencente ao ditador.

Hughes ficara extremamente irritado com a má qualidade do serviço telefônico da Nicarágua. Ainda era assinante direto de seu próprio Intelsat, o satélite de comunicações cooperativo, contratado por Somoza desde 1969. Depois disso usou o serviço em vários países, menos nas Bahamas, que não o possuíam. Como sabemos, o custo disso eram espantosos 18 mil dólares por mês. Ele não tinha paciência para o sistema telefônico direto, e usava um codificador da Hughes para impedir que suas conversas fossem ouvidas. Os registros não eram detectáveis pelas agências federais. Quando a mesa telefônica se acendia em seus vários quartéis-generais, ou no escritório de Chester Davis em Nova York, os funcionários sabiam que ele estava na linha, por satélite. Segundo o especialista Philip Klass, "ele estaria melhor usando um equipamento de radioamador".

Nas semanas seguintes Wearley levou um avião com executivos de Hughes a Manágua para discutir com ele detalhes da venda da Tool e para cuidar dos investimentos que ele estava planejando em explorações de mineração no mar e no Canal do Istmo. Enquanto os diários dos auxiliares continuavam dando a impressão de que ele era um imbecil obcecado por filmes, e os executivos pareciam ansiosos em apoiar essa impressão, na verdade Hughes estava incisivo, brilhante, e insolente como sempre.

Em 26 de setembro ele tinha concluído os detalhes da venda da Oil Tool Division. A empresa estava prosperando; em 1971 suas vendas tinham aumentado de 17,5 milhões de dólares para quase 100 milhões. Ele estava convencido de que era uma boa hora para vender, a 30 dólares a ação, mas não poderia ter previsto a crise internacional de energia que se seguiu e que dobraria o preço das ações.

A OTD, criação de seu pai, ainda fabricava as brocas de perfuração para as quais Bo Hughes tinha encontrado inspiração na cozinha do juiz Hughes em Keokuk. Agora a OTD produzia 400 variedades da broca; tinha um exército de 180 vendedores que atendia a cada perfuração nos Estados Unidos, além de emissários nos países árabes e outras nações produtoras de petróleo.

O fato de Hughes estar envolvido nas questões da empresa é provado por declarações de Raymond Holliday, o chefe da ToolCo, de que Hughes impedia a diversificação da empresa. Numa entrevista a Rosh Loving Jr., da revista *Fortune*, publicada em dezembro de 1973, Holliday disse: "O sr. Hughes achava que a empresa era sua propriedade e já estava suficientemente diversificada. Hughes considerava sua prerrogativa — e eu concordo — fazer aquisições, mas isso tornava as coisas difíceis para nós." Os lucros de 100 milhões eram coisas difíceis? E o que poderia ser mais sensato do que restringir a operação ao que o pessoal da Hughes Tool sabia fazer melhor, com isso cortando as despesas? Muitas empresas não faliram *porque* se diversificaram? Holliday confirmou que muitas mensagens de Hughes chegavam a ele através de uma telecopiadora — outro detalhe omitido naqueles diários destinados a enganar.

Em 26 de setembro de 1972, dois executivos da Merrill Lynch, Julius Sedlmayr e Courtney Ivey, foram à Nicarágua conferenciar com ele e obter sua assinatura autorizando a venda. Os dois esperavam ver uma espécie de zumbi; em vez disso a sra. Sedlmayr, viúva de Julius, lembra: "Afora ser mantido esperando por horas até por volta das cinco da madrugada, meu marido não achou nada estranho na reunião".

Ela confirma que Hughes estava alerta, razoável e bem informado; fez um relato realista da história da empresa e de seu pai; insistiu que 32 dólares seria um preço mais justo para as ações; deixou claro que só a empresa original seria vendida, e não os ativos da corporação atualmente reconstituída, conhecida como Summa; e foi espirituoso enquanto assinava o contrato com clareza e firmeza, dizendo: "Se tiverem alguma dúvida de que esta é minha assinatura, confirmem com os especialistas em grafia que confirmaram os documentos de Irving como genuínos! Eles devem saber!"

No fim de novembro Hughes perguntou a Howard Eckersley por que Levar Myler e Chester Davis não tinham feito mais contribuições (agora legais) para Nixon na eleição de 1972 (apesar de Watergate, Nixon fora levado de volta ao cargo por uma maioria substancial). Eckersley lhe mandou um memorando em 1º de dezembro dizendo que as contribuições de Hughes em Nova York e no nível federal tinham sido extremamente eficazes e oportunas; que quando as pesquisas mostraram uma queda do Partido Republicano, as contribuições haviam secado e que muitos comitês ficaram sem dinheiro, até que Hughes fez seus pagamentos a Eckersley.

Eckersley também confirmou: "Nós demos o máximo que pudemos, com segurança", uma garantia significativa em vista do fato de que Hughes tinha excedido o limite da Lei Federal de Campanhas em anos anteriores. Quanto a Nevada, Hughes havia perguntado se a reunião com o governador Connor O'Callaghan era realmente necessária. Ele tinha decidido se encontrar com o governador no dia 4 ou 5 de dezembro.

Sentindo-se doente, querendo estar na melhor aparência possível, adiou a reunião várias vezes. O'Callaghan ofereceu várias datas alternativas — até 22 de dezembro.

À meia-noite e meia de 23 de dezembro Hughes estava deitado na cama quando subitamente houve um rugido alto, furioso: a terra gemendo. Um amplificador, destinado a aumentar o volume dos filmes quando estivesse sem aparelho auditivo, tombou e quase caiu sobre ele. O quarto tremeu de modo alarmante; todas as luzes se apagaram. Um abajur caiu na barriga de Hughes; ele o retirou silenciosamente. Tipicamente frio numa crise, tranqüilizou os auxiliares, assim que os tremores pararam, dizendo que estava bem; perguntou em voz baixa quais eram os danos e disse que a bagunça de reboco e móveis caídos deveria ser arrumada. Sugeriu que ficassem alguns minutos no lugar — seria mais seguro. Isso era inteligente; seu estado mental era ótimo. Ele passara pelo terremoto de 1933 em Los Angeles e se lembrava disso; também estivera num terremoto no México, na década de 1940.

Vestiu calça e camisa, mandou Mell Stewart pegar sua caixa de remédios e se deitou numa maca para a saída tradicional. De novo usou a escada de incêndio; mas a administração do hotel tinha posto montes de colchões ali, em contravenção às leis de incêndio. Os auxiliares tiveram de liberar um andar depois do outro até chegar ao saguão e sair com sua carga preciosa.

Colocaram-no no Mercedes, pertencente a Somoza, que o havia trazido do aeroporto. Enquanto mais um tremor sacudia a cidade, Hughes permaneceu calmo. Richard dirigiu o carro com Hughes, Jack Real e Stewart até um campo de beisebol, uma das poucas áreas que não foram despedaçadas nem consumidas pelo fogo e pelo estouro das tubulações de água. Foi impossível arranjar um telefone que funcionasse. Mas finalmente os ajudantes puderam se comunicar com a casa do embaixador Shelton, que não sofrera muitos danos, com a embaixada e o danificado palácio presidencial.

Mandaram um recado para a rua Romaine; demoraria demais para despachar o de Havilland ou um Convair, por isso Jack Real mandou vir um Learjet de Miami. É incompreensível que Hughes não tivesse um avião de plantão no aeroporto. Foi obrigado a esperar na propriedade de campo de Somoza, numa *cabaña* cujas janelas foram cobertas, sob suas instruções, não somente com cortinas, mas também com cobertores. Ainda que essas instruções tenham sido descritas como excêntricas, na verdade era sensato. Qualquer um que ficasse numa propriedade de Somoza, especialmente Hughes, poderia ser morto por grupos radicais ou cidadãos enlouquecidos na atmosfera anárquica provocada pelo desastre.

Alguns truques foram necessários para evitar o imposto de renda e os inspetores da alfândega quando ele chegou a Fort Lauderdale. Hughes mandou seus auxiliares ligarem para o Aeroporto Internacional de Miami, anunciando que estariam trazendo-o e pedindo as cortesias do aeroporto.

Em resultado o imposto de renda e as autoridades da alfândega foram para o terminal errado. Ficaram sabendo da mudança de plano interceptando os contatos do piloto de Hughes com a torre de Fort Lauderdale e foram rapidamente para lá. Mas quando tentaram subir no avião os auxiliares impediram. Por fim um agente da alfândega teve permissão de entrar e falar com Hughes, enquanto um agente do imposto de renda tinha permissão de olhá-lo pela janela. Tudo isso apareceu num memorando datado de 5 de janeiro de 1973, assinado pelo agente de inteligência do imposto de renda, John J. Olszewski.

Hughes foi transferido para uma de suas casas alugadas e ficou com medo de ser perseguido por oficiais de justiça. Assim que chegou à casa, disse a Jack Real que queria dar ajuda a Somoza para as vítimas do terremoto e montar uma fábrica de dessalinização de água em prazo recorde porque as pessoas ficariam sem água potável. Real ficou furioso quando alguns executivos da Summa se recusaram a cumprir com o trato.

Hughes já havia decidido que iria imediatamente para Londres; vinha planejando a viagem há algum tempo, querendo comprar três aviões para completar a frota de jatos particulares Hawker Siddeley agora que estava aposentando os de Havilland ingleses. Disse a George Francom, Mell Stewart e Gordon Margulis para tirar licença de Natal. De novo todas as regras normais foram postas de lado para Howard Hughes; ele entrou em Londres sem passaporte. Sua inteligência ainda é ilustrada pela escolha do hotel: o Inn on the Park. Tinha a melhor segurança de Londres; era escondido num enclave exclusivo perto do Hyde Park; tinha uma excelente escada de incêndio e não era grande demais e cheio de gente curiosa. Era de propriedade dos Rothschild, que poderiam mexer os pauzinhos com o governo. Ficava difícil para a imprensa vigiar o último andar, que (de novo) ele esvaziou — a não ser por uma suíte, ocupada por um homem rico, Barry Cowan.

Cowan, que gostava de caçar, tinha o hábito curioso de pendurar a caça, isto é, os faisões que ele havia matado para um jantar saboroso, na varanda. Uma tarde ficou pasmo ao ver que as aves tinham sumido. Hughes as tinha visto e imaginou se não conteriam bombas. Um auxiliar as levou de volta; agora elas estavam cheirando muito mal e não serviam para ser comidas; Cowan mandou empalhá-las.

No fim de janeiro surgiu um assunto muito incômodo para perturbar Hughes. R. L. Ash, ex-executivo da Hughes Aircraft, fora recentemente nomeado por Nixon como Diretor de Administração e Orçamento; Ash foi acusado, como principal autoridade financeira de Hughes entre 1949 e 1953, de ter obrigado os contadores a fazer anotações nos livros que mais tarde os contadores admitiram, sob juramento, que eram falsas; o efeito disso foi um superfaturamento de 43 milhões de dólares para a Força Aérea dos Estados Unidos.

Depois de um acordo extrajudicial no valor de 2,4 milhões de dólares Ash admitiu que tinha ordenado que os contadores fizessem anotações com as quais estavam insatisfeitos, mas afirmou que essas anotações não eram impróprias; observou que Hughes certamente recebeu 43 milhões a mais do que deveria, mas que isso não violava os termos do contrato com o governo (isto é, Hughes tinha um contrato em que, entregando ou não, ganhando ou perdendo, ainda recebia os 43 milhões). O que Ash foi leal demais para dizer era que ele não tinha autoridade nessas questões; Hughes o instruíra a esfolar o governo — e aquele era o herói da América.

Em Londres Hughes assistia à televisão avidamente; interessou-se pelos excelentes jornais locais, lendo-os com uma lente de aumento; até mesmo (sem que fosse anotado, claro, nos diários) andava num Rolls; o escritor Roy Moseley jamais se esquecerá de ter visto o carro sair, com jornais grudados nas janelas, enquanto Hughes partia para algum destino desconhecido.

Ele ficou sabendo de uma notícia importante. A Suprema Corte decidiu que os outros tribunais tinham errado ao considerá-lo culpado do arrastado processo da TWA. Inocentado, viu-se 170 milhões de dólares mais rico da noite para o dia. Quando a imprensa correu para o hotel, os auxiliares apareceram dizendo que Hughes estava eufórico. Isso era dizer pouco. Durante anos ele tinha observado cada reviravolta dos julgamentos e das apelações. Agora, finalmente, seu pior sofrimento havia acabado. Ainda que continuasse fraco e devastado por sua doença parecida com a AIDS, Hughes finalmente decidiu que enfrentaria o encontro com o governador O'Callaghan, de Nevada.

Então, depois da grande decisão sobre a TWA, ficou aflito com os detalhes. Será que a carta de crédito levantada a favor da TWA, para o caso de ele perder o processo, seria cancelada agora? Será que a TWA abriria outro processo em Delaware? Como a TWA iria reembolsá-lo pelos custos? Será que a TWA exerceria o direito de ter uma outra audiência, num prazo de 25 dias? Os auxiliares Eckersley e Waldron, sob instruções rigorosas de Hughes, começaram a trabalhar 24 horas por dia para obter listas completas das ações judiciais. Documentado até o último tostão, estas foram finalmente pagas.

Hughes estabeleceu o dia 17 de março, dia de São Patrício, como data do encontro. Escolheu a data com habilidade porque O'Callaghan, claro, era irlandês. Com O'Callaghan estavam Paul Hannafin, presidente da comissão de jogos de Nevada, Chester Davis e Bill Gay, para se certificar de que todos os documentos de autorização fossem testemunhados e estivessem em ordem. Cortou o cabelo, tratou as unhas e aparou a barba.

Apesar de relatos fantasiosos que descreveram Hughes nu, a não ser por um lençol enrolado no corpo, seus visitantes o viram de camisa, calça e roupão. Ele estava de novo brilhante, rápido e incisivo. Encontrava-se visivelmente no comando, e não era uma marionete de seus auxiliares; nem mesmo incluiu Gay e Davis na discussão, ignorando-os de modo grosseiro numa sala adjacente enquanto confirmava espirituosamente que estava abrindo mão do controle de Las Vegas. Quando um auxiliar exclamou alguma coisa, ele o repreendeu. Não houve evidência de que as drogas, além de acabar com a dor e tirar o excesso de ansiedade, afetassem ao menos um pouco sua razão. Ele ainda era Howard Hughes, e teve a esperteza de dizer a O'Callaghan o que este queria ouvir: que amava Nevada e gostaria de voltar, na verdade planejava isso. Os visitantes saíram satisfeitos.

Hughes teve de investir sua nova montanha de dinheiro da venda da broca de perfuração o mais rápido possível, para evitar os impostos de ganhos de capital. Sempre havia namorado os aviões da Lockheed, desde seu vôo ao redor do mundo, e chamou Jack Real a Londres, para fazer os negócios em que ele investiria grandes quantias na Rolls-Royce, que fazia os motores do Lockheed L-1011, e na Lockheed propriamente dita.

Bill Gay tinha trabalhado com diligência num plano-mestre para a Gateway, um enorme complexo de lojas que seria construído anexo ao Desert Inn. Havia gastado milhares de dólares da Summa em maquetes completas, tão enormes que tiveram de ser mandadas em quatro partes nos compartimentos de carga dos aviões. Montou a linda maquete num quarto ao lado do de Hughes e pediu que este viesse olhar. Hughes, com sua costumeira ferocidade imprevisível, rosnou para Jack Real:

— Nem quero ver essa porra!

Gay ficou com raiva e magoado; Real, que não gostava de Gay, adorou. E Gay, que sentia o mesmo por Real, ficou chateado porque Hughes planejava dividir seu império em segmentos da Costa Leste e da Costa Oeste, com Real encarregado da Costa Oeste. Até os auxiliares de Hughes se dividiram no conflito entre Gay e Real; Margulis e o barbeiro Mell Stewart estavam do lado de Real, os outros no de Gay — as acusações mútuas eram freqüentes e provocavam tensões.

Hughes decidiu comprar um Hawker Siddeley 748, um avião mais recente do que o DH 125 particular, que logo seria substituído por Convairs nos Estados Unidos e era pilotado por Bob Wearley. Para testar o modelo ele tomou a decisão nostálgica de pilotar uma aeronave idêntica. Assim como não precisou de passaporte na Grã-Bretanha, dispensou uma licença de piloto. Seria de surpreender que, como disse a Chester Davis, se sentisse satisfeito com as considerações do governo inglês?

Esse era o antigo Hughes se reafirmando: o jovem ás que voou ao redor do mundo, desafiando a gravidade num avião pesado demais, que levantou o Spruce Goose sobre a água em San Diego por alguns minutos gloriosos. Não era do interesse de seus auxiliares que ele decolasse; as sugestões de que o estavam controlando não são dignas de crédito. Ele não fizera qualquer testamento colocando-os como beneficiários; seria do interesse deles drogá-lo, torná-lo inútil, qualquer coisa para impedir essa aventura teimosa. Em vez disso esperaram, incapazes de controlar sua vontade, enquanto ele fazia os arranjos com Tony Blackman, da Hawker Siddeley, e com Jack Real.

Jack Real e o auxiliar Gordon Margulis foram à Simpson's, por orientação dele, e lhe compraram uma roupa nostálgica composta de jaqueta de vôo, calça e sapatos, além de um capacete, ainda que não fosse fácil conseguir roupas do tamanho certo, dados seu peso e sua altura. Ele adorou e se vestiu, animado, como uma espécie de sombra atenuada do herói que tinha sido.

Para evitar os aeroportos de Gatwick e de Londres, decidiu decolar de Hatfield, ao norte de Londres, onde poderia escapar do controle de passaportes. Gordon Margulis teve de arranjar um ardil elaborado para colocar Hughes no aeroporto sem que fosse notado. Contratou um Rolls-Royce e, totalmente fantasiado, saiu correndo com Jack Real, que era alto e quase tão magro quanto Hughes, enganando os repórteres. Então Hughes saiu pelos fundos do hotel num carro modesto (mas as janelas cobertas com jornais atraíram fãs procurando astros de cinema, e eles tentaram olhar).

Hughes foi levado ao campo de aviação, que ficava no meio de campos e colinas baixas. Reclamou do excesso de rebites (uma antiga preocupação sua) mas não se incomodou em fazer uma inspeção de germes. Por quê? Na verdade, por que ele vinha se tornando cada vez menos preocupado com o contágio, desde seus encontros com Somoza, o embaixador Shelton e os executivos da Merrill Lynch?

A resposta pode ser encontrada num depoimento feito pelo auxiliar Clarence Waldron em 1977. Agora ele sentia que tinha apenas seis, sete anos de vida. Em sua obsessão consigo mesmo e na intensa consciência de si, sabia que estava morrendo. Então por que não viver e esquecer dos germes?

Durante todo o vôo Hughes foi um companheiro animado e inteligente, mas sua pilotagem era irregular e, numa estranha repetição da perigosa partida do campo Floyd Bennett em 1937, calculou mal o tamanho da pista e Blackman teve de compensar para evitar um acidente.

— Você não é o primeiro a criticar meus pousos — disse Hughes gargalhando.

Foi arranjado um segundo vôo para que Hughes pudesse renovar o visto de visitante especial dado ilegalmente pelo governo, sem um passaporte. Ele iria a Ostend, na Bélgica, e entraria de novo pela imigração em Hatfield. Tinham sido feitos arranjos anteriores com o setor de passaportes. Hughes marcou uma data em junho. De novo o Hawker Siddeley de Havilland 748 foi requisitado.

Logo antes de partir ele sugeriu continuar até Paris, onde se lembrava de alguém de seu vôo ao redor do mundo, há 34 anos.

— Ele era tão centrado em si mesmo que não lhe ocorreu que o sujeito não vinha esperando, desde então, que ele aparecesse de novo — diz Gordon Margulis.

Com tempo ruim, em meio a chuva forte e névoa, Hughes decolou com Blackman e outro co-piloto; as condições eram tão severas que ele teve de descer no campo de aviação de Stanstead, e fez um trabalho tão ruim que foi obrigado a voltar para a cabine, em fúria, enquanto o co-piloto assumia os controles.

Em 17 de julho partiu para uma terceira viagem, desta vez numa cópia exata do de Havilland 125 que Bob Wearley pilotava nos Estados Unidos. Decidiu que compraria dois aviões daqueles; isso foi um desapontamento para a Hawker Siddeley, que esperava que ele comprasse as aeronaves mais caras. Hughes estava felicíssimo, como sempre, com o de Havilland; fez uma série de decolagens e pousos em Stanstead, mas não se aventurou a atravessar o Canal da Mancha de novo. Num quarto vôo, também em julho, decolou de Hatfield para Woodford, e estava cheio de energia e falante durante a viagem.

Sem qualquer verificação de germes e nenhuma confusão, examinou o modelo de uma ponta à outra; seus comentários foram inteligentes e explícitos.

De novo, contrariamente a todas as lendas sobre sua incompetência drogada, ele se mostrou brilhante nas negociações. Jack Real foi o principal intermediário enquanto ele fazia um trato com a Lockheed, onde, claro, como ex-executivo, Real tinha muitos amigos.

A Lockheed precisava desesperadamente do dinheiro de Hughes; os DC-10 tinham-na vencido no mercado suplantando-a em vôos de sete mil milhas náuticas; a Lockheed precisava construir um melhorado L-1011-2, e queria 100 milhões de dólares de Hughes. De fevereiro a setembro de 1973 Hughes e Real se encontraram todos os dias para discutir os arranjos do investimento; Hughes parecia adorar as discussões constantes, e de algum modo a paciência de Real não se esgotou. Hoje ele é discreto demais para dizer que Hughes estava adiando de modo enlouquecedor, como sempre.

Hughes violou todas as regras e se juntou a Blackman para inspecionar a maquete de um novo de Havilland na fábrica Hawker Siddeley com Clarence Waldron e Jack Real.

Essas aventuras o empolgavam; mas logo sentiu uma nova ansiedade. Se ficasse em Londres até depois de 26 de dezembro, dia da chegada no ano anterior, estaria sujeito ao pesado imposto de renda britânico. Não mais ansioso para pagar impostos a um cooperativo governo inglês do que estivera para pagar ao imposto de renda americano, decidiu voltar às isentas Bahamas.

Foi uma decisão notável. Ele poderia ter ido para Grand Cayman, Mônaco ou as Bermudas, mas em vez disso escolheu o mesmo lugar que o havia rejeitado de modo tão sumário. A única explicação é que ele fizera uma promessa, através de Londres e do Departamento do Exterior, de que obedeceria às leis de residência, obteria vistos de trabalho para sua equipe, renovaria a estada a cada seis meses e empregaria negros. Além disso satisfaria o governo local comprando propriedades: escolheu o luxuoso hotel Xanadu Princess, em Freeport, que, segundo tinha ouvido, estava sendo vendido por Daniel Ludwig. Chester Davis começou as negociações.

Em agosto de 1969, segundo o colunista Jack Anderson, Hughes tinha se encontrado com Ludwig, seu principal rival como americano mais rico; o local foi dado como o hotel International em Las Vegas, mas isso é impossível; se a reunião aconteceu, deve ter sido no Desert Inn.

Ludwig fascinava Hughes e tinha compartilhado com ele negócios na Nicarágua. Nascido em South Haven, Michigan, em 1897, filho de um capitão de navio, Ludwig foi acusado de tráfico de armas durante a Lei Seca, passou para o transporte de petróleo e gradualmente montou um império de petroleiros. Comprando, vendendo e convertendo, amealhou uma fortuna na Segunda Guerra Mundial e logo tinha uma frota maior do que a de Onassis ou de Niarchos. Mudando, como esses rivais, os registros para o Panamá, o guarda-chuva neutro que permitia qualquer tipo de manobra comercial, ele superou as quedas no petróleo transportando minério de ferro. Depois, nos anos 50, 60 e 70, deu início a atividades que eram de enorme interesse para Hughes; mergulhou fundo nos investimentos nas Bahamas.

Em 1965, construiu o luxuoso Kings Inn; no ano seguinte o Xanadu Princess, um enclave para os muito ricos. Foi um importante cliente da Intertel.

No início de agosto os médicos de Hughes vieram de Los Angeles para realizar os malfadados exames, mencionados antes, em seu ouvido.

Ainda intoxicado com a idéia de voar, de repente Hughes anunciou a Jack Real que estava interessado em comprar um Concorde da British Aerospace. Por sorte não foi em frente com a idéia.

Atraiu o interesse do primeiro-ministro Edward Heath, que ficou muito satisfeito em notar que Hughes estava interessado em investir no Lockheed L-1011-2. Heath foi tão encorajado por Hughes, que lhe escreveu uma carta dizendo que tinha pedido o desenvolvimento de um novo motor Rolls-Royce RB para uso no avião. Convidou-o a almoçar em sua casa. Hughes, claro, foi obrigado a recusar.

Em 9 de agosto, numa ida ao banheiro no meio da noite, Hughes tropeçou num tapete. Caiu, batendo numa mesa; ficou deitado no chão em agonia, incapaz de se mexer. Os auxiliares ouviram seu grito e correram. Por sorte ali não eram os Estados Unidos, e os médicos atendiam em casa; a gerência do hotel localizou um, que fez um exame preliminar e suspeitou de fratura no quadril.

De manhã o Dr. William Young, radiologista da London Clinic, o hospital particular mais exclusivo de Londres, chegou para tirar raios-X. Hughes o recebeu nu na cama, a não ser por algumas toalhas de papel, que Young mandou os auxiliares removerem. Ele teve de ser levantado, dolorosamente, para que suas pernas fossem radiografadas; os auxiliares insistiram, desnecessariamente, que Young e sua equipe usassem toalhas de papel para manipular o corpo dele e o equipamento de raios-X. E isso para um homem que tinha acabado de fazer vários vôos em aeronaves não dedetizadas e tinha visitado uma fábrica cheia de germes flutuantes e apertado a mão de cinco visitantes recentes! Young ficou espantado com a palidez e a pele seca de Hughes. Os dentes e as gengivas estavam podres, e ele poderia facilmente engolir um dente. Hughes foi obrigado a sofrer uma operação radical no quadril — e não em sua suíte, mas na London Clinic. O Dr. Walter C. Robinson, principal cirurgião ortopédico, foi escolhido para inserir o pino de aço que permitiria a Hughes andar. Ele também ficou impressionado com o estado do paciente.

Em poucos dias Hughes conseguiu juntar forças para assinar um longo depoimento sobre a investigação interminável da Hughes Tool relativa aos milhões desfalcados por John Meier e seus colegas na suposta compra de concessões de mineração. No depoimento ele negava qualquer conhecimento pessoal de Meier, ou de ter tido qualquer encontro cara a cara com ele. Isso era necessário porque Meier estava invocando uma amizade pessoal com Hughes, que levara este a autorizar as compras das concessões, e tinha apresentado falsos memorandos que Hughes precisava denunciar. A Hughes Tool estava processando Meier e seus sócios em 50 milhões de dólares, o que acabou sendo uma aventura legal fútil; na mesma época Meier apresentou à Comissão Watergate provas secretas, ainda não liberadas, das ligações de Hughes com o caso Watergate.

O depoimento foi impaciente e muito pessoal. Na cláusula 7 Hughes dizia: "Não posso conceber qualquer motivo para meu testemunho ser de algum valor neste processo". Mas prometeu estar disponível para qualquer depoimento futuro. Sua assinatura foi testemunhada pelo auxiliar Levar Myler, que convenientemente havia se tornado "Comissário de Documentação para o Estado de Utah no Reino Unido".

Em 13 de setembro de 1973, finalmente foi consumado o negócio com a Lockheed; Hughes concordou com uma opção de compra do L-1011-2, que expiraria na primavera seguinte. Mas então surgiu um problema. Irrompeu a guerra do Yom Kippur; a Grã-Bretanha apoiou Israel contra o Egito, e depois do conflito os árabes aumentaram o preço do petróleo — o que incluía, claro, a gasolina de aviação — de 2,50 para 10 dólares o barril. A BOAC e a Air Canada sofreram um golpe tão grande que desistiram do compromisso de comprar o avião da Lockheed, e a Summa convenceu Hughes a cancelar o negócio. A opção expirou sem que ele tomasse uma atitude. Como parte do trato, Hughes poderia ter obtido 10% da Lockheed.

Depois de alguns dias seu auxiliar Gordon Margulis lembra-se de que Hughes estava inquieto na clínica de Londres e ansiava por retornar ao útero do Inn on the Park. Estava de volta, de novo confortável, quando uma greve industrial fez com que o primeiro-ministro ordenasse um racionamento em todo o consumo de eletricidade, e às 22h a energia era cortada, tornando impossível assistir à televisão, ter aquecimento central, comer comida quente ou até mesmo ver filmes projetados. Era o fim; Hughes disse aos auxiliares que, independentemente da necessidade de não ficar o bastante para pagar impostos ao Reino Unido, tinha de ir embora.

Apesar de ter "decidido" voltar às Bahamas, tivera outra idéia: poderia evitar os impostos vivendo num barco, como o guru da Cientologia, L. Ron Hubbard. Através de Chester Davis tinha fortes ligações com Evelyn de Rothschild, dona do Inn on the Park, e Jack Real falou com os executivos de Rothschild, que conheciam Stavros Niarchos, o magnata grego dos navios, e prometeram fazer o possível. Mas o iate de Niarchos, prometido para aquele inverno, só estaria pronto e remodelado na primavera. Irritado, Hughes disse a Real para esquecer da idéia.

Seis dias antes que expirasse sua estada isenta de impostos na Inglaterra, Jack Real ligou para o bilionário Adnan Khashoggi, que compartilhava seu amor pelos Lockheeds, e pegou emprestado seu TriStar para o transporte até as Bahamas.

Como Real tinha avisado ao governo das Bahamas que Hughes investiria pesadamente nas ilhas, vários dignitários importantes estavam no aeroporto para recebê-lo quando ele chegou com seus auxiliares.

Quando o grupo chegou ao Xanadu Princess, aconteceu uma cena feia. O recepcionista informou que não poderia ceder todas as quatro suítes prometidas na cobertura; só quando Hughes deixou claro que estava comprando o hotel de Ludwig eles receberam as suítes, a um preço total que em 1992 parece incrivelmente baixo: mil dólares por dia. Quando entrou, Hughes ficou furioso por não haver bidê no banheiro; em algumas horas foi colocado um.

Depois de uma semana no hotel, Hughes teve um choque. Foi indiciado em Las Vegas por manipulação criminosa de ações na luta que resultou na compra da Air West. Estranhamente estava de novo reunido a Robert Maheu, que foi citado como co-réu, junto com Chester Davis e, imagine só, seu inimigo Hank Greenspun, um dos poucos que sabiam de sua participação direta no caso Watergate.

Foi protegido das multas e de ser preso porque estava em Freeport. Sentia-se preocupado com a atitude rígida de Daniel Ludwig com relação à venda do Xanadu Princess. Quando John Holmes alertou que, enquanto as negociações eram feitas para os Lotes 9 e 10, ele poderia ficar no hotel pagando aluguel reduzido, Hughes desenhou uma seta apontando as palavras “enquanto o senhor quiser”. Acrescentou uma nota de rodapé dizendo que isso não funcionaria, que o único modo de garantir a segurança adequada era ser dono do lugar, e não um locatário. Hughes exigiu que o fechamento do negócio acontecesse logo.

As negociações continuaram.

Chester Davis insistiu em que ele não revelasse publicamente que estava comprando o Xanadu, já que “isso confirmaria o verdadeiro motivo de você estar [nas ilhas]". Na época, mantendo sua promessa ao governador O'Callaghan, Hughes estava envolvido no planejamento para colocar o dinheiro ganho com a vitória no processo da TWA na expansão de Las Vegas até o limite.

Anteriormente tinha vendido o rancho Krupp, que havia comprado para Jean Peters, uma tira de terra entre o Dunes e o Caesars Palace, e tinha alugado as antigas casas de Robert Maheu, George Francom e Levar Myler; agora reverteria a tendência.

Tendo rejeitado a idéia de Bill Gay para o shopping center, planejou para que o Desert Inn estivesse sob um mesmo teto, com os prédios ligados por passarelas cobertas para pedestres e com carrinhos elétricos; seria sua propriedade número um; ele compraria de volta o Black Forest Inn, o Three Fountains, o Travelodge e o Grace Hayes Restaurant, que tinha vendido anteriormente; tornaria o Sands o maior hotel de Nevada; construiria um Sands West, do outro lado da rua diante do Castaways Casino, ao sul; compraria imóveis de frente para a Strip perto do Castaways. O que tudo isso mostra é que, apesar de Bill Gay ter nominalmente recebido uma procuração para comandar Las Vegas, Hughes continuava comprometido passionalmente com a cidade, e num desafio a Chester Davis, que achava que ele deveria sair de Nevada de uma vez por todas.

Surgiu um problema sério em Freeport. O trato para trocar os dois Convairs 880 de Hughes por 30% da companhia aérea Lanica, de Somoza, fora atrasado devido às longas discussões da Diretoria de Aeronáutica Civil para saber se o negócio era adequado e passível de aprovação.

Perdendo a paciência com a demora, e agindo sem a aprovação de Hughes (segundo Jack Real, que era o braço direito de Hughes), os executivos da Hughes Tool perderam uma grande oportunidade: comprar a Texas Air por uma quantia modesta. Lamentando o fato de terem agido às pressas, eles ofereceram a Frank Lorenzo, dono da Eastern Airlines, que tinha comprado a Texas Air, uma quantia substancial, além de um terço da Lanica — que eles ainda não possuíam — em troca da companhia aérea. Lorenzo falou com a imprensa; Somoza viu a oferta nos jornais e ficou furioso. Chamou Real a Manágua — Hughes tentou impedi-lo de ir — e deu-lhe uma bronca.

— Howard trata a Lanica como um prêmio num pacote de pipoca! — gritou Somoza.

Mas, gostando da filha de Real, ele se acalmou e perdoou; e agora o negócio com a DAC se resolveu. Lorenzo permaneceu com a Texas Air. Hughes ficou louco com a coisa toda, e Real também. Ele percebeu que os chefões da Summa estavam tomando decisões sozinhos; que as ordens de Hughes eram ignoradas. Mas isso, ainda que Real não concorde, era culpa do próprio Hughes; afinal de contas ele tinha repassado enormes poderes para a Summa de livre vontade. E é pouco provável que, mesmo que estivesse no comando, ele pudesse, naquele estado de saúde, lidar com os incontáveis problemas cotidianos que teriam inundado sua suíte de hotel.

O inverno, a primavera e o verão trouxeram tremendos fardos para Hughes. Dia após dia, Robert Maheu expunha os muitos pecados de Hughes, preparando seu longo processo acusando Hughes de difamação, enquanto Hughes reivindicava as leis de não-extradição das Bahamas para evitar comparecimento como réu.

Em 3 de fevereiro de 1974 foi publicada no *The New York Times* uma matéria devastadora, cheia de fatos trazidos à luz nos preparativos de Maheu para o processo. Detalhava as tentativas de Hughes para comprar favores políticos nas Bahamas; como ele fizera as pazes com o primeiro-ministro Lynden O. Pindling; a muito citada conversa telefônica com Maheu em que disse: "Vou me mudar para as Bahamas se, fazendo grandes contribuições políticas, eu puder embrulhar o governo e torná-lo uma entidade cativa em todos os sentidos."

Em 3 de maio, Thomas Bell, membro da equipe de Hughes, fez uma declaração sob juramento dizendo que Hughes tinha tentado impedir a integração entre negros e brancos nas escolas de Las Vegas. Num testemunho posterior, Richard G. Danner mencionou, com omissões manifestas, o "empréstimo" de Rebozo; em 14 de maio Maheu testemunhou que Hughes ordenou que os banqueiros fossem seguidos e pressionados quando descobriu que eles não estavam dispostos a financiar a compra de jatos pela TWA.

Enquanto isso, em março, Hughes mostrou um forte interesse por comprar a WCIX, TV canal 6, localizada em Miami; tinha admirado muito os programas da estação e ouvira dizer que ela estava à venda. Foi em frente com o negócio naquele mês, e também concluiu os arranjos para comprar o Xanadu Princess. Como sempre, estava ocupado tramando e negociando dia e noite.

Feliz com a compra do Xanadu Princess, autorizou Jack Real, agora encarregado de seus negócios no leste, a comprar o luxuoso Lucayan Beach Hotel. O hotel tinha perdido a licença de jogo e muita influência teria de ser comprada para garantir uma nova. Mas a aversão implacável e a desconfiança de Bill Gay com relação a Real levaram-no a adiar o negócio. Real ainda não o havia perdoado.

Hughes tinha outras idéias de investimento. Queria montar uma cervejaria nas ilhas, porque a água do oceano estava sendo dessalinizada com sucesso. Queria comprar ilhas, além de Cay Sal, que não era mais uma base de treinamento militar da CIA. Queria comprar um campo de aviação, dezesseis hectares de terra plana, do milionário Edward St. George, e começar a pilotar de novo.

Em maio a Summa Corporation tinha uma "diretoria nas Bahamas". John Holmes era membro e elemento de ligação entre a Summa e os acionistas; Levar Myler era membro da diretoria e elemento de ligação; o resto da equipe, George Francom, executivo de pessoal, Jim Rickard, Howard Eckersley, Chuck Waldron, Eric Bundy, Allen Stroud, Gordon Margulis, Cliff Weissman e Mell Stewart eram membros da Bahamaian Summa. Isso nega a teoria de que, de algum modo, os negócios de Hughes estivessem sendo geridos do Texas; seu controle da diretoria nas Bahamas é atestado pelo pessoal de Chester Davis.

Hughes tinha mais coisas para perturbá-lo em Freeport. Em 11 de maio um tal de Leroy Nickey Barnes foi preso no Bronx e acusado do assassinato de Clifford Haynes; foi libertado em 20 de julho, com fiança de 100 mil dólares pagos por Charles Goldfarb, que, segundo ele, tinha obtido o dinheiro com a venda do Frontier Hotel a Hughes em 1967. Essa era uma referência inconveniente ao caráter peculiar dos indivíduos com quem Hughes tinha lidado em Las Vegas na época. Então, em 5 de junho, surgiu uma questão mais séria.

CAPÍTULO DEZENOVE

Como roubar a si mesmo

O início dessa tramóia estilo Watergate pode ser rastreado até dezembro de 1972, quando a Comissão de Seguros e Câmbio (CSC), em seu esforço para pegar Hughes pessoalmente por ter enganado milhares de acionistas em 60 milhões de dólares com a tomada de controle acionário da Air West, intimou Chester Davis a entregar documentos relevantes, inclusive os memorandos de Hughes para Robert Maheu.

Depois de consultar Hughes em Manágua, Davis anunciou que esses documentos não existiam. A mentira deslavada lhe deu alguma margem de manobra enquanto ele imaginava o que fazer com eles. Em vez de destruí-los, o que poderia ter feito mais sentido, trancou-os no quartel-general de Hughes na rua Romaine, em Hollywood.

O pessoal da CSC fez mais investigações. Um contato dentro da sede da rua Romaine disse a eles que os arquivos existiam. Eles mandaram uma nova intimação para Davis em 7 de agosto de 1973, quando Hughes estava em Londres. Davis tentou, irado, se livrar dessa nova intimação quando o advogado da CSC lhe disse que tinha evidências de que os documentos estavam escondidos. Davis hesitou, mas continuou negando tudo.

Em conluio com alguns executivos de Hughes ele finalmente permitiu que a CSC visse alguns arquivos inofensivos da Air West — arquivos cuja existência ele havia negado há semanas. A CSC pressionou; insatisfeitos com as migalhas que Davis estava jogando, os investigadores mandaram mais intimações em maio e junho de 1974. Ambas foram ignoradas. Agora Davis estava mentindo sob juramento, dizendo que não existiam outros arquivos. A CSC tentou de modo otimista intimar Hughes em Freeport — sem resultado.

Terry Lenzner, advogado ligado ao caso Watergate, também estava atrás de Hughes. Como Nixon, Hughes tinha permitido que Chester Davis e seus amigos e auxiliares o lembrassem de que sua posição era que ele não sabia nada sobre Watergate — pelo menos até várias semanas depois de a invasão ter acontecido.

Vejamos: em março um de seus auxiliares mandou a Chester Davis o memorando mencionado no início deste livro, pedindo que fossem rasgados todos os documentos relativos a Nixon e outras figuras políticas.

É um documento espantoso, porque varre para longe as alegações de que Hughes não sabia das operações dele nesse estágio; que era um zumbi com o cérebro lavado. De fato, os acontecimentos que se seguiram, dignos dos filmes de James Bond, que ele adorava, podem ser rastreados diretamente a esse memorando, cuja existência foi ignorada pelos teóricos do zumbi, liderados por Barlett e Steele.

A única interpretação possível para esses acontecimentos é a seguinte:

Davis não perdeu tempo em realizar as instruções dadas por Hughes no memorando. Pediu a ajuda de executivos da CIA, especialistas em simular roubos para encobrir a remoção de documentos não desejados. Primeiro a sala de Davis foi "invadida" e os papéis incriminadores foram retirados; Davis disse à polícia que nada foi levado. Os registros da Mullen and Company também foram retirados por ordem de Davis; de novo foi dito à polícia que nada estava faltando na sala de Mullen.

Invasões falsas foram feitas às sedes da Summa em Las Vegas e Encino; para enfeitar as coisas um pouco, foi declarado que um codificador telefônico tinha sumido em Encino; mais documentos foram retirados.

Suspeitando dessas imitações de invasões, e furioso com as recusas de Hughes e Chester Davis, o advogado da CSC mandou um memorando ao assistente da promotoria em 3 de junho de 1974, pedindo o processo do próprio Hughes, de Davis e de certos membros da diretoria da Summa, por conduta criminosa. No dia seguinte o mesmo advogado intimou uma testemunha, Gordon Judd. Alguém tentou matar Judd; ele fugiu.

Era essencial que todos os documentos restantes fossem retirados da rua Romaine e levados para o hotel de Hughes em Freeport, junto com os outros que também eram delicados. Com carta branca de Hughes para agir, Davis se certificou de que os memorandos de Hughes e todos os outros papéis relevantes fossem postos numa mesa de reuniões, muito bem empilhados. Perto deles haveria cartões de indexação, fazendo parecer com que estivessem para ser catalogados, e ao mesmo tempo dando a Davis uma orientação do que seria significativo.

A abordagem era similar à da fraude armada por Hughes-Mullen-Hunt em Watergate. Como Hunt e Liddy foram desativados, Davis contratou um novo agente, provavelmente o mesmo homem que tinha tentado roubar o cofre de Greenspun em setembro de 1972 e engendrado a falsa invasão aos escritórios de Davis e Mullen e aos da Summa em Las Vegas e Encino.

Ele trabalhava como *freelance* para a CIA e o FBI, mas nesse caso não foi autorizado por nenhuma das duas agências. Segundo o especialista da CIA William Corson, seu controlador era John Paisley, um agente duplo que atuava para a CIA e a KGB, tinha trabalhado muitos anos para a Hughes Aircraft em operações ligadas à CIA e era familiarizado com todos os aspectos do império Hughes.

A motivação de Paisley para ficar por trás da falsa invasão era sua necessidade de obter documentos sobre o *Glomar Explorer*, a embarcação de Hughes que naquele momento estava indo ao Pacífico para recuperar os códigos do submarino nuclear afundado. O assunto era tão delicado que Chester Davis mandou a Hughes um memorando falso, presumivelmente para o caso de ser encontrado pela imprensa, lembrando a Hughes que aquela era apenas uma embarcação que procurava minérios, anos depois de Hughes ter assinado a autorização para o verdadeiro objetivo.

Na noite de 4 de junho de 1974, um funcionário obteve as chaves dos escritórios executivos e a combinação da porta da frente, conhecida apenas de seis pessoas e mudada a cada trinta dias. Ele pegou uma planta baixa, a localização exata dos documentos e modo de construção dos depósitos de segurança, cofres e salas fortes, para tornar mais fácil incendiá-los ou roubá-los. Não foi suficientemente idiota para fornecer as combinações, o que entregaria o jogo.

À meia-noite e quarenta e cinco de 5 de junho, a mesma hora em que os invasores do edifício Watergate tinham entrado em 1972 e apenas doze dias antes do mesmo dia do mês, a equipe de "roubo", que era muito superior à do pessoal de Hunt, Liddy e Barker, passou pela porta da frente da que era considerada a estrutura de escritórios mais segura de Los Angeles. As câmeras de segurança tinham sido desligadas, os *lasers* e ligações diretas com delegacias de polícia foram desativados e os alarmes neutralizados.

Alertados pelas suspeitas da CSC depois do fracasso dos ataques anteriores em pegar objetos dos outros escritórios da Summa, os homens pegaram relógios, 68 mil dólares em dinheiro, certificados de ações, a coleção de borboletas de Nadine Henley e suas tigelas Wedgwood e da Mongólia, explodiram depósitos, pegaram cofres e, finalmente, chegaram ao verdadeiro objetivo: a mesa da sala de reuniões. Enfiaram os documentos em caixas e levaram para um furgão. Foram ao aeroporto e pegaram um avião particular de Hughes para Las Vegas.

A telefonista ligou para a polícia. Quando os policiais chegaram, foi-lhes dito que nenhum documento estava faltando — antes mesmo de perguntarem. Esse foi um escorregão que ninguém questionou.

Certos itens delicados foram levados ao Xanadu Princess, em Freeport, e guardados lá. Testemunhados na chegada em caixas por Gordon Margulis e o auxiliar Mell Stewart, com a presença conhecida por Jack Real, esses papéis não foram vistos por Hughes, segundo Margulis e Real. *Mas eles não precisariam saber* que os papéis foram vistos por Hughes.

Tipicamente, Hughes teve um ataque de pânico depois do roubo. Seu conhecimento do mesmo é demonstrado claramente por um memorando escrito com ansiedade sobre quem poderia estar sondando seus depósitos particulares — os investigadores de seguros, que não podiam ser comprados. Chuck Waldron escreveu: "Ele quer um relato completo, passo a passo, de exatamente como se pretende que a busca seja feita. Ele quer esses relatórios antes que qualquer coisa seja tocada."

Era necessário arranjar um bode expiatório; a CSC suspeitou da "invasão", assim como o FBI e a polícia de Los Angeles. Um "ladrão" precisaria ser citado. O truque era comprar. O principal operador ligou para um tal de Donald Woolbright, que tinha ficha policial, e lhe deu a notícia empolgante: a Máfia de St. Louis havia roubado os papéis e queria chantagear o pessoal de Hughes em troca de um milhão de dólares. Woolbright deveria fazer contato e ganhar uma parte do butim.

Woolbright caiu no ardil. Pegou um documento inofensivo, um memorando de Hughes para Maheu sobre a tomada de controle acionário de um cassino em Las Vegas em 1968, e colocou num envelope dentro de uma lata de lixo no bulevar Ventura, diante do escritório de Nadine Henley em Encino. Um telefonema disse a ela para ir olhar. Ela viu o envelope, estranhamente suspeitou de uma bomba e ligou para a polícia, que encontrou o memorando. Mais tarde Woolbright disse a ela que o grosso dos documentos estava à venda por um milhão de dólares. Ela verificou com um de seus chefes, que naturalmente se recusou a pagar. Afinal de contas a coisa toda estava em Freeport.

Woolbright foi mais fundo ainda. Achou que poderia vender alguns papéis para a revista alemã *Der Spiegel*, depois entrou em pânico e desistiu.

Agora a CIA sabia que os documentos do *Glomar Explorer* haviam sumido. Para desativá-la alguém informou que os documentos tinham sido roubados, e a teoria era de que, no momento em que soubesse disso, a agência interromperia a investigação, e a CSC, o FBI e o Departamento de Polícia de Los Angeles fariam o mesmo. Foi exatamente o que aconteceu; as recompensas pela recuperação dos papéis foram retiradas; Woolbright foi livre para sua fazenda no Missouri.

A coisa ficaria por aí, não fossem alguns jornalistas investigativos do *Los Angeles Times*. Suspeitando do abandono súbito dos inquéritos, eles conseguiram que um policial revelasse que os documentos do *Glomar* tinham sumido. No momento em que iam publicar a matéria sensacional no *Times*, o chefe da CIA, William Colby, tentou impedir. Mas era muito tarde; o *New York Times* não estava muito atrás. Colby atravessou o país de um lado ao outro, pedindo aos editores para enterrar as continuações das matérias. Mas depois de um hiato ninguém queria ser contido. A história chegou às manchetes em todo o mundo; para deleite dos soviéticos, os esforços do *Glomar* tiveram de ser interrompidos.

O público exigia uma vítima. A promotoria de Los Angeles estava na berlinda; tinha deixado de prender alguém por um roubo que sequer havia chegado à imprensa durante sete meses, mas agora era notícia de primeira página. Woolbright era a resposta. Indiciado pelo júri de instrução de Los Angeles, ele se entregou em sua fazenda e foi mandado de volta a Los Angeles, para julgamento.

Enquanto isso, um jornalista ousado, Michael Drosnin, que fora preso na Times Square com Abbie Hoffman por vender cocaína (foi solto quando um editor disse que ele estava pesquisando uma história), escreveu uma matéria sobre o roubo no liberal *New Times*. Ofereceu à polícia de Los Angeles, segundo o ex-presidente do Comitê Nacional Democrata, Larry O'Brien, informações sobre figuras do submundo se eles lhe dessem informações sobre Woolbright; eles recusaram. Ele importunou O'Brien fazendo perguntas sobre Watergate ao ponto de O'Brien expulsá-lo de sua sala. No mesmo dia em que o júri foi deliberar no julgamento de Woolbright ele anunciou que estava oferecendo os documentos da rua Romaine a editores de Nova York ao preço mínimo de 100 mil dólares. Nem o promotor assistente que acusava Woolbright nem o advogado de defesa Richard Kirschner reconvocaram o júri diante dessa nova evidência. Quando Woolbright foi condenado, o julgamento foi anulado, pois o juiz teria direcionado o veredicto; um ano depois Woolbright foi julgado de novo. O processo foi arquivado quando o júri não conseguiu unanimidade. De novo Drosnin não foi chamado como testemunha.

Ele publicou *Citizen Hughes* pela Holt, Rinehart and Winston em 1985, cheio dos documentos, que agora alguém tinha datado individualmente — uma prática que Hughes jamais seguiu — numa imitação da letra de Hughes, para lhes dar mais credibilidade. O pessoal de Hughes na Summa (nessa época Hughes já estava morto) não o processou por violação de direito autoral. Mas Robert Maheu o fez; o processo foi julgado improcedente quando a Summa apoiou a objeção da Holt e de Drosnin dizendo que ela era a dona dos direitos, e não Maheu.

Pelo menos uma pessoa envolvida com a corporação Summa sabia demais, e mais tarde pagou o preço por isso. Bobby Hill era um especialista em escuta eletrônica que tinha atuado como segurança da Summa e ajudado a montar os sistemas da rua Romaine; ele também trabalhava no departamento de polícia, onde um de seus contatos era o chefe Jack Egger, que anteriormente fizera parte do círculo mais íntimo de guarda-costas de Hughes.

Numa noite de julho, dois anos e um mês depois da invasão, ele foi encontrado com um tiro na nuca e duas cerejas enfiadas na boca, em seu apartamento em Burbank. Dois de seus parceiros que trabalhavam para sua firma de segurança, sob contrato com a Summa, foram acusados do crime. Por acaso eles tinham ajudado no falso roubo de pelo menos um dos escritórios de Hughes, em Encino. Um dos homens recebeu pena de prisão perpétua.

Quando se descobriu que Egger era ligado a Hill, ele se demitiu da polícia; seu testemunho no tribunal resultou na prisão perpétua do assassino. Algumas pessoas duvidaram da sinceridade de Egger; mas ele não foi interrogado pelo juiz.

Quando os arquivos de Hill foram obtidos, descobriu-se que ele era ligado intimamente de várias maneiras ao império Hughes; viera retirando dinheiro ilícito, lavado, da conta da Rosemont, a subsidiária especial montada para proteger os direitos editoriais de Hughes, no Union Bank na Suíça. O dinheiro da conta foi usado pessoalmente por Hughes para comprar um jato para a TWA em 1967; parte foi usada por funcionários para trazer heroína do México. Era óbvio por que Bobby Hill tinha de ser descartado. Depois de dois anos ele iria falar.

No verão de 1974, depois do "roubo" da rua Romaine e antes que este fosse parar nas manchetes, Hughes estava inquieto. Será que John Meier — ainda perseguido pela lei — e Hank Greenspun — ainda o chefão do *Las Vegas Sun* que o odiava — poderiam ficar sabendo?

Durante todo o ano de 1974, segundo acusações feitas pelo primo William Lummis e o Espólio de Hughes em 1978, houve um conflito com relação ao uso de drogas por parte de Hughes. Um dos seus médicos, o Dr. Norman Crane, queria interromper a administração, e escreveu a Hughes em janeiro falando sobre isso, que as dosagens estavam acima do limite legal. Hughes precisava delas para aliviar a dor constante, disseram Bill Gay e Kay Glenn a outro médico de Hughes, o Dr. Lawrence Chaffin. Eles estavam preocupados e tentaram fazer com que Chaffin escrevesse a todos os médicos que estavam na folha de pagamentos de Hughes para que continuassem com o fornecimento, mas os médicos recusaram. Por quê? A acusação feita por Lummis era de que Hughes estava sendo drogado além da necessidade analgésica; que estava sendo manipulado e incapacitado de controlar seus negócios. Walter Kane, há muito tempo fora da folha de pagamentos de Hughes, fez uma declaração sob juramento em abril dizendo que Gay e Glenn tinham lhe pedido para arranjar uma fonte mexicana para as drogas. Finalmente o mórmon Dr. Walter Thain, cunhado de Bill Gay, concordou em ajudar.

Ainda que a interpretação de Lummis fosse sinistra, e compartilhada por amigos de Hughes como Jack Real, para o observador objetivo a ameaça de tirar as drogas de Hughes parece pior. Sem codeína e Valium, sua agonia seria indescritível. Os terminais nervosos expostos, os dentes e as gengivas dolorosamente podres, os músculos retorcidos e torturados, os tumores e a devastação parecida com AIDS deviam ser insuportáveis, e é provável que ele cometesse suicídio.

Thain concordou em dar diariamente sete gramas de codeína a Hughes. Um pacote lacrado seria entregue a cada sexta-feira às oito da manhã. Chegando a Freeport em 16 de agosto de 1974 ele obteve a assinatura de Hughes num documento aprovando as drogas. Naturalmente Hughes concordou com isso; assim remove-se a teoria de que ele era drogado contra a vontade. Dado seu temperamento e o sofrimento, a declaração freqüentemente repetida de que ele teria aceitado um processo de desintoxicação é inadmissível. Esse processo poderia tê-lo matado.

Mas como resultado da recusa do Dr. Crane em continuar com as drogas Hughes ficou irritado com ele. Acusou-o de roubar drogas de um armário. Gritou com seus auxiliares:

— Aquele palhaço! Eu sei quem pegou! Aquele palhaço do Norman, e ninguém vai me convencer do contrário. Eu sei que foi ele que pegou!

Mas não demitiu Crane.

Hughes ficou tão contente com Thain por ter lhe dado o alívio pelo qual ansiava que ofereceu, em 22 de outubro de 1974, o cargo de chefe da diretoria do Howard Hughes Medical Institute. Mas não o nomeou presidente. Temendo que Hughes pudesse demiti-lo, Thain, com sensatez, obteve um contrato de um ano, a partir de 1º de janeiro de 1975.

Por algum motivo seus inimigos consideraram maldoso esse pedido. Mas por que um homem agonizante não daria o sol, a lua e as estrelas ao salvador que acabava com as dores? E por que esse doutor não desconfiaria de seu paciente desesperado, que raramente mantinha uma promessa e mudava de idéia constantemente?

Thain assumiu o controle de muitos negócios de Hughes, com a aprovação dos auxiliares do doente. Esteve em Salt Lake City em 30 de janeiro de 1975 discutindo com Bill Gay e Kay Glenn futuros contratos de emprego que Hughes deveria assinar. Os registros de Thain mostram esforços repetidos para que Hughes desse a aprovação. O que havia de errado nisso? Hughes não quereria demitir sua diretoria executiva, que sabia de todos os seus segredos perigosos e cuidava de incontáveis assuntos dos quais ele não podia tratar. Hughes tinha medo de que uma caixa de Pandora pudesse ser aberta se ele desse a alguém o direito de cuidar de seus negócios. Ao aprovar o papel especial de Thain como encarregado ele manteria a tampa da caixa firmemente fechada. Hughes recuou repetidamente, mas por fim, em setembro, cedeu aos pedidos de Thain para fazer o seu contrato e os outros.

Por que Hughes não deveria ser forçado? Ele era capaz de deixar todo mundo sem contrato e sem leme. Os auxiliares tinham garantido 100 mil dólares por ano, e até mais, com Bill Gay, e se Hughes cancelasse os contratos ou se recusasse a renová-los, eles estariam trabalhando como massagistas, manobristas ou carpinteiros. E será que eles não mereciam esse dinheiro, preservando a urina dele em vidros de conserva, suportando dia e noite seus filmes ensurdecedores, passados no volume máximo quando Hughes jogava longe o aparelho auditivo, aparando suas unhas de Fu Manchu, cortando seu cabelo, suportando seu fedor e seu egoísmo, sem jamais uma pergunta a respeito deles, de suas esposas, de suas famílias — um homem sem um pingo de interesse pela vida daqueles serviçais?

No processo de Lummis em 1978 contra Gay, Glenn e os outros, inclusive os auxiliares, era declarado erradamente: “Thain manipulava Hughes implacavelmente, obrigando-o a conceder contratos de emprego.”

Segundo as alegações feitas por William Lummis no processo de 1978 — e apoiadas hoje em dia por Jack Real —, Gay e os auxiliares decidiram afastar Real da beira da cama de Hughes. Eles o mantinham longe — isso foi dito, num depoimento juramentado, pelo auxiliar George Francom — trocando as fechaduras das portas. Bloqueavam os memorandos de Hughes para Real. Quando Hughes perguntava por Real, eles se recusavam a dizer que Real estava lá. Francom não gostou disso, e Bill Gay e Kay Glenn o acusaram de ser “menos do que um homem”. Mas logo Real estava de volta.

Como pode ser explicado que existam memorandos nos arquivos do Espólio de Hughes mostrando que desde o início de 1974 até o fim de 1975 Hughes estava continuamente ativo e dando ordens, que estava recebendo conselhos de Gay e de seus auxiliares e que, notavelmente, estava no controle de muitas coisas? Vejamos:

Em 27 de janeiro de 1974, Hughes redigiu um documento nomeando Moses Lasky, James Wadsworth e Samuel S. Lionel como seus advogados no caso da Air West.

Durante todas as audiências do processo da Air West em junho ele estava em contato constante com Chester Davis e pediu que este mudasse o nome Summa para HRH Properties; repetidamente pedia os relatórios de progresso. Davis lhe mandava memorandos, que ele lia, sobre seu continuado interesse pela Lockheed depois da opção no negócio dos L-1011-2 ter expirado. Ele foi mantido a par, e aprovou, a decisão de Kay Glenn para comprar um JetStar 5118 corporativo da Qualitron, ao preço de 1.165.000 dólares. Glenn o aconselhou a não alugar jatos no futuro, já que ele precisava de uma dedução de impostos; ele obedeceu. Glenn também o aconselhou a não reter o 5118 em terra, e ele não o fez. Os documentos mostram que ele era mantido totalmente a par das questões das aeronaves.

Em 17 de janeiro de 1975, Hughes aprovou o aluguel de um terreno com a FAA, a longo prazo, para a torre de controle do aeroporto North Las Vegas; ordenou a solução de um problema legal no Desert Inn, que estava tendo prejuízo. Também em 17 de janeiro, Real, Chuck Waldron e George Francom assinaram um documento para Bill Gay informando que Hughes instruiu Real a agir para garantir que fosse mantido seu monopólio no controle impróprio do aeroporto de Las Vegas; Hughes encomendou um hangar para os L-1011 e os DC-8 e um armazém, que deveriam "ser secretamente planejados e construídos em nossa propriedade, de cada lado da área dos jatos com o objetivo de impedir os procedimentos de condenação". Isso era Hughes puro e simples.

Na época a venda do aeroporto North Las Vegas (Campo Thunderbird) a Hughes foi seguida pela retirada dos operadores existentes, assim eliminando a venda de aviões Piper e Mooney. Entre 1967 e 1969 as autoridades do condado cederam 62 hectares do aeroporto McCarran, aumentando o monopólio, e a Hughes Tool comprou a empresa de vendas Beechcraft e cortou totalmente essa linha de aeronaves.

Ao se tornar o vendedor exclusivo dos Cessna e cortando todas as outras aeronaves, além de conseguir uma parte da venda de combustível de aviação, em 1975 Hughes controlava as operações aéreas de Las Vegas; foram estabelecidas leis determinando padrões operacionais tão elevados que somente Hughes podia alcançá-los.

Em 28 de fevereiro de 1975, Hughes deu outra vez instruções para recomprar o Black Forest Inn, o Three Fountains, o Travelodge e o restaurante Grace Hayes, dos quais tinha opção de compra há muito tempo. Queria completar as compras antes de tornar o Sands o maior hotel de Nevada. Construiria um Sands North e um Sands West do outro lado da rua, no local do Castaways Casino e ao sul dele. O Desert Inn iria se expandir e se tornar uma propriedade de primeira. Essas instruções começaram a ser implementadas por Kay Glenn.

Retirou Mickey West do posto de advogado encarregado de questões tributárias e aprovou Larry Sikes como substituto. Autorizou a Hughes Aviation a comprar a King Aircraft. Isso substituiria os Cessna que atualmente levavam o pessoal da empresa de Miami para Freeport. Os Cessna seriam trocados.

No mesmo dia Hughes ordenou a construção de uma nova estação da KLAS TV em Las Vegas. Deveria ser construída no mesmo local por motivos históricos; durante a construção funcionaria em locais temporários que ele especificou meticulosamente, mostrando um conhecimento incrivelmente atual da geografia da cidade de Las Vegas, ao sul de uma igreja ou na "propriedade Felcher". Queria quatro estações de transmissão móveis, todas idênticas; a nova estrutura deveria ser "um prédio retangular padrão". Não deveria conter auditório nem palco, já que achava que a sala de espetáculos do Desert Inn poderia ser usada para isso. Aprovou os estúdios para o prédio.

Diante de sua condição extremamente precária, é incrível que Hughes tivesse tanta vida.

Começou a demonstrar interesse em ir a Acapulco, onde queria comprar a casa de Merle Oberon e o hotel Princess, também de propriedade de Daniel Ludwig. Mas primeiro, como para ele era claro que estava morrendo, deveria haver um testamento. E então ele se tornou realmente diabólico.

De novo o mito de que Hughes era uma marionete de seus auxiliares pode ser facilmente descartado; ele enganou a todos na questão do testamento. É verdade que ele não sabia dos enormes salários de 100 mil dólares por ano — nesse aspecto, pelo menos, os executivos tinham posto uma venda em seus olhos. Mas ele os enganou e aos médicos quando disse que cuidaria deles pelo resto de suas vidas.

Provocou Nadine Henley com a idéia de deixar todo o dinheiro para o Instituto Médico — isto é, livre de impostos e essencialmente para a CIA, da qual o instituto continuava sendo uma fachada. Falou de testamentos preparados em 1938 e nos anos 40; e disse que esses substituíam seu testamento anterior, de 1928, feito quando os pais morreram. Naquele verão mandou um memorando mentiroso ao auxiliar Howard Eckersley, dizendo que tinha redigido um documento com o advogado Neil McCarthy. Deu a Nadine Henley pelo menos dois testamentos para serem datilografados, citando-a como beneficiária, depois deixou de assiná-los.

Johnny Holmes mandou um memorando dizendo que, se ele não assinasse um testamento, poderia ser achado um antigo deixando dinheiro para Noah Dietrich. Hughes ficou furioso.

— Imagine se eu vou deixar um tostão para aquele filho-da-puta!

Chuck Waldron pediu que Hughes assinasse um documento certificando-se de que ele não sofresse, junto com a família, quando o patrão morresse. O que isso importava a Hughes? Ele gostava de torturar os auxiliares com promessas. Nunca tinha mostrado interesse pela vida pessoal dos empregados; não se importava com as esposas e os filhos deles; sua vida era sem amor e vazia. Quando um auxiliar falou que sentia saudade da mulher, Hughes disse que ele deveria encontrá-la em algum lugar, passar a noite com ela num motel para satisfazer o desejo e voltar no dia seguinte. Não podia imaginar que alguém quisesse mais de um cônjuge do que uma trepada rápida.

— Por que você iria querer mais do que isso? — disse ao auxiliar.

Mas agora seu ser egoísta não sabia nada de amor, de ternura, de companheirismo. Até mesmo a ida de um empregado ao dentista ou ao médico lhe era incompreensível, porque o afastaria dele. Agora que não tinha proximidade com ninguém, por que seus auxiliares deveriam ter? Imaginava que dormissem quando não estavam com ele; freqüentemente gritava: "Acorde-os!", mesmo no meio do dia, e não podia acreditar quando ficava sabendo que seus homens tinham saído para jantar. As pessoas não existiam quando não estavam no quarto com ele.

Jamais um auxiliar lhe diria: "Tenho de ir para casa." Cerimônias de formatura, cirurgias de esposas, acidentes em casa — nada disso ousavam levar a ele. Entregavam-lhe a vida tão completamente como se estivessem num mosteiro. Quando traziam mulheres e filhos, estes jamais tinham permissão de se aproximar dele; Hughes continuava morrendo de pavor de crianças — e de cães e gatos.

Agora realmente podia mostrar que não se importava com nada: iria se certificar de que seu pessoal não ficaria com nada quando ele se fosse. George Francom sondou-o para saber onde seu testamento estava escondido.

— Você não acha que eu vou lhe dizer, acha? — respondeu Hughes.

Em setembro a diretoria da Summa se reuniu na propriedade de Chester Davis perto de Unadilla, Nova York. Bill Gay, Nadine Henley, Levar Myler e John Holmes se sentaram em volta da mesa com Davis na cabeceira e Kay Glenn e Jack Real mais adiante, para pensar nos futuros contratos dos auxiliares.

Davis ligou para Hughes (provando que a diretoria não estava agindo sem o conhecimento dele) pedindo que ele aprovasse os contratos da equipe. Hughes objetou, mas foi vencido. Nem ele ousaria se recusar a pagar dinheiro ao seu pessoal no futuro: eles poderiam abandoná-lo; provavelmente abandonariam. O fato de ele ao menos contestar é, para dizer pouco, chocante. Perguntado por Davis sobre o testamento, Hughes mentiu dizendo que havia um assinado.

— Eu vou atualizá-lo com um codicilo — provocou.

Nadine Henley mandou-lhe uma carta lembrando que ela tinha um testamento antigo sem assinatura, citando Noah Dietrich como testamenteiro. Será que ele não quereria mudá-lo? Hughes ficou furioso com o intrometimento dela, mas prometeu, malévolo, alterar o documento e assiná-lo. Não tinha intenção de fazer nada do tipo.

Como deve ter rido sozinho nas horas escuras da noite! De que modo absoluto estava no controle de seus executivos e auxiliares, e não o contrário! Sabia que o testamento citando Dietrich como testamenteiro era inválido sem sua assinatura. Sabia que a rescisão do testamento de 1928 valeria. Não deixaria nenhum testamento, jamais; aqueles desgraçados podiam ferver no suco de sua cobiça até que o inferno congelasse. Mas ele poderia ter cuidado pelo menos de Jack Real e Gordon Margulis. Nem para esses bons amigos deixou alguma coisa, e Real passaria o resto da vida protegendo sua imagem.

Bill Gay levou os pertences de Hughes da rua Romaine para Houston. Hughes vinha pensando há algum tempo nos problemas levantados pelo roubo simulado em junho, e, com a aproximação do julgamento de Woolbright, alguma coisa poderia vir à luz. Seus velhos registros, junto com itens nostálgicos, cópias de seus filmes, projetos e troféus de vôo foram levados a Houston. Os documentos que tinham sido levados para Freeport e não foram destruídos ficaram também trancados em Houston.

No fim daquele verão Hughes estava ativo. Falou em colocar estações de recepção de TV na maior parte das ilhas das Bahamas; comprou três barcos de pesca para uso da sra. Lynden O. Pindling, mulher do primeiro-ministro, para trazer peixe para a fábrica de refrigeração que ela possuía na ilha Andros; deixou Chester Davis planejar um hangar especial no aeroporto para seu uso, e uma casa de praia no terreno do Xanadu Princess, numa ilha artificial cercada de água.

Planejou estabelecer uma Air East, filial da Air West, na ilha Grand Bahama, para trazer excursões de turistas, com *charters* para a Europa. Começou a pensar (de novo) em comprar hotéis de Ludwig nas Bermudas e em Acapulco. Acrescentaria um cassino ao Xanadu Princess. Contou ao Dr. Thain mentiras sobre seus sonhos de que o Instituto Médico "faria pelas pessoas tanto quanto a descoberta da penicilina". Disse que não queria que Thain se concentrasse na pesquisa do câncer e das doenças cardíacas, que recebiam muitas verbas, e sim em doenças genéticas e metabólicas, como o diabetes. Queria estabelecer um prêmio para a pesquisa, comparável ao Nobel.

Violou sua regra usual e falou com Thain sobre os pais e o amor que sentia por eles, e sobre a invenção da broca por Bo Hughes; sobre os vôos ao redor do mundo; as mulheres que amou. Disse que ainda adorava Jean Peters.

Thain o encorajou a se mudar para Acapulco e comprar o hotel Princess de lá, segundo Thain, porque "cada vez que ele se movia, era uma influência ativadora". Thain tentou mais do que qualquer outro médico, mas em vão, levar Hughes a um dentista para arrancar os dentes frouxos e podres e tratar das gengivas e do maxilar. Tentou fazer com que ele andasse; Hughes podia, mas não queria.

— Eu o tratava como trataria qualquer paciente num hospital do interior, que chega com dentes ruins e o quadril fraturado — disse Thain mais tarde.

A cada mês Hughes recebia declarações de lucros e perdas de suas empresas. Quando o ano ia terminando, em 4 de dezembro, deu instruções a Bill Gay, através de Howard Eckersley e Chuck Waldron, dizendo que não deveria ser feito qualquer ajuste de salários sem sua aprovação. Se os auxiliares o estivessem controlando, sem dúvida esse memorando jamais seria enviado. Eckersley e Waldron o assinaram.

Em 9 de dezembro revisou as plantas da KLAS em Las Vegas e fez determinadas exigências: o novo estúdio ofereceria serviço 24 horas por dia, sete dias por semana (não tinha esquecido sua irritação com o antigo corte de transmissões à meia-noite). Haveria uma central elétrica e de ar-condicionado de reserva, e seriam instalados cabos até a sala de espetáculos do Desert Inn. Chuck Waldron assinou o memorando.

Quando o advogado do espólio Hughes, o primo William Lummis, processou Thain, o Dr. Crane e vários auxiliares devido ao controle sobre Hughes, em Nevada, e depois em Los Angeles no final dos anos 70, o processo não resultou em sentença de culpado, e sim num acordo proposto pelo escritório de Lummis.

Mais tarde Johnny Holmes disse que Hughes falava em fazer o vôo para o México no dia que ele agora acreditava ser o do seu septuagésimo aniversário, 24 de dezembro, dizendo que pilotaria um avião de testes. Holmes discutiu o plano com Real, mas Real disse que não conseguiria uma aeronave adequada. Chester Davis sugeriu que Hughes poderia fazer uma reunião com velhos amigos no aeroporto, antes de decolar.

O plano da festa fracassou, ainda que Hughes tenha pensado seriamente em convidar Cary Grant. Hughes conversou com o auxiliar Johnny Holmes sobre outros planos: voltar a Vancouver depois do México, de lá ir de novo a Londres e voltar a Freeport. Tudo isso está documentado num depoimento feito por Holmes em 1977. Os autores Barlett e Steele, que examinaram o documento, escreveram em seu livro *Empire*: "Alguém da hierarquia de Hughes, por motivo não facilmente discernível, decidiu que seria melhor que Hughes passasse os últimos dias no México." Isso é absurdo.

Em 10 de fevereiro de 1975, Hughes e seu séquito viajaram num BAC II inglês a Acapulco. Em 6 de janeiro o presidente Somoza tinha lhe mandado uma mensagem de feliz Ano-Novo e o pedido de que ele voltasse a Manágua. Hughes respondeu em 6 de março com um bilhete caloroso e característico, dizendo que esperava explorar oportunidades de negócios na Nicarágua outra vez. Enquanto isso, acomodou-se na suíte do Princess, a dois mil dólares por dia, com os quartos escuros lacrados por compensado e cortinas pretas.

Servindo-o estavam George Francom, Chuck Waldron, John Holmes e Gordon Margulis; Jack Real não era mais mantido de fora da vida de Hughes, metafórica ou fisicamente, e era uma presença vigilante. O Dr. Wilbur Thain, até tirar licença e ir para Logan, Utah, e daí para as Bahamas e Miami, estava lá; o Dr. Norman Crane e o Dr. Lawrence Chaffin também estavam presentes. Hughes não admitia enfermeiras na suíte; sua misoginia se mostrava de novo.

Até pelo menos o final de março ele estava continuamente tramando e negociando, "alerta, brilhante e insolente", segundo Thain, apesar da condição precária e de pesar menos de 45 quilos. Reclamava o dia inteiro do sofrimento físico, apesar de estar o mais sedado possível. Durante mais de cinco anos suportou o sofrimento da artrite, sempre que passava o efeito dos remédios; tinha uma forte dor nervosa no pescoço, nos ombros e nas costas; os discos comprimidos da coluna eram insuportáveis; a dor nas gengivas e nos dentes continuava e era inevitável. Os médicos estavam num dilema, com medo de exceder as doses legais de codeína e analgésicos mas não querendo enfrentar sua ira caso afastassem as agulhas. Nos esforços para injetar analgésicos em si mesmo quando os médicos e os auxiliares não estavam olhando, ele quebrava uma agulha depois da outra nos braços e nas coxas.

Nunca fora um bom paciente, e agora era insuportável: exigente, controlador, gritando com todo mundo. Em 1° de março saiu da cama sem ajuda; tinham-lhe dito para chamar assim que quisesse se levantar. Ele tropeçou desajeitado e caiu, cortando o feio tumor que desfigurava o topo de sua cabeça.

A ferida sangrou profusamente; ele se recusou a usar curativo ou a deixar que o ferimento fosse costurado. Estava com a aparência horrenda, a ferida terrível aberta e vermelha. Implorou a Crane outra droga para aliviar a agonia. Crane recusou. Então ele tentou com Chaffin, que também recusou. Reclamou com Crane:

— Chaffin é um homem de faca, tesoura e martelo. Não acredita em medicação, nem você!

No dia seguinte, Hughes disse a George Francom que sentia muito; Francom, por sua vez, disse a Chaffin, mas tipicamente Hughes não pediu desculpas pessoalmente ao médico. Entretanto ligou para Chaffin e conversou sobre os velhos tempos que os dois haviam compartilhado; os dias da estrada Muirfield, da queda do avião em Beverly Hills, de Katharine Hepburn.

De algum modo, desafiando todo mundo, Hughes conseguia contrabandear de vinte a trinta aspirinas por dia para a suíte, através de um auxiliar. Elas ajudavam a diminuir a dor quando os médicos reduziam a dose de codeína a 4 cc. Ele reclamava cada vez mais alto sobre o calor pegajoso que o inadequado sistema de ar-condicionado do Princess não conseguia aplacar. Jamais olhava pela janela, para os luxuriantes jardins tropicais do hotel.

No fim de março, Hughes ficou mais irritadiço do que o normal. Entrou em choque com um dos auxiliares, Chuck Waldron; sempre gostara de Waldron, e quando a filhinha de Waldron se afogou, ele, pela primeira vez, demonstrou sentimentos humanos. Mas agora, a cada vez que Waldron lembrava que alguns documentos precisavam ser examinados, Hughes ficava furioso; por fim Waldron falou com rispidez:

— Por que eu devo ficar longe da minha família ajudando você a colocar seus negócios em ordem? Prefiro ir para casa.

Hughes gritou com ele e Waldron gritou de volta.

Para Waldron nunca fora fácil fazer com que Hughes cuidasse de qualquer coisa, não porque este não estivesse no controle de tudo (Waldron declarou que estava) mas por causa das protelações.

Hughes começou a falar em comprar uma mansão multimilionária em Houston e autorizou subornos a vários políticos.

Em 3 de abril, tornou-se óbvio que ele estava muito mal. Parou de comer depois de vários dias beliscando debilmente a comida; as gengivas sangravam muito, e ele pode ter engolido dentes soltos.

Às 15h, George Francom sofreu um choque. Descobriu que Hughes estava aparentemente cego. Quando balançou a mão diante dos olhos dele, não houve qualquer reação. Uma das infecções mais insidiosas do HIV é a retinite por citomegalovírus (CMV), que em alguns casos provoca cegueira rápida. Além disso Hughes estava sofrendo delírios e incoerente, balbuciando com intervalos de lucidez, outro sintoma clássico. Mas ainda não há provas de que ele tivesse AIDS.

Francom ligou para o Dr. Crane, que fez um rápido exame. Descobriu que Hughes estava em choque, com a pulsação rápida; a pressão sangüínea era baixa (10 por 6); estava suando, frio e pegajoso. O Dr. Chaffin preparou uma injeção de 1.400 cc de glicose diluída a 5% em água, para manter o nível de açúcar, e aplicou no braço esquerdo. A pulsação ficou mais lenta, mas ele ainda não demonstrava qualquer sinal de reconhecimento.

Às 16h, Hughes entrou em delírio, falando nervoso, incoerentemente, sobre uma apólice de seguro de vida. Seria a demência comum relacionada à AIDS? Recusou água e comida; fez um débil esforço para aplicar uma injeção em si mesmo; o Dr. Crane tirou a seringa de sua mão. Ele implorou a George Francom para enfiar a agulha; Francom não quis. Hughes se vingou; retomando a consciência subitamente, voltou a ser quem era. Chuck Waldron entrou com um formulário de procuração, que ele deveria assinar deixando os figurões de seu império usar suas contas como quisessem. Hughes se recusou. Mesmo que estivesse morrendo, e ele devia saber disso, ninguém jamais lhe arrancaria nada.

Naquela tarde, depois de muita hesitação, os médicos chamaram um especialista local, o Dr. Victor Montemoya, para um diagnóstico. Hughes conseguiu expelir um fio de urina para ser examinada; Montemoya achou que o paciente estava muito desidratado. Não recomendou a hospitalização em Acapulco porque a clínica local tinha ar-condicionado ruim e era primitiva.

Sugeriu que Hughes fosse levado para os Estados Unidos. O Dr. Thain cancelou uma viagem à Guatemala e veio imediatamente. Era domingo, 4 de abril.

Quando chegou, Thain viu que Hughes deveria ser levado imediatamente a um hospital americano. Ele tinha uma aparência medonha; estava comatoso; coberto de marcas de agulhas; o ferimento na cabeça era hediondo; a pele estava mais cinzenta e frouxa do que nunca; os músculos estavam finos e frouxos.

Além de injeções de glicose com água, que tinham sido administradas desde o início do coma, Thain ordenou duas aplicações intravenosas de Solu-Cortel, para impedir que Hughes morresse de edema cerebral. Na época Thain não sabia que as doses de aspirina tomadas por Hughes provocavam uma necrose dos rins que o estava matando.

Jack Real recebeu a tarefa de achar um avião para levar Hughes a Houston. Nenhuma aeronave tinha sido trazida às pressas de Los Angeles; quando foram feitos esforços para alugar um avião local, o dono não pôde ser encontrado, pois estava pescando, e o piloto não podia aceitar o aluguel. Real alugou de novo o Learjet que tinha trazido Thain de Miami.

Na manhã do dia 5 Hughes partiu em sua última viagem. Seus auxiliares o carregaram numa maca até um furgão, e daí ao aeroporto, para o avião que esperava.

É claro que os auxiliares sabiam que Hughes morreria logo, porque só um se ofereceu para viajar com ele ao Texas. Os doutores Thain e Chaffin e Johnny Holmes estavam na viagem final. Seus homens simplesmente o colocaram na maca no piso da cabine. Os médicos se revezavam monitorando a pressão sangüínea, o pulso e a respiração. O piloto fez uma rota direta para o norte, em boas condições de tempo, num céu azul sem nuvens.

Às 13:25 Thain observou que os olhos de Hughes estavam ficando vítreos; a pulsação parou. Tentou ressuscitá-lo, sem sucesso. Disse ao Dr. Chaffin que não havia sinais vitais. Misericordiosamente Hughes não tinha acordado, e não sabia o que estava acontecendo. Não havia saído do coma que durava dois dias. Era o que ele quereria; com seu dinheiro e seu poder, tinha realizado todos os desejos, menos o de ficar livre da dor, e agora esse desejo se cumpria. Era adequado ele ter morrido numa cabine de avião; aquela acomodação anti-séptica, sem vida e sem charme sempre fora seu habitat predileto. A roda de sua vida tinha completado o círculo, agora, finalmente, ele estava a caminho de Houston, onde passara a infância. Logo seria enterrado perto dos pais que o tinham deixado quando ele era muito, muito jovem.

Pós-escrito

Apenas vinte minutos após a morte de Hughes, o piloto do Learjet pousou no Aeroporto Intercontinental de Houston. O Dr. Thain e o Dr. Chaffin tinham telefonado naquela manhã para que Hughes fosse levado imediatamente ao Hospital Metodista de Houston, e esse plano não foi modificado. No necrotério no subsolo do hospital o Dr. Jack L. Titus descobriu que os membros do cadáver ainda estavam flexíveis; o *rigor mortis* ainda não havia se estabelecido, e dada a temperatura isso ainda demoraria algumas horas. Titus determinou que Hughes estava com apenas 42 quilos e totalmente desidratado.

Titus informou ao parente mais próximo de Hughes, a mãe da irmã dele, Annette Lummis, e ao seu filho William; a sra. Lummis não teve certeza de que o morto era seu sobrinho, mesmo depois de o cadáver ser identificado, e insistiu numa autópsia total. O Dr. Joseph A. Jachimczyk, encarregado, confirmou a opinião de Titus, de que a causa da morte era a falência aguda dos rins, combinada com a desidratação. Encontrou provas de câncer, não somente no couro cabeludo mas também na próstata, fato que jamais foi tornado público na ocasião ou mais tarde. De modo significativo, declarou que o cérebro de Hughes não estava deteriorado e, estranhamente, acrescentou que o dono era "muito inteligente".

Em 7 de abril, Hughes foi enterrado na presença de Annette e William Lummis, além de um punhado de outras pessoas, junto de seus pais, numa cova modesta no cemitério Glenwood.

Seu espólio foi avaliado em cerca de 650 milhões de dólares; muitos outros milhões tinham sido perdidos através da administração ruinosa. Circularam teorias de que ele fora assassinado; de que um médico, ou um dos seus auxiliares, ou um agente da CIA, tinha injetado uma dose fatal de codeína quando ele estava em coma. O problema com essa teoria é que tanto os médicos quanto os auxiliares teriam mais a ganhar se ele estivesse vivo; estavam contratados recebendo 100 mil dólares ou mais — um valor muito maior, em dinheiro de 1990. Os médicos poderiam ter ganhado quantias semelhantes em consultórios particulares, mas os auxiliares eram trabalhadores humildes antes que Hughes os contratasse. A teoria da CIA é igualmente infundada. A CIA tinha todos os motivos para manter vivo seu antigo e principal fornecedor de armas secretas.

A verdade é que a única injeção administrada a Hughes em seu coma foi a dose perfeitamente legítima de Solu-Cortel dada pelo Dr. Thain, destinada a impedir que ele tivesse um edema fatal do cérebro.

Deixados em Acapulco, os auxiliares Chuck Waldron, Eric Nundy e Clyde Crow foram acusados de falsificar a assinatura de Hughes em documentos necessários para um visto de entrada quando haviam chegado ao México em janeiro. De novo ninguém acreditaria que Hughes era capaz de agir por livre vontade; de novo provou-se que a assinatura era genuína. Chuck Waldron chegou a ser preso brevemente por causa disso, vítima do mito de um Hughes desamparado.

Depois de muita briga entre parentes e advogados, foi decidido que Annette e William Lummis eram os que tinham mais direitos de administrar o espólio confuso; e juízes no Texas, na Califórnia e em Nevada assim determinaram. Seguiu-se uma busca desesperada por um testamento válido e assinado, o que consumiu centenas de milhares de dólares. Hotéis, prédios de apartamentos, mansões onde Hughes tinha vivido foram revistados. O paranormal Peter Hurkos foi contratado; pediu uma peça de roupa de Hughes, mas nenhuma foi encontrada, e ele desistiu. Foi feita uma declaração (repetida por Barlett e Steele em *Empire*) de que Hughes andava nu há anos. A verdade é que seus trapos imundos tinham sido queimados; não restaram sequer os sapatos ou o chapéu da sorte. Nenhum testamento válido foi encontrado na época ou depois.

Vinte e dois primos de Hughes começaram a lutar para obter uma parte da fortuna; centenas de outras pessoas se juntaram à refrega. A líder do contingente de primos era a filha adotiva de Rupert Hughes, Avis McIntyre, ex-sra. John Monk Saunders, que representou um papel tão significativo no início da vida de Hughes. Advogados surgiram em toda parte, alguns afirmando representar pessoas mentalmente incapazes. Foram feitas afirmações fantásticas de que o pai de Hughes não era seu pai; que sua mãe era Annette Lummis — que era criança quando ele nasceu; que ele era um de trigêmeos, ou metade de uma dupla ou duas duplas de gêmeos idênticos... o absurdo continuou sem parar.

Em 27 de abril, diante do juiz Jeil Lake, do Tribunal Superior, três netas de Rupert Hughes — Agnes Roberts, Elspeth de-Pould e Barbara Lapp Cameron — tentaram arrancar o controle do espólio de Richard Gano, na Califórnia, e fazer com que ele fosse gerido pelo administrador do condado Bruce Altman. Não conseguiram. Avis e Rush Hughes fizeram reivindicações. E então aconteceu uma coisa espantosa.

Na tarde de 27 de abril, na mesa da sede mundial da Igreja Mórmon em Salt Lake City, foi encontrado um testamento datado de 19 de março de 1968. Era endereçado ao falecido David O. McKay, presidente da igreja, com uma carta supostamente assinada por Hughes. Mal escrito, dizia que seus bens deveriam ser divididos entre o Instituto Médico Hughes, a Universidade do Texas, o Instituto Rice, as Universidades de Nevada e da Califórnia, a Igreja Mórmon, David O. McKay, um orfanato, a federação dos escoteiros, Jean Peters, a primeira esposa Ella Rice, William R. Lummis, Melvin DuMar e seus auxiliares; o Spruce Goose seria dado à cidade de Long Beach, e Noah Dietrich seria o testamenteiro.

A última frase revelava tudo; Hughes detestava o apelido Spruce Goose dado ao malfadado hidroplano, e desprezava e havia demitido Noah Dietrich. Se alguém fosse seu testamenteiro em 1968, seria Robert Maheu.

Quem era Melvin DuMar? Por acaso era Melvin Dummar, um frentista de posto de gasolina em Utah, que apareceu com uma história fantástica. Disse que em janeiro de 1968 vinha dirigindo de Tonopah, local do casamento de Hughes, para Beatty, quando achou um mendigo velho e espancado caído ao lado da estrada, vestido com calças largas e tênis. O sujeito pediu para ser deixado no hotel Sands, e Dummar fez isso. O sujeito era Hughes.

Dummar ficou famoso da noite para o dia; um editor de livros de bolso queria a história de sua vida; a MCA-Universal falou em fazer um filme e o levou a Hollywood com a esposa para uma estada no hotel Beverly Wilshire; editores de música o perseguiam pedindo suas canções.

Noah Dietrich declarou que o testamento era genuíno. Bem como o número usual de especialistas grafotécnicos. Mas logo a ficha caiu. Era óbvio que Hughes escrevia direito e jamais teria redigido o nome de seu primo William Lummis como Lommis. No entanto autoridades jurídicas desde o Texas e Nevada até Utah não quiseram acusar Dummar, que foi em frente, derrotado mas não denunciado.

Somente um ano depois o FBI começou a analisar as digitais no testamento e descobriu que eram de duas autoridades que o tinham examinado. Mas o envelope tinha a marca do polegar de Dummar. Dummar ficava mudando a história; disse que o testamento fora deixado em seu posto de gasolina em Willard, Utah, em 27 de abril de 1976, por um misterioso homem que dirigia um Mercedes azul. Ele abriu o envelope com vapor, achou o testamento e o levou à sede dos mórmons.

Nesse ponto, um tal de LeVane Forsyth anunciou que era o homem misterioso. Disse que fora agente confidencial e mensageiro de Hughes, que tinha cinqüenta nomes falsos e que, quando ligava para Hughes com informações secretas, se dirigia a ele apenas como "Ventura". Segundo ele, no verão de 1972, em Vancouver, Hughes deu-lhe o envelope contendo o testamento. Mas Forsyth cometeu um deslize; disse que estava dirigindo um Ford ou um Chevrolet quando deixou o envelope com Dummar. Enquanto isso, aquela autoridade em grafotécnica, Clifford Irving, acrescentou seus cinco centavos dizendo que o testamento era falso. O processo contra Dummar teve sucesso; o testamento foi considerado uma fraude.

Descobriu-se que Hughes fizera pelo menos uma última coisa, presumivelmente através dos auxiliares, sem avisar Bill Gay ou os outros executivos. Havia depositado enormes quantidades de certificados de ações, chegando a 100 milhões de dólares, no Bank of America. Existiu especulação de que ele os havia colocado ali como ativos liquidáveis para o caso de ser preciso uma bonificação de 70 milhões caso perdesse o processo da TWA, mas ninguém tinha certeza.

O dinheiro era somente dele e não foi transferido a Bill Gay nem a mais ninguém.

Outro testamento apareceu no escritório do juiz de sucessões William Bear, no tribunal do condado de Harris, Houston. O documento passava todos os bens para Annette Lummis (com grafia errada, Lunnis) e deixava apenas 60 mil dólares para uma tal de Ellen Pukovich; foi declarado falso. Mais um apareceu no escritório do juiz Keith Hayes no tribunal do condado de Las Vegas, datado de 22 de junho de 1969, e deixando tudo para a Summa (grafado como Sunna), que só tinha sido formada e recebido esse nome em 1972.

Mais e mais testamentos apareceram, com os falsos beneficiários escondidos espertamente nas letras miúdas. Um testamento deixava 400 milhões de dólares para Dwayne Clyde Byron Hughes, que disse que era filho de Hughes e nasceu num disco voador sobre Oklahoma em 1946; James Robertson, de Groton, Connecticut, vendeu dois mil testamentos falsos de Hughes por todo o país, como uma piada. Em 30 de junho, trinta testamentos desses tinham sido apresentados.

Surgiram alguns detalhes estranhos: Hughes tinha feito um empréstimo de 39,5 milhões de dólares em três bancos do Texas três meses antes de morrer — o Texas Commerce, o First City National e o Bank of Southwest — colocando parte do dinheiro numa carteira de ações de 200 milhões. Aparentemente era para melhorias no Desert Inn, mas jamais foi provado. Também se descobriu que ele vivia pegando emprestadas quantias enormes dando seus bens como garantia, porque o dinheiro emprestado não podia ser tributado.

No fim de 1976, havia uma luta feroz pelo controle do império Hughes, que agora ia afundando. William Lummis tentou demitir Chester Davis, sem sucesso; também tentou afastar Bill Gay. Lummis lutou contra um plano de Davis e Gay para remodelar o Desert Inn, como Hughes queria há muito, mas baseado nos planos de Gay que Hughes havia rejeitado brutalmente em Londres; repetidamente Davis, Gay e Nadine Henley, que estava com eles, suplantava Lummis nas decisões majoritárias da diretoria.

Finalmente, em 26 de maio de 1977, Lummis conseguiu, como administrador, tirar Davis e os auxiliares Johnny Holmes e Levar Myler de seus cargos na diretoria. Manteve Bill Gay por algum tempo, mas logo Gay se demitiu por vontade própria, em meio a fortes recriminações. Ao mesmo tempo continuava o litígio, que em julho resultou no acordo provisório sobre o espólio, ratificado dois anos depois: ele seria dividido entre Avis Hughes McIntyre e seu irmão Rush, Annette Lummis, Barbara Lapp Cameron, neta de Rupert Hughes, e dezoito outros primos.

Foi determinado que o Instituto Médico Hughes poderia finalmente se justificar; não sendo mais o único proprietário da Hughes Aircraft, deveria aumentar seus gastos. Em março de 1987 o instituto pagou 35 milhões em impostos retroativos. Em 25 de janeiro de 1978, Samuel Lionel, advogado de Las Vegas, entrou com um processo mal-sucedido em nome do First National Bank of Nevada, William Lummis, a Corporação Summa, a Hughes Air West e a Hughes Properties, acusando Bill Gay, Chester Davis e numerosos outros de desfalcar 50 milhões de dólares de Hughes manipulando e isolando-o nos últimos anos de vida. O processo se arrastou por anos e não chegou a lugar nenhum; a Summa fez um acordo com o dinheiro do seguro. Robert Maheu recebeu um acordo extrajudicial de 17,3 milhões em seu processo por difamação (espertamente tinha-o aberto contra a Hughes Tool, e não contra o próprio Hughes), porém mais tarde perdeu em nível de apelação. Em junho, 22 parentes estavam lutando pelo controle das empresas Hughes; a Summa tinha crescido sob o comando de Lummis e saído de um prejuízo de 17 milhões de dólares em 1976 para lucros de 31,1 milhões em 1977. Uma batalha para saber onde Hughes tinha residência fiscal ao morrer se arrastou por anos.

Em 1980, o império estava começando a rachar. Naquele ano a Borg-Warner comprou 20,5% da Hughes Tool. Em 1986, a General Motors ficou com a Hughes Aircraft. Hoje o Instituto Médico Hughes é um monumento irônico à memória de um homem que só o usou para sonegar impostos; seu programa de dez anos pede um gasto de 500 milhões de dólares para formação em ciências médicas e biológicas. Howard Hughes, onde quer que esteja, certamente apreciaria a piada.

Nota e agradecimentos do autor

Embarquei originalmente neste livro em 1971, sem contrato; mas me desviei, e talvez possa ser perdoado por isso, devido à idéia de um livro sobre Ava Gardner, e o escrevi. Recomecei em 1974, também sem procurar editor; então Katharine Hepburn concordou em colaborar comigo numa biografia sua, e a idéia se evaporou de novo. Revivi-a em 1992, e, encorajado, fui em frente com o livro para a Putnam and Berkeley. Agradeço o entusiasmo de meu editor, George Coleman; e de meu agente, Dan Strone, da William Morris, que jamais perdeu a fé no projeto. Dorene Suter foi minha intrépida digitadora.

Devido ao rumo estranho e interrompido da pesquisa, muitos indivíduos morreram nos anos que se passaram. Desses, o braço direito de Hughes, Noah Dietrich, foi a fonte principal. Ele me concedeu entrevistas longas e exaustivas em seu castelo gótico que dá para a Sunset Strip, com a energia inabalável apesar de na época estar muito velho. Dietrich tinha um conhecimento detalhado da natureza bissexual de Hughes; causou uma impressão inesquecível. Também gostei do vulgar Johnny Meyer, que conheci em seu antro predileto, o bar do Hotel Drake em Nova York, onde costumava ir com Hughes e cafetinava para ele; despudorado, amoral, foi uma ótima fonte de fofocas; sua morte — ele foi atropelado por seu próprio carro — continua sem explicação. Ted Carpentier era um amigo de Hughes pouco conhecido, que durante anos ficou em contato com ele; Carpentier faz muita falta, assim como o produtor machão e maníaco Jerry Wald.

Dos que felizmente estão vivos, tenho uma dívida especial para com Robert Maheu, sucessor de Noah Dietrich como braço direito de Hughes, cuja lealdade a este é notável, dado o modo como o bilionário o tratou, e que sobreviveu a anos de litígios exaustivos, um ataque cardíaco e outros fardos com charme, cortesia e gentileza irrestritos. Guardo como um tesouro a lembrança de nossos encontros em Los Angeles e Las Vegas. Jack Real, melhor amigo de Hughes e autoridade aeronáutica, foi outra fonte excelente. Gordon Margulis me concedeu horas de inestimáveis entrevistas gravadas no Desert Inn em Las Vegas, onde foi pela primeira vez trabalhar para Hughes e onde fiquei hospedado. Mell Stewart preencheu mais detalhes; assim como Jim Golden, que foi da Intertel. Os depoimentos dos outros auxiliares de Hughes foram indispensáveis. Desfrutei da cooperação do administrador do espólio de Hughes, Bill Miller, e de William Lummis; Bernard Barker, principal ladrão do Watergate, foi uma fonte importante; o Dr. Wilbur Thain, o Dr. Howard House e o falecido Dr. Verne Mason foram importantes em revelar a condição de saúde de Hughes. Os seguintes indivíduos também colaboraram: o falecido Don Siegel, diretor; o falecido Lucien Ballard, cameraman; o falecido Norman Foster, diretor; Bill Feeder, divulgador de Hughes; Linwood Dunn, gênio de efeitos especiais da RKO; Stanley Rubin, produtor; Richard Fleischer, diretor; David Hooks, fantástico pesquisador de Houston; Jeff Hearn, príncipe dos detetives de Washington e gênio da pesquisa de arquivos; Ted Hamilton e Nile Coates, diligentes escavadores de livros e registros em Los Angeles; Burton Hersch, autoridade sobre a CIA e fazedor de contatos; Barbara Howard, que encontrou documentos raros em Dallas; Scott Lichtig, dono da mansão marroquina de Rupert Hughes; Richard Bissell, que já foi da CIA; Robert McKay, especialista de Madison, Wisconsin; Patrick McGilligan, escritor; Dr. Brian Miller, psicoterapeuta, especialista em bissexualidade; Henry Rogers, divulgador e escritor; Charles Rappleye, historiador da vida de Johnny Rosselli, amigo e mentor; Lawrence Quirk, escritor e fonte insubstituível sobre os astros caprichosos; Anthony Slide, historiador; Kevin Thomas, crítico de cinema; Stuart Thompson, comerciante de arte e amigo; Dr. Michael Stefan, valioso em responder a muitas perguntas médicas; Christopher Ely, pesquisador; Julio Vera, que conseguiu que eu conversasse com Bernard Barker e fez muitos outros trabalhos de base; Marc

Wanamaker, arquivista; Dudley C. Sharp, filho do amigo de infância de Hughes, que tinha o mesmo nome; Sandra Garrett e Sarah Clark, pesquisadoras de Austin, Texas; Brigitte Koepus, curadora do Departamento de Coleções Especiais da UCLA, encarregada dos arquivos de produção da RKO; Bruce Oudes, autoridade em Nixon; Tom Pollock, chefe da MCA/Universal, que, apesar de muito ocupado, mandou seu pessoal localizar arquivos jurídicos de Hughes para mim; Al Levitt, escritor; Bertrand Tavernier, amigo, diretor famoso e autoridade sobre a lista negra; Michel Ciment, crítico e amigo; Peter D. Gordon, advogado; Jim Hougan, escritor e jornalista; Diane Finstad, advogada e escritora; W. C. Allen e O. Delton Harris, figurões de Shreveport; Christian Harper e Stephen Sorrentino da HarperCollins; Miles Kreuger, guardião de tesouros do cinema musical, sábio amigo; Howard Kohn, autoridade sobre a Intertel; Jim Appleby e Jim Farmer, especialistas aeronáuticos; Anita Bouziane, pesquisadora de Nova York; meu grande amigo Todd McCarthy, da *Variety*; Leland W. Warner, ligado ao falecido embaixador Turner Shelton; sra. Turner Shelton; François du Sardou, especialista em todas as coisas latino-americanas; Mina Nelson, amiga do falecido presidente Somoza; Don Carlos Rodriguez, editor de Somoza e dono de jornal; Philippe e Pamela Mora, diretor e sua parceira de toda a vida, amigos; Jerry e Milton Pickman, dos anos da RKO; juiz Harry Shafer, do Tribunal Superior; sr. Rosick Cravens e a sra. Edward Kelley, amigos de infância de Howard Hughes; June Lang, antiga namorada de Hughes; John Sturges, diretor (que morreu durante a produção deste livro); Milo e Sally (Forrest) Frank, espirituoso produtor e estrela; Jamison Handy, chefão de Hughes; Peter Maheu, poderoso detetive particular; William Corson, John Prados e Victor Marchetti, especialistas na CIA; Howard Hunt, espião peripatético, cuja recusa em falar sobre Hughes foi mais eloqüente do que as palavras; Dennis Tomlin, advogado; Abe Hershberg, anedotista; Lucille Turner e Ruth Ellen Taylor, esteios do império Hughes; Jimmy Zacharakos, assistente de Chester Davis; Taylor Branch, biógrafo; George Parnham, advogado; Robert Mundy, escritor; Barbara Greenspun e o ex-governador O'Callaghan, do vigoroso *Los Angeles Sun*; John Farquhar, executivo; Jack Real, amigo de Hughes, autoridade aeronáutica; Jim Phelan, biógrafo, jornalista veterano; Anson Thacher, amigo de escola; professor Stephen Ambrose, distinto biógrafo de Nixon, que confirmou numa entrevista gravada minhas descobertas sobre a natureza da operação Watergate, e o papel de Hughes e Nixon na mesma; Philip Klass, autoridade em satélites; sra. Lawrence O'Brien; Clarence Lyons, arquivista; Jane Greer, atriz; Katherine Pradt, copidesque.

Os depoimentos dos seguintes indivíduos, sob juramento e de domínio público, foram obtidos por David Hooks, em Houston, dos arquivos dos litígios sobre o Espólio Hughes, e foram usados exclusivamente neste livro (listados aqui na ordem de arquivamento): Barbara Lapp Cameron; Noah Dietrich; Rush Hughes; Avis Hughes McIntyre; Marie Millier, bibliotecária da escola Tatcher; Robert Maheu; Johanna Madsen; Fred Wilson; Gordon Sawyer; Charles Moran, garçom; Ralph Winte; Macy Todd; Dr. Jack Titus; Frank W. Gay; Dr. Homer Clark; Howard Eckersley; Perry Lieber; Terry Moore; Robert Poussin, chefe de cozinha; James Richard; Clarene Waldron; Vernon Olsen; Ron Kistler; Ben Lyon; Frank McCulloch; Levar Myler; Greg Bautzer; Milton West; John Holmes; Thirza Ebdon; Dr. Lawrence Chaffin; Jack Egger; George Francom; Dr. Norman Crane; Hank Greenspun; Jean Peters (sra. Stanley Hough); Walter Kane; Glenn Odekirk; Jack Real; Richard Dreher; Patricia Mason, filha de Verne Mason; Roy Crawford.

Além disso, eu gostaria de citar as seguintes fontes documentais: o pouco conhecido Final Report do Howard Baker's Select Committee on Presidential Campaign Activities, U.S. Senate, Pursuant to S. Res, 7 de fevereiro de 1973, que relata as ligações da CIA com Watergate; a série em duas partes, de Larry DuBois e Lawrence Gonzalez na *Playboy*, setembro-outubro de 1976, intitulada "The Puppet... Uncovering the Secret World of Nixon, Hughes and the CIA"; *From the President: Richard Nixon's Secret Fies*, de Bruce Oude; *The Hughes-Nixon-Lasky Connection: The Secret Alliances of the CIA from World War II to Watergate*, de Howard Kohn, publicado na *Rolling Stone* em 20 de maio de 1976; o processo do *First National Bank of Nevada v. Frank William Gay, etc.*, Case No. 185995, 1982, apresentado em Las Vegas e acompanhado em Los Angeles, que contém as anotações de diário do Dr. Wilbur Thain; o relatório da Comissão de Seguros e Câmbio sobre a invasão da casa da rua Romaine, contido nos arquivos do processo *California vs. Woolbright*, 1976, e o relatório da CIA sobre o roubo; *Crime and Cover-up: the CIA, the Mafia and the Dallas-*

Watergate Connection, de Peter Dale Scott, publicado pela Westworks, Berkeley, California, em 1977; audiências ao Committe on Internal Securities, House of Representatives, 93rd Congress, 17 e 18 de outubro de 1973, que contém declarações do Dr. Manuel Reyes; registros da Força Especial do Processo Watergate, inclusive uma declaração importante de Robert F. Bennett (11 de agosto de 1973 etc.); *At That Point in Time*, de Fred. D. Thompson, Quadrangle, Nova York, 1978, que revelou pela primeira vez a agora esquecida trama dos democratas; *The CIA*, de Brian Fremantle, publicado pela Stein and Day, Nova York, em 1984; *Aviation in the Cinema*, de Stephen Pendo, publicado pela Scarecrow Press, Metuchen, NJ; centenas de documentos de Hughes encontrados em Houston nos arquivos do Espólio Hughes em 1985; e muito importante, a genealogia de Hughes feita por Mary Smith Fay (ainda que ela tenha errado a data de nascimento dele) publicada em *The National Genealogical Society Quarterly*, março de 1983.

Seguem-se notas sobre fontes e uma bibliografia seleta das obras consultadas; no total, milhões de palavras e cerca de 55 mil documentos foram lidos para o livro.

Notas sobre fontes

CAPÍTULO UM

Os detalhes corretos sobre o nascimento de Hughes foram obtidos por David Hooks em Houston, Texas, e na minha correspondência com a Igreja Episcopal de St. John, em Keokuk, Iowa, que mandou a cópia do registro no livro. Os boatos góticos relativos ao nascimento foram determinados a partir de Diane Finstad, historiadora e ex-advogada do Espólio Hughes; a srta. Finstad e o falecido Noah Dietrich forneceram informações sobre Rupert Hughes. Os fatos relativos às experiências de prospecção de petróleo feitas por Bo Hughes foram retiradas de vários milhares de páginas de histórias orais com pioneiros do ramo do petróleo, preservadas no Barker Center dos Arquivos do Estado do Texas em Austin, Texas, e acessados por Sandra Garrett. O material sobre os Gano foi reunido na Sociedade Histórica de Dallas por Barbara Howard; o casamento foi descrito nos jornais de Dallas. A história oral do secretário Charlie Lane no Barker foi uma fonte importante sobre a lua-de-mel dos Hughes e o período logo em seguida. As descrições do Pântano Buffalo e de Shreveport foram retiradas de registros das sociedades históricas da Louisiana e do Texas. As experiências de Allene Hughes foram obtidas a partir da coleção Barker. As histórias orais, ali contidas, de Charlie Lane e Granville Humasson foram especialmente úteis sobre a invenção da broca para perfurar poços. Endereços foram obtidos em catálogos das cidades. Os veteranos O. Delton Harrison, W. C. Allen e Eleck Taylor, da Louisiana, foram detalhados a respeito do período de Shreveport. O problema de audição de Hughes foi descrito para mim pelo importante especialista de Los Angeles, Dr. Howard House, em sua casa no distrito de Los Feliz, em Los Angeles. A Diretoria de Educação de Houston forneceu material sobre a "universidade" da sra. Eichler. O caso do assassinato de Rice teve manchete no *The New York Times* em 1900. Mary Cullinan foi uma importante fonte sobre a infância de Hughes. O período da Prosser foi coberto em cartas do professor Richardson para Sherman Thacher, encontradas nos arquivos do Espólio Hughes em Houston. O assunto de Burlington é registrado na mesma coleção. Os registros do Acampamento Dan Beard são encontrados na coleção da Beard Outdoor School guardados na Biblioteca do Congresso, e incluem cartas entre Allene e Howard Hughes, de Rush Hughes, Victor Aures e Dan Beard. Dudley Sharp II foi entrevistado para informações suplementares.

CAPÍTULO DOIS

As informações sobre a escola Fessenden foram dadas pelo atual diretor e pelo pessoal da biblioteca, e obtidas pelo sr. e a sra. Christopher Eli. O registro e os detalhes do iate estão no Lloyd´s Register of American Yachts. Eleanor Boardman falou comigo em 1971, em sua casa em Santa Barbara, sobre seu caso com Bo Hughes e o trágico bilhete final de Allene Hughes. Lawrence Quirk foi a fonte sobre a sedução incestuosa de Howard por Rupert Hughes. O material sobre a escola Thacher é do amigo de Hughes, Anson Thacher e de correspondência familiar nos arquivos do Espólio Hughes. O passado de John Monk Saunders foi fornecido por Fay Wray em 1971, em sua casa na Tiger Tail Road, Brentwood. O casamento de Saunders e Avis saiu no *New York Herald-Tribune*. O atestado de óbito e o obituário de Allene Gano Hughes foram obtidos por David Hooks no arquivo do condado. Os movimentos de Annette e Sonny etc., podem ser encontrados em correspondência familiar nos arquivos do Espólio Hughes. Os detalhes da morte de Bo Hughes foram obtidos por David Hooks; os arquivos de homologação do espólio de Bo estão nos arquivos de Houston. Os arquivos do estado de Houston são a fonte do noivado e do casamento com Ella Rice, este último narrado no *The Houston Post*. Conversei sobre a *ménage* de Rossmore no início dos anos 70 com o falecido Rush Hughes e o falecido Noah Dietrich, que também foram as principais fontes sobre o infeliz casamento de Hughes. Dietrich e o falecido Johnny Meyer foram fontes sobre os hábitos sexuais de Hughes nessa época e mais tarde, assim como Ted Carpentier.

CAPÍTULO TRÊS

Em 1971, Noah Dietrich falou longamente de suas experiências com Hughes, em seu castelo gótico acima da Sunset Strip. Os arquivos Hughes da Academia de Artes e Ciências Cinematográficas são ricos em informações sobre os primeiros filmes de Hughes. Meu amigo Lewis Milestone, numa alegre conversa no período de 1970-71, me deixou boquiaberto com histórias de como era trabalhar com Hughes, todas contadas aqui. Assim como Mary Astor, em sua casa em Fountain Valley, Califórnia, em 1971, e a bordo do S.S. *Arcadia* no Pacífico Sul em 1968. Os detalhes de *Anjos do inferno* foram retirados de arquivos da Academia; de entrevistas com Jim Farmer, Hugh Wynne, Jim Appleby, Bob Boder e Lawrence Quirk; de conversas com meu vizinho e amigo de infância Ben Lyon, na Dolphin Square, em Londres, no fim dos anos 40; de arquivos preservados na MCA/Universal e gentilmente fornecidos por Tom Pollock, seu presidente e executivo-chefe. Os arquivos de Lincoln Quarberg, divulgador, inclusive a foto "obscena", estão na Academia; usei arquivos do *Los Angeles Times*, do *Motion Pictures Herald*, da *Variety* etc. etc. Os paralelos do vice-rei saíram no *Los Angeles Times* e na *Variety*; a informação sobre Jean Harlow com os gângsteres foi dada por Ben Lyon e Irving Shulman. O final do casamento de Hughes foi dado por uma fonte confidencial de Houston; o trancamento do quarto vem de depoimentos dados pelos empregados domésticos Richard Dreher e Johanna Madsen. A história de *Dawn Patrol* me foi contada por Hal Wallis em sua casa em Trancas, Califórnia, em 1985.

CAPÍTULO QUATRO

Com relação a Billie Dove, falei com a srta. Dove em 1971 em Palm Springs e com seu biógrafo e amigo, DeWitt Bodeen, em Hollywood, e com Irvin Willat em sua casa em Hollywood, também em 1971; o arquivo da Warner Bros. foi consultado em Burbank naquela época, cortesia do falecido Carl Shafer, ex-chefe de publicidade internacional da Warner. Os detalhes de *Ranger* vieram do Lloyd's Register. Marc Wanamaker, arquivista, foi a fonte sobre a estréia de *Anjos do inferno*, apoiado pelo programa luxuoso da noite de estréia (cortesia da Academia de Artes e Ciências Cinematográficas). Lewis Milestone me descreveu a estréia, assim como Howard Hawks e George Jessel. Para as promoções, ver os arquivos Quarberg; a estréia em Londres foi registrada pelo *Daily Mail*, de Londres. Os arquivos Quarberg foram detalhados a respeito dos outros filmes da época; Milestone me contou particularidades sobre *A primeira página*, bem como Jed Harris, no hotel Waldorf-Astoria, Nova York, em 1974. *Scarface*, mais do que qualquer outro filme, pode ser rastreado desde o início até o fim através dos documentos de Quarberg na Academia, inclusive os telegramas de Hughes e os telegramas sem fio de navio a terra. Todd McCarthy está escrevendo um livro sobre Hawks e é uma fonte importante sobre ele, bem como minhas entrevistas com Hawks em 1971, em Palm Springs, para a Time-Life Books; Hawks me contou sobre a ênfase de Hughes no incesto; a história do contrabando de bebidas veio de Noah Dietrich, e foi contada, de modo ligeiramente diferente, em suas memórias; o assunto de George Raft está em sua biografia; uma série do *Daily Mail* de Londres abordou *Queer People*. Uma espantosa revelação sobre o assunto foi obtida na Biblioteca do Congresso.

CAPÍTULO CINCO

O material sobre Glenn Odekirk foi retirado dos depoimentos de Odekirk nos papéis do Espólio Hughes em Houston; os detalhes do *Rover* foram registrados no Lloyd's Register sobre embarcações; os arquivos do FBI sobre Axel Wenner-Gren estão na coleção do autor na USC; Ida Lupino descreveu seu romance com Hughes num almoço comigo em Hollywood, em 1968; as viagens como fotógrafo e vagabundo são descritas em *Howard Hughes in Las Vegas*, de Omar Garrison; a corrida aérea de 1934 foi narrada no *The Miami Herald*. Corinne Griffith me falou de seu caso com Hughes em Beverly Hills em 1968, e também de sua luta contra os impostos. A história de *Sylvia Scarlett* veio de minhas entrevistas com Katharine Hepburn em sua casa em West Hollywood em 1968, 1969, 1970, 1972; e entrevistas com Brian Aherne, em Santa Monica, 1974. O vôo do avião de corrida H-1 foi narrado no *Los Angeles Times*, no *Los Angeles Herald Examiner* e no *New York Times*. Lewis Milestone e Noah Dietrich me contaram sobre a tentativa de sabotagem.

CAPÍTULO SEIS

As fontes do romance com Hepburn foram a própria srta. Hepburn, em sua casa em West Hollywood em 1974, e depoimentos de Johanna Madsen e Richard Dreher. O vôo da aposta saiu no *The New York Times* e no *Chicago Tribune*; e também o acidente de carro. O relato sobre Ginger Rogers é baseado em parte em suas memórias, em parte em Madsen; Noah Dietrich forneceu mais informações, bem como minha ex-secretária, a atriz contratada da RKO Frances Mercer, Pandro S. Berman, chefe de produção da RKO em Beverly Hills e o diretor George Stevens, falecido e saudoso companheiro de muitos almoços em Hollywood. A turnê de *Jane Eyre* foi descrita a mim por Hepburn; o Prêmio Harmon Trophy está documentado na Biblioteca Roosevelt Memorial, Hyde Park; o caso com Barbara Hutton em Londres foi descrito por David Heymann em *Poor Little Rich Girl*, a vida de Barbara Hutton, a partir de cujo diário ele citou; o caso com Bette Davis me foi descrito pela srta. Davis em Beverly Hills em 1968, e por sua empresária Carlyn Wood, que viu os canhotos dos cheques e fez as transações financeiras em Hollywood; num recente livro sobre Hayworth, Barbara Leaming negou erradamente a história, sem falar comigo ou com Wood. Partes da história anterior ao vôo mundial estão em *Me*, de Hepburn, suplementadas por uma ampla variedade de fontes, inclusive a *Time,* a *Newsweek,* a *Aviation Monthly,* o *The New York Times* e o *Los Angeles Times* etc. etc., bem como os depoimentos de Glenn Odekirk; Madsen e Dreher acrescentaram mais. O Instituto Smithsonian também tinha algumas informações sobre o vôo, além do avião em si; as particularidades do vôo foram determinadas através de pesquisa realizada em parte por Jeffrey Hearn em Washington; em arquivos do Departamento de Estado; arquivos do Departamento de Comércio e Aeronáutica; da CAA; do *Le Matin*, Paris; do *Le Monde*; do *Pioneer Press*, de St. Paul, Minnesota; nos arquivos da Lockheed; em arquivos da Diretoria de Aeronáutica Civil, em jornais russos, inclusive o *Moscow News* em inglês; *The Houston Post* e o *Houston Chronicle*; Arquivos da Sociedade Histórica de Fairbanks, Alasca; e nas memórias de Grover Whalen. Fay Wray descreveu seu namoro com Hughes, e as visitas feitas a ele, em suas memórias *On the Other Hand*; na entrevista dada em 1971 ela me contou sobre o efeito fatal sobre John Monk Saunders. A história do furacão estava em *Me*, de Hepburn. Joan Fontaine escreveu sobre Hughes em suas memórias, *No Bed of Roses.* Em 1968 falei com Olivia de Havilland no Beverly Wilshire Hotel sobre o interesse de Hughes por ela.

CAPÍTULO SETE

Sobre a TWA, *Howard Hughes' Airline*, de Robert Sterling, foi uma boa fonte; o assunto Wenner-Gren está, como declarei, nos arquivos do FBI; o caso com Gene Tierney é descrito nas memórias dela e nas de Igor e Oleg Cassini; o caso de Power com Hughes é contado por Lawrence Quirk; o romance de Lana Turner com ele está na autobiografia dela. Fiquei sabendo da história de *O proscrito* com Lucien Ballard em West Hollywood em 1984 e com Howard Hawks em Palm Springs em 1972; outras fontes foram os arquivos do escritório de Breen no Motion Picture Code, Academia de Artes e Ciências de Hollywood, Beverly Hills; Lawrence Quirk (sobre Jack Buetel); as memórias de Jane Russell. A história do Papai Noel/Rogers estava nos depoimentos de Johanna Madsen. As prolongadas histórias de subornos ao governo, a partir de 1942, foram documentadas nas audiências do Senado em 1947 e nos arquivos do FBI sobre Hughes; nos arquivos do Departamento de Comércio; no *The New York Times*, *The Washington Post* e *The Wall Street Journal*; na *Time* e na *Newsweek*; em conversas com o advogado de Hughes, Gregson Bautzer em Beverly Hills em 1984 e com Johnny Meyer no hotel Drake, Nova York, e nos escritórios da Corporação Onassis, 1972; e nos arquivos da Casa Branca do secretário presidencial Stephen Early, Biblioteca Memorial Franklin D. Roosevelt, Hyde Park, Nova York.

CAPÍTULO OITO

As experiências sadomasoquistas de Hughes me foram relatadas por William Haines em sua loja de decoração em Beverly Hills, em 1970; por Ted Carpentier em Hollywood em 1978 e por Ramon Novarro nas Colinas de Hollywood em 1965. Lawrence Quirk foi a fonte sobre Richard Cromwell, Russel Gleason e Robert Taylor. A história de Johnny Meyer foi que Flynn e Hughes se encontraram para a noite, mas Quirk dá um resultado diferente. Os arquivos de Hughes no FBI revelam o caso Darnell; Nunnally Johnson, escritor e diretor, também me contou a respeito. O assunto de Ava Gardner é abordado em suas memórias e nas de Mickey Rooney. Entrevistei Rooney em Sydney, Austrália, nos anos 60. As memórias de Yvonne De Carlo detalham seu caso com Hughes. As fraudes de 1945 saíam semanalmente nas colunas de Westbrook Pegler reproduzidas em vários jornais. Para o material da TWA, ver Serling, op. cit. Para o assunto Preston Sturges, ver a vida de Sturges, por James Curtis. Diane Finstad e o *Los Angeles Times* foram as melhores fontes sobre o suicídio da sra. Rupert Hughes; o vôo do Constellation foi registrado nos arquivos do FBI e no *Los Angeles Times*.

CAPÍTULO NOVE

Noah Dietrich foi a principal fonte sobre o episódio de Shreveport, sustentado pelas fontes de Shreveport mencionadas anteriormente; Ted Carpentier foi uma fonte importante sobre o XF-11 e o acidente com o avião. Consultei depoimentos de Jean Peters, Glenn Odekirk, Richard Dreher e do Dr. Lawrence Chaffin no Espólio Hughes, em Houston; e aproveitei entrevistas com Ted Carpentier e Johnny Meyer e arquivos das audiências na Comissão de Guerra do Senado.

CAPÍTULO DEZ

As informações sobre o hidroplano vieram da história de John J. McDonald sobre o avião. A história da compra da RKO está na biografia de Jacqueline Cochran; outras fontes foram entrevistas com Richard Fleischer e Stanley Rubin em Bel Air e Beverly Hills; com a falecida Raquel Torres, ex-sra. Stephen Ames (Malibu); William Feeder (telefone); Jane Greer (telefone); o falecido Norman Foster (Beverly Hills); e Robert Wise (telefone). As memórias de Dore Schary e seus documentos na Universidade de Wisconsin, Madison, Wisconsin, foram úteis. O depoimento da empregada Macy Todd, no Espólio Hughes, Houston, foi uma mina de informações sobre o relacionamento entre Hughes e Peters; Barbara Leaming escreveu sobre o aborto de Hayworth em sua biografia. O intrigante e pouco conhecido livro de Terry Moore, *The Beauty and the Billionaire* aborda seu prolongado caso com Hughes; os céticos observam que ela repetiu a maior parte da história sob juramento em depoimentos que estão nos arquivos do Espólio Hughes; suas declarações sobre as experiências na Alemanha foram confirmadas por Elia Kazan. Os arquivos da produção de *Estradas do inferno*, exaustivamente detalhados, estão na Biblioteca de Pesquisas da UCLA; o assunto de *Stromboli* foi bem registrado na *Variety*; o juiz Harry Shafer foi a fonte sobre o caso de Hughes com um homem em São Francisco; Ted Carpentier foi a fonte da prisão por homossexualismo em Los Angeles; os detalhes do bordel masculino vieram de uma fonte confidencial. Hank Valdez é pseudônimo de uma figura ainda viva em Hollywood; Mario Zamparelli, Richard Fleischer e Vincent Price foram as principais fontes sobre *Seu tipo de mulher*; as duas atrizes anônimas falaram desde que não fossem citadas como fontes.

CAPÍTULO ONZE

Mais material sobre Terry Moore veio de *The Beauty and the Billionaire*; as memórias de Stewart Granger e duas entrevistas feitas por Roy Moseley com ele em 1990 são as principais fontes aqui. Os arquivos de produção de *Rio da aventura* estão na UCLA, os detalhes foram anotados dos arquivos pelo biógrafo de Hawks, Todd McCarthy; outros materiais da RKO foram fornecidos pelos arquivos de Jerry Wald na USC e por ele próprio em 1961; o memorando Quarberg está em sua coleção na Academia. A história sobre comprar Elizabeth Taylor é de uma fonte confidencial, uma pessoa amiga íntima e ligada a Gregson Bautzer. As Audiências de Guerra no Senado detalham a contratação de generais da Força Aérea por parte de Hughes e seus lucros com a guerra; Clark M. Clifford se refere à sua contratação por Hughes em suas memórias. Noah Dietrich discutiu o caso de Hughes com Barbara Payton; Granger, de novo, foi a fonte sobre Simmons.

CAPÍTULO DOZE

Jerry Wald me contou a história dos "sapatos" em sua casa em Beverly Hills em 1961; a luta pela procuração foi discutida no *Wall Street Journal*. Paul Jarrico é a fonte sobre *The Las Vegas Story*; ela foi documentada em muitos livros sobre a política de Hollywood. O assunto sobre Zizi Jeanmaire foi registrado pelo cozinheiro de Hughes, Robert Poussin, em depoimentos nos arquivos do Espólio Hughes, Houston. Walter Kane, em 1971, em Beverly Hills, e em seus depoimentos, testemunhou o ritual sexual de Hughes com as roupas; e também Poussin, sob juramento, testemunhou os hábitos alimentares de Hughes na época; Granger falou em suas memórias sobre o desejo de matar Hughes. Cópias de *Um romance em Paris* foram examinadas e comparadas com o roteiro e com os arquivos de censura de Breen na Academia; e também, *Alforje do diabo*. O material sobre Linda Darnell está em seus arquivos na Academia; os detalhes sobre Hayward estão em *Red*, de Robert La Guardia e Gene Arceri; os arquivos sobre *Sangue de bárbaros* estão na MCA/Universal; os fatos relativos ao filme foram discutidos comigo por John Wayne, em seu camarim no estúdio em 1972, e por Agnes Moorehead, em sua casa em Beverly Hills naquele ano. Um arquivo sobre o episódio do envenenamento com rejeitos nucleares está na Academia. Sobre *Son of Sinbad* eu consultei Vincent Price, seu astro, Sally Forrest e os arquivos Breen, e vi o filme. Quanto ao Instituto Médico, *Empire*, de Barlett e Steele, o denunciou como instrumento de evasão fiscal e apresentou ampla documentação sobre os problemas administrativos da TWA.

CAPÍTULO TREZE

Ava Gardner e Terry Moore discutiram o relacionamento com Hughes em suas memórias. Jean Peters testemunhou num longo depoimento nos arquivos do

Espólio Hughes, Houston; Stuart Thompson, um amigo mútuo, foi uma fonte valiosa. As fantasias de Hughes sobre as moscas me foram descritas por Noah Dietrich; uma excelente fonte aqui foi o livro de Ron Kistler, com o título maravilhoso de *I Caught Flies for Howard Hughes*. O empréstimo de Hughes a Nixon foi documentado nas audiências de Watergate e no livro *The Nixon-Hughes Loan*. A descrição de Hughes na época é tirada das memórias de Kistler e do auxiliar Jerry Bell; eles, além de Johnny Meyer e Noah Dietrich, descreveram como Hughes abrigava garotas em casas mantidas sob seu controle. As memórias de Robert Maheu descrevem sua contratação e os negócios subseqüentes; os depoimentos de John Holmes no Espólio Hughes, Texas, descrevem a situação em Montreal e também em Nassau; Maheu me contou mais.

CAPÍTULO QUATORZE

Os memorandos de Hughes aos seus auxiliares estão no Espólio Hughes, Houston. Barlett e Steele, em *Empire*, foram confiáveis na história da Hughes Aircraft; o amigo e sócio de Greg Bautzer mencionado antes foi a fonte dos negócios de Bautzer com Hughes; os depoimentos ricamente detalhados de John Holmes descrevem a vida de Hughes com Jean Peters no Rancho Santa Fe. Cay Sal foi descrita no *The Miami Herald*, 25 de agosto de 1963. O assunto de Rosselli é mais bem abordado na biografia dele escrita por Charles Rappleye e no *Senate Report on Alleged Assassination Plots against Foreign Leaders*, novembro de 1975; também nas memórias de Maheu. O assunto da TWA está em *TWA vs. Hughes* nos arquivos da U.S. District Court, Nova York. A questão da audiência foi registrada pelo Dr. Howard House na entrevista que fiz na sua casa em Los Feliz, Los Angeles, em 1992. Bernard Barker foi a fonte sobre a antiga ligação de E. Howard Hunt com Hughes; John Prados foi o especialista em Hunt e *lasers*; as informações sobre Hughes esfolando a NASA vêm de um livro pouco conhecido, *JPL and the American Space Program*, de Clayton R. Koppes (Yale University Press, 1982); o assunto dos contratos de livros sobre Hughes saiu no *The New York Times* e no *The Wall Street Journal*; Greg Bautzer os discutiu comigo em Beverly Hills em 1980. A viagem a Boston foi descrita a mim por Peter (filho de Robert) Maheu e, em mais detalhes, foi abordada nos depoimentos de John Holmes. Robert Maheu me informou sobre a chegada de Hughes a Las Vegas; Gordon Margulis foi uma fonte fundamental sobre aqueles anos; eu o entrevistei em Las Vegas. A anedota do sorvete e outros materiais que concluem este capítulo foram dados por Margulis.

CAPÍTULO QUINZE

A descrição da vida de Hughes no Desert Inn são retiradas de entrevistas com Robert Maheu, Gordon Margulis e Mell Stewart; o episódio com Sinatra foi descrito por Kitty Kelley em sua biografia do astro; o testemunho de Bob Wearley nas audiências de Watergate descreveu o financiamento do serviço aéreo particular; Robert Maheu discutiu a venda da estação de TV, confirmada pela sra. Hank Greenspun, que entrevistei em seu escritório no *Las Vegas Sun*; Maheu foi a fonte para o episódio da caçada aos ovos de Páscoa e dos problemas com as atrações da sala de espetáculos. A história da Mary Carter Paints foi explorada em arquivos das audiências de Watergate; o assunto de Bayer foi documentado no *New York Herald Tribune* em 3 de agosto de 1947; o assunto do helicóptero é mais bem abordado em Barlett e Steele; o assunto da TWA foi abordado de novo nas páginas escritas por eles; o assunto da ABC pode ser encontrado em *ABC vs. Hughes*. U.S. District Court for the Southern District of New York, 1968. Maheu foi a fonte do assunto sobre o medo da bomba e da reação de Hughes à morte de Bobby Kennedy; o memorando pertinente está em *Anderson vs. Air West* (U.S. District Court for the Northern District of California) e *The Securities and Exchange Commission vs. Howard Hughes* (mesmo tribunal), ambos de 1968. Maheu escreveu sobre o processo em suas memórias e falou comigo sobre ele. As concessões de prata em Nevada foram descritas por Maheu; o caso Meier é documentado em Barlett e Steele.

CAPÍTULO DEZESSEIS

O assunto do suborno do presidente e de Hubert Humphrey foi amplamente documentado no Watergate Final Report; nas memórias de Robert Maheu e em relatórios preparados por Leon Jaworski, promotor especial, obtidos por Jeffrey Hearn em Washington, D.C. O relatório final de Watergate analisa os detalhes do dinheiro pago e o fato de que certas datas dos cheques não batem. O memorando de Hughes está no Espólio Hughes, Texas. Os ataques contra Maheu foram descritos em suas memórias e em conversas comigo; detalhes sobre a Intertel estão nos documentos subsidiários do relatório final de Watergate, preparados pelo Comitê Republicano para Reeleger o Presidente. A história do gás dos nervos está no livro de Maheu, confirmada por Jim Golden, da Intertel, que entrevistei em Las Vegas; particularidades da Operação Jennifer podem ser encontradas no Securities and Exchange Commision Annual Reports of Global Marine,

Inc.; entrevistei Victor Marchetti, ex-agente da CIA e escritor, sobre o assunto, por telefone e em seu escritório em Washington, D.C. O assunto de Bud Wheelon está registrado no Senate Subcommittee on Appropriations for Technical Espionage, 1966. A discussão entre Hughes e Maheu está no Espólio Hughes, Texas; os negócios subseqüentes com Hughes são das memórias de Maheu e de conversas com ele; e de documentos do processo *Maheu vs. Hughes Tool Co.*, 1974. A mudança para Nassau foi descrita por Gordon Margulis e Jim Golden; o Dr. Joseph Choi e Gordon Margulis falaram comigo da doença parecida com AIDS; os memorandos relativos a Maheu estão no Espólio Hughes, Texas.

CAPÍTULO DEZESSETE

A tentativa de resgatar Hughes foi documentada nas memórias de Maheu; também foi narrada por Peter Maheu em Los Angeles e por Jim Golden; os memorandos estão no Espólio Hughes, Texas. A situação médica de Hughes foi registrada em depoimentos de seus auxiliares John Holmes, Chuck Waldron e Levar Myler, e em declarações de Gordon Margulis; o relatório de Chaffin está no Espólio Hughes, Texas; o *The New York Times* cobriu os esforços de O'Callaghan para que Hughes autorizasse a procuração; O'Callaghan me deu uma entrevista no escritório do *Las Vegas Sun*. O caso Irving é mais bem descrito em suas memórias e no *The New York Times*; a entrevista coletiva saiu em toda a mídia; os negócios políticos de Somoza podem ser encontrados em seu livro *Nicaragua Betrayed*; conversei longamente com Jack Real por telefone em sua casa em Hollywood e com o editor Don Carlos Rodriguez e com a amiga de Somoza, Mina Nelson, na casa desta última no distrito de Rossmore, Hollywood, abordando os negócios de Hughes na Nicarágua; o principal divulgador da América Latina, François Du Sardou, falou comigo sobre esses assuntos. O memorando de Hughes sobre Somoza está no Espólio Hughes, Texas; as histórias da fuga de Hughes e sua chegada em Manágua são de Gordon Margulis e também de Jim Gordon, ambos entrevistados em Las Vegas; sobre isso também tenho dívidas para com a sra. Turner Sheldon. A sra. Barbara Greenspun preencheu particularidades sobre a tentativa de roubo de seu cofre; a subcomissão de Watergate, chefiada por Howard Baker, investigou o assunto Greenspun, mas suas descobertas ficaram fora do relatório final. A citação de Jim McCord veio de seu livro *A Piece of Tape*; o memorando para Somoza está no Espólio Hughes, Houston; o assunto da Flame Enterprises saiu no *The New York Times*; Nadine Henley descreveu a visita a Hughes em seu depoimento no Espólio Hughes; *The New*

York Times e as memórias de Irving forneceram o material para o caso Irving; Don Carlos Rodriguez foi a fonte (confirmado por Jim Golden) sobre os motivos para a mudança para Vancouver; Gordon Margulis e Jim Golden descrevem a despedida no avião.

CAPÍTULO DEZOITO

Jim Golden e Gordon Margulis descreveram a chegada de Hughes a Vancouver; o livro de North-Broome foi discutido no *The New York Times*, bem como o caso Eckersley; o assunto da ITT foi discutido nas audiências de Inteligência do Senado, 1974; a contribuição de Hughes para o CRP foi registrada no livro *Will*, de Gordon Liddy, e na época foi desconsiderada; o relatório final de Watergate aborda outras fontes de dinheiro; Larry O'Brien descreveu os atentados contra suas propriedades em sua História Oral, guardada na Universidade do Texas, em Austin, e na Kennedy Library, e em suas importantes e desconsideradas memórias, *No Final Victories*; o assunto de Barker se baseia em entrevistas com ele, por telefone, em sua casa em Miami; em *Will*, de Liddy; nas declarações de E. Howard Hunt à Comissão Watergate; a história da prisão foi relatada nas memórias de H. R. Haldeman e amplamente desconsiderada, e nos relatos de Victor Lasky e Fred Thompson sobre o caso. O memorando de McCord a Alch está no Watergate Second Final Report (sobre ligações com a CIA); conversei por telefone com William Corson, em sua casa de Washington; Jeff Hearn examinou os papéis na coleção Nixon dos Arquivos Nacionais; surgiram muitos dados significativos. A biografia de Nixon pelo falecido Fawn Brodie foi uma boa fonte, bem como as memórias de H. R. Haldeman, John Dean, Jeb Magruder e Charles Colson sobre diferentes aspectos de Watergate; a vida de Richard Helms, *The Man Who Kept Secrets*, foi uma fonte valiosa; e *At This Point in Time*, de Fred Thompson. A venda da Hughes Tool é documentada no *The New York Times* e nos arquivos da Comissão de Seguros e Câmbio; Jack Real foi a principal fonte sobre os interesses aeronáuticos de Hughes em Vancouver, e Jim Golden forneceu mais dados; a Divisão Oil Tool foi mais bem abordada na revista *Fortune*; a sra. Julius Sedlmayr foi a principal fonte sobre a reunião de seu marido; os memorandos de Hughes para Eckersley estão no Espólio Hughes, Houston. Gordon Margulis, Jack Real e Mell Stewart descreveram-me o terremoto de Manágua em primeira mão; o relatório do imposto de renda, datado de 5 de janeiro de 1973, está nos papéis do autor; os acontecimentos na Flórida estão no memorando da Divisão de Inteligência do IRS escrito por John J.

Olszewski, datado de 5 de janeiro de 1973. O material sobre o Inn on the Park foi conseguido com Gordon Margulis, Jack Real e depoimentos de Levar Myler e Chuck Waldron; o governador O'Callaghan me fez um relato em primeira mão sobre a reunião com Hughes em Londres.

CAPÍTULO DEZENOVE

Os documentos da Comissão de Seguros e Câmbio estão nos arquivos de *California vs. Woolbright* no Tribunal do Condado, Los Angeles; a reconstrução dos fatos verdadeiros da invasão da casa na rua Romaine foi feita a partir de um reexame de todas as provas e de entrevistas com Richard Kirschner, o advogado de Donald Woolbright, Jack Real, William Corson, Victor Marchetti, Gordon Margulis, Mell Stewart e uma secretária do escritório da rua Romaine que deseja continuar anônima; também consultei os depoimentos de Chuck Waldron. Os memorandos de Hughes sobre esse assunto estão no Espólio Hughes, Texas; o memorando dos auxiliares sobre Hughes ter ordenado a destruição de documentos foi citado, em outro contexto, numa matéria de Larry DuBois na *Playboy*, e está faltando nos arquivos do Espólio Hughes; a trama de chantagem de Woolbright está na transcrição das audiências de Woolbright para o júri de instrução no *The New York Times*; as memórias de William Colby fornecem uma fonte valiosa; o choque de Drosnin com O'Brien está na história oral de O'Brien na Kennedy Library e na Universidade do Texas, em Austin; a prisão de Drosnin na Times Square foi relatada no *The New York Times*; o assassinato de Bobby Hill está em *Spooks*, de Jim Houghan; o depoimento de Jack Egger está no Espólio Hughes, Houston. As questões sobre drogas são abordadas nos depoimentos, no Espólio Hughes, feitos pelos doutores Norman Crane, Lawrence Chaffin e Wilbur Thain, e pelos auxiliares Chuck Waldron e John Holmes; os trechos do diário de Thain são de seu depoimento; entrevistei o Dr. Thain por telefone em sua casa no Arizona. O memorando dos auxiliares está no Espólio Hughes; além disso os subseqüentes memorandos com instruções de Hughes; suas atitudes de egoísmo me foram descritas por Gordon Margulis em Las Vegas em 1992 e por Mell Stewart pelo telefone, de Utah; os planos para a festa estão no depoimento de Holmes; a viagem a Acapulco é descrita nas histórias orais de George Francom, Chuck Waldron, John Holmes e dos doutores Crane, Thain e Chaffin; declarações feitas pelo Dr. Montemoya foram aproveitadas. A morte de Hughes me foi descrita pelo Dr. Thain. *The New York Times, The Wall Street Journal* e

The New York Post cobriram o material descrito no pós-escrito. Os arquivos da autópsia e os relatos dos interrogatórios foram consultados em Houston.

NOTA: Além do que é citado acima, *Crime and Cover-up: the CIA, the Mafia and the Dallas-Watergate Connection*, de Peter Dale Scott, publicado pela Westworks, Berkeley, em 1977, é provavelmente o livro mais bem documentado sobre as ligações entre Hughes, o crime organizado e a CIA, e é recomendado a todos os estudiosos.

Bibliografia selecionada

Alleged Assassination Plots Involving Foreign Leader's. An Interim Report of the Select Committee to Study Government Operations with Respect to Intelligence Activities. U. S. Senate Washington, D.C.: Government Printing Office, 1975.

Ambrose, Stephen E. *Nixon: The Education of a Politician, 1913-1962.* Nova York: Simon and Schuster, 1988.

——*Nixon: Ruin and Recovery, 1973-1990.* Nova York: Simon and Schuster, 1991.

——*Nixon: Triumph of* a Politician, *1962-72.* Nova York: Simon and Schuster, 1990.

Barlett, Donald L., and Steele, James B. *Empire: The Life, Legend and Madness of Howard Hughes.* Nova York: W. W. Norton, 1979.

Bell, Jerry. *Howard Hughes: His Silence, Secrets and Success!* Nova York: Simon and Schuster, 1976.

Block, Alan A. *Masters of Paradise.* Nova York: Transaction, s.d.

Brodie, Fawn M. *Richard Nixon: The Shaping of His Character.* Cambridge, Massachusetts: Harvard University Press, 1983.

Cassini, Igor. *I'd Do It All Over* Again: *The Life and Times of Igor Cassini.* Nova York: G. P. Putnam's Sons, 1977.

Cassini, Oleg. *In My Own Fashion: An Autobiography.*Nova York: Simon and Schuster, 1987.

Ceplair, Larry, e Steven Englund. *The Inquisition in Hollywood: Politics in the Film Community, 1930-1980.* Nova York: Anchor Press, 1980.

Clifford, Clark, com Richard Holbrooke. *Counsel to the President: A Memoir.* Nova York: Anchor Books, Doubleday, 1992.

Cochran, Jacqueline, com Maryann Bucknum Brinley. *Jackie Cochran*. Nova York: Bantam, 1987.
Colby, William, com Peter Forbath. *Honorable Mention: My Life in the CIA*. Nova York: Simon and Schuster, 1978.
Corson, William R., Susan B. Trento, e Joseph J. Trento. *Widows*. Nova York: Crown, 1979.
Davenport, Elaine, Paul Eddy, e Mark Hurwitz. *Howard Hughes' Final Years*. Londres: Andre Deutsch, 1977.
Davenport, Joe, e Todd S. J. Lawson. *The Empire of Howard Hughes*. San Francisco: Peace and Pieces Foundation, 1975.
Dean, John. *Blind Ambition: The White House Years*. Nova York: Simon and Schuster, 1976.
De Carlo, Yvonne, com Doug Warren. *Yvonne*. Nova York: St. Martin's, 1971.
Dietrich, Noah, com Bob Thomas. *Howard: The Amazing Mr. Hughes*. Nova York: Fawcett, 1972.
Drosnin, Michael. *Citizen Hughes*. Nova York: Holt, Rinehart and Winston, 1985.
Fay, Stephen, Chester Lewis, e Magnus Linklater. *Hoax: The Inside Story of the Howard Hughes-Clifford Irving Affair*. Nova York: Viking, 1972.
Finstad, Suzanne. *Heir Not Apparent*. Austin, Texas: Texas Monthly Press, 1984.
Gardner, Ava. *Ava: My Story*. Nova York: Bantam, 1990.
Garrison, Omar V. *Howard Hughes in Las Vegas*. Nova York: Lyle Stuart, 1970.
Genevoix, Sylvie. *HRH*. Paris: Plon, 1972.
Gerber, Albert B. *Bashful Billionaire*. Nova York: Lyle Stuart, 1967.
Graham, Don. *No Name on the Bullet: A Biography of Audie Murphy*. Nova York: Viking, 1989.
Granger, Stewart. *Sparks Fly Upward*. Nova York: G. P. Putnam's Sons, 1981.
Haldeman, H. R., com Joseph DiMona. *The Ends of Power*. Nova York: Times Books, 1978.
Hecht, Ben. *A Child of the Century*. Nova York: Primus; Donald I. Fine, 1954.
Hatfield, D. D. *Howard Hughes H-4 Hercules Airplane*. Los Angeles: Historical Airplanes, 1972.
Heymann, C. David. *Poor Little Rich Girl: The Life and Legend of Barbara Hutton*. Nova York: Random House, 1983.
Hepburn, Katharine. *Me: Stories of My Life*. Nova York: Alfred A. Knopf, 1991.
Hougan, Jim. *Spooks: The Haunting of America — the Use of Secret Agents*. Nova York: William Morrow, 1978.
Investigations of the National Defense Program. Hearings before a Special Committee Investigating the National Defense Program, U.S. Senate, 77th Con-

gress, First Session, Parts I 40 and 43. Washington, D.C.: Government Printing Office, 1948 (*Audiências de Guerra do Senado).*

Irving, Clifford, com Richard Suskind. *What Really Happened: The Untold Story of the Hughes* Affair. Nova York: Grove Press, 1972.

Jewell, Richard B. e Vernon Harbin. *The RKO Story*. Nova York: Arlington House, 1982.

Johnston, Marguerite. *Houston, the Unknown City.* College Station, Texas: Texas A and M Universitv Press.

Kaminsky, Stuart M. *The Howard Hughes Afair.* Nova York: St. Martin's, 1979.

Keats, John. *Howard Hughes.* Nova York, Random House, 1966.

Kistler, Ron. *I Caught Flies for Howard Hughes.* Chicago: Playboy Press, 1976.

Klein, Herbert G. *Making It Perfectly Clear: An Inside Account of Nixon's Love-Hate Relationship with the Media.* Garden City, Nova York: Doubleday, 1980.

Lacey, Robert. *Little Man: Meyer Lansky and the Gangster Life.* Nova York: Little, Brown, 1991.

La Guardia, Robert, e Gene Arceri. *Red: The Tempestuous Life of Susan Hayward.* Nova York: Macmillan, 1985.

Lasky, Betty. *RKO: The Biggest Little Major of Them All.* Santa Monica, Califórnia: Roundtable, 1989; Englewood Cliffs, Nova Jersey: Prentice-Hall, c. 1984.

Lasky, Victor. *It didn't Start with Watergate.* Nova York: Dial Press, 1977.

Leaming, Barbara. *If This Was Happiness: A Biography of Rita Hayworth.* Nova York: Viking, 1989.

Leigh, Janet. *There Really Was a Hollywood.* Garden City, Nova York: Doubleday, 1984.

Liddy, G. Gordon. *Will: The Autobiography*. Nova York: St. Martin's, 1980.

Lukas, J. Anthony. *Nightmare: The Underside of the Nixon* Years. Nova York: Viking, 1976.

MacDonald, John J. *Howard Hughes and the Spruce Goose.* Blue Ride Summit, Pennsylvania: TAB Books, 1981.

Magruder, Jeb Stuart. *An American Life: One Man's Road to Watergate.* Nova York: Atheneum, 1974.

Maheu, Robert, com Richard Hack. *Next to Hughes: Behind the Power and Tragic Downfall of Howard Hughes.* Nova York: HarperCollins, 1992.

Mailer, Norman. *Harlot's Ghost: A Novel.* Nova York: Random House, 1991.

Mankiewicz, Frank. *Perfectly Clear: Nixon from Whittier to Watergate.* Nova York: Quadrangle, 1973.

—— *U.S. vs. Richard M. Nixon: The Final Crisis.* Nova York: Quadrangle, 1975.

March, Joseph Moncure. *The Wild Party*. Nova York: Citadel Press, the Carol Publishing Group, 1979.

Marchetti, Victor, and John D. Marks. *The CIA and the Cult of Intelligence*. Nova York: Knopf, 1974.

Mathison, Richard R. *His Weird and Wanton Ways*. Nova York: Morrow, 1977.

McComb, David G. *Houston: A History*. Austin: University of Texas Press, 1981.

Moore, Terry. *The Beauty and the Billionaire*. Nova York: Pocket Books, 1984.

O'Brien, Larry. *No Final Victories*. Garden City, Nova York: Doubleday, 1974.

Parrish, James Robert. *The RKO Gals*. Londres: Ian Allen, 1974.

Phelan, James. *Howard Hughes, the Hidden Years*. Nova York: Random House, c. 1976.

Presidential Campaign Activities of 1972. Hearings before the Select Committee on Presidential Campaign Activities of the U.S. Senate. 93rd Congress, Second Session. Washington, D.C.: U.S. Government Printing Office, 1976 (*The Watergate Hearings*).

Rappleye, Charles, e Ed Becker. *All American Mafioso: The Johnny Rosselli Story*. Nova York: Doubleday, 1991.

Rhoden, Harold. *High Stakes: The Gamble for the Howard Hughes Will*. Nova York: Crown, 1980.

Russell, Jane. *An Autobiography: My Path and Detours*. Nova York: Franklin Watts, 1985.

Schary, Dore. *Heyday: An Autobiography*. Nova York, Little, Brown, 1979.

Schell, Jonathan. *The Time of Illusion*. Nova York: Knopf, 1976.

Scott, Peter Dale. *Crime and Cover-up: The CIA, the Mafia, and the Dallas-Watergate Connection*. Berkeley, Califórnia: Westworks, 1977.

Serling, Robert. *Howard Hughes' Airline: An Informal History of TWA*. Nova York: St. Martin's/Marek, 1983.

Somoza, Anastasio, narrado a Jalack Cox. *Nicaragua Betrayed*. Belmont, Massachusetts: Western Islands, 1980.

Sturges, Preston, adaptado e editado por Sandy Sturges. *Preston Sturges*. Nova York: Simon and Schuster, 1990.

Tierney, Gene, com Mickey Herskowitz. *Self-Portrait*. Nova York: Wyden Books, 1978.

Tinnin, David B. *Just About Everybody vs. Howard Hughes: The Inside Story of the Hughes-TWA Trial*. Garden City, Nova York: Doubleday, 1973.

Whalen, Grover A. *Mr. New York*. Nova York: G. P. Putnam's Sons, 1955.

Whiting, Charles. *Hero: The Life and Death of Audie Murphy*. Chelsea, Michigan: Scarborough House, 1990.

Wray, Fay. *On the Other Hand*. Nova York: St. Martin's, 1988.

Índice

Este livro foi composto na tipologia Class Garamond, em corpo 11/15, e impresso em papel off-set 90g/m² no Sistema Cameron da Divisão Gráfica da Distribuidora Record.